# Schiffer und Schiffsmann in den Rôles d'Oléron und im Llibre del Consolat de Mar

# Rechtshistorische Reihe



Band 331

Peter Lang
Frankfurt am Main · Berlin · Bern · Bruxelles · New York · Oxford · Wien

Julia Schweitzer

# Schiffer und Schiffsmann in den Rôles d'Oléron und im Llibre del Consolat de Mar

## Ein Vergleich zweier mittelalterlicher Seerechtsquellen

Peter Lang
Europäischer Verlag der Wissenschaften

**Bibliografische Information der Deutschen Nationalbibliothek**
Die Deutsche Nationalbibliothek verzeichnet diese Publikation in der Deutschen Nationalbibliografie; detaillierte bibliografische Daten sind im Internet über <http://www.d-nb.de> abrufbar.

Zugl.: Frankfurt (Main), Univ., Diss., 2006

Die vorliegende Arbeit wurde von
Prof. Dr. Albrecht Cordes
zur Aufnahme in die Reihe empfohlen.

D 30
ISSN 0344-290X
ISBN 3-631-55251-3



www.peterlang.de

Meinen Eltern

## Vorwort

Das Ziel der vorliegenden Arbeit ist ein rechtshistorischer Vergleich der Rolle des Schiffers und des Schiffsmannes in den Rôles d'Oléron und dem Llibre del Consolat de Mar. Es handelt sich um zwei mittelalterliche Seerechtsquellen aus West- und Südeuropa.

Es mag sich die Frage stellen, wie man dazu kommt, sich ausgerechnet in Frankfurt am Main mit mittelalterlichem europäischen Seerecht der Nord- und Südmeere zu beschäftigen.

Die Antwort lautet: Durch Anregung gewecktes Interesse. Die Beschäftigung mit beiden Seerechtsquellen wurde von meinem Doktorvater Prof. Dr. Albrecht Cordes angeregt, was meinem persönlichen Interesse an mittelalterlicher Rechtsgeschichte und romanischen Sprachen sowie an einem nicht nur national begrenzten Thema sehr entgegen kam. Ihm gebührt mein ganz besonderer Dank.

Zudem erlebt die rechtshistorische Erforschung des Seerechts in Frankfurt am Main in den letzten Jahren eine Blüte: In der neu gegründeten International Max Planck Research School for Comparative Legal History[1] in Frankfurt am Main beschäftigen sich neben dieser vorliegenden Untersuchung auch die Arbeiten von *Estelle Réhault*, *Edda Frankot* und *Gernot Schmitt* mit dem Seerecht in Europa.

Als Stipendiatin des Graduiertenkollegs Europäische antike und mittelalterliche Rechtsgeschichte, neuzeitliche Rechtsgeschichte und juristische Zeitgeschichte in Frankfurt am Main hatte ich zudem die Möglichkeit, durch Forschungsaufenthalte in der Bibliothèque Nationale in Paris Einblick in die einschlägige Literatur zu erhalten.

Mein Dank gebührt meinen Eltern, meinem Bruder Thomas Schweitzer, seiner Lebensgefährtin Diane Damm und meiner Schwester Sarah Schweitzer. Und ich danke meinen Freundinnen und vor allem Dir, Enrico.

Frankfurt, im März 2006 Julia Schweitzer

[1] (= Internationales Max-Planck Forschungskolleg für vergleichende Rechtsgeschichte).

# Inhaltsverzeichnis

## Literaturverzeichnis und gedruckte Quellen


Abel, Ulrich: Die Grundzüge des deutschen Seearbeitsrechts und seine geschichtlichen Grundlagen, Greifswald 1938.

Abbott, Charles: A treatise of the law relative to merchant ships and seaman, London 1802.

Ashburner, Walter: The Rhodian See Law (Nomos Rhodion Nauticus), Reproduktion der Edition Oxford 1909, Aalen 1976.

Azuni, Domenico Alberte: Origine et progrès du droit de la législation maritime, avec des observations sur le consulat de la mer, Paris, Cérioux und Fantin 1810.

Balard, Michel: Biscotto, vino e ... Topi: Dalla vita di Bordo nel mediterraneo medievale, in: L'uomo e il mare nella civiltà ocidentale: Da Ulisse a Cristoforo Colombo. Atti della Società Ligure di Storia Patria, Nuova serie – Vol. XXXII (CVI) – Fasc. II, S. 242-254, Genova 1992.

Battle, Carmen: Artikel: Consolat de mar (Consulado del Mar) de Barcelona, in: Lex MA III, hrsg. von Robert-Henri Bautier und Robert Auty, Sp. 163-164, München 1986.

Beaurepaire, M. Ch. de: De la vicomté de l'eau de Rouen et des ses coutumes au XIIe et au XIVe siècles, Évreux 1856.

Beaurepaire, M. Ch. de: Notes sur d'anciens voyageurs normands. Reponse au discours de réception de M. Falloy, Rouen 1883.

Bernard, Jacques: Navires et gens de mer à Bordeaux (vers 1400 – vers 1550), Band 1 – 3, Paris 1968.

Blanchard, Louis: Sur la date e l'origine du Consulat de la mer, Marseille 1877.

Boucher, P. B.: Consulat de la Mer ou Pandectes du Droit Commercial et Maritime, Tome 1 et 2, Paris 1808.

Boucher, P. B.: Institutions au droit maritime, Paris 1803.

Brauckmüller, Hans: Der Kapitän als Angestellter, Würzburg 1934.

Brück, Thomas: Korporationen der Schiffer und Bootsleute. Untersuchungen zu ihrer Entwicklung in Seestädten an der Nord- und Ostseeküste vom Ende des 15. bis zum Ende des 17. Jahrhunderts, Weimar 1994.

Brugmans, M. I. J.: Les Sources de l'évolution quantitative du trafic maritime des Pays Bas (XII-XVIIIe siècles), in: Les Sources de l'histoire maritime. En Europe, du moyen age au XVIIIe siècle. Actes du Quatrième Colloque International d'Histoire maritime, tenu à Paris du 20 au 23 mai 1959, hrsg. von Michel Mollat, S. 417-429, Paris 1962.

Burrow, James: Reports of Cases adjudged in the Court of King's Bench since the Time of Lord Mansfield's coming to preside in it (1758-1761), 2 Bände, London 1766.

Burwash, Dorothy: English merchant shipping 1460-1540, Toronto 1947.

Buszello, H.: Die auswärtige Handelspolitik der englischen Krone im 15. Jahrhundert, in: Frühformen englisch-deutscher Handelspartnerschaft. Referate und Diskussionen des Hansischen Symposiums im Jahre der 500. Wiederkehr des Friedens von Utrecht in London vom 9.-11. September 1974, hrsg. vom Hansischen Geschichtsverein, bearbeitet von Klaus Friedland, S. 64-86, Köln, Wien 1976.

Capmany y de Montpalau, Antonio de: Codigo de las costumbras maritimas de Barcelona hasta aqui vulgarmente llamado Libro del consulado, Madrid 1799.

Cauchy, Eugène: Le droit maritime international : considéré dans ses origines, dans ses rapports avec les progrès de la civilisation. Tome 1, Paris 1862; tome 2, Paris 1862.

Cleirac, Estienne: Us et Coutumes de la mer, Bordeaux 1661.

Colon, Germá: Llibre del Consolat de Mar, Band 1-4, Barcelona 1981-84 (Neudruck 2001).

Conflans, Antoine de: Le livre de faiz de la marine et de la navigaie d'Antoine de Conflans, publié par A. Jal, in: Annales maritimes et coloniales, 27e année, 2e série, partie non officielle, tome II, S. 29-95, Paris 1842.

Cordes, Albrecht: Auf der Suche nach der Rechtswirklichkeit der mittelalterlichen Lex mercatoria, in: ZRG GA 118 (2001), S. 168-184.

Cordes, Albrecht: Die Anfänge des Gesellschaftshandels im Hanseraum bis zur Mitte des 14. Jahrhunderts, in: Genossenschaftliche Strukturen in der Hanse, hrsg. von Nils Jörn, Detlef Kattinger und Horst Wernicke, Köln 1999.

Cordes, Albrecht: Flandrischer Copiar Nr. 9. Juristischer Kommentar, in: Seerecht im Hanseraum des 15. Jahrhunderts. Edition und Kommentar zum Flandrischen Copiar Nr. 9, hrsg. von Carsten Jahnke und Antjekathrin Graßmann, in den: Veröffentlichungen zur Geschichte der Hansestadt Lübeck, Reihe B, Band 36, hrsg. vom Archiv der Hansestadt Lübeck, S. 119-144, Lübeck 2003.

Cordes, Albrecht: Rechtsgewohnheiten in lübischen Gesellschaftsverträgen, in: Rechtsbegriffe im Mittelalter, hrsg. von Albrecht Cordes und Bernd Kannowski, S. 29-42, Frankfurt am Main 2002.

Cordes, Albrecht: Seerecht, in: Lex MA VII, hrsg. von Norbert Angermann, Sp. 1687-1689, München 1995.

Cordes, Albrecht: Spätmittelalterlicher Gesellschaftshandel im Hanseraum, in: Quellen und Darstellungen zur Hansischen Geschichte, hrsg. vom Hansischen Geschichtsverein, Neue Folge, Band XLV, Köln 1998.

Cordes, Albrecht: Was erwartet die (mittelalterliche) Rechtsgeschichte von der Rechtsvergleichung und anderen vergleichend arbeitenden Disziplinen, in: ZuP 1999, S. 544-552.

Craeybeckx, Jan: Un grand commerce d'importation: Les vins de France aux anciens Pays-Bas (XIIIe-XVIe siècle), Paris 1958.

Decken, Jutta von der: Das Seearbeitsrecht im Hamburger Stadtrecht von 1301 bis 1603, Frankfurt am Main 1995.

Deggim, Christina: Zur Seemannsarbeit in der Handelsschiffahrt Norddeutschlands und Skandinaviens vom 13. bis zum 17. Jahrhundert, in: HGbl., 117. Jahrgang (1999), S. 1-37.

Delafosse, Marcel M.: Les sources de l'étude quantitative du trafic maritime a Bordeaux et la Rochelle, principalement aux XVIIe et XVIIIe siècles, in: Les Sources de l'histoire maritime. En Europe, du moyen age au XVIIIe siècle. Actes du Quatrième Colloque International d'Histoire maritime, tenu à Paris du 20 au 23 mai 1959, hrsg. von Michel Mollat, S. 271-287, Paris 1962.

Desjardins, Arthur: Traité de Droit Commerciale Maritime, Band 1-8, Paris 1878 ff.

Dion, Roger: Histoire de la vigne et du vin en France, des origines au XIXe siècle, Paris 1959.

Dion, Roger: Rapports du commerce du vin avec les itinéraires atlantiques dans l'Antiquité et au Moyen Age jusquàu XIIe siècle, in: Comptes rendus hebdomadaires des séances de l'Académie d'agriculture de France, 1954, tome 40, no. 15, S. 555-559.

Dollinger, Philippe: Die Hanse, Stuttgart 1966.

Douillard, Maxime: Les loyers des gens de la mer, Paris 1897.

Dufourcq, Charles-Emmanuel: La vie quotidienne dans les ports méditerranéens au Moyen Age, Paris 1975.

Ebel, Wilhelm: Gewerbliches Arbeitsvertragsrecht im Deutschen Mittelalter, Weimar 1934.

Ebel, Wilhelm: Karl Friedrich Krieger: Ursprung und Wurzeln der Rôles d'Oléron ... (Rezension), in: ZLGA 1971, S. 105-106.

Ellmers, Detlev: Frühmittelalterliche Handelsschiffahrt in Mittel- und Nordeuropa, 2. Auflage, Neumünster 1984.

Emerigon, B.-M.: Nouveau commentaire sur l'Ordonnance de la marine du mois août 1681, 3 Bände, Paris 1803.

Engelbrecht, J.A.: Corpus Iuris Nautici oder Sammlung aller Seerechte der bekanntesten handelnden Nationen alter und neuer Zeiten, Lübeck 1790.

Filleau, J. A.: Traité de l'engagement des équipages des batiments du commerce, Bordeaux 1857.

Finot, Jules: Étude historique sur les relations commerciales entre la France et l'Espagne au moyen âge, Paris 1899.

Forte, Angelo D. M.: "Kenning be Kenning and Course be Course": Maritime Jurimetrics in Scotland and Northern Europe 1400-1600, in: The Edingburgh Law Review, Vol. 2, 1998, S. 56-88.

Friedland, Klaus: Der gemeine Kaufmann, in: Genossenschaftliche Strukturen in der Hanse, hrsg. von Nils Jörn, Detlef Kattinger und Horst Wernicke, Köln 1999.

Friedland, Klaus (Hrsg.): Maritime food transport, Köln, Weimar, Wien 1994.

Friedland, Klaus: Schiff und Besatzung. Seemännische Berufsgemeinschaften im spätmittelalterlichen Europa, in: Mensch und Seefahrt zur Hansezeit, hrsg. vom hansischen Geschichtsverein, S. 256-267, Böhlau 1995.

Garron, Robert: La responsabilité personelle du capitaine de navire, Paris 1966.

Gaurier, Dominique: Le marin et les plaisirs de la table à bord des navires, évocation en forme de clin d'œil en souvenir des cassoulets et des bières si souvent partagés, in: Du droit du travail aux droits de l'humanité, Études offertes à Philippe-Jean Hesse, hrsg. von Yvon Le Gall, Dominique Gaurier et Pierre-Yannick Legal, S. 167-192, Rennes 2003.

Goldschmidt, Levin: Universalgeschichte des Handelsrechts, Erste Lieferung, aus: Handbuch des Handelsrechts, Dritte völlig umgearbeitete Auflage, Erster Band, Erste Abtheilung, Stuttgart 1891.

Gouron, Marcel: L'amirauté de Guienne depuis le premier amiral anglais en Guienne jusqu'à la Révolution, Paris 1938.

Gros, Adrienne: L'oeuvre de Cleirac en droit maritime, Bordeaux 1924.

Hanses, Dieter: Die rechtliche Stellung des Kapitäns auf deutschen Seeschiffen unter besonderer Berücksichtigung der historischen Entwicklung, Berlin 1983.

Haupt, Heinz-Gerhard / Kocka, Jürgen: Historischer Vergleich: Methoden, Aufgaben, Probleme. Eine Einleitung, in: Geschichte und Vergleich. Ansätze und Ergebnisse international vergleichender Geschichtsschreibung, hrsg. von Heinz-Gerhard Haupt Jürgen Kocka, S. 9-45, Frankfurt 1996.

Hautefeuille, Laurent-Basile: Histoire des origines, des progrès et desvariations du droit maritime international, deuxième édition, Paris 1869.

Heck, Philipp: Das Recht der Großen Haverei, Berlin 1889.

Herding, Max-Paul: Die Machtbefugnisse des Kapitäns auf deutschen Kauffahrtschiffen, insbesondere seine Befehlsgewalt über die Schiffsmannschaft und sein Verhältnis zu den Reisenden, Hamburg 1938.

Hesse, Philippe-Jean: Droit, santé et mer. Une recherche historique à développer, in: Annuaire de droit maritime et océanique, Band XVIII –2000, hrsg. vom Centre de droit maritime et océanique, Faculté de Droit et des Sciences Politiques der Universität Nantes, S. 193-210, Nantes 2000.

Hesse, Philippe-Jean: Éléments d'histoire des sources du droit maritime français, in: Annuaire de droit maritime et océanique, Band XVI –1998, hrsg. vom Centre de droit maritime et océanique, Faculté de Droit et des Sciences Politiques der Universität Nantes, S. 19-30, Nantes 1998.

Hesse, Philippe-Jean: Histoire et sources des droits maritimes, in: Droits maritimes, tome 1: Mer, navire et marins, livre 1, hrsg. von Yves Tassel und Philippe Jean Hesse, Lyon/Paris 1995.

Iglesia Ferreiros, Aquilino: De costums al llibre de Consolat o de la dificultad para escribir la historia, Mursia 1996.

Iglesia Ferreiros, Aquilino: Il Libro del Consolato del Mare, in: Rivista Internazionale di Diritto Comune 7 (1996), S. 307-369.

Isambert, François-André / Decrusy / Taillandier, Alphonse-Honoré: Recueil général des anciennes lois françaises depuis l'an 420 jusqu'à la Révolution de 1789, Band 1-28, Paris 1822-1833.

Jahnke, Carsten und Graßmann, Antjekathrin (Hrsg.): Seerecht im Hanseraum des 15. Jahrhunderts. Edition und Kommentar zum Flandrischen Copiar Nr. 9, Lübeck 2003.

Jal, Auguste: Glossaire nautique: Répertoire polyglotte de termes de marine anciens et modernes, Paris 1848.

Jal, Auguste (Hrsg.): Troisième Document ( = Le livre de faiz de la marine et de la navigaie d'Antoine de Conflans), in: Annales maritimes et coloniales, 27[e] année, 2[e] série, partie non officielle, tome II, S. 29-95, Paris 1842.

Janik, Bernard: Karl-Friedrich Krieger, Ursprung und Wurzeln der Rôles d'Oléron. Rezension, in: Tijdschrift voor Rechtsgeschiedenis 40 (1972), S. 308-312.

Kaltenborn, Carl von: Grundsätze des praktischen Europäischen Seerechts, besonders im Privatverkehre, mit Rücksicht auf alle wichtigeren Partikularrechte, namentlich der Norddeutschen Seestaaten, besonders Preussens und der Hansestädte, sowie Hollands, Frankreichs, Spaniens, Englands, Nordamerikas, Dänemarks, Schwedens, Russlands etc., Band 1, Berlin 1851.

Kiesselbach, Theodor: Der Ursprung der Rôles d'Oléron und das Seerecht von Damme, in: HGBl. (1906), S. 1-60.

Krieger, Karl-Friedrich: Die Entwicklung des Seerechts im Mittelmeerraum von der Antike bis zum Consulat de Mar, in: Jahrbuch für internationales Recht, Band 16 (1973), S. 179-208.

Krieger, Karl-Friedrich: Ursprung und Wurzeln der Rôles d'Oléron, Köln 1970.

Kruft, Wilhelm: Der Schiffer als Vertreter des Reeders und Schiffseigners und der Schiffsreeder, Borna-Leipzig 1912.

Kulischer, Josef: Allgemeine Wirtschaftsgeschichte des Mittelalters und der Neuzeit, erster Band: Das Mittelalter, München und Berlin 1928, in: Handbuch der mittelalterlichen und neueren Geschichte, hrsg. von G. von Below und F. Meinecke, Abteilung III: Verfassung, Recht, Wirtschaft, München und Berlin 1928.

Lachiver, Marcel: Vins, vignes et vignerons. Histoire du vignoble français, Paris 1988.

Lamprecht, Hermann: Schaden durch Zusammenstoß von Schiffen, in: ZHR 21 (Neue Folge 6), 1876, S. 12-99.

Landwehr, Götz: Das Preußische Seerecht vom Jahre 1727 im Rahmen der europäischen Rechtsentwicklung, in: ZNR 1986, S. 113-142.

Landwehr, Götz: Die Hanseatischen Seerechte des 16. und 17. Jahrhunderts, in: 1667 års sjölag i ett 300- årigt perspektiv, Rättshistiska Studier, åttonde bandet, hrsg. von Kjell Å. Modéer, S. 75-127, Lund 1984.

Landwehr, Götz: Die Haverei in den mittelalterlichen deutschen Seerechtsquellen, in: Berichte aus den Sitzungen der Joachim Jungius-Gesellschaft der Wissenschaften e. V., Hamburg, Jahrgang 3, 1985, Heft 2.

Landwehr, Götz: Prinzipien der gemeinschaftlichen Kosten- und Schadenstragung im Seerecht und außergewöhnliche Formen der Haverei im 18. Jahrhundert, in: Gedächtnisschrift für Wolfgang Martens, hrsg. von Ingo von Münch und Peter Selmer, S. 619-636, Berlin 1987.

Landwehr, Götz: Prinzipien zur Risikotragung beim Seefrachtvertrag. Rechtsverhältnisse bei Haverei und Schiffbruch in der Nord und Ostseeschiffahrt vom 13. bis zum 17. Jahrhundert, in: Wirkungen europäischer Rechtskultur. Festschrift für Karl Kroeschell zum 70. Geburtstag, hrsg. Von Gerhard Köbler und Hermann Nehlsen, München 1997.

Landwehr, Götz: Seerecht (Seehandelsrecht), in: HRG IV, Sp. 1596-1614, hrsg. von Adalbert Erler und Ekkehard Kaufmann, Berlin 1990.

Landwehr, Götz: Zur Begriffsgeschichte der Haverei vom 16. bis zum 18. Jahrhundert, in: Festschrift für Hubert Niederländer zum siebzigsten Geburtstag am 10. Februar 1991, S. 57-69, Köln 1991.

Larrère, Jean-Jacques / Villain-Gandossi, Christiane: Le Llibre del Consolat de Mar. Les gens de mer, leurs droits et leurs obligations, in: 106e Congrès Nationaux des Sociétés savantes, Perpignan 1981, Section d'histoire médiévale et philologie. Section de philologie et d'histoire jusqu'à 1610, Les pays de la méditerranée occidentale au moyen âge, Études et Recherches, S. 153-167, Paris 1984.

Laurière: Ordonnances des roys de France de la troisième race, recueillies par ordre chronologique, tome 1, Paris 1723.

Lewis, Archiblad Ross: Medieval society in Southern France and Catalonia, London 1984.

Lewis, William: Das deutsche Seerecht. Ein Kommentar zum 5. Buch des ADHGB und zu den dasselbe ergänzenden Gesetzen, Band 1 und 2, Leipzig 1877-1878.

Louis-Lucas, P./ Grau, Marcel: Un Manuscrit inédit des Rôles d'Oléron, in: Revue historique du droit français et étranger XXVI (1902), S. 608-620.

Lureau, Pierre: Les Rôles d'Oléron, in. Revue juridique et économique, Série juridique, S. 151-163, Bordeaux 1969.

Masson, Philippe: La mort et les marins, Grenoble 1995.

Merrien, Jean: La vie des marins au moyen âge (des Vikings aux galères), Rennes 1994.

Mollat du Jourdin, Michel: L'Europe et la mer, Paris 1993 (dt. Fassung: Europa und das Meer, München 1993).

Mollat du Jourdin, Michel: La vie quotidienne des gens de mer en Atalantique (Ixe-XVIe siècle), Paris 1983.

Mollat du Jourdin, Michel: Les Sources de l'histoire maritime. En Europe, du moyen age au XVIIIe siècle. Actes du Quatrième Colloque International d'Histoire maritime, tenu à Paris du 20 au 23 mai 1959, Paris 1962.

Mollat du Jourdin, Michel / Chillaud-Toutée, Florence: Le livre des Faiz et de la marine et navigaiges d'Antoine de Conflans v. 1516-1520, in: 107e-108e Congrès Nationaux des Sociétés savantes, Brest-Grenoble, 1982-1983, Section d'histoire médiévale et philologie. Section d'histoire moderne contemporaine. Études d'histoire maritime, S. 9-44, Paris 1984.

Monnerjahn, Rudolf: Das Arbeitsverhältnis in der deutschen Seeschiffahrt, in: Arbeitsrechtliche und sozialrechtliche Studien, Heft 9, hrsg. von Thilo Ramm, Stuttgart 1964.

Müller-Beckedorff, Erich: Die Schiffsgemeinschaft in ihrer arbeitsrechtlichen Bedeutung, Göttingen 1928.

Müller-Boysen, Carsten: Kaufmannsschutz und Handelsrecht im frühmittelalterlichen Nordeuropa, Neumünster 1990.

O'Sullivan, Carolin: Die Ahndung von Rechtsbrüchen der Seeleute im mittelalterlichen hamburgischen und hansischen Seerecht (1301-1482), Frankfurt am Main 2005.

Pappenheim, Max: Das Seerecht von Oléron nach der Handschrift Troyes (1386) ... von Dr. jur. H. Zeller (Besprechung), in: ZRG GA 1907, S. 493-496.

Pardessus, Jean Marie: Collection de lois maritimes antérieures au XVIIIe siècle, Band 1-6, Paris 1828-1845.

Pateras, Nicolaus K.: Vergleichende Darstellung der großen Haverei nach griechischem und deutschem Recht, Halle (Saale) 1928.

Perels, Leopold: Die Stellung des Kapitäns im deutschen Seehandelsrecht, in: ZHR 42 n. F. (1906), S. 336-420.

Perels, Leopold: Das Seerecht von Oléron im Additional manuscript 34,801 des Britischen Museums, in: ZRG GA Band 32, S. 246-254, Weimar 1911.

Pirenne, Henri: Histoire économique et sociale du Moyen Age, Paris 1963.

Pirenne, Henri: Un grand commerce d'exportation au moyen âge: les vins de France, in: Annales d'histoire économique et sociale V (1933), S. 225-243.

Pols: Les Rôles d'Oléron, in: Nouvelle revue historique de droit français et étranger, 9. Jahrgang, Paris 1885, S. 454-465.

Pothier, R.-J.: Œuvres de Pothier, contenant les Traités du droit français, nouvelle édition mise en meilleur ordre et publiée par les soins de M. Dupin, Paris 1824.

Pouget-Tolu, Anne: Navires et navigation aux XIVe et Xve siècles. D'après les récits de voyages, Paris 2002.

Prüssmann, Heinz / Rabe, Dieter: Seehandelsrecht, 2. Auflage, München 1983.

Raventos, Giralt E.: Sources Barcelonaises pour l'Histoire de la marine et de l'économie maritime, in: Les Sources de l'histoire maritime. En Europe, du moyen age au XVIIIe siècle. Actes du Quatrième Colloque International d'Histoire maritime, tenu à Paris du 20 au 23 mai 1959, hrsg. von Michel Mollat, S. 207-225, Paris 1962.

Réhault, Estelle: Le naufrage. Les conséquences juridiques de l'infortune de mer en France et Angleterre du XVIè au XIXè siècle, Paris 2002.

Roy, Wilhelm: Der Schiffer als Vertreter der Ladungsbeteiligten, Borna-Leipzig 1909.

Runyan, Thomas J.: The Rolls of Oleron and the Admiralty Court in Fourteenth Century England, in: The American Journal of Legal History, Volume 19 (1975), S. 95-111.

Saint-Maur, François: Les Rôles d'Oléron, in: Revue de législation ancienne et moderne, française et étrangère (1873), S. 163-185.

Selden, John: Mare clausum seu de dominio maris, London 1635.

Société des Historiens Médiévistes de l'Enseignement Supérieur (Hrsg.): L'Europe et l'Océan au Moyen Âge. Contribution à l'Histoire de la Navigation, Nantes 1988.

Spieker, Hans Erich: Die Schiffsgewalt des Handelsschiffskapitäns im Mittelalter, Mainz 1949.

Steinbrecher, Kurt: Der Schiffer als Vertreter des Reeders, Leipzig 1907.

Studer, P.: The Oak Book of Southampton, Vol. I, Southampton 1910; Vol. II, Southampton 1911.

Suchier, Hermann: H. Zeller, Dr. jur., Das Seerecht von Oléron (Besprechung), in: Literaturblatt für germanische und romanische Philologie, Nr. 6 (1907), S. 202-203.

Telting, Albartus: Die altniederländischen Seerechte, Haag 1907.

Touchard, Henri: Le commerce maritime breton à la fin du moyen âge, Paris 1967.

Trakman, Leon E.: The Evolution of the Law Merchant: Our Commercial Heritage, in: Journal of maritime Law and Commerce 12 (1980), S. 1-24.

Twiss, Sir Travers: The Black Book of the Admiralty. Monumenta iuridica, Band 1-4, London 1871-1876.

Ulrich, Rudolf: Grosse Haverei. Die Havariegrosse-Rechte der wichtigsten Staaten im Originaltext und in Übersetzung nebst Kommentar und einer vergleichenden Zusammenstellung der verschiedenen Rechte, 2. Auflage, Berlin 1903.

Valin, René-Josué: Commentaire sur l'Ordonnance de la Marine, du mois d'aout 1681, 2 Bände, La Rochelle 1760.

Valroger, Lucien de: Droit maritime. Commentaire théorique jet pratique du livre II du Code de Commerce (Législations comparées), Band 1 und 2, Paris 1883.

Vandewalle, André: Hafen und Hafenarbeit im Spätmittelalterlichen Brügge, in: Brügge – Colloquium. Referate und Diskussionen, hrsg. von Klaus Friedland, S. 13-24, Köln 1990.

Vergé-Franceschi, Michel (Hrsg.): Dictionnaire d'histoire maritime, Band 1 (A-G) und Band 2 (H-Z), Paris 2002.

Verlinden, M. Charles: Le Trafic et la consommation des vins français. Une question de méthode pour utilisation des sources quantitatives du commerce maritime à la fin du Moyen Age et au début de l'époque moderne, in: Les Sources de l'histoire maritime. En Europe, du moyen age au XVIIIe siècle. Actes du Quatrième Colloque International d'Histoire maritime, tenu à Paris du 20 au 23 mai 1959, hrsg. von Michel Mollat, S. 345-364, Paris 1962.

Verwer, A.: Nederlants Seerechten, Amsterdam 1730.

Villeneau, Jacques: L'ordonnance de la marine de 1681 synthèse et nouveauté en matière sociale, in: Annuaire de droit maritime et aérien (1985), S. 69-78, Nantes 1985.

Vogel, Walther: Geschichte der deutschen Seeschiffahrt, Band 1: Von der Urzeit bis zum Ende des XV. Jahrhunderts, Berlin 1915.

Wagner, Rudolf: Beiträge zur Geschichte des Seerechts und der Seerechtsquellen, Teil I: Zur Geschichte der Quellen des Wisby'schen Seerechts, in: ZHR 27 (1882), S. 393-416; Teil II: Zur Entstehungsgeschichte des Konsulats der See, in: ZHR 29 (1884), S. 413-431.

Wagner, Rudolf: Handbuch des Seerechts, Band 1, 1. Auflage, Leipzig 1884; 2. Auflage, Leipzig 1906.

Wagner, Rudolf: (Bespr.) Monumenta Juridica. The black book of the Admiralty, with an appendix edited by Sir Travers Twiss, Q. C., D. C. L. etc. IV vol. (in den Rerum Britannicarum Medii Aevi Scriptores). London 1871-1876. Longman & Co. Trübner & Co. 40 sh., in: ZHR 27 (1882), S. 619-633.

Weber, Otto: Die Schiffsgewalt des Kapitäns in ihre geschichtlichen Grundlagen, in: Abhandlungen aus dem Staats-, Verwaltungs- und Völkerrecht, Band III 3, Tübingen 1907.

Williston, James H.: Le Coutumier d'Oléron. Edition et traduction annotées, in: Collection des Archives Historiques du Poitou LXII, Sociéte des Antiquaires de l'ouest 1992.

Wüstendörfer, Hans: Das Seeschiffahrtsrecht, in: Handbuch des gesamten Handelsrechts, Band 7, Abt. II, vierter Teil, zweites Buch, hrsg. von Victor Ehrenberg, Leipzig 1923.

Zeller, Heinrich Ludwig: Sammlung älterer Seerechtsquellen,

Heft 1: Das Seerecht von Oléron nach der Handschrift Troyes (1386), Mainz 1906.

- Heft 2: Das Seerecht von Oléron nach der Handschrift Paris, B. N., n. 5330, Mainz 1907.
- Heft 3: Das Seerecht von Oléron nach der Handschrift Rennes Nr. 74, Mainz 1908.
- Heft 4: Die Assisen von Jerusalem nach der Handschrift München Cod. gall. n. 51, Berlin 1910.
- Heft 5: Das Seerecht von Oléron nach der Handschrift Haag O. 154, Berlin 1910.
- Heft 6: Das Seerecht von Oléron nach der Handschrift Paris, Bibliothèque Arsénal n. 2570, Berlin 1911.

Heft 7: Die Noblessen der Bretagne nach den Handschriften Paris, Bibliothèque de l'Arsénal, n. 2570, Rennes n. 74 und Haag O. 154, Berlin 1911.

- Heft 8: Das Seerecht von Oléron nach der Handschrift Paris, B. N., nov. ac. fr., no. 10251, Berlin 1912.

Heft 12: Das Seerecht von Oléron nach der Inkunabel Tréguier, Paris, B. N., Réserve F, 2187; Sitz. Ber. Heid. Ak. Wiss., Heidelberg 1915.

## Ungedruckte Quellen und Manuskripte

Rôles d'Oléron:

Guildhall Archiv, London:

- Ms. Liber Horn, Guildhall Archiv, London (fol. 355 v° - 360 r°).
- Ms. Liber Memorandorum, Guildhall Archiv, London (fol. 103 v° - 110 v°).

Bibliothèque Nationale, Paris:

- Ms. 14571 ancien fonds français, Bibliothèque Nationale (fol. 41 r° - 51 r°).
- Ms. 5330 ancien fonds français, Bibliothèque Nationale (fol.105 r° - 107 r°).
- Ms. 5967 ancien fonds français, Bibliothèque Nationale (fol. 79 r° - 94 r°).
- Ms. 14398 ancien fonds français, Bibliothèque Nationale Paris (fol. 132 v° - 137 v°).
- Ms. 14396 ancien fonds français, Bibliothèque Nationale Paris (fol. 184 r° - 189 v°).
- Ms. 4465 nouv. acquis. français, Bibliothèque Nationale Paris (fol. 40 r° - 45 r°).
- Inkunabel Tréguier, Bibliothèque Nationale Paris (fol. 2 v° - 10 v°).
- Ms. 10251 nouv. Acquis. franç., Bibliothèque Nationale Paris (fol. 10 v°- 15 r°).

# 1. Teil: Einführung in den Untersuchungsgegenstand

## A. Thema und Forschungsstand

### I. Allgemein

Den Untersuchungsgegenstand der vorliegenden rechtshistorischen Arbeit bilden zwei herausragende Quellen des mittelalterlichen Seerechts: die Rôles d'Oléron und das Llibre del Consolat de Mar.[1]

Ihre Bedeutung wird von *Hesse* folgendermaßen zusammengefasst:

> *"En fait le Moyen-Âge est, dans notre domaine comme dans bien d'autres, dominé par le droit coutumier avec deux ouvrages essentiels, ensuite repris, agrémentés, complétés en fonction des besoins économiques et éléments culturels locaux : d'une part les Rôles d'Oléron dominat le monde du Pontant – Atlantique, Manche, Mer du Nord -, le Consulat de la Mer d'autre part influençant toute la Méditerranée occidentale et la marine du Levant."*[2]

Während die Rôles d'Oléron eine besondere Rolle im Bereich der Nordmeere einnahmen, galt das Llibre del Consolat de Mar als die bedeutendste mittelalterliche Seerechtsquelle des Mittelmeerraumes.

Ziel dieser Arbeit ist es, die Ausgestaltung der rechtlichen Beziehungen zwischen dem Schiffer und seinen Schiffsleuten in den Rôles d'Oléron auf der einen und im Llibre del Consolat de Mar auf der anderen Seite zu untersuchen, um die Regelungen miteinander vergleichen zu können und möglicherweise bestehende Beeinflussungen zu erklären.

Es handelt sich nach heutiger Terminologie um die „*arbeitsrechtliche*" Seite des Seerechts.[3] Während im Rahmen seerechtlicher Untersuchungen vornehmlich Probleme aus dem Bereich des Handelsrechtes den Gegenstand der wissenschaftlichen Betrachtung bilden, stellt das „*seerechtliche Arbeitsrecht*" einen besonders interessanten Bereich des mittelalterlichen Seerechts dar. Denn neben dem Verhältnis des Schiffers zu den Kaufleuten erscheint gerade das Verhältnis zwischen Schiffer und Schiffsmann als besonders interessant und untersuchenswert, da sich in den Seerechtsquellen bereits erstaunlich konkret formulierte Rechte und Pflichten sowohl des Schiffers als auch der Besatzung finden.

Allgemein betrifft dieser Themenkomplex auch umfassende Bereiche des alltäglichen Lebens an Bord. Das Schiff war für die Besatzung während einer Reise Arbeitsstätte und Lebensraum zugleich, fern ab von Familie und Heimat.

---

[1] *Colon*, Llibre del Consolat de Mar, S. 271.

[2] *Hesse*, Histoire et Sources des droits maritimes, S. 29.

[3] So auch *Ebel*, Gewerbliches Arbeitsrecht im deutschen Mittelalter, Weimar 1934 und *Von der Decken*, Das Seearbeitsrecht im Hamburger Stadtrecht von 1301 bis 1603, Frankfurt am Main 1995.

Dieser Raum konnte nicht einfach verlassen werden, so dass eine intakte Zweck- und Gefahrengemeinschaft an Bord unerlässlich war.

Die zu Erwerbszwecken betriebene Seefahrt barg dabei zahlreiche Risiken und Kosten in sich. Das Schiff als Transportmittel bildete schon in früher Zeit eine Form der Mobilität, die eine Erleichterung und Beschleunigung für den Handel mit Wein und anderen Produkten zwischen verschiedenen Ländern ermöglichte. Wegen der komplexen Bedienungsanforderungen eines Schiffes als Transportmittel, konnte eine Reise nur durch eine gewisse Anzahl verschiedener Personen und deren zusammenwirkender Arbeit durchgeführt werden.[4]

Eine Schiffsreise stellte ein großes Risiko da, denn während der Reise drohten neben den Naturgewalten auf hoher See Übergriffe von Seeräubern, interne Konflikte an Bord, Krankheiten durch mangelhafte Ernährung oder die schlechten hygienischen Bedingungen sowie Verletzungen der Schiffsleute bei ihrer oft gefährlichen Arbeit.

Durch diese besonderen Bedingungen unterscheidet sich das „seerechtliche" Arbeitsverhältnis von einem gewöhnlichen an Land.
Das folgende Zitat von *Dr. Samuel Johnson* spiegelt dieses Bild wieder:

> *„Aucun homme capable de se mettre lui-même en prison ne se fera marin: car être sur un bateau, c'est être en prison, avec en plus le risque de la noyade (...). Un homme a, en prison, plus de place, une nourriture meilleure et, en général, une meilleure compagnie. »*[5]

Er stufte die Gefahren einer Schiffsfahrt als so evident ein, dass er jedem Mann riet, wenn möglich lieber ins Gefängnis als an Bord einen Schiffes zu gehen, da es dort wie im Gefängnis sei, aber das zusätzliche Risiko zu ertrinken bestünde. Zudem hätte ein Mann im Gefängnis mehr Platz, bessere Nahrung und in der Regel eine angenehmere Gesellschaft.

Der Seefahrtsbetrieb im frühen Mittelalter zeichnete sich durch einen Zusammenschluss von freien Seehandelsinteressenten zum Zweck der Durchführung einer erfolgreichen Seehandelsreise aus. Die Beteiligten bildeten dabei eine gleichberechtigte Rechtsgemeinschaft, in der jedem gleichsam in seiner eigenen Person die Rolle eines Schiffseigentümers, Ladungsinteressenten, Kaufmanns und Schiffsmanns zukam.[6] Die Beteiligten besaßen gleichwertige Mitsprache-

---

[4] *Von der Decken*, S. 19; *Pappenheim*, Geschichtliche Entwicklung, S. 166; *Müller-Boysen*, S. 136.

[5] Zitiert nach *Rediker*, L'utopie pirate, S. 158 f. und *Réhault*, Le naufrage, S. 594.

[6] *O'Sullivan*, Die Ahndung von Rechtsbrüchen und Seeleuten im mittelalterlichen hamburgischen und hansischen Seerecht (1301-1482), S. 7 f.

rechte und übten die Schiffsgewalt gemeinsam aus, so dass man von einer genossenschaftlichen Ausgestaltung des Seefahrtbetriebes sprechen kann.[7]

Der Seefahrtsbetrieb veränderte sich jedoch im Laufe des Mittelalters, da die Reeder und Kaufleute sich zunehmend nicht mehr selbst an den Seehandelsreisen auf den immer größer werdenden Schiffer beteiligten. Stattdessen nahm der Schiffer während der Seehandelsreise als eine Art universaler Sachwalter neben seinen eigenen Interessen, die der Reeder als Schiffseigner und die der Kaufleute als Befrachter wahr. Dies begünstigte die stetige Ausweitung der Autorität und Herrschaftsgewalt des Schiffers und führte zu einem rechtlichen, wirtschaftlichen und sozialen Verfall der Stellung der Schiffsmänner.[8]

Bei den Rôles d'Oléron wie auch beim Llibre del Consolat de Mar handelt es sich um Quellen, in denen das Übergangsstadium von einer genossenschaftlichen hin zu einer autoritären Struktur der Beziehung zwischen Schiffer und Schiffsmann sichtbar wird.

Es bestand eine große wechselseitige Abhängigkeit an Bord des Schiffes, die zum einen die Gemeinschaft förderte, auf der anderen Seite aber durch die zunehmende Unterwerfung der Schiffsmannschaft unter die Gewalt des Schiffers zu Spannungen führte.[9]

Inwieweit sich noch eine genossenschaftliche und schon eine autoritäre Struktur in der jeweiligen Quelle findet, soll im folgenden dargestellt werden.

## II. Forschungsstand

Die Idee, die Rôles d'Oléron mit dem Llibre del Consolat de Mar zu vergleichen, ist nicht neu. Wenn in der Literatur von mittelalterlichen Seerechtsquellen gesprochen wird, werden häufig diese beiden Quellen im Zusammenhang erwähnt und einander gegenübergestellt oder wenigstens vergleichende Worte gefunden.

So kommt bereits *Antoine de Conflans*[10] in seiner aus dem Jahr 1519 stammenden Schrift *„Livre des Faiz de Marine et Navigaiges"*[11], in der er sich mit

[7] *Wagner*, Seerecht, S. 9; *Von der Decken*, Das Seearbeitsrecht im Hamburger Stadtrecht, S. 19; *O'Sullivan*, Die Ahndung von Rechtsbrüchen und Seeleuten im mittelalterlichen hamburgischen und hansischen Seerecht (1301-1482), S. 7 ff.

[8] *O'Sullivan*, Die Ahndung von Rechtsbrüchen und Seeleuten im mittelalterlichen hamburgischen und hansischen Seerecht (1301-1482), S. 3.

[9] *O'Sullivan*, Die Ahndung von Rechtsbrüchen der Seeleute im mittelalterlichen hamburgischen und hansischen Seerecht (1301-1482), S. 1.

[10] Zur Person *Antoine de Conflans*, der ein gebildeter Westeuropäer war und auch selbst auf Schiffen an kriegerischen Auseinandersetzungen im Mittelmeer teilnahm, vgl. *Mollat du Jourdin* und *Chillaud-Toutée*, Le livre des Faiz et de la marine et navigaiges d'Antoine de Conflans v. 1516-1520, S. 9 ff.

der Vielfalt der Flottenpotentiale, aber auch mit menschlichen und kulturellen Unterschieden in den Nord- und Südmeeren beschäftigt,[12] nicht um vergleichende Worte zum Llibre del Consolat de Mar und den Rôles d'Oléron herum.[13] Er vergleicht die beiden Quellen in Bezug auf den Warenhandel und kommt zu dem Schluss, dass sich das Llibre del Consolat de Mar, was den Warenhandel betrifft, nur wenig von den Rôles d'Oléron unterscheidet:

„*(...) et tant que touche pour la marchandise, peu defferant au roolle d'Auleron, et appellent par toutes les mers meditarennes le livre de Consolat ou tous les droictz de justice maritimes sont dedans, et en usent depuis le detroict de Gabaltal jusques en Alexandrie et en Constantinople, dans la mer Maiour* (=Mittelmeer) *et gouffre de Venise*".[14]

Die Feststellung dieser sich nur wenig voneinander unterscheidenden Regelungen in Bezug auf die „Waren" überrascht deshalb, weil *Conflans* zuvor in seiner Schrift festgestellt hatte, dass es neben der sprachlichen Vielfalt der Seerechte auch generell große psychologische Unterschiede zwischen den Seeleuten des Mittelmeer und des Atlantikraumes gäbe. Während die Menschen des Mittelmeeres ihm subtiler erschienen oder nach seiner Meinung zumindest subtiler

---

[11] *Conflans* widmete das « *Livre des Faiz...* » Franz I. vier Jahre nach seinem Regierungsantritt im Jahre 1519. Vgl. Zum folgenden auch *Mollat*, Europa und das Meer, S. 126 f. Das Manuskript befindet sich in der Bibliothèque Nationale Paris (Ms. Français 742). Aus dem Jahre 1842 stammt eine Edition des Textes von *Jal*, Troisième Document ( = Le livre de faiz de la marine et de la navigaie d'Antoine de Conflans), in: Annales maritimes et coloniales, 27e année, 2e série, partie non officielle, tome II, S. 29-95, Paris 1842. Diese Editon weist einige Ungenauigkeiten und Fehler auf, so dass *Mollat du Jourdin* und *Chillaud-Toutée* eine verbesserte Edtion im Jahre 1984 herausgaben, nach der hier zitiert wird: *Mollat du Jourdin* und *Chillaud-Toutée*, Le livre des Faiz et de la marine et navigaiges d'Antoine de Conflans v. 1516-1520, in : 107e-108e Congrès Nationaux des Sociétés savantes, Brest-Grenoble, 1982-1983, Section d'histoire médiévale et philologie. Section d'histoire moderne contemporaine. Études d'histoire maritime, S. 9 (17)-44, Paris 1984.

[12] *Conflans* fasst das Ziel seines « Livres des Faiz… » am Anfang (folio I) folgendermaßen zusammen : « Pour auoir la congoissance des choses necessaires concernans les faiz de la marine et nauigaiges, lisez ou faictes lire les choses cy aprez escriptes » Vgl. Ms. Français 742, als Edition abgedruckt bei : *Mollat du Jourdin* und *Chillaud-Toutée*, Le livre des Faiz et de la marine et navigaiges d'Antoine de Conflans v. 1516-1520, in : 107e-108e Congrès Nationaux des Sociétés savantes, Brest-Grenoble, 1982-1983, Section d'histoire médiévale et philologie. Section d'histoire moderne contemporaine. Études d'histoire maritime, S. 17.

[13] So schreibt *Conflans* zu den Rôles d'Oléron: „Et tant que touche les droictz et roolle d'Auleron, qui fut une ordonnance anciennement faicte des mariniers marchans et autres ayans à faire par la mer occeane depuis lestroict de Roussie jusques à lestroict de Gebaltal (…) », Ms. Français 742, folio XIV v°, abgedruckt als Edition mit erklärenden Anmerkungen bei *Mollat du Jourdin* und *Chillaud-Toutée*, Le livre des Faiz et de la marine et navigaiges d'Antoine de Conflans v. 1516-1520, S. 34.

[14] Ms. Français 742, folio XIV v°, abgedruckt als Edition mit erklärenden Anmerkungen bei *Mollat du Jourdin* und *Chillaud-Toutée*, Le livre des Faiz et de la marine et navigaiges d'Antoine de Conflans v. 1516-1520, S. 35.

handelten als die vom Atlantik, würden letztere frei und offen zur Sache gehen.[15]

Ein Vergleich der speziellen Beziehungen zwischen Schiffer und Schiffsmann in den Rôles d'Oléron und im Llibre del Consolat de Mar wurde bisher noch nicht zum Gegenstand wissenschaftlicher Untersuchungen gemacht. Zwar werden beide Quellen in zahlreichen Untersuchungen, sei es nur am Rande oder zusammen mit anderen Seerechtsquellen, auch allgemein vergleichend thematisiert, jedoch bilden sie zumeist nur den Aufhänger einer chronologischen Übersicht verschiedener jüngerer Seerechtsquellen.

Es finden sich auch vergleichende Anmerkungen in den großen Editionen von Seerechten aus dem 17. bis 19. Jahrhundert. In dieser Zeit veröffentlichten eine Reihe von Autoren[16] Sammlungen verschiedener mittelalterlicher Seerechte.

*Cleirac*[17] edierte in seinen „Us et coustumes" aus dem Jahre 1661 verschiedene mittelalterliche Seerechtsquellen, dabei auch die Rôles d'Oléron und das Llibre del Consolat de Mar und fügte seiner Untersuchung Anmerkungen in Bezug auf mögliche Ähnlichkeiten in den Seerechtsquellen bei. Sein Werk wurde 1924 in der Untersuchung von *Adrienne Gros*[18] „L'oeuvre de Cleirac en droit maritime" zusammenfassend erläutert und nochmals in Bezug auf Ähnlichkeiten der verschiedenen Seerechtsquellen - dabei auch zwischen den Rôles d'Oléron und dem Llibre del Consolat de Mar - kommentiert.

Von *Engelbrecht*[19] stammt die erste deutsche Übersetzung der Rôles d'Oléron und des Llibre del Consolat de Mar in seinem Werk „Corpus Iuris Nautici oder Sammlung aller Seerechte der bekanntesten handelnden Nationen alter und neuer Zeiten" aus dem Jahre 1790. In Anmerkungen zu den jeweiligen Kapiteln der von ihm übersetzten Seerechtsquellen finden sich erläuternde und andere quellenvergleichende Hinweise. Kritisch anzumerken ist aber, dass er das

---

15 „Les gens qui sont et naviguent dans les mers meditarennes sont plus subtilz, au moins marchandent plus subtillement, que ceulx de la mer occeane (...) », Ms. Français 742, folio VI v°; *Mollat du Jourdin* und *Chillaud-Toutée*, Le livre des Faiz et de la marine et navigaiges d'Antoine de Conflans v. 1516-1520, S. 25. Vgl. hierzu *Mollat*, Europa und das Meer, S.126 f.

16 *Cleirac*, Us et Coustumes, Bordeaux 1661; *Engelbrecht*, Corpus Iuris Nautici oder Sammlung aller Seerechte der bekanntesten handelnden Nationen alter und neuer Zeiten, Lübeck 1790; *Pardessus*, Collection de lois maritimes I und II, Paris 1828 ff.; *Twiss*, The Black Book of the Admiralty, London 1871 ff.

17 *Cleirac*, Us et Coustumes, Bordeaux 1661.

18 *Gros*, L'Œuvre de Cleirac en droit maritime, Bordeaux 1924.

19 *Engelbrecht*, Corpus Iuris Nautici oder Sammlung aller Seerechte der bekanntesten handelnden Nationen alter und neuer Zeiten, Lübeck 1790.

Llibre del Consolat de Mar nicht aus dem Katalanischen, sondern aus dem Italienischen übersetzte. Die Edition stimmt damit in der Reihenfolge und Anzahl der Kapitel nicht mit den bekannten Editionen von *Capmany*[20], *Pardessus*[21] oder *Colon*[22] überein, wird in der deutschen Forschung aber noch verwendet.[23]

*Pardessus* gab zwischen 1826 und 1845 sein sechsbändiges Werk „Collection de lois maritimes antérieures au XVIIIe siècle"[24] heraus und schuf mit dieser Sammlung älterer Seerechte und aufgrund seiner umfassenden seerechtlichen Quellenkenntnis die Voraussetzungen einer modernen wissenschaftlichen Forschung, die nicht mehr primär von einer „patriotischen Begeisterung"[25] geprägt war. *Pardessus* edierte verschiedene ältere Seerechtsquellen, welche er zusätzlich jeweils in ein modernes Französisch übersetzte und die auch die Rôles d'Oléron und das Llibre del Consolat de Mar umfassten. In den Einleitungskapiteln der edierten und übersetzten Seerechtsquellen beschrieb er deren Ursprung und Inhalt. In den Fußnoten der edierten Seerechte und in den Einleitungsteilen seiner wissenschaftlichen Untersuchung kommentierte *Pardessus* einzelne Wörter und Passagen der Quellen. Dort finden sich zum Teil Erläuterungen der Seerechtsquellen oder auch Verweise auf mögliche Ähnlichkeiten der Rôles d'Oléron und des Llibre del Consolat de Mar, jedoch ohne speziell das Verhältnis des Schiffers zu seinen Schiffsmännern zu thematisieren. Das Werk *Pardessus'* bildet noch heute die wesentliche Quellengrundlage für die französische Seerechtsforschung.[26]

Ebenfalls von großer Bedeutung ist die zwischen 1871 und 1876 veröffentliche Edition des Engländers *Sir Travers Twiss* „The Black Book of the Admiralty".[27] Er verfolgte in seinem vierbändigen Werk ein ähnliches Ziel mit gleicher

---

[20] *Capmany*, Codigo de las costumbras maritimas de Barcelona hasta aqui vulgarmente llamado Libro del consulado, Madrid 1799; *Capmany* Libro del Consulado del mar. Edición del texto original catalán y traducción scastellana de Antonio Capmany ..., von *A. M. de Saavedra*, Barcelona 1965.

[21] *Pardessus*, Collection de lois maritimes I und II, Paris 1828 ff.

[22] *Colon*, Llibre del Consolat de Mar, Band 1-4, Barcelona 1981-84 (Neudruck 2001).

[23] So zitiert *Jutta von der Decken*, Das Seearbeitsrecht im Hamburger Stadtrecht von 1301 bis 1603, Frankfurt am Main 1995, nach der Edition *Engelbrechts* im Rahmen ihrer Ausführungen zum Llibre del Consolat de Mar.

[24] *Pardessus*, Collection de lois maritimes I und II, Paris 1828 ff.

[25] So bezeichnet es *Krieger*, Ursprung und Wurzeln, S. 2.

[26] Auch die aktuellste französische Arbeit zum Seerecht von *Réhault*, Le naufrage, Paris 2002 stützt sich weiterhin auf die Edition *Pardessus'*.

[27] *Twiss*, The Black Book of the Admiralty, Band 1-4, London 1871 ff. Vgl. die Besprechung des Werkes durch *Wagner*, in: Monumenta Juridica. The black book of the Admiralty, with an appendix edited by Sir Travers Twiss, Q. C., D. C. L. etc. IV vol. (in den Rerum Britannica-

Vorgehensweise wie *Pardessus,* indem er verschiedene ältere Seerechtsquellen edierte und ins Englische übersetzte. Sein vierbändiges Werk und ist von ähnlicher Bedeutung für die moderne (englischsprachige) Forschung.[28]

Auch im Anhang der aktuellsten Edition des Llibre del Consolat de Mar von *Colon*[29] findet sich im Anhang eine Auseinandersetzung zu möglichen Ähnlichkeiten zu und Beeinflussungen des Llibre del Consolat de Mar durch die Rôles d'Oléron.[30]

Neben den großen Editionen mittelalterlicher Seerechtsquellen werden die beiden hier zu untersuchenden Seerechte auch in allgemeinen Werken der Seerechtsliteratur behandelt, indem sie mit anderen Seerechtsquellen im Rahmen einer chronologischen Darstellung allgemein verglichen werden: Beispiele hierfür bilden die Werke von *Rudolf Wagner* „Handbuch des Seerechts" von 1906,[31] *Walther Vogel* in Band 1 seiner „Geschichte der deutschen Seeschiffahrt" aus dem Jahre 1915[32] oder *Ulrich Abel* „Die Grundzüge des deutschen Seearbeitsrechts und seine geschichtlichen Grundlagen" aus dem Jahre 1938.[33] Gerade bei *Vogel* und *Abel,* die sich dem Titel nach ja mit dem deutschen Seerecht beschäftigen, werden auch verschiedene Regelungen in den Rôles d'Oléron oder dem Llibre del Consolat del Mar im Rahmen einer chronologischen Darstellung erwähnt.

Zum anderen finden sich auch in Werken, die es ihrem Titel nach nicht vermuten lassen, längere Ausführungen sowohl zu den Rôles d'Oléron als auch zum Llibre del Consolat de Mar. So beschäftigte sich *Dorothy Burwash* in ihrer Untersuchung mit dem Titel „English merchant shipping 1460-1540" aus dem Jahre 1947 zwar primär dem Titel entsprechend mit den englischen Seehandel im 15. und 16. Jahrhundert; sie untersuchte in diesem Zusammenhang aber auch

---

rum Medii Aevi Scriptores). London 1871-1876. Longman & Co. Trübner & Co. 40 sh., in: ZHR 27 (1882), S. 619-633.

[28] Vgl. *Burwash,* English merchant shipping 1460-1540, Toronto 1947; *Runyan,* The Rolls of Oleron and the Admiralty Court in Fourteenth Century England, in: The American Journal of Legal History, Volume 19 (1975), S. 95-111.

[29] *Colon,* Llibre del Consolat de Mar, Band 1-4, Barcelona 1981-84 (Neudruck 2001).

[30] Vgl. *Colon,* Llibre del Consolat de Mar, Band 4, S. 271 ff., das Kapitel „El LCM i els Rooles d'Oleron en el dret marítim mercial de l'Etat Mitjana europea."

[31] *Wagner,* Handbuch des Seerechts, Band 1, 1. Auflage, Leipzig 1884; 2. Auflage, Leipzig 1906.

[32] *Vogel,* Geschichte der deutschen Seeschiffahrt, Band 1: Von der Urzeit bis zum Ende des XV. Jahrhunderts, Berlin 1915.

[33] *Abel,* Die Grundzüge des deutschen Seearbeitsrechts und seine geschichtlichen Grundlagen, Greifswald 1938.

verschiedene Fassungen der Rôles d'Oléron[34] und verglich diese dann interessanterweise auch unter „arbeitsrechtlichen" Gesichtspunkten mit einschlägigen Kapiteln des Llibre del Consolat de Mar.[35]

*Karl-Friedrich Krieger* untersuchte im Rahmen seiner Dissertation „Ursprung und Wurzeln der Rôles d'Oléron" aus dem Jahr 1970 die Entstehung und die Wurzeln der Rôles d'Oléron. Er stellt auch die Frage, inwieweit ein Vergleich mit anderen Seerechtsquellen Aufschluss über eine möglichen Beeinflussung der Rôles d'Oléron durch das Seerecht des Mittelmeerraumes oder durch das nordisch-germanische Recht geben könnte.[36] Das Llibre del Consolat hält er für seinen Vergleich, durch den er Erkenntnisse für den Ursprung der Rôles d'Oléron erhofft, deshalb nicht für geeignet, da das Llibre del Consolat de Mar in der heute überlieferten Fassung aus der zweiten Hälfte des 14. Jahrhunderts stammt und somit jünger ist als die ältesten überlieferten Fassungen der Rôles d'Oléron. Vorliegend ist ein Vergleich aber interessant, da mögliche Einflüsse der älteren Rôles d'Oléron auf das Llibre del Consolat de Mar und damit den Mittelmeerraum untersucht werden sollen.

Von *James Shephard* existiert eine Magisterarbeit aus Poitier mit dem Titel „Les origines des Rôles d'Oléron" aus dem Jahr 1983. Inwieweit er möglicherweise auch vergleichende Worte zu anderen mittelalterlichen Seerechtsquellen und dem Llibre del Consolat de Mar gefunden hat, konnte leider nicht abschließend geklärt werden, da die Arbeit nicht regulär veröffentlicht wurde.[37]

*Götz Landwehr* stellt in seiner Untersuchung „Die Haverei in den mittelalterlichen deutschen Seerechtsquellen" aus dem Jahr 1985 in Bezug auf den Schiffsbruch und den anschließenden Schadensausgleich beim Seewurf, der die Frage des Lohnes der Schiffsleute betrifft, ebenfalls Regelungen der Rôles d'Oléron und des Llibre del Consolat de Mar gegenüber.[38]

In Untersuchung aus dem Jahr 1995 von *Hesse* „Histoire et sources des droits maritimes"[39] werden ebenfalls beide Quellen thematisiert und ihre herausragende Bedeutung gewürdigt.[40]

---

[34] *Burwash*, English merchant shipping 1460-1540, S. 171 ff. („Appendix I").

[35] *Burwash*, English merchant shipping 1460-1540, S. 35 ff. in ihrem Kapitel „Wages and Conditions of Work for the Common Seaman".

[36] *Krieger*, Ursprung und Wurzeln, S. 72 ff.

[37] Die Bibliothèque Nationale in Paris besitzt bedauerlicherweise kein Exemplar. Ein Exemplar befindet sich aber in der Universitätsbibliothek in Poitier, allerdings scheiterte eine Fernleihe sowohl über die Stadt- und Universitätsbibliothek als auch eine solche über die Bibliothèque Nationale Paris, da das Exemplar nicht zur Fernleihe zur Verfügung stand.

[38] *Landwehr*, Haverei, S. 52 ff.; 82 f.

[39] *Hesse*, Histoire et Sources des droits maritimes, in : Droits maritimes, tome 1 : Mer, navire et marins, livre 1, hrsg. von Yves Tassel und Philippe Jean Hesse,Lyon/Paris 1995

*Estelle Réhault* vergleicht in ihrer Dissertation „Le naufrage. Les conséquences juridiques de l'infortune de mer en France et Angleterre du XVIè au XIXè siècle" aus dem Jahr 2002, die sich dem Titel nach mit der rechtlichen Seite der Schiffsbruchs in Frankreich und England im 16. bis 19. Jahrhundert beschäftigt, die Rôles d'Oléron mit dem Llibre del Consolat de Mar in Bezug auf die Entlohnung der Schiffsleute durch einen Anteil am Frachtraum, der sogenannten Führung, miteinander, um aus den älteren Regelungen der beiden bedeutenden Quellen Schlüsse auf die Entwicklung dieser Form der Entlohnung in Frankreich und England im 16. bis 19. Jahrhundert zu ziehen.[41]

Andere Untersuchungen setzen sich im Besonderen mit der „Geschichte des Seearbeitsrechts" auseinander, von denen folgende für diese Untersuchung besonders berücksichtigt wurden:

Grundlegend ist die Untersuchung von *Wilhelm Ebel* aus dem Jahre 1934 mit dem Titel „Gewerbliches Arbeitsvertragsrecht im Deutschen Mittelalter", die neben dem Arbeitsvertrag der Handwerksgesellen und der Bergarbeiter im 2. Kapitel auch ausführlich den seerechtlichen Arbeitsvertrag behandelt. Obwohl sich die Untersuchung mit der Geschichte des Dienstvertrages in Deutschland beschäftigt, nimmt *Ebel* Bezug auf die Rôles d'Oléron als „Beispiel eines genossenschaftlich ausgestalteten Seerechts" und zeichnet eine Entwicklungsgeschichte des (*germanischen*) Seerechts.[42]

Eine weitere Untersuchung zum Seearbeitsrecht ist die Dissertation von *Jutta von der Decken* „Das Seearbeitsrecht im Hamburger Stadtrecht von 1301 bis 1603" aus dem Jahr 1995.[43] Obwohl sich der Titel der Arbeit auf das Seearbeitsrecht im Hamburg vom 14. bis 17. Jahrhundert bezieht, finden sich hier einleitend und in den jeweiligen Kapiteln immer wieder Bezugnahmen auf die Rôles d'Oléron und auch das Llibre del Consolat de Mar, die insoweit auch vergleichend gegenüber gestellt werden.

*Klaus Friedland* thematisiert in seinem Aufsatz aus dem gleichen Jahr „Schiff und Besatzung. Seemännische Berufsgemeinschaften im spätmittelalter-

---

[40] Vergleiche hierzu das Eingangszitat der vorliegenden Arbeit von *Hesse*, S. 1.

[41] *Réhault*, Le naufrage, S. 632 ff.

[42] Beispielhaft dafür: *„Seit dem 12. Jahrhundert sind die an der Schiffsunternehmung Beteiligten in den germanischen Rechten in drei Gruppen geschieden. (...)"*, *Ebel*, Gewerbliches Arbeitsvertragsrecht, S. 49.

[43] *Von der Decken*, Das Seearbeitsrecht im Hamburger Stadtrecht von 1306-1603, Frankfurt am Main 1995.

lichen Europa“[44] auch die Beziehungen zwischen Schiffer und Schiffsmann in den Rôles d'Oléron.

Die Rechte und Pflichten der Schiffsbesatzung im Llibre del Consolat de Mar untersuchen Jean-Jacques Larrère und Christiane Villain-Gandossi in ihrem Aufsatz aus dem Jahr 1984 „Le Llibre del Consolat de Mar. Les gens de mer, leurs droits et leurs obligations"[45]

*Carolin O'Sullivan* behandelt in der jüngsten Untersuchung zum Seearbeitsrecht aus dem Jahr 2005 die Ahndung von Rechtsbrüchen der Seeleuten und vergleicht im Rahmen dieser Fragestellung das mittelalterliche hamburgische und hansische Seerecht in der Zeit von 1301-1482.[46] Sie thematisiert am Anfang ihrer Arbeit auch die Rôles d'Oléron und das Llibre del Mar im Rahmen einer ausführlichen Darstellung zur Entwicklung des mittelalterlichen Seehandelsrechts.[47]

## III. Arbeitshypothese

Das Ergebnis der Untersuchung soll die Antwort auf die Frage sein, in welcher Form das Seerecht zum einen in der bedeutendsten Seerechtsquelle der Nordmeere, den Rôles d'Oléron, und zum anderen in der des Mittelmeerraumes, dem Llibre del Consolat de Mar, ausgestaltet ist.

Kernpunkt ist die Überprüfung der häufig vertretenen These, dass die beiden Quellen trotz großer Unterschiede in Umfang und Aufbau wie in örtlicher Herkunft zum Teil nahezu identische Regelungen enthalten.

Die Hypothese, die insoweit gebildet wird, ist die, dass das jüngere Llibre del Consolat de Mar möglicherweise durch die Rôles d'Oléron beeinflusst wurde und sie den Verfassern des Llibre del Consolat bekannt war.[48] Diese Annahme soll im folgenden im Hinblick auf die Ausgestaltung der rechtlichen Bezie-

---

[44] *Friedland*, Schiff und Besatzung. Seemännische. Berufsgemeinschaften im spätmittelalterlichen Europa, in: Mensch und Seefahrt zur Hansezeit, S. 256-267, Böhlau 1995.

[45] *Larrère/Villain-Gandossi*, Le Llibre del Consolat de Mar. Les gens de mer, leurs droits et leurs obligations, in : 106$^{e}$ Congrès Nationaux des Sociétés savantes, Perpignan 1981, Section d'histoire médiévale et philologie. Section de philologie et d'histoire jusqu'à 1610, Les pays de la méditerranée occidentale au moyen âge, Études et Recherches, S. 153-167, Paris 1984.

[46] *O'Sullivan*, Die Ahndung von Rechtsbrüchen und Seeleuten im mittelalterlichen hamburgischen und hansischen Seerecht (1301-1482), Frankfurt am Main 2005.

[47] Auf diese prägnante Zusammenfassung soll hier verwiesen werden. *O'Sullivan*, Die Ahndung von Rechtsbrüchen und Seeleuten im mittelalterlichen hamburgischen und hansischen Seerecht (1301-1482), S. 3 ff.

[48] *Pardessus*, Collection de lois maritimes II, S. 27 ff.; *Colon*, Llibre del Consolat de Mar, S. 273 ff.

hung zwischen Schiffer und Schiffsmann in den einzelnen Kapiteln der beiden Quellen überprüft werden.

## B. Die Rôles d'Oléron und das Llibre del Consolat de Mar

### I. Rôles d'Oléron

Die Rôles d'Oléron sind nach der westfranzösischen Insel Oléron benannt und waren bereits im Mittelalter sehr weit verbreitet. Sie wurden von den seefahrenden Nationen in Nord- und Westeuropa als ein gemeinsames Seerecht akzeptiert, während die kastilianischen Könige den Regelungen in ihrem Herrschaftsgebiet sogar Gesetzesstatus verschafften und im Baltikum jedenfalls einige Regelungen in das dortige Seerecht aufgenommen wurden.[49]

Nach dem heutigen Stand der Forschung erfolgte die schriftliche Abfassung der Quelle wahrscheinlich in der Mitte des 13. Jahrhunderts.[50] Gesetzeskraft im formellen Sinne erlangten die Rôles d'Oléron bereits im 14. Jahrhundert in einzelnen Hafenstädten des Atlantikraums.[51]

Die erste offizielle Bezugnahme erfolgte im Jahr 1351 in England im Rahmen eines Rechtsstreits vor dem Bürgermeister von Bristol, in dem sich beide Parteien zur Begründung ihrer Ansicht auf die *„lex consuetudo de Oleron"* beriefen.[52] In Frankreich wurden die Rôles d'Oléron in einem Privileg des französischen Königs aus dem Jahre 1364 erwähnt, in welchem den kastilianischen Kaufleuten das Recht eingeräumt wurde, ihre Streitigkeiten vor dem *„capitaine"* der Stadt Harfleur den *„coustumes de la mer et les droiz de Layron"* folgend entscheiden zu lassen.[53]

Dabei betrifft der merkantile Inhalt der Rôles d'Oléron vornehmlich den wirtschaftlichen Seehandel mit Wein. Den Ausgangspunkt der in der Quelle beschrieben Reisen bildete der mittlere Teil der französischen Küste zwischen den Ausflüssen der Garonne und der Loire, wobei die Schifffahrt noch eng an die Küste gebunden war.[54]

Schon zu einem sehr frühen Zeitpunkt war die Quelle mit leichten Modifikationen in verschiedenen Sprachen und Teilen Europas verbreitet. Die Herkunft der überlieferten Abschriften lässt erkennen, dass die Rôles d'Oléron nicht nur

---

[49] *Studer*, Oak Book of Southampton, S. XXXI.

[50] *Krieger*, Ursprung und Wurzeln der Rôles d'Oléron, Böhlau 1970, bestimmte als Zeitpunkt *„terminus ad quem"* das Jahr 1286 und als den *„ad quo"* frühestens das Jahr 1224. A.a.O. mit ausführlicher Begründung: S. 37 ff.; S. 70 f.

[51] *Krieger*, Ursprung und Wurzeln, S. 31 mit ausführlicher Begründung .

[52] *Twiss*, Black Book of the Admiralty I, S. lxi f.; *Krieger*, Ursprung und Wurzeln, S. 38.

[53] *Krieger*, Ursprung und Wurzeln, S. 37. Die Ordonnance ist abgedruckt in den „Ordonnances des roys de France de la troisième race, recueillies par ordre chronologique", Band 1, S. 436, Absatz 42.

[54] *Kiesselbach*, Ursprung der Rôles d'Oléron, S. 16.

in Frankreich, Flandern und Spanien, sondern auch in England spätestens im 14. Jahrhundert Geltung erlangten.[55]

Im 14. Jahrhundert wurden sie ins Flämische übersetzt unter dem Namen *„Vonnisse von Damme"* und verbreiteten sich weit in der Nord- und Ostseeschifffahrt. In der zweiten Hälfte des 14. Jahrhunderts entstand die *„Ordinancie, de de cooplude unde scippers mit malcanderen holden"*, welche als eine „Nachahmung" der Vonnisse von Damme gilt, worauf gewisse Übereinstimmungen zwischen beiden Quellen hindeuten wie auch die Tatsache, dass beide Quellen in fast allen Fällen zusammen überliefert wurden.[56] Das seit dem 15. Jahrhundert so bezeichnete *„Waterrecht"*, eine im Hansekontor Brügge aufbewahrte und im Ostseeraum bis nach Danzig und Königsberg verbreitete Seerechtssammlung, enthält sowohl die Vonnisse von Damme als auch die Ordinancie. Die erste Drucklegung erfolgte im Jahr 1505, seitdem trägt sie den Namen Wisbysches Seerecht oder Gotländisches Waterrecht und wurde unter dieser Bezeichnung im 16. und 17. Jahrhundert vielfach gedruckt und dabei auch ins Hochdeutsche übertragen und ins Dänische, Schwedische und Englische übersetzt und vor den Gerichten zum Teil bis zum Beginn des 19. Jahrhunderts als Seegewohnheitsrecht von den Gerichten angewandt.[57]

Der Ursprung der Rôles d'Oléron und ihre Entstehungsgeschichte standen stets im Mittelpunkt der Diskussion der Forschung. Die Frage nach dem Entstehungsort und -zeitpunkt der Quelle wurde in der Literatur seit jeher kontrovers diskutiert. An dieser Stelle soll zunächst der Stand der Forschung zur Entstehungsgeschichte und zum Ursprung dargelegt werden.

### 1. Forschungsstand zur Entstehung der Quelle

Während im 16. und 17. Jahrhundert die Frage nach der Nation, welcher der „Verdienst der Kodifikation" zukam, gestellt wurde, begann die kritische wissenschaftliche Auseinandersetzung der Forschung im 19. Jahrhundert mit den Werken von *Pardessus*[58] und *Twiss*[59]. Im 20. Jahrhundert beschäftigten sich dann zunehmend auch deutsche Autoren mit den Rôles d'Oléron.[60]

Die verschiedenen Theorien der wichtigsten Autoren zum Ursprung der Rôles d'Oléron sollen im folgenden skizziert werden.

---

[55] *Krieger*, Ursprung und Wurzeln der Rôles d'Oléron, S. 42.
[56] *Landwehr*, Seerecht (Seehandelsrecht), in HRG IV, Sp. 1601 f.
[57] *Landwehr*, Seerecht (Seehandelsrecht), in: HRG IV, Sp. 1601 f.
[58] *Pardessus*, Collection de lois maritimes, 6 Bände, Paris 1828-1845.
[59] *Twiss*, The Black Book of the Admiralty, 4 Bände, London 1871-1876.
[60] *Krieger*, Ursprung und Wurzeln, S. 1 f.

In seinem Werk „*Us et coustumes de la mer*“[61] aus dem Jahre 1661 vertritt *Cleirac* bereits die These, dass die Rôles d'Oléron ursprünglich aus Frankreich stammen.

Die patriotische geprägte Arbeit des Holländers *A. Verwer*[62] sieht den Ursprung der Quelle in den Niederlanden. Als Original der Aufzeichnung bezeichnet der Autor das „*Seerecht von Damme*“, welches nach seiner Auffassung später in Frankreich übernommen und ins Französische übersetzt wurde.[63] Diese Theorie ist spätestens seit der Entdeckung des „*Purple Book of Bruges*“, das eine flämische Version der Quelle enthält, die älter ist als das Seerecht von Damme, überholt. Auch wenn beide Versionen fast übereinstimmen, enthält das „*Purple Book of Bruges*“ selbst den Zusatz, eine Übersetzung der Rôles d'Oléron zu sein.[64]

*Pardessus* vertritt im ersten Band seiner berühmten „*Collection de lois maritimes*“ aus dem Jahre 1828 die Auffassung, dass der Entstehungsort der Quelle Frankreich ist. Damit ist er entgegen *Verwer* gleichzeitig der Auffassung, dass es sich bei dem „*Seerecht von Damme*“ um eine Übersetzung aus dem Französischen handele.[65] Wie *Kiesselbach*[66] bemerkt, wurde der französische Ursprung der Quelle, den *Cleirac* bereits 1661 feststellte, vier Jahre vor dem Erscheinen des ersten Bandes von *Pardessus* im Jahre 1824 auch von *Elard Meyer* in seiner Dissertation vertreten.[67] Als später dann in englischen Archiven verschiedene französische Manuskripte der Rôles d'Oléron aus dem frühen 14. Jahrhundert gefunden wurden, konnte der französische Ursprungsort der Quelle belegt werden.

*Pardessus* vertritt weiter die Auffassung, dass die in den Rôles d'Oléron geregelten Fälle in keiner besonderen Beziehung zur französischen Insel Oléron gestanden hätten, auch wenn die Sammlung seiner Ansicht nach ohne Zweifel an der ganzen Westküste gegolten habe.[68] Als Argumente führt *Pardessus* an,

---

[61] *Cleirac*, Us et Coustumes de la mer, Bordeaux 1661.
[62] *A. Verwer*, Nederlants Seerechten, Amsterdam 1730.
[63] Vgl. hierzu kurz *Kiesselbach*, Ursprung der Rôles d'Oléron, und *Krieger*, Ursprung und Wurzeln, S.1.
[64] Diese Kopie war von *Warnkönig* gefunden und 1833 veröffentlicht worden. Vgl. hierzu: Messager des siences etc., Gand. tom. I (1833), S. 246 f. und 404 f. sowie *Warnkönig*, Flandrische Staats- und Rechtsgeschichte, Bd. 1 (1835), Urkunde XLI, S. 86 ff.
[65] *Pardessus*, Bd. 1, S. 283-322, 355-370, 425-462 und Bd. 4, S. 57-63, 485-491.
[66] *Kiesselbach*, Ursprung der Rôles d'Oléron, S. 4.
[67] *Elard Meyer*, De historia legum maritimarum medii aevi celeberrimarum, Göttingen 1824, §§ 22-27, S. 43-54.
[68] *Pardessus*, Collection de lois maritimes I, S. 306. « *Les Rôles n'appartiennent point à Oléron : mais ils y étoient connus et suivis, comme dans tout le duché d'Aquitaine, dont cette île*

dass in der Quelle selbst keine Ortsnamen der Insel Oléron vorkämen und dass sich in der lokalen Coutume der Insel Oléron keine seerechtlichen Bestimmungen aus den Rôles d'Oléron fänden, obwohl die Coutume der Insel Oléron an sich seerechtliche Bestimmungen enthalte. Den Namen *„Rôles d'Oléron"* bezeichnet *Pardessus* als einen Zufall. Eventuell sei ein von Oléron datiertes Beglaubigungsattest, welches einem Exemplar der Quelle beigefügt sei, in andere Handschriften übergegangen.[69] Anmerkungen, wo die Quelle sonst entstanden sein könnte, macht *Pardessus* nicht.

Anders als *Pardessus* vertritt der englische Rechtsgelehrte *Sir Travers Twiss* in seiner vierbändigen Seerechtssammlung[70] die Auffassung, dass der Entstehungsort der Urkunde eben doch die Insel Oléron sei. Er belegt dies damit, dass sich in allen romanischen Texten die Benennung der Quelle nach dem Namen der Insel Oléron finde. Er führt aber noch weitere Argumente dafür an, Oléron als Entstehungsort der Rechtssammlung zu sehen: Seiner Ansicht nach handelt es sich bei den Rôles d'Oléron in Abgrenzung zur lokalen Coutume der Insel um die Urteile in Seesachen, the judgments of the sea.[71]

*Kiesselbach* bezog eine unabhängige Position.[72] Er stimmte *Twiss* darin zu, dass zwischen den Rôles d'Oléron und der Insel Oléron eine sehr enge Beziehung bestand und hob dabei die Bedeutung Olérons für Schifffahrt und Handel im Mittelalter hervor. Dabei verwies er vor allem auf die Fruchtbarkeit und den Waldreichtum der Insel. Aufgrund dieses Reichtums sei die Insel Oléron vor allem für den Schiffsbau von großer Bedeutung gewesen. Er sieht damit Oléron als Entstehungsort der Quelle an, kann *Twiss* aber nicht mehr dahingehend zustimmen, dass es sich bei der Quelle um Seegerichtsurteile des dortigen Seegerichtshofes gehandelt habe.[73]

*Krieger* berücksichtigt in seiner 1970 veröffentlichten Arbeit den Stand der Literatur bis zum Frühjahr 1968.[74] Krieger stimmt der von *Dions*[75] vertretenen Auffassung zu, dass die Rôles d'Oléron ihrem Regelungsgehalt nach, der den Weinschiffhandel betrifft, große Schiffe mit erheblicher Besatzung voraussetz-

---

*dépendoit ; comme dans la Bretagne, la Normandie, et le littoral occidental de la France, dont ils formoient le droit commun maritime ; comme en Angleterre, dont les rois, devenus ducs d'Aquitaine, finirent par adopter ces Rôles dans leur propre royaume ; comme en Espagne, où Alphonse X leur avoit donné l'autorité de loi.»*

[69] *Pardessus*, Collection de lois maritimes I, S. 334.

[70] *Twiss*, The Black Book of the Admiralty, 4 Bände, London 1871-1876.

[71] *Twiss*, Black □ook of the Admiralty II, S. XXXVII f.

[72] *Kiesselbach*, Ursprung der Rôles d'Oléron, in: HGBl. (1906), S. 1-60.

[73] *Kiesselbach*, Ursprung der Rôles d'Oléron, S. 21.

[74] *Krieger*, Ursprung und Wurzeln, S. IX (Vorwort).

[75] *Dion*, Histoire de la vigne et du vin en France, S. 350.

ten.[76] Seiner Auffassung nach erfolgte die schriftliche Abfassung der Aufzeichnung um das von ihm als *„terminus ad quem“* ermittelte Jahr 1286, wenn nicht im selbigen.[77] *Krieger* ordnet Oléron als Hinterlegungsort der Urkunde ein. Die Sammlung entstammte seiner Auffassung nach weder der Rechtsetzungs- noch der Rechtsprechungsbefugnis der Oléroner Commune und war nicht allein für die Seeleute dieser Insel bestimmt. Für ihn besagt der Zusatz *„Ceo est la copie de la chatre Doliroun des jugemenz de la meer“*[78] nichts anderes, als dass es sich um eine Abschrift der auf dieser Insel aufbewahrten „Urteile“ der Meere handelt.[79]

Zusammenfassend kann festgestellt werden, dass die Rôles d'Oléron nach der westfranzösischen Insel Oléron benannt wurden. Ein Nachweis dafür, dass es sich um schriftliche „Urteile“ eines Seegerichtshofes der Insel Oléron handelt, gibt es nicht. Wahrscheinlicher erscheint es, dass die zunächst mündlich überlieferten allgemeinen Seerechtsgewohnheiten erstmals auf der Insel Oléron schriftlich niedergelegt wurden und/oder aber auch, dass Oléron der Hinterlegungsort der Urkunde war, wie es *Krieger* vertritt. Dafür sprechen die Anfangszeilen des überlieferten Manuskripts Ms. Liber Horn aus dem beginnenden 14. Jahrhundert, die älteste Kopie des verschollenen Originals. Dort heißt es: *„Ceo est la copie de la chatre Doliroun des jugemenz de la meer“*[80]. Es ist die Rede von der Urkunde von Oléron und den „Urteilen der Meere.“ Nach dem Wortlaut könnte es sich also um die schriftliche Niederlegung der überlieferten *„jugemenz de la meer“* handeln, die auf der Insel Oléron erstmals erfolgte und möglicherweise auch dort hinterlegt wurde.

## 2. Formale Charakterisierung

Die Rôles d'Oléron enthalten in ihren ältesten Fassungen 24 Kapitel. Spätere, erweiterte Manuskripte enthalten bis zu 35 Kapitel.[81]

Der sehr knappe Aufbau der Quelle mit der am Ende jedes Kapitels wiederholten Formel *„Ceo est le jugement en ce cas“* – *„Und das ist das Urteil in die-*

---

[76] *Krieger*, Ursprung und Wurzeln, S. 47 f.
[77] *Krieger*, Ursprung und Wurzeln, S.71.
[78] Ms. Liber Horn, Kapitel 1, Zeile 1-4.
[79] *Krieger*, Ursprung und Wurzeln, S. 120 f.
[80] „Dies ist die Abschrift der Urkunde von Oléron, der Urteile des Meeres“. Vgl. Kapitel I, Zeile 1 (Ms. Liber Horn).
[81] Dort wird zusätzlich beispielsweise das Strandrecht behandelt. Vgl. Ms. Vespian; Ms. Selden und Ms. Whitehall. Zur Aufstellung der verschiedenen Manuskripte, ihrer Kapitelzahl und Kapitelanordnung: *Krieger*, Ursprung und Wurzeln, S. 14 f.

*sem Fall*“ [82] erinnert fast an ein Gedicht. Die Formel *„Ceo est le jugement en ce cas*“, die sich in ähnlicher Form auch am Ende der einzelnen Kapitel der *„Assisen von Jerusalem*“[83] findet, führte in der Literatur zu einem Streit darüber, wie die Quelle formal zu charakterisieren sei:

*Pardessus* vertrat bereits die Auffassung, dass es sich bei den Rôles d'Oléron um eine Sammlung von niedergeschriebenen Rechtsgewohnheiten handele.[84]

Nach der Auffassung von *Twiss* sind die Rôles d'Oléron gerichtliche Urteile, was er an der Schlussformel *„Ceo est le jugement en ce cas*“ am Ende jedes Artikels festmacht.[85] *Twiss* schließt daraus, ohne dies näher zu begründen, dass es sich bei der Quelle ursprünglich um eine Sammlung und Aufzeichnung der Urteile des Seegerichtshofes des Maire von Oléron handele.[86]

In der deutschen Forschung hat sich *Wagner*[87] im wesentlichen der Theorie von *Twiss* angeschlossen. Auch für ihn handelt es sich bei der Quelle um eine Sammlung von Urteilen des *„berühmten Seegerichtshofes von Oléron*“, die im Laufe der Zeit Verbreitung in ganz Nord- und Westeuropa fand und gewohnheitsrechtlich rezepiert wurde.[88]

Auch *Goldschmidt* schließt sich mit einer geringen Einschränkung der Auffassung *Twiss'* an: Seiner Ansicht nach handelt es sich bei den Rôles d'Oléron um eine Sammlung gerichtlicher Urteile („*Weistümer*“) des Seegerichtshofs von Oléron oder auch von La Rochelle.[89]

*Kiesselbach* stimmt der Meinung *Pardessus'* zu, dass es sich bei den Rôles d'Oléron um eine Sammlung von niedergeschriebenen Rechtsgewohnheiten handele. Diese bezeichnet er als „Weistümer“.[90] Die Schlussformel am Ende jeden Artikels beziehe sich aber nicht auf ein Urteil im juristischen Sinne, sondern sie sei *„eine feierliche Bekräftigung der Verfasser, dass bei den hervorgehobenen Ereignissen die angegebenen Regeln das geltende Recht seien.*“[91]

---

[82] Wobei Kapitel XVIII; Zeile 46 ff. mit der Formel schließt: „Et cest la custume en ceo cas“

[83] *„Car ce est dreit et raison par lassise.de la terre dou reiaume de Ierusalem*“. Vgl. *Zeller*, Heft 4, S. 18.

[84] *Pardessus*, Collection de lois maritimes I, S. 334.

[85] So zur Interpretation *Twiss'* : *Studer*, Oak Book of Southampton, S. XXXII f. und *Kiesselbach*, Ursprung der Rôles d'Oléron, S. 5.

[86] *Twiss*, Band 2, S. XXXVII f.

[87] *Wagner*, in: ZHR 27 (1882), S. 623 ff. und Wagner, Seerecht (1906), S. 67.

[88] *Wagner*, Seerecht (1906), S. 67.

[89] *Goldschmidt*, Universalgeschichte des Handelsrechts (1891), S. 223.

[90] *Kiesselbach*, Ursprung der Rôles d'Oléron, S. 22.

[91] *Kiesselbach*, Ursprung der Rôles d'Oléron, S. 23.

*Krieger* qualifiziert die Aufzeichnung als eine alle Beteiligten an einer Schifffahrt umfassende „*coutume de mer*“, die als solche schriftlich niedergelegt war, um seit langer Zeit bestehende, geübte und allgemein anerkannte Rechtsgewohnheiten „*mit internationalem Geltungsanspruch*“ verbindlich festzustellen und für die Zukunft zu bewahren.[92] Er stellt fest, dass die Rôles d'Oléron keine Sammlung von Urteilen im heutigen Sinne sind Vielmehr sollte die Schlussformel lediglich klarstellen, dass die Rechtsfolgen der einzelnen Tatbestände als das geltende Recht anzusehen waren.[93]

Dieser Auffassung wird gefolgt. Es handelte sich nämlich nicht um die Aufzeichnung konkreter Urteile eines Seegerichtshofes, sondern um eine zunächst wohl mündlich überlieferte, später dann schriftlich niedergelegte Sammlung der Seerechtsgebräuche der westfranzösischen Küste, den „*jugemenz de la meer*“[94], worauf auch die Namen der Orte, die in der Quelle auftauchen –Bordeaux und La Rochelle-, hindeuten. Die Urteilsformel am Ende soll klarstellen, wie in bestimmten Konfliktsituationen „entschieden“ werden soll, um den Frieden an Bord wiederherzustellen oder zu bewahren. Die gewählte Form ist dabei zwar noch wenig abstrakt gefasst. Diese konkreten aufgeführten „Fälle“ sind aber als Beispiele für typische Konfliktsituationen zu verstehen, die sich nach der Erfahrung der an der Seefahrt Beteiligten auf einer Schiffsreise stellten. Für solche Streitfälle wurde so die Art der Beilegung nach den hergebrachten Gebräuchen festgelegt, die von den Beteiligten zu akzeptieren war und so gleichzeitig auch der Rechtssicherheit der Schiffsmitglieder diente.

Behandelt werden in den Rôles d'Oléron - nach heutiger Terminologie - die privatrechtlichen Beziehungen zwischen den an der Schifffahrt beteiligten Personen. Es werden neben der Beziehung zwischen Schiffer und Schiffsmann der Frachtvertrag, die Stellung der Reeder und Befrachter, die Haverei und das Seedarlehen behandelt.[95]

---

[92] *Krieger*, Ursprung und Wurzeln, S. 120 f.
[93] *Krieger*, Ursprung und Wurzeln, S. 32.
[94] Diese Eigencharakterisierung als „*jugemenz de la meer*“ findet sich in den Rôles d'Oléron am Anfang. Vgl. Kapitel I, Zeile 3 f. der Rôles d'Oléron (Ms. Liber Horn).
[95] *Ebel*, in : Zeitschrift des Vereins für Lübeckische Geschichte und Altertumskunde, Band 51 (1971), S. 105.

## II. Das Llibre del Consolat de Mar

Die überragende Bedeutung des Llibre del Consolat de Mar für die Entwicklung des Seerechts würdigte bereits *Pardessus*[96], indem er die Quelle als *„base des lois maritimes actuelles de l'Europe“*[97] bezeichnete.

### 1. Entstehungsgeschichte der Quelle

Die erste Redaktion des Llibre del Consolat de Mar, einer privaten Seerechtskompilation, entstand um 1350 in Barcelona.[98]

In Barcelona existierte bereits ein Seekonsulat, das *„Consolat de Mar“*. Es galt als das wichtigste Seekonsulat seiner Zeit und wurde im Jahre 1272 durch König Peter II. von Aragon errichtet.[99] Es fungierte als ein Seegerichtshof, der seit der zweiten Hälfte des 14. Jahrhunderts Einfluss auf das gesamte Mittelmeergebiet besaß. Das Vorhandensein von Seekonsuln (*consules maris)* des *„Consolat de Mar“* ist in Barcelona seit 1282 belegt. Im Gerichtshof *„Consolat de Mar“* wurde das Llibre del Consolat de Mar als Seerechtsquelle angewandt.[100] In Kapitel 46 des Llibre del Consolat de Mar findet sich eine Art *„Eigencharakterisierung“* der Quelle:

> *„Aquests són los bons stabliments e les bones custumes qui són de fet de mar que·ls savis hòmens qui van per lo mónt e no comensaren d'anar els nostres entecessors faéran per los libres de la savietat de les costumes on d'aqui avant podem trobar què deu senyor de nau fer a mercader o a mariner o a palegrí o altre hom qui vaja en la nau. »*[101]

Interessant ist, dass diese eigentlich „einleitenden Worte“, die einer Präambel ähneln, nicht in Kapitel 1, sondern in Kapitel 46 LCM stehen. Dafür gibt es jedoch folgende Erklärung:

Das Llibre del Consolat de Mar besteht aus drei Teilen.[102] Der erste Teil setzt sich aus Verordnungen für das Seegericht zu Valencia zusammen, die von

[96] *Pardessus*, Collection des lois maritimes antérieures au XvIIIe siècle, 6 vol., Paris 1828-1845.
[97] *Pardessus*, Collection des lois maritimes, tome II, S. 1.
[98] *Landwehr*, Seerecht (Seehandelsrecht), in: HRG IV, Sp. 1599.
[99] *Landwehr*, Seerecht (Seehandelsrecht), in: HRG IV, Sp. 1599.
[100] *Battle*, Consolat de mar, in: Lex MA III, Sp. 163 f.
[101] Kapitel 46 LCM. Übersetzt bedeutet dies: *„Dies sind die guten Einrichtungen und die guten Gewohnheiten, welche den Seehandel betreffen, wie ihn die erfahrenen Männer, welche durch die Welt gereist sind, von ihren Vorfahren gelernt haben, und welche nach Bücher vom Wissen um die guten Gewohnheiten verfertigt wurden. Unter dem, was folgt, findet man das, an was der Schiffer gegenüber den Schiffsleuten oder den Kaufleuten oder den Passagiere oder gegenüber jedem Mann, der in dem Schiff reist, gebunden ist.“*
[102] *Engelbrecht*, Corpus iuris nautici, S. VI.

König Jakob um 1270 gegeben und bestätigt wurden.[103] Es handelt sich um die Statuten von Valencia und Mallorca.[104] Der zweite umfasst die Kapitel 46 -297. Der zweite Teil beginnt mit der Überschrift: „Hier nehmen die guten Seegebräuche ihren Anfang". Der dritte Teil, der einem Anhang gleichzusetzen ist, enthält Verordnungen für Schiffe, die in Gesellschaft auf feindliche Schiffe treffen. Kapitel 46 LCM ist also doch ein Anfangskapitel, nämlich das des zweiten Teils.[105]

Der Verfasser der Quelle ist unbekannt. *Landwehr* vertritt die Auffassung, dass der unbekannte Autor des Llibre del Consolat de Mar, der über umfangreiche Kenntnisse der Seerechtsquellen des Mittelmeeres und der atlantischen Küste verfügt habe, im Kreise der *consules maris* zu suchen sei.[106] Die beiden Konsuln - ein Bürger und ein Kaufmann - die auch schiffskundig waren, wurden jährlich von einer vom Stadtrat der Stadt Barcelona abhängigen Institution gewählt.[107] Diese Institution bestand aus an der Seefahrt beteiligten Personen, den *„guten Seemännern, dem Schiffer und dem Schiffsvolk"*[108].

Fraglich ist, inwieweit der Text selbst Aufschluss über den oder die möglichen Verfasser des Llibre del Consolat de Mar geben kann. In dem soeben zitierten Kapitel 46 heißt es:

> *„(...) qui són de fet de mar que·ls savis hòmens qui van per lo mónt e no comensaren d'anar els nostres entecessors faéran per los libres de la savietat de les costumes (...)"*[109]

Es ist hier die Rede von den erfahrenen Leuten, die durch die Welt gereist sind und von ihren Vorfahren gelernt haben. Sie haben diesen Text niedergeschrieben und stützten sich nach dem Wortlaut des Kapitels 46 zudem auf die Bücher vom Wissen um die guten Gewohnheiten (*„los libres de la savietat de les costumes")*. Dies ist besonders interessant, weil hier ein Hinweis darauf gegeben wird, dass nicht nur mündlich überliefertes, sondern bereits schriftlich fixiertes Recht, in dem Llibre del Consolat del Mar einbezogen wurde. Die spannende Frage ist, ob hier auch die Rôles d'Oléron als „coutume de la mer" bekannt waren und möglicherweise einbezogen wurden. Dafür könnte sprechen, dass die

---

[103] Dies lässt sich aus der Urschrift der Quelle ablesen, die da lautet: *„Im Jahr 1270 sind diese Gesetze durch den Allerdurchlauchtigsten Fürsten und Herrn den König Jacob, von Gottes Gnaden König von Arragonien, Valencia usw. bestätigt und verliehen. Und durch diesen Herrn sind die Konsuls in der Stadt Valencia angestellt, wie oben gesagt worden."*

[104] *Pardessus*, Collection de lois maritimes II, S. 1 f.

[105] So beginnt die Editon von *Pardessus* beispielsweise mit Kapitel 46 als Anfangskapitel. Vgl. *Pardessus*, Collection de lois maritimes II, S. 49.

[106] *Landwehr*, Seerecht (Seehandelsrecht), in: HRG IV, Sp. 1599.

[107] Kapitel 1 LCM.

[108] „(...) los prohòmens navegants, patrons e mariners (...)." Kapitel 1 LCM, in dem auch das Verfahren der Wahl beschrieben wird.

[109] Kapitel 46, Zeile 3 ff. LCM.

Rôles d'Oléron in ihrer älteren Form in nur 24 knappen Kapiteln die wichtigsten Probleme des Seerechts behandelte und aufgrund ihrer Kürze möglicherweise auch mündlich überliefert werden konnte.

Gelehrte Juristen spielten bei der Abfassung der Quelle demnach keine wesentliche Rolle. Zwar ist in dem Kapitel die Rede von "*erfahrenen Leuten*" und von "*Büchern vom Wissen*", jedoch spricht dies insoweit nicht für gelehrte Juristen, als die erfahrenen Leute dieses Wissen von ihren Vorfahren erhalten ("*gelernt*") haben.

Es sind laut Quelle "*Leute, welche durch die Welt gereist sind*", also Menschen mit praktischer Erfahrung, die nach dem Textzusammenhang auch selbst an den Reisen in andere Länder teilgenommen haben. Sie könnten sie sich danach auch auf andere Bücher, d.h. schriftliche niedergelegte Quellen gestützt haben, in denen das Wissen und die guten Gewohnheiten in Bezug auf den Seehandel und die Seefahrt behandelt wurden. Da hier die Rede von Menschen ist, die durch die Welt reisten, könnte dies ein Hinweis darauf sein, dass sie auch schriftliches Recht aus anderen Ländern und nicht nur die lokalen Gewohnheiten in die Quelle einbezogen haben. Insoweit ist es möglich, dass die *consules maris* des Seekonsulats von Barcelona Autoren des Llibre del Consolat de Mar gewesen sind. Denkbar erscheint es aber auch, dass der oder die Verfasser Mitglied der vom Stadtrat abhängigen Institution waren, die jährlich die beiden Konsuln wählten. Diese bestand nämlich aus den „*guten Seemännern, dem Schiffer und dem Schiffsvolk*“[110], die als wählende Institution ein besonderes Interesse an der schriftlichen Fixierung der Rechtsgewohnheiten gehabt haben könnte.

## 2. Formale Charakterisierung der Quelle

Das "Llibre del Consulat de Mar" von 1494 ist die umfangreichste Seerechtssammlung des europäischen Mittelalters. Es ist in katalanischer Volkssprache des 14. Jahrhunderts aufgezeichnet und umfasst nach der Edition von *Colon* 334 Kapitel.[111]

Die "*Guten Gewohnheiten zur See*", um die es im folgenden gehen soll, weisen keine einem heutigen Leser sich spontan erschließende Systematik auf. Grob gesagt behandeln jedoch die Kapitel 124-183 die Rechtsbeziehungen zwischen Schiffer und Schiffsleuten und bilden somit einen Themenkomplex. So existieren zwar teilweise thematische Blöcke, doch sind Bestimmungen, die ein be-

---

[110] „(...) los prohòmens navegants, patrons e mariners (...).“ Kapitel 1 LCM, in dem auch das Verfahren der Wahl beschrieben wird.

[111] *Colon*, Llibre del Consolat de Mar, Barcelona 1981-1984 (Neudruck 2001).

stimmtes Gebiet betreffen, manchmal über die ganze Quelle verteilt und tauchen an anderer Stelle scheinbar unvermittelt wieder auf.

Die Quelle behandelt konkrete Einzelfälle, ohne zur Aufstellung abstrakter Begrifflichkeiten anzusetzen und ist kasuistisch aufgebaut. Die Sprache der Quelle entspricht ihrem Charakter als praxisnahes, nicht aber als rechtswissenschaftlich geprägtes Seebuch, dass wenig abstrakt, sehr kasuistisch und oft auch redundant ist. Es ist in der katalanischen Volkssprache des 14. Jahrhundert und nicht in Latein abgefasst, was ein weiterer Hinweis darauf ist, dass das Llibre del Consolat de Mar nicht von Gelehrten, sondern von Menschen mit praktischer Erfahrung, die auch selbst am Seehandel beteiligt waren, verfasst wurde.

## C. Quellenlage und Auswahl der Quellengrundlage

Die beiden Seerechtsquellen sind gleichsam bekannt und verbreitet, weshalb sie nicht nur in verschiedenen Abschriften vorliegen, sondern auch in zahlreichen Editionen veröffentlicht wurden.

Im Rahmen dieser Untersuchung ist zu berücksichtigen, dass es sich um einen örtlichen Vergleich einer Quelle aus dem Mittelmeerraum mit einer aus dem Atlantikraum handelt. Da das Llibre del Consolat de Mar jünger ist als die Rôles d'Oléron, soll durch den Vergleich auch eine mögliche Beeinflussung des Llibre del Consolat de Mar durch die Rôles d'Oléron untersucht werden.

Wichtig ist es auch für den Vergleich, sich auf Manuskripte und Editionen in der jeweiligen Originalsprache zu stützen, um eine neutrale Grundlage für den Vergleich zu bilden, der durch die Verwendung von Übersetzungen als Grundlage im Ergebnis verfälscht werden könnte.

### I. Die Rôles d'Oléron

Die Rôles d'Oléron sind in über 30 verschiedenen Fassungen überliefert, zudem existieren zahlreiche Editionen.[112] In der Forschung wird davon ausgegangen, dass es sich bei den verschiedenen Fassungen um Abschriften handelt. Dies lässt sich damit belegen, dass auch das älteste überlieferte Manuskripte aus dem frühen 14. Jahrhundert, das Ms. Liber Horn, mit dem Satz *„Ceo est la copie de la chatre Doliroun des jugemenz de la meer"*[113] beginnt.

Das Original der Quelle, welches allein sicheren Aufschluss über die Abfassungszeit geben könnte, ist verschollen. Die Kodifizierung der Rôles d'Oléron erfolgte nach heutigem Forschungsstand spätestens um das Jahr 1286.[114] Die überlieferten Aufzeichnungen der Rôles d'Oléron stammen zum größten Teil aus dem 15., teilweise auch noch aus dem 14. Jahrhundert.[115]

*Twiss* hatte sie im Rahmen seines Vergleichs in zwei Redaktionen, nämlich in eine *„gasconische"* und in eine *„normannische"* oder *„bretonische"* aufgeteilt.[116] *Krieger* hat im Rahmen seiner Dissertation darauf hingewiesen, dass sich

---

[112] Eine Aufstellung der überlieferten Manuskripte findet sich bei *Krieger*, Ursprung und Wurzeln, S. 7 f.

[113] „Dies ist die Abschrift der Urkunde von Oléron, der Urteile des Meeres". Vgl. Kapitel I, Zeile 1 (Ms. Liber Horn).

[114] Vgl. die umfangreiche Herleitung dieses Zeitpunkts bei *Krieger*, Ursprung und Wurzeln, S. 37-71.

[115] *Krieger*, Ursprung und Wurzeln, S. 7.

[116] *Twiss*, Black Book I, S. lxiii. Die Bezeichnung "*gasconisch*" wird von *Twiss* damit gerechtfertigt, dass diese Gruppe Fassungen mit einem *„gasconischem Idiom"* enthalten.

diese Zweiteilung mit Rücksicht auf die zahlreichen Handschriften, die bisher bekannt geworden sind, nicht mehr aufrecht erhalten ließe, weshalb er die Handschriften nach ihrer räumlichen Herkunft ordne. Für diese Vorgehensweise spricht, dass eine solche Aufteilung die Analyse von möglichen Änderungen und Unterschieden erleichtert, um Erklärungen für eventuell lokal bedingte Zusätze zu finden. Zum anderen weist *Krieger* darauf hin, dass es Fassungen gäbe, die weder der einen noch der anderen von *Twiss* aufgestellten Gruppen zugeordnet werden könnten.[117] Die verschiedenen Fassungen lassen sich deshalb in solche aus:

- England[118]
- Süd-West Frankreich[119]
- Normandie[120]
- Bretagne[121]

---

[117] Als Beispiel wird von *Krieger* Kapitel 25 der Fassung des „Oak Book of Southampton" (ed. *Studer* II, S. 98) sowie Kapitel 25-35 der Fassungen des „Black Book" (ed. *Twiss* , Black Book I, S. 120 ff.) angeführt. Vgl. Hierzu auch die Kritik von *Perels,* Seerecht von Oléron, ZRG GA XXXII (1911), S. 248. *Krieger*, Ursprung und Wurzeln, S. 7, Fn. 9.

[118] Aus dem 13. Jahrhundert: Ms. Liber Horn, Guildhall Archiv, London, abgedruckt im Anhang bei *Krieger,* Ursprung und Wurzeln, S. 123-145.

Aus dem 14. Jahrhundert: Ms. Liber Memorandorum, Guildhall Archiv, London (fol. 103 v°-110 v°); Ms. 462 Bodleian Library, Oxford (abgedruckt bei *Kiesselbach,* Ursprung der Rôles d'Oléron, S. 45 ff.); Ms. Oak Book of Southampton, (Ed. *Studer*, Oak Book II, S. 54 ff.); Ms. Liber rubeus, Bristol Archives Office, Bristol (fol. 31 v°-33 v°); Ms. Rawlinson, B. 356; Bodleian Library, Oxford (in den Varianten abgdruckt bei *Twiss,* Black Book I, S. 88 f.).

Aus dem 15. Jahrhundert: Add. Ms. 3480, British Museum, London (teilweise abgedruckt bei *Perels,* Seerecht von Oléron, ZRG GA (1911), s. 246 ff.); Ms. Vespasian, B. XXII (Cotton's Collection), British Museum, London (in den Varianten mitgeteilt bei *Twiss,* Black Book I, S. 88 f.); Ms. Selden Arch. B. 27, Bodleian Library, Oxford (*Twiss,* Black Book I, S. 88 f.).

Aus dem 18. Jahrhundert: Ms. Whitehall (vgl. *Twiss,* Black Book I, S. 88 f.)

[119] Aus dem 14. Jahrhundert: Ms. AA 1, Registre, Archives de Bayonne (Ed. *Fr. Saint-Maur,* S. 168 ff.).

Aus dem 15. Jahrhundert: Ms. AA 2, Registre, Archives de Bayonne (Ed. *Fr. Saint-Maur*, S. 177 ff.) ; Add. Ms. 10146 British Museum, London (sie stammt ursprünglich aus der königlichen Akademie der Wissenschaften in Bordeaux, vgl. *Kriegers* Anmerkung, S. 9 und *Twiss,* Black Book, S. 210 ff. und S. 210, Anmerkung 1); Ms. Libourne, Archives municipales de Libourne ( Ed. *Pardessus,* Collection de lois maritimes VI, S. 487 ff.).

[120] Aus dem 14. Jahrhundert: Ms. 1386 Bibliothèque de Troyes (Ed. *Zeller*, Heft 1; *Louis-Lucas*, Rôles d'Oléron, S. 608 ff.); Ms. 14751 ancien fonds français, Bibliothèque Nationale (Fol. 41 r°-51r°) und das Ms. Coutumier de la Vicomté de Dieppe (Ed. *Beaurepaire*, S.396 ff.).

Aus dem 15. Jahrhundert: Ms. 5330 ancien fonds français, Bibliothèque Nationale (Fol.105 r° (Vorderseite)-107r°(Vorderseite) und Ed. *Zeller*, Heft 2) und das Ms. 5967 ancien fonds français, Bibliothèque Nationale (Fol 79 r°-94r°).

- Paris[122]
- Niederlande/Belgien[123]
- Spanien[124]
- Schottland[125]

gliedern.[126]

Nach heutigem Forschungsstand gilt das Ms. Liber Horn aus dem frühen 14. Jahrhundert als das älteste überlieferte Manuskript der Rôles d'Oléron.[127] Das Ms. Liber Horn stammt aus dem „Liber Horn", einer Sammlung von Rechtsaufzeichnungen, deren Zusammenstellung von dem Londoner Fischhändler und Juristen Andrew Horn in Auftrag gegeben worden war.[128] Andrew Horn starb

---

[121] Ms. 2570 Bibliothèque de l'Arsénal, Paris, aus dem Jahre 1437 (Ed. *Zeller*, Heft 6) ; Ms. 14398 ancien fonds français, Bibliothèque Nationale Paris, 1454 (zur Datierung vgl. *Planiol*, S. 28), fol. 132 v°- 137 v°; Ms. 14396 ancien fonds français, Bibliothèque Nationale Paris, 2. Hälfte des 15. Jahrhunderts, fol. 184 r°-189v°; Ms. 4465 nouv. acquis. français, Bibliothèque Nationale Paris, nach 1462, fol. 40 r°-45 r° ; Ms. 74 Bibliothèque de Rennes, Ende des 15. Jahrhunderts (Ed. *Zeller*, Heft 3) ; Ms. 923 Bibliothèque municipale, Poitiers, zweite Hälfte des 15. Jahrhunderts, fol. 1 r°- 8 v° ; Inkunabel Tréguier, Bibliothèque Nationale Paris, Réserve F, 2187, gedruckt 1485 (Ed. *Zelle*, Heft 12).

[122] Ms. 10251 nouv. Acquis. franç., Bibliothèque Nationale Paris, 15. Jahrhundert (Ed. *Zeller*, Heft 8).

[123] Aus dem 14. Jahrhundert: Ms. Brügge, Archiv der Stadt Brügge. Die flämische Fassung der Rôles d'Oléron ist auch bekannt unter dem Namen „Seerecht von Damme", 14. Jahrhundert (Ed. *C. J. Schlyter*, S. 425 ff.; *L. A. Warnkönig*, Band I, S. 86 ff.; *Pardessus*, Collection de lois maritimes IV, S. 19 ff. Vgl. auch die Übersicht bei *Koppmann*, HGbll. (1872), S. 175, Anmerkung 1).
Aus der ersten Hälfte des 16. Jahrhunderts: Ms. 0.154, Königliche Bibliothek Den Haag (Ed. *Zeller*,Heft 5).

[124] Die sogenannte kastilianische Version soll laut *Pardessus*, Collection de lois maritimes I, S. 300 ff. in der Bibliothek des Escorial, Madrid existiert habe, die zu Beginn des 19. Jahrhunderts verloren ging, aber noch bei *Capmany*, S. 31-38 und danach bei *Pardessus*, Collection de lois maritimes VI, S. 57 ff. abgedruckt wurde. Vgl. dazu *Krieger*, Ursprung und Wurzeln, S. 12.

[125] Schottland wurde im Rahmen der Arbeit von *Krieger* nicht aufgenommen. Durch das hinzukommen einiger schottischer Aufzeichnungen, wird Schottland als weiterer Herkunftsort hier aufgenommen. Vgl. *Forte*, „Kenning be Kenning and Course be Course", S. 57 und 60. Er erwähnt aus der National Library of Scotland (NLS) folgende Manuskripte: Ms. 21246; Adv. Ms. 25.5.7 (ca. 1470); Adv. Ms. 25.5.6 (1488); Ms. 25.5.9 (da nach *Forte* möglicherweise eine Kopie des Ms. 25.5.6 ist); Adv. Ms. 7.1.9 ( ca. 1560). Die in Kürze erscheinende Arbeit *„Of Lawis of Schippis and Schipmen". Shipwreck, Jettison and Ship Collisions in Northern European Maritime Law and ist Practice in the Towns of Aberdeen, Kampen, Lübeck, Danzig and Reval c. 1200-1500"* der Historikerin *Edda Frankot* wird diese Manuskripte berücksichtigen und auch noch ein weiteres neu entdecktes Manuskript einführen.

[126] Vgl. Gliederung bei *Krieger*, Ursprung und Wurzeln, S. 10 ff.

[127] *Krieger*, Ursprung und Wurzeln der Rôles d'Oléron, S. 12 ff.

[128] *Twiss*, Black Book of the Admiralty I, S. lix, Anmerkung 2.

1328, so dass davon auszugehen ist, dass die Abschrift vor diesem Zeitpunkt erfolgte, nachdem das Recht schon längere Zeit mündlich überliefert wurde.[129]

Bis zur Untersuchung *Kriegers*[130] galt das Ms. Liber Memorandorum, das von *Twiss* auf das Jahr 1314 datiert wurde,[131] als die älteste überlieferte Fassung. *Twiss* vertrat die Auffassung, dass es sich bei dem Ms. Liber Horn nur um eine Abschrift des Ms. Liber Memorandorum handele, da beide in Kapitelzahl (24 Kapitel), sprachlichen Fehlern und Textlücken fast identisch waren.[132]

*Krieger* hingegen wies in seiner Dissertation anhand eines sprachlichen Vergleichs des Ms. Liber Memorandorum mit dem Ms. Liber Horn nach, dass das Ms. Liber Horn älter sei und es sich bei dem Ms. Liber Memorandorum um eine Abschrift aus dem Liber Horn handele.[133] Er belegte dies überzeugend damit, dass ein genauer Vergleich beider Manuskripte bestätige, dass das Ms. Liber Horn neben den zur Zeit der Abfassung gebräuchlichen Sprachformen im Gegensatz zum Ms. Liber Memorandorum auch solche enthalte, die zu Beginn des 14. Jahrhunderts nicht mehr üblich waren.[134]

Im Ms. Liber Memorandorum fänden sich hingegen nur die *„modernen"* französischen Sprachformen. Dies werde beispielsweise durch die Verwendung der alten Pluralform „il" ohne Plural-s im Ms. Liber Horn neben den neueren Pluralformen deutlich, während sich im Ms. Liber Memorandorum durchweg die neuere Pluralform „ils" fände.[135] Wenn das Liber Memorandorum in seiner modernen sprachlichen Form Vorlage des Ms. Liber Horn gewesen wäre, erscheine es unverständlich, dass der Schreiber bei seiner Abschrift nicht die moderne Schreibweise beibehalten habe, sondern sie durch eine uneinheitliche Schreibweise ersetzte. Die Forschungsergebnisse *Kriegers* wurden in der Forschung nicht widerlegt, so dass seiner stichhaltigen Argumentation folgend da-

---

129 *Krieger*, Ursprung und Wurzeln der Rôles d'Oléron, S. 38.
130 *Krieger*, Ursprung und Wurzeln der Rôles d'Oléron, Köln 1970.
131 *Twiss*, Black Book of the Admiralty I, S. lix.
132 *Twiss*, Black Book of the Admiralty I, S. lviii, lix und Black Book of the Admiralty III, S. xv, xvi und 4.
133 *Krieger*, Ursprung und Wurzeln der Rôles d'Oléron, S. 12 ff. und S. 38.
134 *Krieger* stützt sich dabei auf die Untersuchungen von *Zeller*, Sammlung älterer Seerechtsquellen, Heft 1, S. 9. *Krieger* zeigt zudem die sprachlichen Differenzen zwischen beiden Manuskripten exemplarisch anhand des Kapitels 3 und 4 der Rôles d'Oléron auf: *Krieger*, Ursprung und Wurzeln der Rôles d'Oléron, S. 13, Fn. 54.
135 *Krieger*, Ursprung und Wurzeln der Rôles d'Oléron, S. 13.

von auszugehen ist, dass das Ms. Liber Horn die älteste überlieferte Abschrift darstellt.[136]

Das 24 Kapitel umfassende Ms. Liber Horn soll in der vorliegenden Untersuchung als das älteste überlieferte Manuskript als Quellengrundlage dienen. Dies ist vor allem deshalb sinnvoll, da es als das älteste Manuskript den sichersten Anhaltspunkt betreffend die Ausgestaltung der Quelle in ihrem Original oder auch der zuvor mündlich überlieferten Fassung liefert, die auch den Autoren des Llibre del Consolat de Mar Mitte des 14. Jahrhundert bei der Abfassung ihrer Seegewohnheiten noch am ehesten bekannt gewesen sein könnte.

An bestimmten Stellen dieser Arbeit sollen die verschiedenen später überlieferten Fassungen dazu in Kontext gesetzt werden. Dies ermöglicht zumindest teilweise eine zeitliche Tiefenschärfe. Diese uneinheitliche Handhabung ist dabei gerechtfertigt, da ein kompletter Einbezug aller Manuskripte den Rahmen der Arbeit sprengen würde. Da vorliegend aber die älteren Rôles d'Oléron mit dem jüngeren Llibre del Consolat de Mar verglichen werden soll, ist es interessant, auch solche jüngeren Manuskripte einzubeziehen, die bei bestimmten wichtigen Regelungen inhaltliche Veränderungen aufweisen, um diese Veränderung aufzeigen zu können und in Kontext zu ähnlichen Regelungen im Llibre del Consolat de Mar zu setzen.

Dahinter steht der Gedanke, dass sich bestimmte, sogenannte „genossenschaftliche Elemente" noch vermehrt in den älteren Fassungen der Rôles d'Oléron finden, während diese Elemente im Llibre del Consolat de Mar und möglicherweise in jüngeren Überlieferungen der Rôles d'Oléron nicht mehr zu finden sind. Beide spiegeln zwar noch den Übergang einer genossenschaftlichen hin zu einer autoritären Organisation des Schifffahrtsunternehmens wieder, sie befinden sich aber bereits in unterschiedlichen Stadien dieses Veränderungsprozesses, was besonders im Rahmen der Entlohnungsformen als auch bei der Ausprägung der Mitbestimmungsrechte deutlich wird, so dass die neueren Fassungen der Rôles d'Oléron hier besonders zukunftsweisend sein könnten. Zukunftsweisend in dem Sinne, dass sich im Laufe der Zeit die Autorität des Schiffers in Nord- wie auch Südeuropa immer weiter ausprägte und die Regelungen den Bedürfnissen der Zeit in den späteren Abschriften möglicherweise angepasst wurden

Deshalb sollen bei bestimmten signifikanten, besonders wichtigen Problemen wie den Mitbestimmungsrechten oder beispielsweise der in der Literatur

---

[136] Vgl. *Krieger,* Ursprung und Wurzeln der Rôles d'Oléron, Böhlau 1970; dem es geradezu darum ging, das Manuskript zu bestimmen, das dem vermeintlichen Original am nächsten zu sein scheint. Nach seiner Auffassung kommt das Ms. Liber Horn dem Original am nächsten.

umstrittenen Interpretation des Kapitels III der Rôles d'Oléron weitere Manuskripte einbezogen werden. Ansonsten wird das Ms. Liber Horn zitiert. Dabei orientiert sich die Zitierung nach Kapiteln und Seiten aus praktischen Gründen an dem diplomatischen Abdruck bei Krieger.[137]

## II. Das Llibre del Consolat de Mar

Es existieren zahlreiche Editionen der verschiedenen Manuskripte des Llibre del Consolat de Mar in verschiedenen Sprachen.[138] Für die Bearbeitung der Frage-

---

[137] Dieser soll im folgenden mit (Ms. Liber Horn) bezeichnet werden.

[138] Eine Liste der erschienenen Editionen bis 1965 findet sich bei *Capmany*, Libro del Consulado del mar. Edición del texto original catalán y traducciócastellana de Antonio Capmany ..., von *A. M. de Saavedra*, Barcelona 1965 und bis zum Jahr 1984 bei *Larrère/Villain-Gandossi*, Le Llibre del Consolat de Mar. Les gens de mer, leurs droits et leurs obligations, in : 106$^{e}$ Congrès Nationaux des Sociétés savantes, Perpignan 1981, Section d'histoire médiévale et philologie. Section de philologie et d'histoire jusqu'à 1610, Les pays de la méditerranée occidentale au moyen âge, Études et Recherches, S. 153-167, Paris 1984. Auch an dieser Stelle soll eine mit der vervollständigte Liste der bis heute erschienen Editionen nach Sprachen geordnet erfolgen:
Folgende Manuskripte sind überliefert:
Im „Archivo general del Reino de Majorque: Ms. de Privelegios no. 2, Codex de Saint Pere (Ende des 14. Jahrhunderts); Bibliothek von Don José, Font de Rubinal à Barcelone: ms. (später als) 1357 ; Monastère de La Real à Majorque : ms. von 1375 ; Archivo-Biblioteca municipal de Valencia : Ms. von 1407 ; Bibliothèque Nationale Paris : Ms. esp. 124 (aus dem 15. Jahrhundert); Archivo histórico de la Cuidad de Barcelona: Ms. B-80 (Anfang des 15. Jahrhunderts); Biblioteca de Cataluña in Barcelona: Ms. 989 (2. Hälfte des 15. Jahrhunderts); Bibliothèque Nationale Paris, Ms. esp. 56 (Ende des 15.-16. Jahrhunderts) ; Biblioteca universitarie de Cáller : Ms. 80 S.F., 5-4-21 (Ende des 15./ Anfang des 16. Jahrhunderts) ; Deputazione di Storia Patria, in Palermo : Ms. italien von 1479.
Zudem gibt es folgende Editionen:
Katalanische Editionen:
Édition princeps von 1484 oder 1485, von *Nicolas Spindeler* in Barcelona oder in Tarragone; Le libre de Consolat novamente corregit et stampat... Per Posa..., Barcelona 1494; Libre de cõsolat tractãt dels fets maritims... per *Johan Luschner*, *Johann Luschner*, Barcelona 1502; Libre apellat Consolat de Mar, *Joan Rosembach*, Barcelona 1518; Libre apellat de Consolat de Mar, *Carlos Amoross*, Barcelona 1518; Libre appellat Consolat de Mar novament estampat e corregit, *Dimas, Ballester und Joan de Gilio*, Barcelona 1523; Llibre del Consolat dels fets maritims, *Carlos Amoros*, Barcelona 1540; Libre de Consolat dels fets maritims, Sebastian *Cormellas*, Barcelona 1592, 1594, 1627, 1645; Les costums maritimes de Barcelona universalment conegudes per Llibre del Consolat de Mar, ediert von *E. Ernest Moliné y Brasés*, Barcelona 1914; Consolat de Mar, Edition *Bohigas* (Pere) Barcelona 1553, Faksimile der Erstausgabe der Edition von 1484; Llibre del Consolat de Mar, Madrid 1956 (Faksimile des Manuskripts von Valencia); Libro del Consulado del mar, Neuausgabe von *Capmany*, Barcelona 1965; Llibre del Consolat de Mar, Valencia 1979; Llibre del Consolat de Mar, Band 1-4, Edition von *Germá Colon*, Barcelona 1981-84 (Neudruck 2001).
Kastillianische Editionen:

stellung ist die Auswahl einer Quellengrundlage erforderlich. Unter den zahlreichen Editionen[139] ist die von *Capmany*[140] am berühmtesten. Sie stammt aus dem Jahre 1799 und wurde 1965 von *De Saavedra* als Neudruck[141] publiziert. Als Grundlage dieser Arbeit soll aber die Edition von *Colon*[142] dienen. Zum einen

---

Libro llamado Consulado del mar, *Diaz Romano*, Valencia 1539; Consulado del Mar de Barcelona, ediert von *D. Cayetano Pallejá*, Barcelona 1732; Libro del Consulado del mar, Übersetzung ins Kastillianische von *Juan Ramó Parellada*, Madrid 1955.
Italienische Editionen:
Libro del Consolato del Mare (italienische Übersetzung von *Jaime Jeli*), Bladi de Asola, Rom 1519; Libro di Consolato, *J. Padoano*, Venedig 1539; Libro di Consolato, Pedrezzano, Venedig 1544 (Nachdrucke 1549, 1556, 1558, 1564 von *Lorenzino*; 1566 und 1577 von Ravenaldo; 1567 von Zanetti); Il Consolato del mare, *Zanetti*, Venedig 1576; Consolato del Mare, *Herederos de Rampazzeto*, Vendedig 1584; Consolato del Mare, *Spineda*, Venedig 1599; Il Consolato del Mare, Spineda, Venedig 1612 (Nachdrucke 1633, 1637, 1656 und 1688); Il Consolato del mare, *Lorenzo Bassagio*, Venedig 1713; *Casaregi*, Discursus legales de commercio, 2 Bände, Florenz 1719 (in Band 1, zweiter Teil: "Consolato del mare colla spiegazione..."); Il Consolato del Mare, Edition *Casaregi, Capulti und Santini, Lucques* 1720; Il Consolato del Mare, Edition *Casaregi*, Venedig 1737; Il Consolato del Mare, Edition *Casaregi*, Turin 1911.
Französische Editionen:
Le livre du consulat, contenant les liox, ordonnances, statuz et coustumes touchant les contractz, marchandises, négoacition maritime et de la navigation, tant entre marchandz que patrons de navire et autres mariniers, nouvellement traduict de language espaignol et italien en françoys, Marseille 1577 ; Le livre du Consulat, Aix-en-Provence, Roux 1577 ; Le Consulat, contenant les loix, statuts ... (von *Mayssoni*), *E. David*, Aix-en-Provence 1635 ; Consulat de la mer ou Pandectes du droit commercial et maritime d'après l'édition originale de Barcelone de l'an 1494... von *P. B. Boucher*, 2 Bände, Paris 1808 ; *J. M. Pardessus*, Collection des lois maritimes..., im zweiten Band, S. 49-368 (franz. Übersetzung des katalanischen Textes aus dem Jahre 1494 und dem des Ms. esp. 124 der Bibliothèque Nationale Paris.
Englische Edition:
*Travers Twiss*, The Black Book of the admiralty, Appendix, dritter Teil, Band 3, London 1874, S. 37-657 (Rerum Britannicarum medii aevi scriptores)
Niederländische Edition:
Het Consulaat van de zee, waar in begreefen, Leyden 1704.
Deutsche Edition:
*J. A. Engelbrecht*, Corpus Iuris Nautici oder Sammlung aller Seerechte der bekanntesten handelnden Nationen alter und neuer Zeiten ..., Lübeck 1790.

[139] Vgl. die Kommentierung und Besprechung der einzelnen Editionen bei *Iglesia Ferreiros*, Il Libro del Consolato del Mare, in: Rivista Internazionale di Diritto Comune 7 (1996), S. 307 ff.

[140] *Capmany*, Codigo de las costumbras maritimas de Barcelona hasta aqui vulgarmente llamado Libro del consulado, Madrid 1799.

[141] Neudruck der Edition von *Capmany*: *A. M. de Saavedra*, Libro del Consulado del mar. Edición del texto original catalán y traducción scastellana de Antonio Capmany, Barcelona 1965.

[142] Edition von *Colon, Germà*, Llibre del Consolat de Mar, Band 1-4, Barcelona 1981 -1984 (Neudruck 2001).

ist dies die aktuellste gedruckte Edition, die in einem Neudruck 2001 erneut herausgebracht wurde. Als weiteres spricht für sie, dass sich diese Edition als Basis auf eines der ältesten und bekanntesten Manuskripte, dem von „Real de Mallorca“ (Manuskript L)[143], stützt. *Colon* datiert diese Abschrift auf 1385.[144] In seine Edition des Llibre del Consolat de Mar bezieht er zudem noch folgende Manuskripte ein:
- Libre de sant Pere. Arxiu Històric de Mallorca (Ende des 14./ Anfang des 15. Jahrhunderts)
- Ms. de l'Arxiu Municipal de Valencia (1477)
- Ms. Font de Rubinat (Beginn des 15. Jahrhunderts)
- Ms. esp. 124. BN de Paris (15. Jahrhundert)
- Ms. esp. 56. BN de Paris (15. Jahrhundert)
- Ms. 989. Biblioteca de Catalunya (15. Jahrhundert)
- Ms. B-80. Arxiu Històric de la Ciutat de Barcelona (15. Jahrhundert)
- Ms. 80 S.F. 5-4-21. Biblioteca Universitària de Càller (15. Jahrhundert)

Edició príncep de 1484-1485

Zudem bezieht *Colon* innerhalb der Fußnoten zu den einzelnen Kapiteln sprachliche Unterschiede in den verschiedenen Manuskripten kritisch mit ein und hat so eine sehr umfassende, detaillierte Edition geschaffen.
Deshalb erscheint die Edition von *Colon*[145] am geeignetesten.

In der Bearbeitung werden im Folgenden die Kapitel und die Zeilenangaben nach dieser Edition zitiert, um dem Leser ein Nachschlagen zu erleichtern.

---

[143] Dazu umfassend auch *Iglesia Ferreiros*, Il Libro del Consolato de Mare, in: Rivista Internazionale di Diritto Comune 7 (1996), S. 307 ff.

[144] *Colon*, Llibre del Consolat de Mar I, S. 11.

[145] *Colon, Germà*, Llibre del Consolat de Mar, Band 1-4, Barcelona 1981-1984 (Neudruck 2001).

## D. Methodische Überlegungen zum Gang der Darstellung

In beiden Quellen nehmen die Regelungen der Beziehung zwischen Schiffer und Schiffsmann einen verhältnismäßig großen Raum ein. Gerade deswegen erscheint es interessant zu untersuchen, inwieweit die rechtlichen Probleme in der Beziehung zwischen Schiffer und Schiffsmann in beiden Quellen thematisiert und gelöst wurden.

Die vorliegende Arbeit ist rechtshistorisch angelegt. Untersuchungsgegenstand sind die beiden Quellen selbst als schriftlich niedergelegte Rechtsgewohnheiten.

Dabei ist aber zu bedenken, dass die Quellen aus einer Zeit stammen, in der Oralität und Literalität noch nebeneinander bestanden und es nicht einmal mit annähernder Sicherheit erahnt werden kann, welche mündlich überlieferten oder schriftlich fixierten Gewohnheiten davor und auch daneben existiert haben.[146] Möglicherweise wurden nur konfliktreiche Themen oder umstrittene Fragen in den Quellen schriftlich fixiert. Ein Schweigen der Quelle zu bestimmten Fragen kann zwar bedeuten, dass die Frage nicht existierte, aber auch, dass die Antwort auf die Frage selbstverständlich war. Dies ist ein Problem, für das sich immer nur schwer Beweise führen lassen, welches aber bei der Quellenanalyse zumindest mitbedacht werden soll. Infolgedessen kann hier insgesamt nur ein Schlaglicht auf die rechtliche Realität des Seerechts geworfen werden.

Zunächst sollen die rechtlichen Beziehungen zwischen Schiffer und Schiffsmann in den beiden Quellen jeweils separat dargestellt werden. Dies ist notwendig, um eine eigene möglichst vorgabefreie Interpretation der einzelnen Quellen zu erreichen, damit anschließend die herausgearbeiteten Regelungen miteinander verglichen werden können.

Dahinter steht die Überprüfung der in der Forschung immer wieder geäußerten Vermutung, dass das Libre del Consolat de Mar möglicherweise durch die Rôles d'Oléron beeinflusst wurde und deren Regelungen dann weiter spezialisierte und sie den lokalen und zeitlichen Umständen anpasste.[147] Sollten strukturelle Übereinstimmungen oder Ähnlichkeiten erkannt werden, stellt sich die abschließende Frage, ob diese eventuell einfach Frage eines Regelungsproblems sind und sich so aus der „Natur der Sache" erklären lassen.[148]

---

[146] *Cordes*, Spätmittelalterlicher Gesellschaftshandel, S. 51 f.

[147] *Pardessus*, Collection de lois maritimes II, S. 27 ff.; *Colon*, Llibre del Consolat de Mar, S. 274.

[148] Zur „Natur der Sache" und „Rezeption" wird auf die Ausführungen im Schlussteil verwiesen.

Es könnte aber auch sein, dass Regelungen aus den Rôles d'Oléron als *„jugemenz de la mer"* übernommen und den lokalen Gegebenheiten angepasst wurden. Dafür könnte sprechen, dass die Regelungen im Llibre del Consolat de Mar viel ausführlicher waren. Bestimmte Veränderungen innerhalb strukturell grundsätzlich ähnlicher Regelungen könnten dann Folge einer Anpassung an die Bedürfnisse der Zeit oder des Ortes sein.

## E. Terminologie und Zitierweise

Im folgenden sollen für den *„senyor de nau"*[149] und den *„mestre de la nef"*[150] die Bezeichnung *„Schiffer"* benutzt werden, wobei beide zum Teil andere Kompetenzen besaßen, wie die Arbeit aufzeigen wird.

Eine abschließende Definition der Kompetenzen des *„senyor de nau"* und des *„mestre de la nef"* kann so erst am Ende der Arbeit im Rahmen einer Zusammenfassung erfolgen, nachdem die Unterschiede zwischen den Schiffern in beiden Quellen untersucht worden sind. Auch wird an manchen Stellen die anachronistische Bezeichnung *„Kapitän"* benutzt, was allein stilistische Gründe hat, nicht aber auf die Funktion eines Kapitäns im heutigen Sinne hindeuten soll.

Die *„mariners"* werden als Schiffsmänner, Schiffsleute, Seeleute, Schiffsmannschaft oder auch mit dem gebräuchlichen Begriff *„Matrosen"* neutral bezeichnet.

Das Anstellungsverhältnis wird auch, ohne dabei eine Wertung vorzunehmen, als *„Arbeitsverhältnis"*, *„Heuerverhältnis"* oder *„Anstellungsverhältnis"* bezeichnet.

Die Rôles d'Oléron werden nach dem verwendeten Manuskripte zitiert - Grundlage bildet dabei das *„Ms. Liber Horn"*. Die einzelnen Kapitel werden in römischen Ziffern zitiert. Die Zeilenangabe erfolgt nach dem diplomatischen Abdruck des Ms. Liber Horn bei *Krieger.*[151] Die anderen einbezogenen Manuskripte werden nach ihrem Namen zitiert.

Das Llibre del Consolat bei der jeweiligen Kapitelangabe als *„LCM"* abgekürzt.[152] Wegen des Umfangs der Quelle werden hier aus Gründen der Übersichtlichkeit die Kapitel in arabischen Ziffern zitiert. Die Kapitelfolge und Zeilenangabe richtet sich nach der Editon von *Colon.*[153]

---

149 Bezeichnung für den Schiffer im Llibre del Consolat de Mar.

150 Bezeichnung für den *Schiffer* in den Rôles d'Oléron.

151 *Krieger*, Ursprung und Wurzeln, S. 122 f.

152 Diese in der spanischen und katalanischen Literatur übliche Abkürzung wird auch verwendet von: *Colon*, Llibre del Consolat de Mar, Band 1-4, Barcelona 1981-1984.

153 Die gleiche Kapitelfolge findet sich auch bei *Pardessus*, Collection de lois maritimes II, S. 49 ff. Zu beachten ist, dass die deutsche Übersetzung von Engelbrecht in den Kapitelzahlen nicht genau übereinstimmt. Dies ist zu beachten, wenn beispielsweise die Arbeit von *Von der Decken* hinzugezogen wird, die nach der Übersetzung von *Engelbrecht* zu zitieren scheint.

# 2. Teil: Die Rechtsbeziehungen zwischen dem Schiffer und den Schiffsleuten in den Rôles d'Oléron und im Llibre del Consolat de Mar

## A. Begründung des Heuerverhältnisses

### I. Formale Anforderungen

#### 1. Allgemein

Nach seerechtlicher Terminologie wird das Anstellungsverhältnis zwischen Schiffer und Schiffsmann als Heuerverhältnis bezeichnet.[154]

Der Schiffsmann ging mit dem Abschluss des Heuervertrages oder genauer mit seinem Dienstantritt über einen längeren Zeitraum und mit sehr beschränkter Kündigungsmöglichkeit eine besonders feste Bindung zu dem Schiffer als seinen Arbeitgeber und dem Schiff als seinen Arbeitsplatz ein.

Der seerechtliche Arbeitsvertrag musste schon allein wegen den speziellen Bedingungen an Bord eines Schiffes bestimmte Besonderheiten aufweisen: Das Schiff bildete einen von der *„normalen Welt"* abgeschlossenen Raum, an dem der Schiffsmann Tag und Nacht gebunden war und der sich fernab von jeglichem Rechtsschutz der einheimischen Gerichte befand.[155] Da es sich dabei nicht um einen Arbeitsvertrag im herkömmlichen Sinne handelte, könnte man eher davon sprechen, dass der Schiffsmann durch einen Anstellungsvertrag angeworben wurde.[156]

Der Abschluss des Heuervertrages bildete den Anfang der Beziehung zwischen Schiffer und Schiffsmann. Dieser Vertrag legte die Leistungen und Gegenleistungen fest, die von den beiden Parteien erbracht werden sollten. Der Heuervertrag gilt neben den Verträgen über den Verkauf eines Schiffes und den Befrachtungs- und Versicherungsverträgen als einer der bedeutendsten und grundlegendsten Verträge der Seeschifffahrt.[157]

Fraglich ist, inwieweit sich in den Rôles d'Oléron und dem Llibre del Consolat bestimmte formelle Voraussetzungen für den Abschluss des Heuervertrages fanden und inwieweit der Schiffer und der Schiffsmann durch den Abschluss des Vertrag gebunden waren und ob es möglich blieb, dass jede Partei

---

[154] *Ebel*, Arbeitsvertragsrecht, S. 48.

[155] *Monnerjahn*, Arbeitsverhältnis in der deutschen Seeschiffahrt, S. 7; *Von der Decken*, Seearbeitsrecht im Hamburger Stadtrecht, S. 16.

[156] *Réhault*, Le naufrage, S. 598.

[157] *« Le contrat d'engagement des gens de mer étant l'un des plus importants de tout le droit maritime, de grands intérêts se trouvant en jeu par le fait de sa conclusion, (...). »*; *Douillard*, Les loyers des gens de mer, S. 31 f.

innerhalb eines gewissen Zeitraums wieder einseitig vom Vertrag zurücktreten konnte.

**2. Rôles d'Oléron**

In den Rôles d'Oléron geben die Kapitel VI und XII Aufschluss darüber, wie das Heuerverhältnis zwischen dem Schiffer und den Schiffsmänner begründet wurde: In Kapitel VI heißt es *« Mariners se lowent ou lour mestre ( ...) »*[158] und in Kapitel XII *« Un mestre lowe ses mariners (...) »*[159]. Das Verb „lower" bzw. „se lower" ist die alte Form des französischen Verbs „ (se) louer", es kommt von „locare" und bedeutet „mieten" bzw. „sich vermieten". Die Schiffsmänner „vermieteten" sich an ihren Schiffer (Kapitel VI) bzw. der Schiffer „mietete" seine Schiffsmänner (Kapitel XII). „Mieten" ist hier aber im Sinne von „anstellen" oder „anheuern" für einen bestimmten Zeitraum, also eine bestimmte Reise auf einem bestimmten Schiff zu verstehen.[160] Die Übersetzung „mieten", die sich bei Krieger[161] wie auch bei *Zeller*[162] findet, ist insoweit problematisch, als man nach deutscher Rechtsterminologie nur eine Sache mieten kann, aber keine Menschen, weshalb im Folgenden wertneutral das Wort „anstellen" benutzt werden soll.

Diese Form der Begründung des Heuerverhältnisses deutet daraufhin, dass sich Schiffer und Schiffsmann selbständig für den Abschluss des Heuervertrages entschließen konnten. Der Schiffer war dabei verpflichtet, seine Schiffsleute, wenn er sie angestellt hatte, in Frieden zu halten und ihr Richter zu sein, heißt es in Kapitel XII der Rôles d'Oléron: „*Un mestre lowe ses mariners et les deit tenir in pees et estre lur juge (...).*"[163]

Es handelte sich um einen Einzel- und keinen Gruppenvertrag, der – soweit die Quelle Aufschluss gibt - formlos abgeschlossen wurde. Der Heuervertrag wurde zwischen dem Schiffer als der einen und dem Schiffsmann als der anderen Vertragspartei geschlossen. Der Schiffer trat bei Abschluss des Arbeitsvertrages mit dem einzelnen Schiffsmann nicht in fremden Namen als Vertreter der Schiffeigentümer auf, sondern war in eigener Person Vertragspartei, nachdem er zunächst von den zwei oder drei Schiffseigentümern als Kapitän des Schiffes

[158] Kapitel VI, Zeile 1 f. (Ms. Liber Horn).
[159] Kapitel XII, Zeile 1 f. (Ms. Liber Horn).
[160] Auch in Kapitel VII, in dem es um den erkrankten Schiffsmann geht, der an Land gebracht werden musste und für den der Schiffer eine Frau als Pflegerin anstellen sollte, wird das Verb „lower (une femme)" verwendet. Vgl. Kapitel VII, Zeile 14 f. (Ms. Liber Horn).
[161] *Krieger*, Ursprung und Wurzeln, S. 127 und 134.
[162] *Zeller*, Sammlung älterer Seerechtsquellen I, S. 37.
[163] Kapitel XII (Ms. Liber Horn).

eingesetzt wurde: „*Primerement lem fet un homme mestre dune nef. La neef est a deus hommes ou a treis.*"[164] Ihm oblag dabei sowohl das Recht, die Seeleute anzuheuern[165] als auch sie zu entlassen.[166]

In den Rôles d'Oléron findet sich kein Hinweis darüber, inwieweit für die Einstellung eines Matrosen Zeugnisse und Papiere verlangt wurden. Fraglich ist, ob es in Frankreich z.B. in den lokalen Coutumes dazu Hinweise gibt, welche die allgemein gehaltene Regelung der Rôles d'Oléron spezifizierte. Dies läge auf der Hand, jedoch konnten diesbezüglich keine Nachweise erbracht werden.

In der knappen Quelle selbst werden keine fachlichen Voraussetzungen an den einfachen Schiffsmann genannt. Von ihm unterschieden wird in Kapitel XXIV lediglich der Lotse, der gemietet wurde, um das Schiff sicher in den Hafen zu führen, in dem es zur Ausladung einlief. Der Lotse war dabei ein „*bacheler*", d.h., ein junger Mann.[167]

Man erfährt aus den Rôles d'Oléron lediglich, dass der Schiffer seine Schiffsleute von der Stadt anheuerte, aus der das Schiff stammte: „*Le mestre dune nef lowe ses mariners de la vile, dount la nef est,...*".[168] Aus Kapitel XVII lässt sich der westfranzösische Ursprung der seerechtlichen Regelung erkennen.[169] Es werden im Kapitel XVII im Rahmen einer Regelung über die Verpflegung der Schiffsleute, solche, die von der Küste der Bretagne - „*Les mariners de la costere de Bretaigne...*"[170] - und solche, die aus der Normandie stammen - „*Et ceus de Normandie...*"-[171], unterschieden. Daraus lässt sich schließen, dass die Seeleute aus der Normandie und aus der Bretagne den wesentlichen Anteil der Matrosen ausmachten.[172]

### 3. Llibre del Consolat de Mar

Auch im Llibre del Consolat de Mar ging der Schiffsmann mit dem Abschluss des Heuervertrages eine sehr feste Bindung über einen längeren Zeitraum und mit sehr beschränkter Kündigungsmöglichkeit zu dem Schiffer als seinem Arbeitgeber und dem Schiff als seinem Arbeitsplatz ein.

---

[164] Kapitel I, Zeile 5 ff. (Ms. Liber Horn).
[165] Kapitel VI, XII (Ms. Liber Horn).
[166] Kapitel VI, XII, XIV (Ms. Liber Horn). Vgl. das folgende Kapitel „Beendigung des Heuerverhältnisses.
[167] Kapitel 24, Zeile 1 ff. (Ms. Liber Horn): „*Un bacheler est lodman dune nef et est lowe del amener jeqes au port, ou lem deit descharger.*"
[168] Kapitel XX, Zeile 1 ff. (Ms. Liber Horn).
[169] *Cordes*, Flandrischer Copiar Nr. 9, S. 138.
[170] Kapitel XVII, Zeile 1 f. (Ms. Liber Horn).
[171] Kapitel XVII, Zeile 8 f. (Ms. Liber Horn).
[172] So auch *Krieger*, Ursprung und Wurzeln, S. 29 f.

Es handelte sich auch hier um einen Einzelvertrag, der zwischen dem Schiffer und dem Schiffsmann abgeschlossen wurde: Wenn der Schiffer und der Schiffsmann sich geeinigt hatten, einen seerechtlichen Vertrag abzuschließen und dies durch einen Handschlag – *„donada palmada"* - besiegelten[173], war der Schiffsmann gemäß Kapitel 154 LCM gegenüber dem Schiffer so stark verpflichtet, als wenn zwischen ihnen ein von einem Notar beglaubigter schriftlicher Vertrag abgeschlossen worden wäre:

> *„Lo mariner és tengut a senyor de nau o de leny que, pus que serà acordat ab lo senyor e donada palmada, és mester que l mariner vaja ab eyl axí ben con si n'havia carta feta de notari, (...)"*[174]

Es handelt sich bei diesem gegenseitigen Händereichen zum Besiegeln einer Vereinbarung um eine sehr alte Gewohnheit, die im gesamten mittelalterlichen Europa bekannt war.[175]

Das Händereichen zur Besiegelung einer Vereinbarung (*donada palmada*) taucht neben Kapitel 154 LCM auch in Kapitel 156 LCM auf. Dort heißt es *„dada[176] palmada al senyor o al scrivà."*[177] Gemäß Kapitel 156 LCM konnte der Schiffsmann also wahlweise dem Schiffer oder dem Schreiber die Hand reichen. Solche Fälle waren denkbar, wenn der Schiffer nicht anwesend war und der Schreiber dann in dessen Namen ebenfalls die Hand dem Schiffsmann reichen durfte.

**a. Der Schreiber und das Schiffsbuch**

Der Schreiber und das Schiffsbuch spielten im Llibre del Consolat de Mar bei der Begründung des Heuerverhältnisses eine große Rolle.

Das Schiffsbuch (*„cartolari"*) enthielt alle wesentlichen Angaben über besondere Vereinbarungen zwischen Schiffer und Schiffsmann, die bei der Begründung des Heuerverhältnisses getroffen wurden.[178] Der Handschlag zwischen Schiffer und Schiffsmann als ein formaler Akt der Vertragsschließung sollte aber die gleiche Wertigkeit wie ein Eintrag ins Schiffsbuch haben. Dies kann aus Kapitel 126 LCM geschlossen werden: Denn wenn sich der Schiffer und ein Schiffsmann das Wort gegeben haben, soll der Matrose darauf so vertrauen und

---

173 Kapitel 154, Zeile 3 LCM.

174 So heißt es in Kapitel 154, Zeile 2 ff. LCM.

175 Vgl. dazu mit Quellenbelegen: *Pardessus*, Collection de lois maritimes II, S. 88.

176 Nach *Colon*, Llibre del Consolat de Mar I, S. 147, FN. 4 ist "*dada*" als "*donada*" zu lesen.

177 Kapitel 156, Zeile 5 LCM.

178 Es wurden beispielsweise die Bedingungen und Vereinbarungen der Schiffsleute, die « *auf Part* », also einen Anteil am Schiffsraum führen, eingetragen. Vgl. Kapitel 247 LCM. *Valroger*, Droit maritime II, S. 241 f. Daneben enthielt das Schiffsbuch weitere Vereinbarungen, beispielsweise über die Ladung der Kaufleute.

das Wort soll so gehalten werden, als sei es schriftlich im Schiffsbuch fixiert worden *„(...), que axí bé deu ésser tengut com si era escrit en cartolari »*. [179]

Wichtige, das Anstellungsverhältnis betreffende Vereinbarungen und Abkommen zwischen dem Schiffer und dem einzelnen Schiffsmann, der *„auf Part fuhr“*[180], mussten in das Schiffsbuch eingetragen werden.[181]

Die Eintragungen in das Schiffsbuch nahm ein Schreiber (*„escrivà“*) vor, der vom Schiffer mit Bewilligung der Reeder eingesetzt werden konnte.[182]

Der Schreiber musste in Anwesenheit der Schiffsmänner, Kaufleute und Reeder schwören, dass er sich gegenüber dem Schiffer, den Schiffsmännern, den Passagieren und jeder Person, die an Bord ging, getreu verhalten würde, wenn er das Buch führte.[183] In das Schiffsbuch durfte er nur eintragen, was *„wahr“* war und was er von den Parteien gehört hatte.[184] Grundsätzlich durfte nur der Schreiber das Buch führen. Einträge, die von einer anderen Person – ausgenommen dem Schiffer - als dem Schreiber vorgenommen wurden, sollten keine Beweiskraft besitzen. Der Schreiber trug dabei eine große Verantwortung: Wenn er einen falschen Eintrag vornahm oder ein anderer einen solchen eintrug, drohte ihm eine harte Bestrafung. Er wurde auf der Stirn mit einem glühenden Eisen gezeichnet und verlor als spiegelnde Strafe die rechte Hand.[185]

Das Schiffsbuch war in einer Kiste eingeschlossen. Den Schlüssel der Kiste hatte der Schreiber zu verwahren und musste ihn immer bei sich tragen, auch wenn er an Land schlief. Das Schiffsbuch musste immer eingeschlossen werden,

---

[179] Kapitel 126, Zeile 7 f. LCM.

[180] *« (...) tots ceyls mariners que ab eyl hauran anar a parts »*, Kapitel 247, Zeile 5 f. LCM. Ein Schiffsmann fährt “*auf Part*”, wenn er anstatt seines Lohnes einen gewissen Anteil oder Part an dem hatte, was auf der Reise an Gewinn erbracht wurde. Im Rhodischen Seerecht wurde ein solcher Schiffsmann *„Colonum partiarium“* genannt. *Engelbrecht*, Corpus iuris nautici, S. 310 mit weiteren Nachweisen im Rhodischen Recht.

[181] Kapitel 247, Zeile 2 ff. LCM *« Senyor de nau o de leny qui manarà la sua nau a parts eyl és tengut de fer escriura totes les convinses è empreniments que eyl farà o haurà fets ab tots ceyls mariners que ab eyl hauran anar a parts.“*

[182] Kapitel 57 LCM: *„Lo senyor de la nau pot metre scrivà en la nau ab consentiment dels parsoners, (...)“* Vgl. Kapitel 287 und 67 LCM. Hierzu *Pardessus*, Collection de Lois maritimes II, S. 66.

[183] Kapitel 57, Zeile 4 ff. LCM.

[184] Kapitel 57, Zeile 7 ff. LCM.

[185] Kapitel 57, Zeile 11 ff. LCM: *„E si l'escrivà scrivia so que no degués, deu perdre lo puyn dret e deu ésser mercat al front ab ferra calt e deu perdre tot quant haja, axi bé si ell ho scrivia com si altre ho havia scrit.“*

die Kiste durfte nicht offen stehen gelassen werden, um den Zugriff anderer Personen auf das Buch zu verhindern.[186]

Die Eintragung in das Schiffsbuch darüber, wie viele Schiffsteile dem Schiff und wie viele dem auf Part fahrenden Schiffsmann zustanden, erfolgte sogar durch den Schiffer als einer dem Schreiber übergeordneten Person und nicht durch den Schreiber und zwar in Anwesenheit aller oder zumindest der Mehrheit der Schiffsleute.[187]

Durch die schriftliche Fixierung der Vereinbarungen sollte auch ein möglicher Streit zwischen Schiffer und Schiffsleuten vermieden werden.[188]

**b. Fachliche Voraussetzungen des Schiffsmannes**

Für den einfachen Schiffsarbeiter wurden keine fachlichen Voraussetzungen normiert. Der Schiffer musste dem Schiffsmann grundsätzlich seinen Lohn zahlen, wenn er ihn angestellt hatte. Dabei war es gemäß Kapitel 124 LCM unerheblich, ob der Schiffsmann gut oder schlecht arbeitete, seine Sache verstand oder nicht: *„Ara fassam compte que mariner acorda I senyor de nau, sia àvol o bo o que sàpia o que no sàpia, lo seu loguer li ha a paguar.“* [189] Die Lohnschuld war also nicht erfolgsabhängig, sofern der Matrose überhaupt gearbeitet hatte. Der Schiffer schuldete nur dann - wie bereits oben angesprochen - keinen Lohn, wenn sich der Matrose als etwas ausgab, was er gar nicht war, oder Fähigkeiten vorgab, die er nicht hatte.

Aber etwas anderes galt gemäß Kapitel 124 LCM, wenn sich der Matrose gegenüber dem Schiffer als Zimmermann, Kalfaterer[190] oder Steuermann ausge-

---

[186] Vgl. Kapitel 59 LCM: *„Encara lo senyor de la nau deu fer jurar lo scrivà que ell no dorma en terra meyns de les claus de la caxa en que serà lo cartolari, e neguna vegada no jasquesca la sua caxa oberta en quètindra lo cartolari, sots la pena que dessús és dita.“*

[187] Kapitel 247, Zeile 5 ff. LCM « *E encara més, deu fer escriure lo senyor de la nau en presona de tots los mariners o de la major partida, ea, quantes parts faran per totes, ne a qui deu fer melorament, ne a qui no, ne quant, ne quant no, per so com a la partió entre els mariners è el senyor de la nau no pogués haver negun contrast* »; dazu *Valroger*, Droit maritime II, S. 26; *Pardessus*, Collection de lois maritimes II, S. 241f.

[188] *Valroger*, Droit maritime II, S. 26; *Pardessus*, Collection de lois maritimes II, S. 241f.

[189] Kapitel 124, Zeile 3 ff. LCM.

[190] Der Kalfaterer ist eine Person, die Boote und Schiffe kalfatert, d.h. er verstopft mit Werg (= gezupftes altes Tauwerk) oder Moos bzw. verpicht und teert (=imprägniert und konserviert hölzerne Lukendeckel) die Nähte zwischen den Stößen von Schiffsplanken. Vgl. *www.schifffahrtslexikon.de*. Er repariert also Schäden am Schiff. Katalanisch: *"calafat"*; frz. *"calfat"* : *"Ouvrier qui calfate avec un ciseau qui lui a donné son nom : le calfaix. Il est l'un des grand spécialistes de la coque à l'arsenal comme à bord, privilège qu'il partage avec le maître de hache (ou charpentier), les barillats et remolats. Son principal ennemi personnel est la voie d'eau. Il s'assure donc de la bonne étanchéité de la coque (clous, cheviloles, état*

geben hatte und der Schiffer ihn aufgrund dessen angestellt hatte, der Matrose aber nichts von seinem Handwerk verstand.[191] Dann musste der Schiffer dem Matrosen nur einen geringeren Lohn zahlen, und zwar in einer Höhe, die der Steuermann oder der Schreiber nach ihrem eidlichen Urteil bestimmt hatten.[192] Der Lohn dürfte in diesem Fall dem eines normalen Schiffsmannes entsprochen haben. Diese Kürzung des Lohnes war gerechtfertigt, da der Schiffer nach dem Wort des Matrosen auf dessen Fähigkeiten vertraut hatte. Damit war zumindest das finanzielle Risiko des Schiffers, einen Zimmermann, Kalfaterer oder Steuermann, der nichts taugte, für die gesamten Reise versorgen und bezahlen zu müssen, beseitigt.

Der angeheuerte Lotse („*pilot*") musste gemäß Kapitel 250 LCM ortskundig sein, d.h. ihm mussten die Gewässer, in denen das Schiff auf der Reise fahren sollte, bekannt sein, was er dem Schiffer schwören musste: *„(...), e aquel pilot se fermarà et dirà al senyor de la nau o de leny que eyl sap e és cert en aqueles parts on lo senyor de la nau volrà anar."*[193] Das Versprechen wurde auch gemäß Kapitel 250 LCM in das Schiffsbuch eingetragen.

**4. Zusammenfassung**

Die Rôles d'Oléron und das Llibre del Consolat de Mar bezeugen beide die Art und Weise, wie ein Heuervertrag zwischen dem Schiffer und dem einzelnen Schiffsmann abgeschlossen wurde.

In den Rôles d'Oléron finden sich zwar nur wenige Informationen zu den formellen Voraussetzungen der Schließung eines Heuervertrages; dies entspricht aber der Knappheit der Quelle insgesamt. Inwieweit bestimmte Gewohnheiten bestanden, lässt sich in dieser Zeit des Nebeneinanders von Oralität und Literalität nicht bestimmen. Die formellen Voraussetzungen für den Vertragsschluss waren dafür im Llibre del Consolat de Mar - seinem Umfang entsprechend - viel ausführlicher ausgestaltet.

Interessant ist, dass die Rôles d'Oléron zweierlei Hinweise auf die Herkunft der Schiffsmänner gibt: Dass sie in der Stadt angeheuert wurden, aus der das

---

*de pompes), mais surtout il remplit 'les jointures et fentes d'étoupe' (Cleirac 1636. Ensuite, il les 'enduit de brai et d'huile bouillante. (...) Son travail se nomme le 'calfatage' », Vergé-Franceschi*, Dictionnaire d'histoire maritime, Band 1 (A-G), S 277 f.

[191] Kapitel 124, Zeile 5 ff. LCM : *« Emperò en esta forma : que si·l mariner li promet qu·él sia calafat o mestra d'axa o nauxter, e lo senyor de la nau hi haurà pres per aquela fiansa, , que no s'haurà altre levat per fiansa d'aquel, è si aquel no sap, (...)."*

[192] Kapitel 124, Zeile 8 ff. LCM : *« (...), res no li deu donar lo senyor de la nau o del leyn sinó en axí com coneguen lo nauxter o l'escrivà per sagrament què deu haver."*

[193] Kapitel 250, Zeile 6 ff. LCM.

Schiff kam[194], und die Unterscheidung bezüglich solchen Schiffsleuten, die aus der Normandie kamen, und solchen, die aus der Bretagne stammten.[195]

Das ausführliche Llibre del Consolat de Mar schweigt zwar diesbezüglich, dafür findet sich eine Vorschrift über die fachlichen Qualifikationen, die von dem einzelnen Schiffsmann erwartet wurden.[196] Dies passt auch deshalb, weil im LCM zwischen den verschiedenen Personen: Kalfaterer, Zimmermann, Steuermann, Schreiber, Schiffsmann und Lotsen[197] viel genauer unterschieden wird[198] als in den Rôles d'Oléron, die vom gewöhnlichen Schiffsmann lediglich den Lotsen unterschieden, der zu dem Zweck angeheuert wurde, das Schiff in den Hafen zu führen: *„Un (...) lodman dune nef (...) est lowe del amener jeqes au port.“*[199]

Auch das Schiffsbuch und sein Schreiber finden sich nur im LCM,[200] aber nicht in den Rôles d'Oléron.

## II. Formen der Anstellung und Art der Entlohnung

### 1. Allgemein

Der Heuervertrag zwischen Schiffer und Schiffsmann wurde üblicherweise für eine Reise zu einem bestimmten Zielhafen und zurück abgeschlossen. Dass sich der Vertrag auf eine bestimmte Reise oder gar einen bestimmten Zeitraum bezog, lässt sich daraus erklären, dass die Dauer und Art eventueller späterer Reisen allgemein nicht absehbar waren.[201]

Für die Art und Weise des Engagements der Schiffsleute gab es verschiedene Möglichkeiten. Im Mittelmeerraum fanden sich ab dem Ende des 13. Jahrhundert drei Grundsysteme des Engagements eines Schiffsmanns:[202]

---

[194] Kapitel XX, Zeile 1 ff. Ms. Liber Horn: *„Le mestre dune nef lowe ses mariners de la vile, dount la nef est,... “.*

[195] *„Les mariners de la costere de Bretaigne... “*, Kapitel XVII, Zeile 1 f. (Ms. Liber Horn) und *„ceus de Normandie... “*, Kapitel XVII, Zeile 8 f. (Ms. Liber Horn). So auch *Krieger*, Ursprung und Wurzeln, S. 29 f.

[196] Kapitel 124, Zeile 5 ff. LCM.

[197] Kapitel 250 LCM.

[198] *« Emperò en esta forma : que si·l mariner li promet qu·él sia calafat o mestra d'axa o nauxter , (...).*" Kapitel 124, Zeile 5 f. LCM

[199] Kapitel XXIV, Zeile 1 ff. (Ms. Liber Horn).

[200] Vgl. Kapitel 57 und 59 LCM.

[201] *Abel*, Grundzüge und geschichtliche Grundlagen, S. 21.

[202] *Burwash*, Englisch Merchant Shipping, S. 42.

**a. „Ad partem"**

Zunächst gab es die Form *„ad partem"* wie sie sich im sogenannten Rhodischen Seerecht und in anderen späteren Seerechtsquellen fand.[203] Bei dieser Form des Engagements erhielten die Schiffsmänner ihren Lohn anteilmäßig im Verhältnis zu dem vom Schiff gemachten Gewinn.[204]

**b. „Ad marinariciam"**

Als zweites gab es die Möglichkeit, einen Seemann *„ad marinariciam"* zu engagieren. Dieses Engagement war so ausgestaltet, dass der Schiffsmann für einen bestimmten Lohn angestellt wurde, der ihm entweder insgesamt für eine Reise oder monatsweise zustand. Dieses System fand sich noch nicht in den ältesten Teilen des Rhodischen Seerechts, tauchte aber in anderen Seerechtssammlungen zumindest ab dem 13. Jahrhundert auf.[205] Im Llibre del Consolat de Mar finden sich in diesem Zusammenhang die Möglichkeit *„meilenweise"*[206] oder *„auf Diskretion"*[207] gemietet zu werden und dafür am Ende der Reise eine Entlohnung zu erhalten.

**c. „Portade"**

Als dritte Möglichkeit des Engagements konnte der Schiffsmann einen Anteil am Laderaum erhalten, den er mit eigener Fracht beladen durfte, ohne dabei selbst Frachtgeld zahlen zu müssen. Die Zuweisung von Frachtraum und das Recht des Schiffsmanns, diesen Raum nach seinem Belieben zu beladen, bezeichnete man in den verschiedenen Quellen als sein *„caricum"*, *„miliare"*, *„catarata"*, *„portata"*, *„portade"* oder norddeutsch als *„Führung"* bezeichnet.[208]

**d. Mögliche Kombinationsformen**

Denkbar war auch eine Kombination dieser drei Formen *„ad partem"*, *„ad marinariciam"* und *„portade"*, wobei eine Kombination aus der zweiten und dritten Form durchaus möglich und vielleicht sogar üblich war.[209] Auch konnte die Form *„ad marinariciam"* vom Profit der Reise abhängen, was in der Literatur

---

[203] *Burwash*, Englisch Merchant Shipping, S. 42.
[204] *Burwash*, Englisch Merchant Shipping, S. 42.
[205] *Burwash*, Englisch Merchant Shipping, S. 43. Im Kapitel XLVI des dritten Teils des Rhodischen Rechts findet sich die monatsweise Mietung eines Matrosen bereits.
[206] Kapitel 160 LCM.
[207] Kapitel 226 LCM
[208] *Burwash*, Englisch Merchant Shipping, S. 43.
[209] *Ashburner*, The Rhodian Sea Law, S. 166-176 mit weiteren Nachweisen. *Burwash*, Englisch Merchant Shipping, S. 43.

und in der Theorie zur Vermischung dieses Engagements mit dem „ad *partem*" geführt haben könnte.[210]

Denn in beiden Fällen erhielt der Schiffsmann am Ende seinen Lohn in Geld. Während bei der Anstellung „*ad marinariciam*" der Lohn fest bestimmt werden konnte, hing er im zweiten Fall vom Profit ab, den das Schiff mit der Reise erwirtschaftete. Trotz dieses Unterschiedes muss angemerkt werden, dass die Grenzen zwischen diesen beiden Formen im Endeffekt in der Praxis fließend gewesen sein mögen, weshalb eine immer klare Differenzierung zwischen den drei Formen sich in reiner Theorie verlaufen mag. In den Rôles d'Oléron und im Llibre del Consolat de Mar fanden sich durchaus unterschiedlich ausgestaltete Formen der Anstellung und damit verbundene Arten der Entlohnung, die im folgenden dargestellt werden sollen.

**2. Rôles d'Oléron**

Die verschiedenen Formen der Anstellung eines Schiffsmanns lassen sich in den Rôles d'Oléron aus der Zusammenschau von Kapitel XVIII und XX erfassen.[211] Aus den Kapiteln XVIII und XX geht hervor, dass es drei verschiedene Möglichkeiten gab, einen Schiffsmann anzustellen:[212]

Kapitel XX (Ms. Liber Horn) nennt zwei Formen der Anstellung: „*Le mestre dune nef lowe ses mariners de la vile, dount la nef est, les uns a mareage, les autres a derniers.*"[213] Das Substantiv „*le mareage*" stammt von dem Verb „*mareier*" ab und bezeichnet den aus einem Frachtanteil bestehenden Lohn des Schiffsmannes.[214] Das Substantiv „*le dernier*" geht auf „*denarium*" zurück und bedeutet Geld oder Heller.[215] Der Schiffer konnte einen Schiffsmann also entweder für einen Anteil am Laderaum („*a mareage*") oder für Geld („*a derniers*") mieten.[216]

In Kapitel XVIII heißt es dann: Wenn das Schiff nach Bordeaux kommt, um dort befrachtet zu werden, ist der Kapitän verpflichtet („*Le maistre est tenuz dire*

---

210 Vgl hierzu beispielsweise die Edition von *Twiss*, The Black Book of the Admiralty III, Kapitel lxxxv-lxxxix, cv, cxv, cxvi, clxxxi und ccii-cciii.
211 *Burwash*, English Merchant Shipping, S. 43 f.
212 Kapitel XVIII und XX (Ms. Liber Horn). Vgl. dazu *Pardessus*, Collection de Lois maritimes I, S. 337 ; *Runyan*, The Rolls of Oleron and the Admiralty Court in Fourteenth Century England, S.99; *Valroger*, Droit maritime II, Nr. 525, S.37; *Douillard*, Les Loyers des gens de mer, S. 48 ff.; *Burwash*, English Merchant Shipping, S. 174.
213 Kapitel XX, Zeile 1 ff. (Ms. Liber Horn).
214 *Zeller*, Das Seerecht von Oléron nach der Handschrift von Troyes (1386), S. 37.
215 *Zeller*, Das Seerecht von Oléron nach der Handschrift von Troyes (1386), S. 33.
216 Dazu *Monnerjahn*, Das Arbeitsverhältnis in der deutschen Seeschiffahrt, S.12; *Burwash*, English merchant shipping, S.44.

*a ses compaignons*")[217], seiner Mannschaft folgende Frage zu stellen: „*Seignurs, frettere vous a marrees ou liweres a fret de la nef?*"[218]

Er war so verpflichtet zu fragen, ob sie ihren Ladungsanteil selbst befrachten wollten („*frettere vous a marrees*") oder sie ihn der Fracht des Schiffes überließen („*liweres a fret de la nef*").[219] Sie waren wiederum verpflichtet, dem Schiffer zu antworten, was sie tun werden.[220]

Die Schiffsmänner, die an dieser Stelle vom Schiffer mit „*seignurs*" angesprochen wurden[221], durften selbst entscheiden, wie ihr Laderaum befrachtet werden sollte und waren verpflichtet, dem Schiffer sodann auf seine Frage zu antworten.[222] Dieses Bestimmungsrecht, gekoppelt mit der Anrede als „*Herren*" (*Seignurs*), kann als Überrest einer ursprünglich genossenschaftlichen Struktur an Bord gewertet werden, da den Schiffsleuten hier nach Anrede und Form der Ansprache eine gewisse Gleichrangigkeit gegenüber dem Schiffer zukam. Sie durften selbst entscheiden, ob sie den Laderaum selbst befrachten oder ihn der Ladung des Schiffes überlassen wollten.

Es gab somit zwei verschieden Möglichkeiten, den Laderaum zu nutzen: Entweder nahmen die Matrosen einen eigens zu beladenen Frachtraum oder sie beteiligten sich an der Schiffsfracht. Sie konnten aber auch einen Geldlohn wählen.

Den Schiffsleuten kam damit ein doppeltes, eigenes Wahlrecht zu. Zunächst konnten sie entscheiden, ob sie Geld oder Frachtraum als Form der Entlohnung wählten. Entschieden sie sich für den Frachtraum, hatten sie sodann noch einmal die Wahl, ob sie den Frachtraum selbst beluden oder der Fracht des Schiffes überließen. Dieses doppelte Wahlrecht der Schiffsleute ist ein Beleg dafür, dass sie an der Gestaltung der Rechte und Pflichten aus dem Vertrag zwischen Schiffer und Schiffsmann aktiv zu beteiligen waren. Sie, und nicht der Schiffer, konnten die Art der Entlohnung bestimmen. Die Form der Entlohnung unterlag damit ihrer persönlichen Entscheidungsfreiheit.

**a. Die drei Formen der Anstellung**

Es existierten somit drei verschiedene Formen der Anstellung in den Rôles d'Oléron.

---

[217] Kapitel XVIII, Zeile 3 ff. (Ms. Liber Horn).

[218] Kapitel XVIII, Zeile 5 ff. (Ms. Liber Horn).

[219] Kapitel XVIII, Zeile 1 ff. (Ms.Liber Horn).

[220] „*Ils sount tenuz a respundre le quel il frount*", Kapitel XVIII, Zeile 8 ff. (Ms. Liber Horn).

[221] Und an dieser Stelle auch als seine „*compaignouns*" bezeichnet werden. Kapitel XVIII, Zeile 5 (Ms. Liber Horn).

[222] „*Ils sount tenuz a respundre le quel il frount*", Kapitel XVIII, Zeile 8 ff. (Ms. Liber Horn).

**aa. Für Geld**

Die Matrosen konnten gegen eine Entlohnung in Geld für eine bestimmte Reise angeheuert werden.[223] Nur diese Form der Bezahlung der Schiffleute, das Mieten der Matrosen für Geld[224], findet sich im römischen Recht / Rhodischen Recht und in den Basiliken.[225]

In den Rôles d'Oléron heuerte der Schiffer, der von den Eigentümern des Schiffs eingesetzt wurde, die Schiffsleute in der Stadt an, aus der das Schiff war.[226] Die Schiffsleute wurden grundsätzlich für die Dauer einer bestimmten Reise auf einem bestimmten Schiff gemietet.[227] Der Heuervertrag bezog sich damit auf eine bestimmte zurückzulegende Entfernung.

**bb. Eigener Anteil an Laderaum**

Die Schiffsleute konnten aber auch auf eigene Rechnung einen bestimmten, ihnen vom Schiffer zugeteilten Laderaum selbst befrachten: *„Et sil voilent fretter par eux, (...).*[228] Neben der Stellung eines Arbeiters auf dem Schiff nahmen sie so gleichzeitig die eines Befrachters ein.

An Bord sollte der Kapitän den Schiffsleuten ihre Arbeit und ihren Schlafplatz zeigen und ihnen ihren Frachtraum zuteilen, heißt es in der Quelle: *„Et il doit le mestre moustrer lour rives et lur leire. Et il deit le mestre penser de lur mareage chescun.*[229]

Der Schiffsmann durfte dann auf eigene Rechnung den ihm vom Schiffer zugeteilten Laderaum befrachten.[230] Bei der Verfrachtung von Waren auf eigene Faust handelte es sich um eine Form der Beteiligung, die sich bereits in den frühen skandinavischen Fahrtengemeinschaften fand.[231] Über den Umfang und mögliche Standardgrößen der Führung finden sich keine Hinweise in den Rôles d'Oléron.

---

[223] *Valroger*, Droit maritime II, Nr. 525, S. 37 beschreibt dies als *« (...) l'engagement à prix déterminé pour le voyage d'aller et retour.“*

[224] Kapitel XX (Ms. Liber Horn).

[225] *Pardessus*, Collection de Lois maritimes I, S. 337.

[226] *„Le mestre dune nef lowe ses mariners de la ville, dount la nef est....“*, Kapitel XX, Zeile 1 ff. (Ms. Liber Horn)

[227] *„The Laws of Oleron make it clear, though again by implication, that it was usual to hire mariners, not by time, but for the duration of a given voyage, (...)“*, *Burwash*, English merchant shipping, S. 44 f. Siehe auch: *Landwehr*, Hanseatische Seerechte, S. 110; *Von der Decken*, Seearbeitsrecht im Hamburger Stadtrecht, S. 54; *Abel*, Grundzüge und geschichtliche Grundlagen, S. 21; *Ebel*, Arbeitsvertragsrecht, S. 54.

[228] Kapitel XVIII, Zeile 15 ff. (Ms.Liber Horn).

[229] Kapitel XVIII, Zeile 23 ff. (Ms.Liber Horn).

[230] Kapitel XVIII, Zeile 8 ff. (Ms.Liber Horn).

[231] *Cordes*, Flandrischer Copiar, S. 138.

In dem anteiligen Frachtraum als Lohnzahlung konnte der Schiffsmann sein Handelsgut unterbringen und so selbst am Fracht- oder Handelsgeschäft teilnehmen, indem er den Gewinn in Anspruch nahm, dafür aber auch das damit verbundene Risiko zu tragen hatte. So musste er in eigener Person dafür einstehen, dass das Schiff wieder in seinen Heimathafen gelangte. Wenn der Schiffsmann diesbezüglich seine Hilfe verweigerte, konnte sich der Schiffer an seinem Hab und Gut an Bord, seinem Bett und seiner Seekiste, schadlos halten und die Zahlung des Lohnes an den Schiffsmann verweigern.

Die Befrachtung erfolgte zwar grundsätzlich mit eigener Ware der Schiffsmänner, doch sie waren auch dazu berechtigt, ihr Recht an einen Kaufmann abzutreten und sich von diesem dann für den Frachtraum entschädigen zu lassen.[232] Sie erhielten dann Frachtgeld von dem Kaufmann für den Raum, den der Schiffer ihnen zugeteilt hatte. Dies ist insoweit interessant, als normalerweise der Schiffer von den Kaufleuten Frachtgeld erhielt und von den Schiffsmännern deren Arbeitsleistung als Gegenleistung für einen ihnen zugeteilten Frachtraum.

Das Recht des Schiffsmanns, seinen Frachtraum einem Kaufmann zu überlassen, „*eux se fregettent as marchaunz*"[233], ist ein Hinweis darauf, dass der Schiffsmann eigene Rechte an dem ihm zugewiesenen Frachtraum besaß, nachdem er ihm von dem Schiffer Schiffsraum zugewiesen worden war. Der Schiffsmann durfte den Raum dann nach seinem Belieben verfrachten oder auch zum Zwecke einer möglichen Profitsteigerung weitervermieten. Der Kaufmann war dann direkter Mieter des Schiffsmanns, nicht des Schiffers. Er trat als Mieter auch in die Rechte des Schiffsmannes ein. Im Falle eines Seewurfs konnte der Kaufmann dann nämlich die Rechte des Schiffsmann geltend machen. Der Schiffsmann trat in dem Fall der Weitervermietung an einen Kaufmann damit nicht nur als ein Arbeiter des Schiffes, sondern als eine Art Kleinunternehmer auf.

In der Quelle findet sich keine Regelung darüber, welches Handelsgut geladen werden durfte. Vornehmlich wird es Wein gewesen sein, mit dem an der französischen Westküste vornehmlich gehandelt wurde. Der Fall, dass die Schiffsleute keine eigene Fracht finden konnten, fiel in ihre eigene Risikosphäre und nicht in die des Kapitäns. Dies könnte damit begründet werden, dass der Kapitän ihnen ja am Anfang die Möglichkeit gegeben hatte, ihren Laderaumanteil der Fracht des Schiffes zu überlassen.

Die Durchsetzung dieses eigenen Interesses wurde durch ein allgemeines Interesse aller an dem Seefahrtunternehmen beteiligten Personen begrenzt: Zwar

---

[232] *Ebel*, Gewerbliches Arbeitsvertragsrecht, S. 65 f.; Kapitel XVIII (Ms. Liber Horn).
[233] Kapitel XVIII, Zeile 41 f. (Ms. Liber Horn).

durften die Schiffsmänner auf eigene Rechnung befrachten, aber sie mussten es so tun, dass das Schiff nicht aufgehalten wurde.[234] Der Fall, dass sie keine eigene Fracht finden konnten, fiel in ihre eigene Risikosphäre und nicht in die des Schiffers. Dies könnte damit begründet werden, dass der Schiffer ihnen ja am Anfang die Möglichkeit gegeben hatte, ihren Anteil der Fracht des Schiffes zu überlassen.

Zum anderen bestand die Möglichkeit, statt Ware ein Fass Wasser („*tonel de ewe*") als Führung zu verladen.[235] Dies könnte damit begründet werden, dass der Schiffer in seinem Laderaum auch Wasser für die Reise mitführen musste. Wasser an sich war zwar keine werthaltige Fracht und wegen seiner Verderblichkeit auch nur bedingt als Getränk und zur Zubereitung von Speisen geeignet, dennoch wurde Wasser auch als Getränk in den Rôles d'Oléron aufgeführt.[236] Wenn der Schiffsmann also Wasser als notwendiges Gut mitnahm und so dem Schiffer „aushalf", mag es gerechtfertigt erscheinen, dass das Wasser im Falle eines Seewurfs in gleicher Weise berücksichtigt werden musste: Wurde das Fass Wasser bei Seenot geworfen, sollte es beim Schadensausgleich als ein Fass Wein oder andere Waren gerechnet werden.[237] In dem Kapitel findet sich eine Begründung für diese „*matrosenfreundliche*" Regelung: Sie diente dafür, dass die Matrosen sich auf See verständig verhielten, d.h. zur Sicherung des Friedens der Gemeinschaft an Bord.[238] Deshalb wurde bestimmt, dass das Gleiche für den von Matrosen an Kaufleute verfrachtete Teil galt und diese Kaufleute das gleiche Recht geltend machen konnten.

**cc. Eigenen Ladungsteil der Schiffsfracht überlassen**

Der Schiffsmann hatte aber auch die Möglichkeit, seinen Ladungsteil der Fracht des Schiffes zu überlassen, was bedeutete, dass er am Profit der Fracht des Schiffes teilnahm. In diesem Fall überließ er seinen Frachtraum „*au fret de la nef*". Dies bedeutet, dass er an der Fracht teilnahm, die der Schiffer für die Reise besorgt hatte und im Frachtraum des Schiffes geladen wurde.

Sie erhielten dann eine Entlohnung in Geldform. Wenn der Schiffsmann sich für die Schiffsfracht entschied, erhielt er einen Anteil vom Frachtgewinn,

---

[234] „*(...) il deyvent fretter en tele manere qe la nef ne soit demoraunte.*" Kapitel XVIII, Zeile 17 ff. (Ms. Liber Horn).

[235] Kapitel XVIII, Zeile 29 ff. (Ms.Liber Horn).

[236] Vgl. Kapitel XVII, Zeile 12.

[237] *« Et si ils voilent mettre tonel de ewe et soit gette en la meer, il doit estre counte pur vin ou pur autre darres livere a livere, ... »*, Kapitel XVIII, Zeile 29 ff. (Ms. Liber Horn). Dazu *Landwehr*, Haverei, S. 60.

[238] *« ... si les mariners se puissent defendre resounablement en la meer. »*

*„wie das Schiff ihn hatte“.*[239] Damit könnte ein ideeller Bruchteil an der Schiffsfracht gemeint sein.[240] Der Schiffer verfrachtete dann selbst das gesamte Schiff und war dazu verpflichtet, den einzelnen Schiffsmann entsprechend dem ihm zustehenden Raum in Geld zu vergüten.[241] Damit hatte der Schiffsmann statt der Führung eine andere Art der Entlohnung gewählt, nach welcher er prozentual an der Fracht des Schiffers beteiligt wurde.[242]

Damit stimmte der Schiffsmann aber gleichzeitig auch der Tatsache zu, dass er sich, wenn das Schiff keine volle Ladung sichern konnte, mit einem proportionalen Minderung des ihm zustehenden Frachtgewinns zufrieden geben musste.[243]

**b. Ergebnis**

Es gab in den Rôles d'Oléron insgesamt drei verschiedene Möglichkeiten der Heuerung:[244] Entweder wurden die Matrosen gemietet für Geld *(1),* für einen Anteil im Laderaum (Führung/Mareage), den ihnen der Schiffer zu verschaffen hatte und den sie mit ihrer eigenen Fracht beladen oder weitervermieten können *(2)* oder indem sie ihren Ladungsteil der Fracht des Schiffes überließen, was bedeutete, dass sie am Profit der Fracht des Schiffes teilhatten *(3).*[245] Eine mögliche Mischform aus Mareage und Mietung gegen Geld tauchte explizit nicht in den Rôles d'Oléron auf.[246]

**3. Llibre del Consolat de Mar**

Das Llibre del Consolat de Mar kennt sechs verschiedene Möglichkeiten der Heuerung:

---

[239] Kapitel XVIII, Zeile 11 ff. (Ms. Liber Horn): *„ Et si il elysent al fret de la nef, tiel fret cum la nef auera, il auerount.“*

[240] *Cordes*, Flandrischer Copiar, S. 138.

[241] *Cleirac*, Us et coutumes, Anmerkung 2, Kapitel XVI, S. 75 ; *Engelbrecht*, S. 59.

[242] *Abel*, Grundzüge und geschichtliche Grundlagen, S. 33.

[243] *Burwash,* English Merchant Shipping, S. 44.

[244] Vgl. hierzu *Gros*, L'oeuvre de Cleirac en droit maritime, S. 68 ; *Réhault*, Le naufrage, S. 629 ; *Burwash,* English Merchant Shipping, S. 43 f. ; *Douillard*, Les loyers des gens de mer, S. 52 ; *Pothier,* Traité des Contrats maritimes, part. III, no. 160; *Valin*, Anmerkung zu Art. 1, Buch III, Tit. IX der Ordonnance von 1681; *Pardessus*, Collection de Lois maritimes I, S. 337.

[245] *„...les uns a mareage, les autres a derniers.“* Kapitel XX, Zeile 4 ff. (Ms. Liber Horn).

[246] *Burwash*, English Merchant Shipping, S. 47, die diese Kombination für besonders gängig hielt. Eine Kombination, die auch auf den Schiffen des Mittelmeers gängig gewesen sei und sich auch im Llibre del Consolat de Mar findet.

**a. Für eine Reise**

Der Schiffsmann konnte sich zunächst für eine bestimmte Reise an den Schiffer durch Vertrag vermieten.

Der Fall wird in Kapitel 129 LCM erwähnt: „*Mariner qui serà accordat en viatge (...).*" Diese Form der Anstellung ist sehr alten Ursprungs und sie wird als die Urform der Heuerung eines Schiffsmannes angesehen.[247] Sie wird auch ausführlich in Kapitel 297 LCM behandelt.[248]

*Pothier* definiert sie als :

> „*(...)un véritable contrat de louage, par lequel un matelot loue à un maître de navire ses services pour un voyage, pour une certaine somme unique que le maître de son côté, s'oblige de lui payer pour le loyer de tout le voyage".*[249]

Dass es sich um eine bestimmte Reise zu einem bestimmten Ort handelte, geht aus Kapitel 161 LCM hervor. Wenn sich ein Schiffsmann für eine Reise verpflichtete, sollte er sich an keinen anderen Ort begeben als den, den ihm der Schiffer beim Antritt der Reise genannt hatte.[250]

Und wenn der Schiffer das Schiff verkaufte, dann sollte er den Matrosen ein Schiff verschaffen, in dem sie zurückfahren konnten, um ihren Geschäften nachzugehen.[251]

War der Schiffer an dem Bestimmungsort der Reise angekommen, wurde alles ausgeladen und der gesamte Ballast abgeworfen. Wenn er eine neue Reise annahm und er an einem Ort war, an dem er Schiffsleute finden konnte, so waren die Schiffsleute ihm nicht weiter verpflichtet und er konnte sie auch nicht zwingen, erneut mit ihm auf Reise zu gehen.[252]

Wenn das Schiff aber an einem Ort war, an dem der Schiffer keine neuen Schiffsleute finden konnte, so mussten sie ihm folgen und nach dem Verhältnis der vorherigen Reise bezahlt werden, so dass die zweite Reise auf der Grundlage

---

247 *« L'engagement au voyage est d'origine très ancienne. Il semble avoir été la première forme du contrat d'engagement des gens de mer.»*, *Douillard*, Les Loyers des Gens de Mer, S. 52. Vgl. auch *Pardessus*, Collection de lois maritimes I, S. 337, der Wurzel bereits im rhodischen Recht und den Basiliken sieht.

248 *„Si alcun senyor de nau o de leny acordarà o haurà acordat mariners per anar en alcun viatge, (...)"*, Kapitel 297, Zeile 4 f. LCM. Kapitel 297 steht in engen Zusammenhang zu Kapitel 155 und 156 LCM.

249 *Pothier*, Traité des Contrats maritimes, part. III, Nr. 160.

250 Kapitel 161, Zeile 4 f. LCM: *« Lo mariner és tengut que, si hirà en viatge, que no deu anar mas là hon lo senyor li haurà fet entanent al comensament del viatge. »*

251 *« E si lon senyor ven la nau, él deu donar nau al mariner en què se'n torn e fer sos ops"*, Kapitel 161, Zeile 6 f. LCM.

252 Kapitel 161, Zeile 7 ff. LCM.

der ersten berechnet wurde, ob die nächste Reise der ersten gleich war oder nicht.[253]

Hintergrund dieses Kapitels war der Gedanke, dass das Schiff sonst die Reise verloren hätte und das Schiff um der Schiffsleute Willen die Reise nicht verlieren sollte.[254] Wenn der Schiffer aber einen anderen Mann an seiner Stelle einsetzte, dann war der Matrose nicht mehr an die Vereinbarung gehalten, die er mit dem Schiffer gemacht hatte, weil der Schiffer sich durch die Einstellung eines anderen von der Vereinbarung gelöst hatte.[255] Diese Begründung findet sich auch explizit am Ende des Kapitel 161 LCM:

> *« Aquest capitól fo fet per so com la nau pendrà son viatge, e per so nau no pot perdre son viatge per mariners. Mas si·l senyor de la nau met altre hom sobre si, convinensa no és tenguda de mariner a senyor de nau, pus ell serà desposehit de la senyoria. »* [256]

**b. Monatsweise**

Eine weitere Möglichkeit stellte die monatsweise Mietung eines Schiffsmanns da, wie sie in Kapitel 130 LCM *„De mariners qui van a messes"* erwähnt wird. Diese Form galt als besonders üblich im Mittelalter im mediterranen Raum.[257] Es handelt sich um eine sehr alte Form der Anstellung.[258] Da eine Schiffsreise sich eher in Tagen als in Monaten bemessen lässt, könnte es sein, dass der Lohn für einen nicht voll geleisteten Monat anteilsmäßig bezahlt wurde. Im Llibre del Consolat de Mar findet sich für einen solchen Fall jedoch keine spezielle Regelung.

Die monatsweise Mietung eines Schiffsmanns entsprach einem Interessenausgleich zwischen Schiffer und Schiffsmann am ehesten. Denn der Lohn der Schiffsleute wurde allein daran gemessen, wie viele Monate sie ihre Dienste dem Schiff zur Verfügung stellten. Gegenüber dem Engagement für eine Reise (*au voyage)* konnte hierin ein erheblicher Vorteil liegen. Auch gegenüber der Anstellung für einen Anteil an der Fracht, also am *„profit eventuel"*, war der Lohn nicht von eventuellen Verlusten oder Gewinnen abhängig. Damit war bei

---

[253] Kapitel 161, Zeile 11 ff. LCM.

[254] Dieser Gedanke findet sich neben Kapitel 161 auch in Kapitel 155 LCM. *Pardessus,* Collection de lois maritimes II, S. 144.

[255] *Pardessus*, Collection des lois maritimes II, S. 145.

[256] Kapitel 161, Zeile 14 ff. LCM.

[257] *Desjardins*, Droit maritime commercial III, Nr. 617, S. 52, der sich hier auf *Valin* und *Cresp* beruft; *Filleau*, Engagement des équipages, Nr. 83, S. 288; *Douillard*, Les Loyers des gens de mer, S. 55.

[258] *"L'engagement au mois est, comme l'engagement au voyage, d'origine fort ancienne"*, *Douillard*, Les Loyers des gens de mer, S. 56.

der monatsweisen Mietung der Lohn des einzelnen Schiffsmanns völlig unabhängig von den erwirtschafteten Gewinnen während der Reise.[259]

### c. Meilenweise

Es gab auch die Möglichkeit, einen Schiffsmann meilenweise zu mieten, wie es in Kapitel 160 LCM erwähnt wird. Diese Form scheint nur im mediteranen Bereich gebräuchlich gewesen zu sein.[260] Der Schiffsmann, der meilenweise gemietet wurde, war verpflichtet, seinem Schiffer bis ans Ende der Welt zu folgen: *„Encara és tengut lo mariner a la nau que, si va per rahó de milés, qu·él ha a saguir anant dentrò del cap del mont."*

Diese Form des Engagements kann man mit der monatsweisen Mietung in Verbindung bringen.[261] Hierbei handelte es sich um die einzige Form der Mietung eines Schiffsmannes, von der sich keine Spuren in früheren Quellen als dem Llibre del Consolat de Mar finden lassen.[262] Bei der meilenweisen Mietung wurde der Schiffsmann nach Maßgabe der zurückgelegten Distanz bezahlt.[263] Es ist schwierig nachzuvollziehen, wie die zurückgelegten Entfernungen damals schon berechnet werden konnten.[264] Denkbar sind hier Seekarten als Grundlage der Berechnung der Distanzen. Dekrete hierzu fanden sich erst viel später, so zum Beispiel im Dekret des 6. April 1882.[265]

### d. „Auf Diskretion fahren"

Im Llibre del Consolat de Mar gab es für die Schiffsleute wie auch für den Steuermann die Möglichkeit, auf Diskretion (*„a cosiment"*) zu fahren.[266] Der Inhalt dieser Anstellungsform ist etwas dunkel. In diesem Fall war der Schiffer am Ende der Reise dazu verpflichtet, sie nach Maßgabe ihrer verrichteten Arbeiten und

[259] *Douillard*, Les Loyers des Gens de Mer, S. 55.
[260] *Valroger*, Droit maritime II, Nr. 525, S. 39.
[261] *Pardessus*, Collection de lois maritimes II, S. 143 ; *Twiss*, Black Book of the Admiralty III, S. 225.
[262] *Pardessus*, Collection de lois maritimes II, S. 143 ; *Twiss*, Black Book of the Admiralty III, S. 225.
[263] *Burwash*, English Merchant Shipping, S. 43: *"(...) mariners being paid by the distance covered ("per raho de millas")."*
[264] *Valroger*, Droit maritime II, Nr. 525, S. 39; *Pardessus*, Collection de lois maritimes II, S. 143 stellt dies fest und bedauert, dass *Capmany* seiner Übersetzung keine Erläuterung der verwendeten lokalen Begrifflichkeiten beifgefügt hat, um solche Fragen lösen zu können.
[265] *Valroger*, Droit maritime II, Nr. 525, S. 39 und *Valroger*, Droit maritime I, S. 71.
[266] Vgl. die Überschrift des Kapitels 226 LCM « *(Senyor de nau o de leny qui manèra nautxer) e mariners a cosiment* ».

Dienste zu entlohnen.[267] Die Höhe des Lohnes sollten der Steuermann und der Schreiber auf den Eid des Schiffers bestimmen. Sie mussten diese Erklärung auf Treu und Glauben geben und konnten ansonsten wegen eines Meineids bestraft werden. Der Schiffer war dazu verpflichtet, den Schiffsleuten den bestimmten Lohn ohne Widerrede zu geben. Diese Art der Mietung wird von *Pardessus* als nicht häufig bezeichnet, weil sie für den Schiffsmann in Bezug auf seine Rechte und die Ermittlung seines Lohnes doch gewisse Unsicherheiten bürgen konnte.[268]

Das Fahren auf Diskretion wird auch in Kapitel 60 aufgenommen, wo es um den Schiffsschreiber geht, der auf *„Diskretion fuhr*".[269]

**e. „Auf Part fahren"**

Nach dem Llibre del Consolat de Mar konnten die Schiffsleute auch *„auf Part fahren*". Diese Möglichkeit wird in Kapitel 247 LCM erwähnt.[270] Ein Schiffsmann fuhr "auf Part", wenn er anstatt seines Lohnes einen gewissen Anteil oder Part an dem hatte, was auf der Reise an Gewinn erbracht wurde.[271]

Alle Verabredungen zwischen Schiffer und dem auf Part fahrenden Schiffsmann sollten schriftlich festgehalten werden: *„Senyor de nau o de leny qui manarà la sua nau a parts eyl és tengut de fer escritura totes les convinenses e empreniments que farà o haurà ffets ab tots ceyls mariners que ab eyl hauran anar a parts."*[272] Es wurde schriftlich unter Anwesenheit des zumindest größten Teils der Schiffsleute festgehalten, wie viele *„Parten*", also Teile, dem Schiff und wie viele Teile dem Schiffsmann zustehen sollten; wie viele Teile es insgesamt waren und wie groß ein Part sein sollte.[273] Zudem mussten die Schiffsleute die Takelung des Schiffes für gut befinden.

Wenn so verfahren wurde, dann waren die Schiffsleute verpflichtet, dem Schiff genauso zu dienen, wie ein Schiffsmann, der einen Lohn erhielt.[274] Und

---

[267] *Burwash*, English Merchant Shipping, S. 43: *"The fourteenth and fifteenth-century Consolato del Mare speaks in addition of mariners (...) also of those who shipped at discretion ("a cosiment") to be paid at the end of the voyage according to their deserts."*
[268] *Pardessus*, Collection de lois maritimes II, S. 205.
[269] *"E si l'escrivà va a cosiment, (...)"*, Kapitel 60, Zeile 12 LCM.
[270] *« (...) tots ceyls mariners que ab eyl hauran anar a parts »*, Kapitel 247, Zeile 5 f. LCM. Im Rhodischen Seerecht wird ein solcher Schiffsmann *„Colonum partiarium"* genannt. *Engelbrecht*, Corpus iuris nautici, S. 310 mit weiteren Nachweisen im Rhodischen Recht.
[271] *Engelbrecht*, Corpus iuris nautici, S. 310.
[272] Kapitel 247, Zeile 3 ff. LCM.
[273] Kapitel 247, Zeile 6 ff. LCM.
[274] *„E si lo senyor de la nau farà assò que dessus és dit, los mariners li són tengut de servir, tot enaxi com si anaven a loguer sebut. » Kapitel 247, Zeile 21 ff.*

sie konnte sich nicht mehr mit Ausnahme der in den vorangegangen Kapiteln getroffenen Bestimmungen von dem Vertrag lösen.[275] Gemeint sind damit die Kapitel 155 und 156 LCM, die Gründe aufführen, nach welchen der Schiffsmann berechtigt war, sich vorzeitig vom Vertrag zu lösen.[276]

Dem Schreiber kam dabei eine Kontrollfunktion zu, da er darauf zu achten hatte, dass die erfolgreiche Durchführung der Schiffsreise gewährleistet wurde und der Steuermann und die Schiffsleute darauf vertrauen konnten, dass ihnen der ihnen gebührende Part und Gewinn zuteil wurde und sie keine Hintergehung durch den Schiffer befürchten mussten.[277]

**f. Anteil am Schiffsraum zur Eigenbefrachtung**

Diese Möglichkeit der Anstellung wird im Llibre del Consolat de Mar sehr ausführlich behandelt. Der Schiffsmann konnte für seine Arbeit einen Anteil am Schiffsraum erhalten, den er dann auf eigene Rechnung befrachten konnte. Damit kam ihm zusätzlich eine befrachterähnliche Stellung zu.

Von der sogenannten Führung der Schiffsleute, „*de portades de mariners*“[278] handeln die Kapitel 131 ff. LCM. Der Schiffsmann konnte auf eigenen Kosten an der Reise teilnehmen[279] und erhielt dafür vom Schiffer einen gewissen Frachtraum zugeteilt.

Die Form des Anstellungsverhältnisses war so ausgestaltet, dass der Schiffsmann mit eigener Führung auf die Reise ging. In diesem Fall hatte der Schiffsmann acht Tage Bedenkzeit, binnen derer er dem Schiffer mitteilen konnte, ob auch auf der Rückreise mitkommen würde: „*E si lo mariner és a sa vianda matexa, que li és tengut de dir si tornarà al viatge que haurà fet o no, a cap de VIII jorns.*“[280]

Kapitel 133 LCM handelt von der Führung der Schiffsleute, „*de portades de mariners*“. Durch den Abschluss des Heuervertrages war der Schiffer verpflichtet, die Führung der Schiffsleute mitzunehmen, die er mitzunehmen versprochen hatte. Der Schiffer musste dem Matrosen erlauben, seine Führung mit dem

---

275 „*Encara mes, que per neguna rahó no·y poden metra contrast, saul per aqueles condicionsque en los capitóls dessús dits són ja certificades e esclarides.*“ Kapitel 247, Zeile 23 ff.

276 Diese Gründe werden auch an späterer Stelle, nämlich in Kapitel 297 LCM noch einmal wiederholt. *Pardessus*, Collection de lois maritimes II, S. 242. Vgl. Dazu die Ausführungen im folgenden Kapitel "Beendigung des Heuerverhältnisses."

277 Kapitel 247, Zeile 33 ff. LCM: „*E L'escrivà és tengut de guardar lo profit de la nau sots aquela matexa pena que al nauxter ni per los mariners, mas que be et leyalment dé sa part (...).*“

278 So lautet die Überschrift von Kapitel 133 LCM.

279 „*Et si lo mariner és a sa vianda matexa, (...)*”, Kapitel 131, Zeile 5 LCM.

280 Kapitel 131, Zeile 4 ff. LCM.

Schiffsboot (*„ab la barcha de la nau")*[281] an und von Bord zu bringen. Dabei sollten ihm die anderen Schiffsleute helfen.[282]

Die Führung sollte von den Schiffsleuten an Bord gebracht werden, bevor das Schiff seine volle Ladung hatte. Der Schiffer sollte den Schiffsleuten, die ihre eigene Führung mit an Bord bringen, erlauben, die Führung dorthin zu legen, wo sie wollten, wenn sie nur nicht die Stauung der anderen Güter, die das Schiff geladen hatte, beeinträchtigten.[283]

Wenn sie aber verdarb oder beschädigt wurde, konnte der Schiffsmann vom Schiffer keinen Schadensersatz verlangen.[284] Der Schiffsmann durfte seine Führung nur dann auf das Schiff bringen, wenn er dies dem Schreiber vorher angezeigt hatte. Wenn er seine Führung nicht vom Schreiber registrieren ließ, verlor er sie. Der Matrose sollte auch nicht fälschlicherweise andere Waren als die angeben, die tatsächlich Gegenstand seiner Führung waren. Wenn er dies dennoch tat, so verlor er 2/3 seiner Führung an die „Herren des Ortes". Das verbleibende Drittel gebührte in diesem Fall dem Schiffer. Wenn die Schiffsleute ihre Führung an Bord bringen wollten, nachdem es bereits voll geladen war, war der Schiffer nicht dazu verpflichtet, die Führung mitzunehmen.[285]

Verbot der Schiffer dem Matrosen seine Ladung an Bord zu bringen, obwohl dieses noch nicht seine volle Fracht hatte, musste der Schiffer dem Matrosen so viel bezahlen, wie das Gut an Fracht wert war, dass der Matrose an Bord hätte bringen dürfen. Wenn der Schiffer den Schiffsmann durch die Zahlung entschädigt hatte, durfte dieser seine Führung nicht mehr an Bord bringen.[286]

Die Größe der Führung wurde in diesem Zusammenhang auch bestimmt. Sie sollte den Wert von 50 Pesanten nicht übersteigen und darunter an Heuer gekauft werden. Dies sei so zu verstehen: Derjenige Matrose, der 100 *„lliures"* als Lohn verdiente, bezahlte für 50 nichts, sondern nur ab 50 aufwärts. Der

---

[281] Kapitel 137, Zeile 4 LCM.

[282] *„(...) e deuen-li ajudar los altres mariners."* Kapitel 137, Zeile 4 f. LCM.

[283] *« Senyor de nau deu lavar al mariner les sues portades, les quals li haurà promeses de lavar, e lo mariner deu les metre ans que la nau haja tot son plen »*, Kapitel 133, Zeile 3 ff. LCM.

[284] *« E pot-los metra aqueles portades en qual loch se vulla. E si·s bànyan ne s'afollen, lo senyor de la nau no li és tengut"*, Kapitel 131, Zeile 15 ff. LCM.

[285] *«E si la nau ha tot càrrech eyl les hi vol metre, lo senyor no li n'és tengut de lavar"*, Kapitel 133, Zeile 5 ff.

[286] *« Mais s·il mariner les hi vol metra ans que la nau haja son pleè que·l senyor li ho vet, lo senyor és tengut de donar aytant com al mariner haurà de nòlit d'ayanta roba com lo mariner deu metre per les portades e axí lo mariner no les deu metre »*, Kapitel 133, Zeile 7 ff.

Schiffsmann, der 40, 30 oder 20 „*besants*“[287] als Führung haben sollte, war bei allem, was unter 50 Pesanten war, zu keiner Kostentragung verpflichtet und musste zum Wurf nichts beitragen.[288] Daraus wird deutlich, dass es hier bereits eine Kombination aus Führung und Entlohnung in Geld gab.
In Kapitel 134 LCM wurde ein sehr wichtiger Grundsatz aufgestellt:

> „*Mariner no pot ne deu noliejar les sues portades a mercader ne a mariner que sia de la nau tengut de noliejat. E si ho fa, lo senyor de la nau puscha prendre lo nòlit que·ll mercader haurà emprès ab lo mariner per rahó d'aqueles portades.*“[289]

Es war dem Matrosen verboten, seine Führung einem Kaufmann oder anderen Matrosen zu überlassen.[290] Wenn er es doch tat, bekam der Schiffer die Fracht, die der Kaufmann dem Schiffsmann versprochen hatte.

In Kapitel 134 LCM findet sich auch ein sogenanntes „Zeichnungsverbot“. Weder der Matrose noch der Kaufmann oder eine andere Person durften Güter oder Ballen mit einem Zeichen versehen. Wenn sie es doch taten, so fielen diese Güter dem Schiffer zu.[291] Grund dafür könnte gewesen sein, dass im Falle Schadensausgleichs nach einem Seewurf alle geretteten Güter an dem Seewurfsausgleich teilnehmen sollten, unbeschadet der ursprünglichen Eigentumsverhältnisse, weshalb eine „Zeichnung“ auf den Gütern und Ballen verboten war.

Der Schiffsmann war nach dem Grundsatz des Kapitels 131 LCM dafür gänzlich von der Teilnahme am Seewurfsausgleich befreit, wenn seine Führung gering war und nicht mehr als 50 Pesanten betrug: „*(...) e que les portades dels mariners, so és entendre no meten en git.*“[292]

### g. Ergebnis

Im Llibre del Consolat dem Mar existieren sechs verschiedene Formen der Anstellung eines Schiffsmannes: für eine Reise, monatsweise, meilenweise, „auf

[287] *Colon*, Llibre del Consolat de mar I, S. 129 merkt hier an, dass in dem Ms. Esp. 56. BN de París (segle XV) für « *besant* » das Wort « *luires* ».

[288] « *Emperò les portades deuen ésser d'aytant com ell pren lo loguer, de L basants en avayl comprades, so és a entendra : que si havia C lliures de loguer que non paguaria de les L, e de les L ensús paguaria, e si à LX o XXX o XX besants e havia tant com deu haver de L aval, no paguaria lo git ne averies* », Kapitel 131, Zeile 10 ff. LCM.

[289] Kapitel 134, Zeile 2 ff. LCM.

[290] „*The Consolato del Mare based the rules governing the portage on the assumption that it would always consist of the mariner' s own goods, and even expressly forbade that it should be anything else*“, *Burwash*, English merchant shipping, S. 45. Kapitel 86-89 LCM.

[291] « *E si ho fa, lo senyor de la nau puscha prendre lo nòlit que·ll mercader haurà emprès ab lo mariner per rahó d'aqueles portades*“, Kapitel 134, Zeile 4 ff. LCM.

[292] Kapitel 131, Zeile 9 f. LCM. Dieser Grundsatz geht auch aus Kapitel 89 LCM hervor, das nur den Ausgleich zwischen Kaufleuten und Schiffer in den verschiedenen Fällen des Verlustes der Waren betraf. Zu den Einschränkungen der Kontributionsfreiheit durch Kapitel 132.

Diskretion fahren", „auf Part fahren" und der Anteil am Schiffsraum zur Eigenbefrachtung.

Die Entlohnung erfolgte in fünf der sechs Anstellungsformen in Geld.[293] Es gab aber auch die Möglichkeit der *„Führung"*, also eine Zuweisung von Frachtraum, die der Schiffsmann frachtfrei mit eigenen Waren beladen durfte, als Entlohnung für die Dienste des Schiffsmannes.[294]

Zudem bestand die Möglichkeit, Führung und Heuer miteinander zu kombinieren, was sogar als üblich angesehen werden kann.[295] Dies geht beispielsweise aus Kapitel 163 LCM konkludent hervor. Dort ist für den Fall, dass der Schiffsmann Streit mit dem Schiffer begann, geregelt, dass er die Hälfte seines Lohns UND seine Führung verlor: *„(...) que deu perdre la maytat del loguer e la roba què haura en la nau."*[296] Normalerweise wurde die Führung als *„portades"* oder *„esportades"* bezeichnet.[297] Hier ist von *„roba"* die Rede, womit auch seine Kleidung und ähnliches Hab und Gut gemeint sein könnte. In diesem Sinne wäre es allerdings unverständlich, wieso er hiervon die Hälfte verlieren sollte.

Noch deutlicher wird dies in Kapitel 132 LCM, in dem eine Erläuterung der generellen Befreiung der Schiffsleute am Ausgleich beim Seewurf erläutert wird: Hier wird von dem Schiffsmann gesprochen, der seine Fracht von seinem eigenen Geld gekauft hatte, bevor er vom Schiffer seinen (Geld)Lohn erhalten hatte: *„(...) que si algun mariner comprava les portades del seul propi, axí és a entendre, que eyl no haja encara rebut lo seu loguer, (...)."*[298] Aus dem Wortlaut geht hervor, dass es Schiffsleute mit eigenem Frachtraum gab, die zudem eine Entlohnung in Geld vom Schiffer haben sollten.

## 4. Vergleich

In den Rôles d'Oléron werden drei Formen der Anstellung genannt, die der Kürze der Quelle entsprechend nur sehr knapp in den Kapiteln XVIII und XX beschrieben werden. Im Llibre del Consolat de Mar finden sich hingegen sechs verschiedene Formen des Engagements, die sehr detailliert dargestellt wurden.

In den Rôles d'Oléron wird in Kapitel XX zunächst ganz klar zwischen den Schiffsleuten unterschieden, die *„a deniers"* mitfahren und denen, die *„a marreage"* gemietet werden. In Kapitel XVIII schließlich werden zwei verschiedene

---

[293] Bei folgenden Anstellungsformen: für eine Reise, monatsweise und meilenweise, „auf Diskretion" und „auf Part".
[294] Wenn der Schiffsmann einen Anteil am Frachtraum zur Eigenbefrachtung wählte.
[295] *Burwash*, English Merchant Shipping, S.47.
[296] Kapitel 268, Zeile 4 f. LCM.
[297] Vgl. Kapitel 131, 132 LCM.
[298] Kapitel 132, Zeile 9 ff. LCM.

Formen der *„marreage"* eingeführt. Sie konnten auf eigene Führung mitgehen oder ihren Frachtraum der Fracht des Schiffes überlassen. In der Quelle wird ein Umbruch von einem an Bord arbeitenden Schiffsmann mit einer „befrachterähnlichen Stellung" hin zu einem nur noch lohnabhängigen „Arbeiter" deutlich, da die Schiffsleute nicht mehr ausschließlich die Doppelrolle eines Arbeiters und Befrachters einnahmen, sondern auch nur als „Arbeiter" für einen Lohn in Geld angestellt werden konnten.

Im Llibre del Consolat de Mar konnten die Schiffsmänner auch *„auf Part"*[299] fahren oder „einen Anteil zur Eigenbefrachtung am Schiffsraum"[300] erhalten.

Das Recht der Mannschaft auf die eigene *„Führung"* ist als ein Rest des früher bestehenden Zustandes der Gleichberechtigung aller am Unternehmen Beteiligten anzusehen und als *„Spur der ursprünglichen Genossenschaftlichkeit des Seefahrtsbetriebes"*[301] zu werten.

Abgesehen von den viel ausführlicheren Regelungen im Llibre del Consolat de Mar gab es jedoch auch einen entscheidenden Unterschied zwischen beiden Quellen in Bezug auf den Schiffsmann, der für einen Anteil des Schiffsraums zur Befrachtung engagiert worden war: Während in den Rôles d'Oléron der Schiffsmann das Recht hatte, seinen Frachtraum durch Kaufleute befrachten zu lassen[302], war dies dem Schiffsmann nach dem Llibre del Consolat de Mar ausdrücklich verboten.[303] Und wenn er es doch tat, bekam der Schiffer die Fracht, die der Kaufmann dem Schiffsmann versprochen hatte.[304] Das Llibre del Consolat de Mar gestattete dem Schiffsmann die Weitervermietung nicht.[305]

Wenn der Schiffsmann auf eigene Führung mitfuhr, hatte er nach dem Llibre del Consolat de Mar acht Tage Bedenkzeit, ob er auch an der Rückreise teilnehmen wollte[306], während die Rôles d'Oléron davon auszugehen scheinen, dass der Schiffsmann wieder zum Ausgangshafen zurückfahren sollte, wie sich aus Kapitel XIX Rôles d'Oléron schließen lässt.

---

299 Kapitel 247 LCM.

300 Kapitel 131 ff. LCM.

301 *Ebel*, Gewerbliches Arbeitsvertragsrecht, S. 65.

302 Kapitel XVIII, Zeile 40 ff. (Ms. Liber Horn).

303 *„Mariner no pot ne deu noliejar les sues portades a mercader ne a mariner que sia de la nau tengut de noliejat. »* Kapitel 134 LCM.

304 Weiter in Kapitel 134 LCM: "*E si ho fa, lo senyor de la nau puscha prendre lo nòlit que·ll mercader haurà emprès ab lo mariner per rahó d'aqueles portades.*"

305 Kapitel 134 LCM.

306 Kapitel 131 LCM.

Kapitel XVIII der Rôles d'Oléron und Kapitel 134 LCM stehen damit deutlich zueinander in Widerspruch.[307] Sie geben einen Hinweis darauf, dass das Recht des Schiffsmanns an dem ihm vom Schiffer zugewiesenen Frachtraum in den Rôles d'Oléron ein noch umfassenderes Recht darstellte, da er selbst entscheiden konnte, was er mit dem Frachtraum tat. Im Llibre del Consolat de Mar bekam er den Raum zwar ebenfalls zugewiesen, es war aber kein „eigenes" Recht an dem Frachtraum im Sinne der Rôles d'Oléron, da ihm daraus kein Recht zur Weitervermietung erwuchs. Dadurch war der Schiffsmann in seiner Rolle weniger als Befrachter anzusehen, da er durch das Verbot der Weitervermietung praktisch sehr eingeschränkt wurde.

In den Rôles d'Oléron wird hier eine genossenschaftlichere Form des Verhältnisses zwischen Schiffer und Schiffsmann dargestellt, die sich im jüngeren Llibre del Consolat de Mar nicht mehr findet, was als Beleg für die These des Verschwindens der genossenschaftlichen Elemente des Seerechts im Laufe des Mittelalters gelten kann. Dabei ist der Umbruch von der genossenschaftlichen hin zu einer autoritär geprägten Seeschifffahrt im Llibre del Consolat de Mar bereits ausgeprägter.

Die monatsweise Mietung der Matrosen war im Mittelalter keine unbekannte Form der Anstellung eines Schiffsmannes.[308] Sie findet sich bereits im Llibre del Consolat de Mar in Kapitel 130.[309] Interessanterweise finden sich in den Rôles d'Oléron keinerlei Anspielungen auf eine monatsweise Mietung.[310] Hier wird der Schiffsmann, der „a deniers" fährt, für eine gesamte Reise gemietet. Dabei könnte es sich bei der monatsweisen Mietung um eine Rezeption aus dem römischen Recht handeln, die in das Llibre del Consolat de Mar Eingang fand und besonders im Rahmen von kürzeren Seereisen praktikabel war.[311]

Während sich in den Rôles d'Oléron explizit keine Mischform aus Lohnzahlung in Geld erwähnt sind, findet sich eine solche doch in den verschiedenen Kapiteln des Llibre del Consolat de Mar [312] wie auch in einigen anderen Seerechtsquellen.[313]

---

[307] *Burwash,* English Merchant Shipping, S. 45 ; *Pardessus*, Collection de Lois maritimes II, S. 128.

[308] *Pardessus*, Collection de lois maritimes I, S. 337.

[309] *Pardessus*, Collection de lois maritimes II, S. 125.

[310] *Valroger*, Droit maritime II, Nr. 525, S. 37 ; *Pardessus*, Collection de lois maritimes I, S. 337.

[311] Im Kapitel XLVI des dritten Teils des Rhodischen Rechts findet sich die monatsweise Mietung eines Matrosen bereits.

[312] Kapitel 85-89, 105, 115-116, 181 und 202-203 LCM.

[313] *„Certain chapters of the Consolato del Mar for instance, and also pages in some other codes, make it clear that the payments ad marinariciam and the portade were often, perhaps*

Gemeinsam ist beiden Quellen, dass sie die Möglichkeit der Eigenbefrachtung eines bestimmten Teils im Laderaum noch kennen. Die Schiffsleute konnten gleichzeitig Befrachter und Arbeiter sein. Dieses genossenschaftliche Element verschwand im Laufe des Mittelalters. Dass die beiden Quellen aus der Übergangsphase stammen, wird dadurch deutlich, dass der Schiffsmann in Geld zu entlohnt werden konnte. Beide Formen bestehen hier noch nebeneinander. Als Übergangsform erscheint dabei die Möglichkeit, sich am Profit des Schiffes zu beteiligen.

Im Llibre del Consolat de Mar konnte der Schiffsmann seine Ladung an Bord bringen und dort deponieren, wo er wollte, solange sie die anderen Waren nicht beschädigte.[314] In den Rôles d'Oléron dagegen bekam er vom Schiffer seinen Laderaum zugeteilt.[315] Daraus könnte sich schließen lassen, dass der ihm zugewiesene Frachtraum nicht besonders groß war. Für eine geringe Bemessung des Frachtraums im Llibre del Consolat de Mar spricht auch, dass seine Fracht in der Regel 50 Pesanten nicht übersteigen sollte.[316] So konnte der Schiffsmann kaum größere Erträge erzielen und die wirtschaftliche Nutzung war dann wohl nur noch als ein „*Accessorium zur Heuerzahlung*" zu werten.[317] Zudem musste die Fracht vom Schreiber registriert werden, eine Formalität, die in den Rôles d'Oléron so nicht erwähnt wurde.[318]

Trotz gewisser Gemeinsamkeiten sind beide Quellen sehr unterschiedlich ausgestaltet. Während in Llibre del Consolat de Mar zwischen sechs und in den Rôles d'Oléron nur zwischen drei Anstellungsformen unterschieden wurde, finden sich im Llibre del Consolat de Mar auch deutliche Hinweise auf die regelmäßige Kombination der Entlohnung aus Geld und Führung, während die Rôles d'Oléron eine solche noch nicht behandeln. Die Vermischung der beiden Formen ist ein Anzeichen für die immer weitere Verdrängung der Entlohnung in Form der eigenen Führung des Schiffsmannes im Seerecht im Mittelalter.

*habitually, combined*", *Burwash,* English Merchant Shipping, S. 43. *Ashburner,* The Rhodian Sea-Law, S. 166-176 mit weiteren Nachweisen.

314 Kapitel 137 LCM.

315 Kapitel XVIII (Ms. Liber Horn).

316 Kapitel 131 LCM.

317 *Von der Decken,* S. 39.

318 Kapitel 131 LCM.

## B. Beendigung des Heuerverhältnisses

### I. Allgemein

Die vertragsgemäße Beendigung des Heuerverhältnisses soll als *„ordentliche"* Beendigung bezeichnet werden.

Da der seerechtliche Arbeitsvertrag grundsätzlich für die Dauer einer bestimmten Reise abgeschlossen wurde, trat die ordnungsgemäße Beendigung des Arbeitsverhältnisses so mit Beendigung der Reise ein.[319] So war das Arbeitsverhältnis dann gelöst, wenn das Schiff wieder in seinem Heimathafen einlief, der Schiffer dem Schiffsmann seinen Lohn ausgezahlt hatte und sie nun voneinander schieden.[320]

Neben dieser *„ordentlichen"* Auflösung des Vertragsverhältnisses zwischen dem Schiffer und seinem Schiffsmann kommt aber auch eine *„außerordentlichen"* Beendigung des Vertragsverhältnisses in Betracht. Denkbar ist, dass die beiden Vertragsparteien die Auflösung des Vertrages während der Reise vereinbaren konnten.[321] Voraussetzung war naturgemäß, dass ein Verlassen des Schiffs überhaupt möglich war. Diese Form der Beendigung stellte eine freiwillige Auflösung des Vertrages durch die Vertragsparteien dar.[322]

Als weitere Form, die einer außerordentlichen Kündigung gleichkam, kann die Beendigung des Heuerverhältnisses durch höhere Gewalt bei Untergang und Verlust des gesamten Schiffes bezeichnet werden.[323] Wenn der Schiffer und seine Schiffsleute dieses Ereignis überlebten, stellt sich die Frage, inwieweit sich in den beiden Quellen Regelungen zu Bergungsverpflichtungen der Mannschaft finden und inwieweit ihr Anspruch auf die Heuer und die reguläre Beendigung des Vertragsverhältnisses bestehen bleibt.

Zu den Fällen einer „außerordentlichen" Beendigung zählt auch die Möglichkeit, binnen einer bestimmten Frist nach Abschluss des Vertrages vom Vertrag zurückzutreten.

---

[319] *Abel*, Grundzüge und geschichtliche Grundlagen, S. 24.

[320] *Ebel*, Arbeitsvertragsrecht, S. 71.

[321] *Hesse*, Histoire et sources des droits maritimes, S.36.

[322] *Ebel*, Arbeitsvertragsrecht, S. 72. *Abel*, Grundzüge und geschichtliche Grundlagen, S. 24. *Abel* betont, dass aus einer solchen möglichen Parteivereinbarung eine noch nicht so entwickelte Fürsorgeverpflichtung des Schiffers gegenüber seiner Mannschaft zu erkennen sei. Denn es habe häufig nur Verbote ohne Strafandrohung gegeben , in die das Verbot, einen Schiffsmann auf einer Insel auszusetzen in der Regel mit aufgenommen war.

[323] *Abel*, Grundzüge und geschichtliche Grundlagen, S. 25.

Wenn der Schiffer das Schiff während der Fahrt verkaufte, konnte dies möglicherweise einen weiteren Auflösungsgrund des Vertragsverhältnisses darstellen.

Fraglich ist, inwieweit dem Schiffer ein Kündigungsrecht als Reaktion auf ein besonderes Fehlverhalten[324] als ein einseitiges Recht zur außerordentlichen Beendigung in den beiden Quellen zustand.

In Betracht kommen hier Fehlverhalten wie Trunkenheit, Auflehnung gegen den Schiffer, Schlägerei und andere Vorfälle selbstverschuldete Arbeitsunfähigkeit oder Diebstahl, die zu einer fristlosen Entlassung des Schiffmanns führen konnte.[325]

Als eine *„Quasi-Auflösung"* des Vertrages kann man auch den Fall sehen, wenn der Schiffsmann während der Reise erkrankte.[326]

Auch anderes Unvermögen von Seiten des Schiffmannes konnte sich negativ auf das Vertragsverhältnis auswirken: Wenn sich eine Person zum Beispiel als Steuermann anstellen ließ, obwohl sie nicht über die dazu nötigen technischen Kenntnisse verfügte und diese zu haben konkludent oder ausdrücklich vorgab.

Aber auch der Schiffsmann war unter bestimmten Umständen berechtigt, sich vorzeitig vom Vertrag zu lösen.

Einseitige Lösungen vom Heuervertrag z. B. durch Desertation[327] nach Antritt der Reise durch den Schiffsmann sind ebenfalls als Vertragsbruch zu qualifizieren, welcher zu einer Beendigung des Heuerverhältnisses und möglicherweise auch zu einer Bußzahlung des Vertragsbrüchigen führen konnte.

**II. Rôles d'Oléron**

In den Rôles d'Oléron finden sich verschiedene Formen der Beendigung des Vertragsverhältnisses zwischen dem Schiffer und dem Schiffsmann, die sich ebenfalls als *„ordentliche"* oder *„außerordentliche"* Form der Beendigung des Vertragsverhältnisses unterscheiden lassen.

---

[324] *Abel*, Grundzüge und geschichtliche Grundlagen, S. 26 benutzt für „Fehlverhalten" m.E. in einer zu anachronistischen Weise die Begriffe „Unmöglichkeit der Leistung", „Vertragsverletzung" und „(Kündigung) aus wichtigem Grund".

[325] *Abel*, Grundzüge und geschichtliche Grundlagen, S. 28 bezeichnet dies als den Hauptfall einer vorzeitigen und fristlosen Auflösung des Heuervertrages wegen eines *„dienstlichen Vergehens"* des Schiffsmanns.

[326] *Abel*, Grundzüge und geschichtliche Grundlagen, S. 26.

[327] *Vogel*, Geschichte der deutschen Seeschiffahrt, S. 440.

**1. „Ordentliche“ Beendigung**

Die ordentliche Beendigung des Vertragsverhältnisses trat ein, wenn das Schiff zur Ausladung an seinen Heimathafen zurück gelangte. Die Rückkehr in den heimatlichen Hafen stellte das Ende der Reise dar.[328] Schiffsleute ohne „Bett und Kasten“[330] mussten, wenn sie im Zielhafen ihre Heuer verlangten, einen Teil derselben als Pfand hinterlegen, bevor sie von Bord gehen durften.[331] Der Schiffer konnte von der Heuer seiner Schiffsmänner soviel zurückbehalten, um sicherzustellen, dass sie zum Schiff zurückkehrten nach der Ausladung und mit dem Schiffer das Schiff dorthin zurückbrachten, wo es der Schiffer übernommen hatte: *„Le mestre poet retenir de soun lower pur rendre la nef, ou il la prist (...)“*[332] Dieses Lohnzurückbehaltungsrecht bestand jedoch nur dann, wenn der Schiffsmann nicht eine andere gute Sicherheit (*„bone caucioun“)* leistete, dass er die Reise zu Ende führen wird.[333] Dadurch sollte die erfolgreiche gemeinsame Beendigung der Reise gesichert werden. So gibt Kapitel XIX Aufschluss darüber, dass nicht mit dem Ausladen der Waren an einem Ort, sondern erst mit der Rückführung des Schiffes in den Ausgangshafen die Reise beendet war und der Schiffsmann sich für diese gesamte Reise verpflichtete.

Interessant erscheint hier, dass das fol. 359 r° des Ms. Liber Horn, auf dem sich das Kapitel XIX befindet, mit *Oleroun* überschrieben ist. Dies könnte ein Indiz dafür sein, dass die Insel Oléron der „Heimatort“ war und den Anfang und der Reise bildete. Dagegen könnte zwar sprechen, dass auch noch andere Seiten, wie z.B. das folio 357 r° mit *Oleroun* überschrieben ist, ohne dass es in dem dort aufgeführten Kapitel um den Ausgangshafen der Reise ginge und Oléron möglicherweise nur einen Hinweis auf den Entstehungs- oder Hinterlegungsort der Aufzeichnung bildet.[334] Auf der anderen Seite war Oléron bereits im 13. Jahrhundert eine stark bevölkerte Insel mit vielen kleinen Ortschaften auf ihr[335] und

[328] Dies kann aus Kapitel XIX Ms. Liber Horn geschlossen werden, das davon handelt, dass das Schiff zur Ausladung ankommt: *„Une nef vient a descharge“*, heißt es in Kapitel XIX, Zeile 1 f.

[329] Kapitel XIX, Zeile 7 ff. (Ms. Liber Horn): *„Le mestre poet retenir de soun lower pur rende de la nef la, ou il la prist sil doune bone caucioumpur funir la veyage.“*

[330] *„Et il i a acuns, qe ne ount lich ne arche leins.“* Kapitel XIX, Zeile 4ff. (ms. Liber Horn).

[331] *„(...) sil ne doune bone caucion“*, Kapitel XIX, Zeile 10 f. (Ms. Liber Horn).

[332] Kapitel XIX, Zeile 7 ff. (Ms. Liber Horn).

[333] *„(...) sil ne doune bone caucioun pur fenir le veyage.“* Kapitel XIX, Zeile 10 ff. (Ms. Liber Horn).

[334] Vgl. oben das Kapitel zur Entstehungsgeschichte der Rôles d'Oléron.

[335] Am bedeutendsten waren Le Château und St-. Pierre.

zudem Sitz einer bedeutenden Reederei.[336] Diese könnte die Schiffe gestellt haben, die dann auch wieder nach Oléron zurückgebracht werden mussten.

**2. „Außerordentliche" Beendigung**

Neben der ordentlichen Auflösung des Vertragsverhältnisses zwischen dem Schiffer und seinem Schiffsmann gab es in den Rôles d'Oléron auch die Möglichkeit der außerordentlichen Beendigung des Vertragsverhältnisses.

In den Rôles d'Oléron wurde eine Möglichkeit, den Vertrag während der Reise durch freiwillige Vereinbarung aufzulösen, nicht erwähnt. Der Schiffsmann wie auch der Schiffer blieben während der gesamten Reise an ihren vor Beginn geschlossenen Vertrag gebunden. Zur Bekräftigung dieser Bindungswirkungen waren noch besondere Sicherungsmechanismen eingebaut: So durften die Schiffsleute sich nicht gemäß Kapitel V und VI ohne Erlaubnis von Bord entfernen.[338] Deshalb erhielten sie, wenn sie mit Genehmigung des Schiffers in Bordeaux oder an einem anderen Ort an Land gingen, zwar eine solche Verpflegung, wie ihnen auf dem Schiff zugestanden wurde, sie bekamen aber keine Getränke.[339] Die Verweigerung von Getränken wird in der Quelle damit begründet, dass sie so alsbald wieder an Bord zurückkehrten und der Schiffer ihre Arbeitskraft nicht verlor:[340] *„Et de beiverage endeyvent eux rien aver*[341] *tut aprestement si qe le mestre ne perde ses houres de la nef"*.[342] Wenn der Schiffer die Arbeitskraft der Schiffsmänner nämlich verlor und dadurch Schaden erlitt, konnte er

[336] *Kiesselbach,* Ursprung der Rôles d'Oléron, S. 17 f. mit Verweis auf die lokalen Rechte der Insel, die bereits die Bedeutung der auf der Insel ansässigen Reederei belegen.

[337] Interessant erscheint hier, dass das fol. 359 r° des Ms. Liber Horn, auf dem sich das Kapitel XIX befindet, mit *Oleroun* überschrieben ist. Dies könnte ein Indiz dafür sein, dass nach dieser Fassung mit dem Ende der Reise und dem Heimatort die Insel Oléron verbunden wurde. Dagegen könnte sprechen, dass noch andere Seiten, wie z.B. das folio 357 r° mit *Oleroun* überschrieben ist, ohne dass es in dem dort aufgeführten Kapitel um den Ausgangshafen der Reise ginge.

[338] *„Les mariners ne deyvent pas issir hors saunz conge de mestre"*, Kapitel V, 4 ff. (Ms. Liber Horn) und VI, Zeile 2 ff. (Ms. Liber Horn): *„(...), et acuns deux sen issent saunz conge hors"*.

[339] Kapitel 21, Zeile 3 ff. (Ms. Liber Horn).

[340] Vgl. auch Kapitel XIX (Ms. Liber Horn), nach welchem die Schiffsleute so lange an Bord bleiben mussten, bis sie wieder an den Ausgangshafen zurückgekehrt waren.

[341] In anderen Fassungen finden sich nach *„aver"* die Worte *„(...) et deyvent revenyr prestement"*, vgl. Ms. Liber rubeus, folio 33 v° oder in der Ms. 1386 (Troyes) folio 107 v° (abgedruckt bei Zeller, Sammlung älterer Seerechtsquellen, Heft 1, S. 25): *„(..) et se doiuent deliurer"*. Deshalb sind nach *Krieger*, Ursprung und Wurzeln, S. 142, Fn. 620 nach *„aver"* die Worte *„Et deyent revenir"* hinzuzulesen.

[342] Kapitel XXI, Zeile 14 ff. (Ms. Liber Horn).

von den einzelnen Schiffsleuten Ersatz seines Schadens verlangen: „*(...) kar si le mestre les y perdoit et il y eut damage, il serrount tenuz al amender (...)*“.[343]

Des weiteren waren sie verpflichtet, wenn sich ein Schiffsmann verletzte, weil er wegen ihrer Abwesenheit keine Hilfe von ihnen bekam, Schadensersatz an Kapitän, Tischgemeinschaft und den verletzten Schiffsmann zu leisten.[344]

Dass das Vertragsverhältnis durch höhere Gewalt, also bei totalem Untergang und Verlust des Schiffes, selbstverständlich aufgelöst wurde, mag keiner expliziten Erwähnung in der mit ihren 24 Kapiteln sehr knapp gehaltenen Quelle bedurft haben.

Der (teilweise) Schiffsbruch infolge eines Sturms[345] findet aber eine verhältnismäßig ausführliche Behandlung in Kapitel VIII der Quelle.[346] Jeder Schiffsmann hatte danach beim Seewurf eine Tonne frei: „*Les mariners deyvent aver un tonel fraunk (...)*“[347] Er nahm also nur dann am Seewurfausgleich teil, wenn er mehr Waren auf dem Schiff mitführte als diese eine Tonne.[348] Und wenn er sich beim Seewurf nicht gut verhielt, bekam er keine Befreiung. Über seine Befreiung hatte der Schiffer zu entscheiden, dem auf seinen Eid geglaubt werden soll.[349] Damit blieb die Schiffsmannschaft – bei Verlust ihrer freien Tonne -, dazu verpflichtet, Bergungsversuche anzustellen.[350]

Der Schiffer war den Schiffsleuten, die gegen Entlohnung in Geld mitfuhren, im Gegenzug dazu verpflichtet, ihnen ihre Heuer[351] zu geben. Wenn der Schiffer kein Geld hatte, musste er die von den Schiffsleuten geretteten Sachen verpfänden und die Schiffsleute in ihre Heimat zurückführen.[352] Er blieb also

---

343 Kapitel XXI, Zeile 20 ff. (Ms. Liber Horn).

344 Kapitel XXI, Zeile 24 ff. (Ms. Liber Horn).

345 In Kapitel VIII, Zeile 3 ff. wird nur der Sturm erwähnt, durch den das Schiff Bruch erleidet. „*(...) qe torment la prent en la mer*« . Ob es sich um ein Regelbeispiel oder nur explizit den Sturm handelt, muss hier offen bleiben. Vgl. dazu *Landwehr*, Haverei, S. 12.

346 Vgl. Kapitel VIII (Ms. Liber Horn).

347 Kapitel VIII, Zeile 47 ff. (Ms. Liber Horn).

348 *Landwehr*, Haverei, S. 60. Vgl. Kapitel VIII, Zeile 47 ff. (Ms. Liber Horn): „*Les mariners deyvent aver (chescun) un tonel fraunk et lautre deyvent partir au get (...)*« : Das Wort « *chescun* » wurde mit späterer Hand eingefügt. Vgl. dazu *Krieger*, Ursprung und Wurzeln, S. 130, Fn. 591.

349 Kapitel VIII, Zeile 54 ff.: „*Et sil ne defent. Il ne auera riens de fraunchise. Et en serra le mestre cru par soun serment.* »

350 Kapitel III, Zeile 3 ff. (Ms. Liber Horn): „*Les mariners sount tenu a sauver le plus kil purrount*“. Und Kapitel VIII, Zeile 54 (Ms. Liber Horn).

351 Gegenschluss daraus, dass er ihnen keine Heuer mehr schuldet, wenn sie nicht bei der Bergung helfen. Kapitel III, Zeile 15 ff.: « *(...)ayns perdent lur lowers quant la nef est perdue.* »

352 „*(...) et sil aident, le mestre est tenu a engager sil nad deniers de ceo qil sauverount et les remener a leur teres ; (...)* », Kapitel III, Zeile 6 ff. (Ms. Liber Horn).

gegenüber der Mannschaft auch nach einem Ereignis höherer Gewalt gebunden, wenn es noch etwas zu retten gab. Diese Bindung wurde aufgelöst, wenn die Schiffsmannschaft nicht bei der Bergung half. Dann verloren sie nicht nur ihre Heuer, der Schiffer war vielmehr auch von jeglicher Sorgfaltstragungspflicht gegenüber seiner Mannschaft befreit, was faktisch die Auflösung des Heuervertrages bedeutete.[353]

In den Rôles d'Oléron wurde in Kapitel IV ausdrücklich die Möglichkeit der Weiterführung der Fahrt erwähnt, wenn nur ein Teil der Waren gerettet werden konnte. Der Kapitän konnte, nachdem man Schiffbruch erlitten hatte und einen Teil der Ladung retten konnte, das Schiff entweder ausbessern lassen, wenn dies in kurzer Zeit möglich war, oder ein anderes Schiff mieten, um die Reise fortzuführen.[354] Deshalb kann diesem Fall davon ausgegangen werden, dass die Vertragsverhältnisse zwischen dem Schiffer und den einzelnen Schiffsmännern weiterhin bestanden.[355] Die erfolgreiche Beendigung der Reise stand hier weiter im Vordergrund.

Ein Rücktrittsrecht, das unmittelbar nach Abschluss des Vertrages, aber noch vor einem bestimmten Zeitpunkt wie dem Anbordgehen oder dem Zeitpunkt der Ausreise bestand, findet sich in den Rôles d'Oléron nicht.

Auch der Verkauf eines Schiffes konnte zur faktischen Auflösung des Vertrages führen. Der Verkauf des Schiffes – des *„nefs"* -[356] während der Fahrt wird in den Rôles d'Oléron in Kapitel I angesprochen. Geriet der Schiffer unterwegs in Geldnot, weil er das Schiff mit Proviant bestücken musste, so durfte er das Schiff nicht verkaufen, aber nach Konsultation des Schiffsrates Teile der Ausstattung verpfänden. Damit war die Vertretungsmacht des Kapitäns, der von den die Fahrt nicht begleitenden Reedern als eine Art Vertrauensperson eingesetzt wurde, beschränkt: Er durfte das Schiff nicht verkaufen und die Schiffsgüter nur mit Zustimmung der Schiffsmannschaft verpfänden, wenn es die Situation erforderte.[357] Die Konsultation der Schiffsmannschaft, die man hier auch als

---

[353] Kapitel III, Zeile 12 ff. (Ms. Liber Horn): *„ (...) et sil ni aydent, il nest tenuz de riens lour bailer ne de rien les purveier, ayns perdent lur lowers, quant la nef est perdue."*

[354] Kapitel IV, Zeile 19 ff. (Liber Horn): *« Et si le mestre voet, il poet bien aduber sa nef, sil est en cas kil la puisse adubber prestement. Et si noun, il poet lower un autre nef et fere la veiage (...). »*

[355] In der Quelle finden sich keine Hinweise, die in diesen beiden Fällen für eine notwendige Erneuerung der Verträge sprächen.

[356] *„Nef"* ist eine mittelalterliche Schiffsbezeichnung: *„C'est le bâtiment par excellence du XIIIe au XVIe siècle"*, *Vergé-Franceschi*, Dictionnaire d'histoire maritime II, S. 1035 f. mit weiteren Nachweisen.

[357] Kapitel I (Ms. Liber Horn). Die Untersuchung und der Vergleich der verschiedenen Manuskripte soll im Kapitel „Mitbestimmungsrechte" der Mannschaft erfolgen.

*„Schiffsrat"* bezeichnen kann, diente neben der Sicherung der Reederinteressen[358] auch der Sicherung einer möglichen Weiterführung der Schiffsreise (mit einem neuen Schiff?) und der Wahrung der Interessen der Schiffsmannschaft am Erhalt ihres Heuervertrages. Wenn das Schiff verkauft wurde, blieb der Schiffer jedoch weiterhin verpflichtet, dafür zu sorgen, dass die Schiffsmannschaft auf einem anderen Schiff wieder zurück in die Heimat geführt wurde. Zu den Folgen eines Schiffsverkaufs mit Zustimmung der Mannschaft für die Vertragsverhältnisse schweigt die Quelle.

Wenn es zwischen dem Schiffer und einem Schiffsmann zu einem Streit kam[359], bildete dies erst dann einen Grund zur Entlassung, wenn der Schiffer ihm eine Frist zur Entschuldigung bestimmt hatte und der Schiffsmann diese erfolglos verstreichen ließ.[360]

Zu den besonders wichtigen Fällen einer außerordentlichen Kündigung gehörte auch das nur einer Partei zugestandene Recht zur Auflösung des Vertrages, wenn es sich um eine Reaktion auf ein besonderes Fehlverhalten der anderen Vertragspartei handelte. In den Rôles d'Oléron betraf dies Fälle, in denen dieses Recht dem Schiffer zustand. Wenn der Schiffsmann sich eines dienstlichen Vergehens schuldig gemacht hatte, konnte sich der Schiffer einseitig vom Vertrag lösen.

So war es dem Schiffsmann z.B. verboten, sich ohne Erlaubnis des Schiffers von Bord zu begeben, wenn das Schiff unbeladen oder beladen an irgendeinem Hafen ankam.[361]

Wegen bloßer unerlaubter Abwesenheit von Bord ohne weitere Zwischenfälle erfolgte zwar noch keine fristlose Entlassung, und die Quelle normierte auch keine anderweitige Strafe für diesen Fall.[362] Es blieb aber eine verbotene[363] Handlung, und wenn der Matrose gegen dieses Verbot verstieß, versäumte er

---

[358] Dies lässt sich aus dem Gesamtzusammenhang des Kapitels I (Ms. Liber Horn) schließen, in dem es um das Verhältnis zwischen Kapitän und Reeder geht.

[359] Fall des Kapitels XIV (Ms. Liber Horn).

[360] *Ebel*, Arbeitsvertragsrecht, S. 73.

[361] *« Une nef (...) aryve en alcun port. Les mariners ne deyvent pas issir hors saunz conge de mestre (=ohne Erlaubnis des Schiffers). »* Vgl. Kapitel V, Zeile 1 ff. Später wurde in dem Ms. Liber Horn an dieser Stelle allerdings noch hinzugefügt, dass sie hinausgehen dürfen, wenn das Schiff an einem Ort ist, an dem es mit vier Tauen festgebunden ist: *„(...) mais si la nef estoit en lieu ou ele se fut amarree de quatre amarrees ils purront bien issir dehors."* Kapitel V, Zeile 12 ff. (Ms. Liber Horn). Diese Passage findet sich auch in anderen Manuskripten der Rôles d'Oléron. Vgl. Dazu *Krieger*, Ursprung und Wurzel, S. 127, Fn. 584.

[362] Die Art der Bestrafung einer bloßen Abwesenheit von Bord, ohne dass dadurch weiterer Schaden entstand, findet sich nicht erwähnt.

[363] *Ebel*, Arbeitsvertragsrecht, S. 60, verkennt hier das Bestehen dieses Verbotes. Zwar findet sich keine Sanktionierung, das Verbot wurde aber aufgestellt.

eine ihm aus dem Heuervertrag obliegende Pflicht. Anders wurde die Angelegenheit jedoch behandelt, wenn das Schiff während seiner unerlaubten Abwesenheit Schaden nahm. Dies führte laut Quellentext zwar nicht zum Fall einer (fristlosen) Kündigung, die Schiffsleute waren aber zur Leistung von Schadensersatz verpflichtet.[364]

Der Schiffer benötigte für das Gelingen der Reise die Arbeitskraft jedes einzelnen Schiffsmannes, deshalb sollten sie auch bei erlaubtem Verlassen des Schiffes immer alsbald an Bord zurückkehren. Wenn der Schiffer ihre Arbeitskraft verlor, war der Schiffsmann jeweils zur Zahlung von Schadensersatz verpflichtet.[365] Der Schiffsmann hob in einem solchen Fall durch sein Verhalten seine Zugehörigkeit zur Schiffsgemeinschaft auf. Der Vertrag wäre also aufgelöst gewesen, es blieben aber Schadensersatzforderungen. Es war demnach ein enormes Risiko und ein hohes Haftungsrisiko, das ein Abtrünniger auf diese Weise einging. Außerhalb der Heimat war er in der Fremde außerdem völlig auf sich gestellt. Die Haftung und das Risiko waren dabei nicht nach der reinen Leistungsminderung bemessen, wie es der Fall bei einem vorzeitig abgebrochenen Heuervertrag der Fall gewesen wäre. Denn wenn es das Wohl des Schiffes oder das der Schiffsgemeinschaft zur Sicherung des gemeinschaftlichen Unternehmens erforderte, konnte der Kapitän auch die Heuerzahlung für bereits geleistete Arbeit verweigern.[366]

Auch die Auflehnung des Schiffsmanns gegen den Schiffer findet sich in der Quelle, und zwar in Kapitel XIV. Entstand auf der Reise Streit zwischen dem Schiffer und einem Seemann, so konnte der Schiffer ihn "*hinausschicken*".[367] Unklar bleibt, ob damit ein Wegschicken aus dem Schiffsraum, in dem sich der Schiffer mit seiner Mannschaft befand, gemeint war oder ein Verweisen von Bord. Im zweiten Fall hätte es sich hier um den Fall einer fristlosen Kündigung von Seiten des Schiffers gehandelt. Dafür spricht auch, dass im Verlauf des Kapitels weitere Sicherungsmechanismen eingebaut wurden, die erst befolgt werden mussten: Bevor der Schiffer den Seemann von Bord wies, war er zunächst

---

364 Kapitel V, Zeile 7 ff. (Ms. Liber Horn): *« (...) kar si la nef senperdoit par acun aventure, a dunc il serrount tenuz a amender. »* Später wurde an dieser Stelle noch hinzugefügt « sils ont de qei », also : Wenn sie etwas haben. Nur dann müssen sie Schadensersatz leisten. *Krieger*, Ursprung und Wurzeln, S. 127, Fn. 584, sieht in dieser Hinzufügung einen Hinweis auf den Haupttext. Der Zusatz findet sich ebenfalls in dem Ms. Liber rubeus (fol. 31 v° "syl ount de qey") und in dem Ms. 1386 Troyes (abgedruckt bei *Zeller*, Sammlung älterer Seerechtsquellen, Heft 1, S. 13: *„se ilauoient de quoy")*.

365 Kapitel XXI, Zeile 16 ff. (Ms. Liber Horn).

366 *Friedland*, Schiff und Besatzung, S. 260 f.

367 Kapitel XIV, Zeile 7 f.: *„il les menge hors"*. Das Wort *„menge"* wurde hier von späterer Hand gestrichen und durch *„comaunde"* ersetzt.

verpflichtet, ihm dreimal das Tischtuch wegzunehmen und ihn so von der Tischgemeinschaft auszuschließen.[368] *„Le mestre deit ouster la towaile devaunt ses mariners trois foitz avaunt qe il les menge hors“*, heißt es im Text.[369] Der Ausdruck « *dreimal das Tischtuch wegziehen* » erscheint etwas unklar : Es könnte damit gemeint gewesen sein, dass der Schiffsmann sich innerhalb des Zeitraums der nächsten drei Mahlzeiten entschuldigen musste oder dass er dreimal vom Tisch verwiesen worden sein musste,[370] also eine Form der dreifachen *„Abmahnung“*. Man könnte es aber auch so verstehen, dass er dreimal nacheinander am Tisch das Tuch wegziehen musste. So gibt es beispielsweise im islamischen Scheidungsrecht bei den libanesischen Schiiten die Bestimmung, dass der Mann dreimal hintereinander *„ich verstoße dich“* sagen muss und damit die Scheidung ausgesprochen wurde. Die dreifache Aussage wird deshalb für erforderlich gehalten, damit der Satz nicht leichtfertig ausgesprochen wird. Es könnte denkbar sein, dass der Schiffer dem Schiffsmann symbolisch dreimal hintereinander das Tischtuch entzieht und damit dann ernsthaft und endgültig die *„Kündigung“* aussprechen konnte.

Es handelte sich hier in jedem Fall um einen formalen Akt, der dem Schiffsmann noch eine Chance zur Entschuldigung geben sollte.[371] Mit ihm wurde eine Art Schlichtungsverfahren eingeleitet, bevor der Seemann von Bord gewiesen werden konnte. Dem Schiffsmann stand nämlich eine Art Appell an seine Tischgenossen offen. Er konnte bitten, an Bord bleiben zu dürfen und anbieten, die Missetat ihrem Spruch gemäß zu bessern, also eine Buße zu zahlen. Der Schiffer war verpflichtet, der Bitte des Schiffsmanns Gehör zu schenken. Verweigerte er es ihm, so schuldete der Schiffer dem von Bord Gewiesenen die volle Heuer. Zudem traf den Schiffer die Gefahr, dass ein schlechterer Ersatzmann anheuerte und dies zu Schäden führte. Der Kapitän haftete dann persönlich gegenüber den Reedern. Es handelte sich um ein ausgewogenes Verfahren, das, ohne die Autorität des Schiffers an Bord zu gefährden, dem Seemann, der mit dem Schiffer in Konflikt geraten war, eine Motivation bot, die Versöhnung zu suchen. In die gleiche Richtung wirkten andererseits auch die Nachteile, die dem Schiffer angedroht wurden, wenn er es mit dem Missetäter nicht noch einmal versuchte. Die starke Stellung der Tischgemeinschaft in diesem Vermittlungsprozess fällt besonders an dieser Stelle der Quelle auf. Die Tischgemeinschaft

---

[368] *Runyan*, The Rolls of Oleron and the Admiralty Court, S. 100.
[369] Kapitel XIV, Zeile 3 ff. (Ms. Liber Horn). *Gros* qualifiziert ihn als typischen Ausdruck gasconischer Sprache, *Gros*, L'Oeuvre de Cleirac, S. 73.
[370] *Pardessus*, Collection de lois maritimes I, S. 334.
[371] *Gros*, L'Oeuvre de Cleirac, S. 73.

stellte an Bord den Kreis da, der für die Sicherung der Lebensbedürfnisse am engsten zusammengeschlossen war.[372]

Arbeitsrechtlich interessant war die Behandlung von Ereignissen, die zur Arbeitsunfähigkeit führten. Zu einer Quasi-Auflösung des Vertrages kam es z.B., wenn der Schiffsmann krank wurde.[373]

Bei der Verletzung eines Seemanns, die zum Verlust seiner Arbeitsfähigkeit führte, wird in der Quelle zwischen einer verschuldeten und einer unverschuldeten Arbeitsunfähigkeit unterschieden, an die unterschiedliche Rechtsfolgen geknüpft wurden.

Im Falle einer Schlägerei während unerlaubter Abwesenheit von Bord[374], bei der es Verletzte[375] gab, war der Schiffer nicht dazu verpflichtet, die betroffenen Schiffsleute heilen zu lassen oder sonst noch in irgendeiner Hinsicht für sie zu sorgen. Sie verloren den Anspruch auf Heuer und der Schiffer konnte sie fortjagen.[376] Es handelte sich um den Fall der selbstverschuldeten Arbeitsunfähigkeit durch einen Schiffsmann. Der Schiffer konnte sich an ihrer Stelle einen neuen Schiffsmann suchen und sie mussten sogar, wenn nun nur noch Ersatzleute zu höherer Heuer zu haben waren, dem Schiffer die Differenz ersetzen.[377] Dies kam einer fristlosen Kündigung mit möglichen zusätzlichen Schadensersatzfolgen gegenüber dem Schiffer gleich. Der Schiffer wurde durch das Fehlverhalten des Schiffsmanns von jeglichen vertraglichen Verpflichtungen befreit.

Denjenigen, die sich während des Dienstes verletzten oder verwundeten, stand diese Versorgung im Krankheitsfall hingegen zu;[378] dies wird in Kapitel VII für den Krankheitsfall konkretisiert. Sie bzw. ihre Erben erhielten die volle Heuer.[379] Das Schiff wartete nicht auf sie, ließ sie aber auch nicht allein zurück,

---

[372] *Friedland*, Schiff und Besatzung, S. 261.
[373] So *Abel*, Grundzüge und geschichtliche Grundlagen, S. 26.
[374] *„(...), et acuns deux sen issent saunz conge hors et senyverent et fount contekes et eny a acuns, qi sount naufres ;( ...) »*, Kapitel VI, Zeile 2 ff. (Ms. Liber Horn).
[375] Bei der Verletzung eines Seemanns, die zum Verlust seiner Arbeitsfähigkeit führte, wird in der Quelle bereits zwischen einer verschuldeten und einer unverschuldeten Arbeitsunfähigkeit unterschieden, an die unterschiedliche Rechtsfolgen geknüpft werden.
Kapitel VI (Ms. Liber Horn).
[376] Vgl. Kapitel VI, Zeile 8 ff. (Ms. Liber Horn): *„(...) le mestre nest pas tenuz a eux fere garir ne a les purveier de rien, eins les poet ben mettre hors (...) »*.
[377] *„(...)et lower un autre en lieu de li, et sil couste plus qe celuy, il le deit paier, si le mestre troeve rien de soen »*, Kapitel VI, Zeile 13 ff. (Ms. Liber Horn). Mit späterer Hand wurde *« il le deit payer »* zu *« le marinerle deit paier »* verbessert. Vgl. mit weiteren Angaben dazu *Krieger*, Ursprung und Wurzeln, S. 127, Fn. 585.
[378] *Runyan*, The Rolls of Oleron and the Amiralty Court, S. 101.
[379] Kapitel VII, Zeile 31 ff. (Ms. Liber Horn): *„Et sil garist, il deit avoier soun lower tot a lonc. Et sil moert, sa femme ou ses prives deyvent avoier pur li. »*

denn der Schiffer musste ihnen einen weiteren Seemann oder eine eigens angestellte Pflegerin zur Verfügung stellen, sie in einer Herberge einquartieren und sie mit Kostgeld versorgen.[380] An dieser Stelle wird eine Denkweise deutlich, in der Individuelles mit zwingender Kollektivität vereinbart wurde.[381]

In der Quelle wird die Schiffsbesatzung nicht genauer in Steuermann, Matrose oder Schiffsknecht unterteilt. Kapitel XIII definiert besonders nur die kleinen Lotsen. Die Kosten für die kleinen Lotsen trugen die Kaufleute, vielleicht, weil der Lotse vorrangig die Aufgabe hatte, die Waren sicher in den Hafen der Ausladung zu führen: *(...) petites lod mannage sunt sus les marchaunz.“* [382] In Kapitel XXIV ist ebenfalls von dem Lotsen die Rede. Er heißt dort *„lodman dune nef“*, und war möglicherweise höherrangig als die kleinen Lotsen (*„petits lod“).* Darüber dass er nicht ebenfalls von den Kaufleuten bezahlt wurde, gibt es in der Quelle keinen Hinweis.

Der *„lodman dune nef“* wird in Kapitel XXIV explizit als derjenige aufgeführt, der dazu gemietet wurde, das Schiff bis zum Hafen der Ausladung, dem Zielhafen, zu führen.[383] Gab es im Zielhafen Bassins, so waren Schiffer und Mannschaft zur Mithilfe verpflichtet: Sie mussten zum Schutz der Waren Bojen auswerfen, damit die Bassins für den Lotsen gut sichtbar waren.[384] Versäumten sie diese Pflicht, waren sie zum Schadensersatz verpflichtet.[385] Ein Lotse musste also über die Fähigkeit verfügen, ein Schiff sicher in den Hafen zu bringen und besaß damit eine große Verantwortung. Die Quelle spricht aber nicht von den Folgen, die einen Mann trafen, der sich als Lotse ausgab, obwohl ihm die technischen Kenntnisse fehlten und das Schiff dadurch möglicherweise Schaden nahm.

Ein einseitiges Recht des Schiffsmanns zur Auflösung findet sich in den Rôles d'Oléron nicht.

Die Problematik der heimlichen Flucht mit einer bereits empfangenen Heuer als heimlicher oder verdeckter Vertragsbruch findet in der Quelle ebenso wie die Desertation keine Erwähnung.[386]

---

[380] Kapitel VII, Zeile 7 ff. (Ms. Liber Horn).
[381] *Friedland*, Schiff und Besatzung, S. 261.
[382] Kapitel XIII, Zeile 5 ff. (Ms. Liber Horn).
[383] Kapitel XXIV, Zeile 1 ff.: *„Un bacheler est lodman dune nef et est lowe del amener jeqes au port, ou lem la deit descharger.“*
[384] Kapitel XXIV, Zeile 10 ff.: *„Le mestre est tenu pur purveier sa fourme, li et ses compaignouns, et y mettre bailignes kil prengent au pleyn, ou qe la fourme sit ben balignee, qe les marchauns neient damage ; ( ...) ».*
[385] Kapitel XXIV, Zeile 20 ff.
[386] *Vogel*, Geschichte der Seeschiffahrt, S. 440.

**III. Llibre del Consolat de Mar**

Auch das Llibre del Consolat de Mar kannte verschiedene Möglichkeiten zur Beendigung eines Heuerverhältnisses.

**1. „Ordentliche“ Beendigung**

Die ordentliche Beendigung des Heuerverhältnisses trat gemäß Kapitel 150 des Llibre del Consolat de Mar mit Beendigung der Reise ein. Nach Beendigung der Reise war der Matrose frei: *„Fet lo viatge, mariner és libertat“*:[387]

Denn der seerechtliche Arbeitsvertrag wurde grundsätzlich nur für die Dauer einer bestimmten Reise abgeschlossen, so dass mit deren Ende der Vertrag ordnungsgemäß erfüllt war.[388] Der Schiffer musste im Llibre del Consolat de Mar dem Schiffsmann seinen Lohn auszahlen, wenn das Schiff in den Heimathafen einlief. Wenn der Schiffer am Ort der Entladung des Schiffes eine andere Reise annahm, auf die der Matrose nicht mitgehen wollte, konnte der Schiffer den Matrosen nicht mehr zum Mitgehen zwingen.[389] Das dieser Regelung zugrunde liegende Prinzip lautete, dass der Schiffer seine Schiffsleute bei Beendigung einer Reise nicht zur Mitfahrt auf eine andere zwingen konnte. Das arbeitsvertragliche Verhältnis zwischen den beiden Parteien war dann beendet. Dies galt allerdings nur, wenn der Schiffer an einem Ort ankam, wo er neue Leute finden konnte. Wenn er keine Schiffsleute anheuern konnte, war das Vertragsverhältnis nicht beendet und der Schiffsmann blieb weiter an seinen Vertrag gebunden. Allerdings musste der Schiffer in diesem Fall dem Seemann für die neue Reise den Lohn erhöhen. Diese Erhöhung bestimmten der Schreiber und der Steuermann.[390] Der Lohn durfte jedenfalls nicht vermindert werden.[391] Es handelte sich hier um eine sehr matrosenfreundliche Regelung, die eine mögliche Schlechterstellung des Seemanns im Verhältnis zum Schiffer verhindern sollte, da sich der Matrose in einem fremden Land in einer schwächeren Position befand.

---

[387] Dieser Grundsatz wird in den Editionen von *Capmany*, Libro del Consulado del Mar, S. 135 und von *Pardessus*, Collection de lois maritimes II, S. 138 in der Überschrift zu Kapitel 150 (bei *Capmany* Kapitel 149) aufgestellt.

[388] *Abel*, Grundzüge und geschichtliche Grundlagen, S. 24.

[389] *« Si senyor de nau pren altre viatge là hon la nau haurà descarregat el·l mariner no·l pot forsar, salvant que sia en loch que trop mariners »*, Kapitel 150 LCM.

[390] *« Mas si no·n trobava, ha-los a fer junta al viatge, enaxí com sia conegut per lo senyor nautxer e per l'escrivà de júnyer, segons que·l homa valrà més la I que l'altre "*, Kapitel 150, Zeile 6 ff. LCM.

[391] *« Mas lo senyor no·n pot minvar a nagun son loguer "*, Kapitel 150, Zeile 9 f. LCM.

**2. „Außerordentliche" Beendigung**

Es gab zunächst drei Gründe, die den Schiffer gemäß Kapitel 125 LCM dazu berechtigten, den Schiffsmann vor Beendigung der Reise vom Schiff zu verweisen:[392]

Wegen Diebstahls („*per ladronisi*"), wegen Ketzerei („*per rassa*") oder wenn der Schiffsmann sich nicht den Anweisungen des Steuermanns unterwarf („*si no fa lo comendament del nauxter*"). Im letztgenannten Fall durfte der Steuermann dem Matrosen nur solche Sachen auftragen, zu denen ein Schiffsmann verpflichtet und in der Lage war. Der Steuermann durfte den Schiffsmann auch nicht bereits beim ersten Ungehorsam von Bord schicken, sondern erst beim fünften Mal.[393] Dabei sollte abgewogen werden, ob der Matrose überhaupt in der Lage gewesen war, die ihm übertragene Aufgabe zu erfüllen.

Am Ende des Kapitels wird noch ein weiterer Grund genannt, so dass es grundsätzlich vier Gründe gab[394], die den Schiffer dazu berechtigten, den Matrosen vor Beendigung der Fahrt von Bord zu jagen: Diese Maßnahme war dem Schiffer nämlich auch dann gestattet, wenn der Matrose einen Meineid geleistet hatte: „*si perjurarà de segrament que fassa.*"[395] Begründet wurde dies damit, dass die Kaufleute diesem Matrosen nun nicht mehr vertrauen konnten: „*(...), per so cor los mercaders no y haurien pus fiansa.*"[396] Hinter der Regelung, dass der Matrose nur in Ausnahmefällen von Bord gejagt werden durfte, könnte das Motiv gestanden haben, dass er für die erfolgreiche Beendigung der Reise notwendig und mitverantwortlich war, die im Vordergrund des gesamten Schifffahrtsunternehmens und vor allem auch im Interesse der Kaufleute stand. Wenn er den Kaufleuten nicht mehr vertrauenswürdig erschien, konnte er entlassen werden.

Auf die in Kapitel 125 LCM aufgeführten Gründe wird in Kapitel 267 LCM noch einmal Bezug genommen. Zwar erfolgt der Bezug nicht direkt auf Kapitel 125 LCM, sondern allgemein auf ein vorangegangenes Kapitel („*en lo capitol dit son ja dites e certificades*"), aber es kann nach dem Inhalt der vorangegangen Kapitel nur Kapitel 125 LCM gemeint sein.[397] Wenn der Schiffer sich entweder aus gerechten Ursachen oder denen in einem vorangegangen Kapitel aufgeführten Gründen („*per alcuna rahó justa o per les condicions que son en lo capitol*

---

[392] Kapitel 125, Zeile 4 f. LCM: „*Encara sapiats que·l senyor de la nau no deu gitar mariner de la nau, fins aquell viatge haja fet, sinó III cosses .»*

[393] „*(...) o no li deu gitar per una volta destrò a sinch vagades*", Kapitel 125, Zeile 8 f. LCM.

[394] So auch *Engelbrecht*, Corpus Iuris Nautici, S. 243.

[395] Kapitel 125, Zeile 11 LCM.

[396] Kapitel 125, Zeile 11 f. LCM.

[397] So auch *Pardessus*, Collection de lois maritimes II, S. 288, Fn. 1.

*dit son ja dites e certificades")*[398] von dem Schiffsmann trennte, so war er gemäß Kapitel 267 LCM nicht verpflichtet, dem Schiffsmann seinen Lohn zu geben oder ihm ein Schiff (bzw. eine Rückfahrgelegenheit) und Lebensmittel zu verschaffen.[399]

Dieser Abschnitt spricht dafür, dass hier eine Art Generalklausel über das Kapitel 125 LCM hinaus aufgestellt werden sollte und demnach noch weitere Gründe denkbar waren, den Schiffsmann von Bord zu verweisen und ihm keinen Lohn mehr zu schulden. Damit war die Aufzählung in Kapitel 125 LCM nicht abschließend.

Der Schiffsmann sollte gemäß Kapitel 267 LCM aber nicht gehen, bevor ihm der Schiffer das Brot und die Speise *„dreimal"* weggenommen hatte oder ihm wegnehmen ließ.[400]

Andererseits konnte ein Schiffer, wenn er einen Matrosen einmal angestellt hatte, ihn nicht deshalb entlassen, weil er einen anderen gefunden hatte, der weniger Lohn nahm.[401] Es spielte dabei auch keine Rolle, ob der erste Schiffsmann einen sehr viel höheren Lohn erhielt. Es gab also kein Rücktrittsrecht des Schiffers von der Anstellungsvereinbarung mit dem Schiffsmann. Begründet wurde dies damit, dass Schiffsmann und Schiffer sich das Wort gegeben hatten, worauf der Schiffsmann vertrauen können und das Wort gehalten werden sollte, als sei es schriftlich im Schiffsbuch fixiert worden.[402]

Auch am Anfang des Kapitels 127 LCM wird noch einmal bekräftigt, dass der Schiffer an den Schiffsmann, den er einmal angenommen hat, gebunden ist. Der Schiffer konnte nicht von der zwischen ihnen getroffenen Vereinbarung Abstand nehmen, weil er doch lieber einen Verwandten oder eine andere Person annehmen wollte, sobald die Vereinbarung mit dem Schiffsmann im Schiffsbuch eingetragen worden war oder der Schiffer ihm mündlich sein Wort gegeben hatte. Dies galt auch, wenn der Schiffsmann noch nicht an Bord gegangen war.[403]

---

398 Kapitel 125, Zeile 29 f. LCM.

399 Kapitel 125, Zeile 31 ff. LCM: *„(...) lo senyor de la nau o del leny no li és tengut que li pach lo loguer, ne que lo dó nau ab què se'n torn ne encara vianda. "*

400 *« (...) tro fins lo senyor de la nau o del leny li haja levat o fet lavar lo pa e la vianda danant. »*, Kapitel 267, Zeile 7 f. LCM. Diese Regelung erinnert stark an Kapitel 14 Rôles d'Oléron.

401 *„(...) lo senyor de la nau ne trobara altre per melor loguer, nol pot gitar de la nau que noy vaja."* Vgl. Kapitel 126 LCM.

402 *„(...), que axí bé deu ésser tengut com si era escrit en cartolari »*, Kapitel 126, Zeile 7 f. LCM.

403 *„(...), que él sia escrit en lo cartolari o sia dada palmada, ja no sia recolit en la nau"*, Kapitel 127, Zeile 6 f. LCM.

Wenn der Kapitän von der Vereinbarung der Anstellung des Schiffsmannes Abstand nehmen wollte, musste er ihm den Lohn für die gesamte Reise zahlen.

Unter bestimmten Umständen konnte der Schiffsmann das Schiff verlassen, nachdem er sich mit dem Schiffer geeinigt hatte.[404] Diese Gründe werden in Kapitel 156 LCM aufgelistet, nachdem am Anfang dieses Kapitels bekräftigt wird, dass der Schiffsmann, der sich gegenüber dem Schiffer oder Schreiber (wie oben beschrieben) vertraglich gebunden hatte, sich der Reise nicht entziehen konnte. Nur die nachfolgend dargestellten Fallgruppen konnten eine Ausnahme begründen: wenn er sich eine Frau nehmen, also heiraten wollte *(„ per muyler a* prendre"); wenn er beabsichtigte, auf Pilgerfahrt zu gehen, die er bereits vor der Reise vereinbart hatte *(„per anar en romaria o que agués fet vot ans que·l viatge se acordàs")* oder wenn er als ein einfacher Matrose fuhr und Offizier werden sollte bzw. wenn er Steuermann war und Schiffer werden sollte.[405] Dies alles durfte aber nicht hinterlistig, sondern nur nach Treu und Glauben geschehen.[406] In Kapitel 297 LCM wird auf den Grundsatz der Vertragsbindung mit den in Kapitel 156 LCM aufgelisteten Ausnahmen noch einmal ausdrücklich Bezug genommen.[407]

Wenn ein Schiffsmann weglief von dem Orte weglief, an dem er sich vertraglich gebunden hatte, musste er einen anderen Matrosen, der genauso tüchtig war wie er, bezahlen, auch wenn dieser dann mehr Lohn erhielt.[408] Wenn der Matrose weglief, nachdem er auf dem Schiff seinen Dienst bereits aufgenommen hatte, dann galt nach dem „Rat der weisen Männer", um Streitigkeiten vorzubeugen, dass ein jeder Schiffsmann, der an einem fremden Ort das Schiff verlassen hatte und dann wiedergefunden wurde (und festgehalten werden konnte), dass er den gesamten Schaden, der dem Schiff durch sein Ausreißen entstanden war, zu vergüten und zu bezahlen hatte. Dem Schiffer sollte auf sein bloßes Wort geglaubt werden. Wenn der Schiffsmann nicht in der Lage war zu bezahlen, so sollte er den Gerichten übergeben werden und solange in deren Gewalt bleiben, bis er alles bezahlt hatte.[409]

---

[404] Vgl. Kapitel 156 LCM *« Mariners qui seran acordats nos poden estrer de anar al viatge sinó per condicions sabudes. »*

[405] *„(...) o, si és mariner proha, per ésser panès o ésser nauxter o, si és nauxter per ésser senyor, (...)."* Kapitel 156, Zeile 8 ff. LCM.

[406] Vgl. Kapitel 156 LCM am Ende.

[407] *„(...)mariners estrer no se'n poran per alscunes rahons o condicions que son ja déclares en l capitól on parla de les dites condiciones. », Kapitel 297, Zeile 9 ff. LCM.*

[408] Vgl. Kapitel 158 LCM, das eine Abänderung oder Verbesserung des in Kapitel 157 Gesagten darstellt: „*De esmena de mariner qui fugirà*".

[409] Kapitel 158 LCM.

Ein weiterer Fall der außerordentlichen Beendigung des Heuerverhältnisses lag vor, wenn das Schiff verkauft wurde: Wenn der Schiffer oder eine andere Person, die dazu berechtigt war,[410] das Schiff an jemanden verkaufte, der keinen Anteil an dem Schiff besaß, so sollte den Schiffsleuten ihr der komplette Lohn bezahlt werden und sie sollten frei sein.[411] Befanden sich die Schiffsleute zum Zeitpunkt des Verkaufes an einem Orte, wo sie keine Schiffsdienste nehmen wollten oder konnten, so sollte der Schiffer oder derjenige, der das Schiff verkauft hatte, den Leuten die Reisekosten ersetzen, die sie benötigten, um wieder an den Ort des Reisebeginns zurückkehren zu können.[412] Dieser Gedanke findet sich auch in Kapitel 161 LCM wieder: Wenn der Schiffer das Schiff verkauft hatte, dann sollte er den Matrosen ein Schiff verschaffen, auf dem sie zurückfahren konnten, um in ihrer Heimat weiter ihren Geschäften nachgehen zu können.[413] Es geht in Kapitel 151 (und auch in 161) LCM zunächst um den Regelfall des Verkaufs des Schiffes in einem christlichen Land. Dies kann aus der Überschrift des Kapitels geschlossen werden: „*De nau qui·s vendrà en terra de crestians*". In dem Kapitel 151 LCM selbst wird nicht noch einmal erwähnt, dass der Verkauf in einem christlichen Land stattzufinden hatte. In dem folgenden Kapitel 152 LCM wird dann der für die Matrosen wohl als risikoreicher empfundene Verkauf des Schiffes im Land der Sarazenen behandelt.[414] Die Sarazenen galten im christlichen Abendland als „*ungläubig*".[415] Aufgrund dieser Auffassung war der Schiffer wohl gegenüber seinen Matrosen zu einem höheren Maß an Fürsorge verpflichtet, wenn er an einem solchen Ort sein Schiff verkauft hatte. In diesem Fall nämlich musste der Schiffer den Schiffsleuten nicht nur ihren Lohn, sondern auch ein Schiff als eine Rückfahrgelegenheit und Lebens-

---

410 Zum unberechtigten Verkauf des Schiffes durch den Schiffer ohne Erlaubnis der Reeder, vgl Kapitel 256 LCM. Das Prinzip dieses Kapitels ähnelt dem des Kapitel I RdO, vgl. *Pardessus*, Collection de lois maritimes II, S. 260.

411 „*Si senyor de nau vendrà la nau o altre qui la puscha vendra a hom estrany que no·y agués part, tot lo loguer deu pagar als mariners escàpols.*», Kapitel 151 LCM.

412 „*E si·ls mariners són en loch que no·y vuylen navegar, lo senyor, o aquel qui la nau haurà venuda, és tengut de fer lur ops a eyls, dentrò sien tornats là d'on los levaren*», Kapitel 151, Zeile 5 ff. LCM.

413 In Kapitel 161, Zeile 6 f. LCM heißt es entsprechend, dass der Schiffer verpflichtet ist, die Schiffsleute an den Ort des Reisebeginns zurückzuführen: „*E si lo senyor ven la nau, él deu donar nau al mariner en què se'n torn e fer sos ops.*"

414 Kapitel 152 LCM trägt die Überschrift: „*De nau qui·s vendrà en terra de sarrayins*" Dies wird auch noch mal in dem Kapitel selbst aufgenommen.

415 Zur Entstehung des okzidentalen Araberbildes im Frühmittelalter, vgl. *Rotter*, Abendland und Sarazenen, Berlin 1986.

mittel beschaffen, damit sie wieder sicher in ein christliches Land zurückgelangen konnten.[416]

Auch an „*unsicheren*" Orten gab es für den Schiffsmann die Möglichkeit, das Heuerverhältnis vorzeitig zu beenden. Wenn sich der Schiffsmann an einem bestimmten Ort fürchtete, musste er nicht mehr weiter mitfahren.[417] Das Heuerverhältnis konnte in diesem Fall als aufgelöst betrachtet werden. Bei Vertragsschluss musste dann bereits eine Vereinbarung zwischen dem Schiffer und dem Matrosen getroffen worden sein. Es konnte vereinbart werden, dass der Schiffer dem Matrosen, wenn er sich an einem bestimmten Ort fürchtete oder dort Bedenken hatte, die halbe Heuer und Lebensmittelration geben sollte, damit der Schiffsmann an einen sicheren Ort kommen konnte. Diese Vereinbarung musste allerdings im Schiffsbuch eingetragen worden sein, damit sie wirksam war.[418] Wurde eine solche Vereinbarung nicht getroffen, dann war der Matrose verpflichtet, dahin mitzugehen, wohin der Schiffer und die Kaufleute fuhren.[419] Das hier aufgeführte „schiffmannsfreundliche" Prinzip fand sich auch in einer Ordonnance des Königs von Aragon aus dem Jahre 1340 wieder.[420]

### IV. Zusammenfassung

Gemeinsam ist beiden Quellen, dass es neben der „ordentlichen" auch Möglichkeiten der „außerordentlichen" Beendigung des Vertragsverhältnisses gab. Bei näherer Betrachtung finden sich jedoch auch hier sowohl signifikante Unterschiede, aber auch eine erstaunliche Gemeinsamkeit im Schlichtungsverfahren.

#### 1. „Ordentliche" Beendigung

Sowohl im Llibre del Consolat de Mar als auch in den Rôles d'Oléron trat die ordnungsgemäße Beendigung des Arbeitsverhältnisses mit Beendigung der Reise ein. Damit passt der oben erwähnte Grundsatz: „*Fet lo viatge, mariner és li-*

---

[416] „*Si nau o leyn se vendrà en terra de sarrahins, lo senyor de la nau o del leny deu donar leny e vianda als mariners, dentrò sien en terra de christians hon pusquen haver recobra*", Kapitel 152 LCM.

[417] Vgl. die Überschrift zu Kapitel 153 LCM: „*De mariner qui·s tembrà en alcun loch.*"

[418] Vgl. Kapitel 153, Zeile 3 ff. LCM : « *Si per aventura serà acordat mariner en forma di cartolari que dixés acordadament qui i hagués empreniment, segons que·l senyor de la nau haria fet escriure a enteniment del mariner que·y fos duptant que·l dit mariner no·y gosàs anar, lo senyor de la nau li deu donar la maytat de son loguer e donar vianda, entrò que sia en loch de recobrament.* »

[419] „*E el mariner sens empreniment és tengut donar là hon lo senyor de la nau serà tengut de anar ab los mercaders* », Kapitel 153, Zeile 8 ff. LCM.

[420] Vgl. Artikel 1, 2, 13 und 14 der Ordonnance des Königs von Aragon aus dem Jahre 1340. *Pardessus*, Collection de lois maritimes II, S. 139.

*bertat*", der sich bei *Capmany* und *Pardessus* findet, auf beide Quellen.[421] Mit Beendigung der Reise war der Schiffsmann frei. Die Übereinstimmung in Bezug auf die „ordentliche" Beendigung der Reise überrascht indes kaum. Dass der Schiffsmann nach Beendigung der Reise frei war, stimmt mit der Regel überein, dass er sich grundsätzlich für die Dauer einer Reise vermietete, egal welche Form von Lohn er erhalten haben mochte. Übereinstimmungen können hier aus der Natur der Sache erklärt werden.

Denn in jedem Fall musste die erfolgreiche Beendigung des Schifffahrtunternehmens bzw. der Reise gesichert werden, ein Ziel, das immer zwischen den Zeilen der beiden Quellen hervorscheint und vermutlich keiner expliziten Erwähnung bedurfte, da es selbstverständlich war.

**2. „Außerordentliche" Beendigung**

Bei der außerordentlichen Beendigung des Heuerverhältnis sind entsprechend den verschiedenen Charakteren der beiden Quellen die Regelungen im Llibre del Consolat de Mar wesentlich umfangreicher ausgestaltet.

In beiden Quellen gab es keine Möglichkeit, den Vertrag durch eine freiwillige Vereinbarung jederzeit wieder zu lösen. Eher gab es in den Rôles d'Oléron noch bestimmte Maßnahmen, die als eine Art „Sicherungsmechanismus" fungierten, um das Vertragsverhältnis zu sichern, z.B. durch die Bordanwesenheitspflicht. Nur durch höhere Gewalt, wie durch totalen Schiffsbruch mit völligem Untergang von Schiff und Waren war das Vertragsverhältnis beendet. Bei einem teilweisen Schiffsbruch hingegen waren die Schiffsmänner unter Androhung des Verlustes ihrer Heuer dazu verpflichtet, bei der Bergung von Schiff und Gütern zu helfen. Wenn es irgendwie möglich war, sei es durch Reparatur oder Kauf eines neuen Schiffes, sollte die Reise weitergeführt werden. Auch der Schiffer war an den Vertrag gebunden. Er durfte das Schiff nicht einfach verkaufen und einzelne Gegenstände nur mit der Zustimmung der Mannschaft verpfänden. Zu den Folgen eines trotzdem erfolgten Schiffsverkaufs gegen diese Regelung schweigen die Rôles d'Oléron allerdings. Im Llibre del Consolat de Mar hingegen wird gerade diese Frage ausführlich behandelt.

In den Rôles d'Oléron und im Llibre del Consolat de Mar gab es aber beim Vorliegen bestimmter Gründe die Möglichkeit, den Vertrag vorzeitig aufzulösen. Während im Llibre del Consolat de Mar neben der Pilgerfahrt und Heirat[422] tadelhaftes Verhalten des Schiffsmanns wie Diebstahl, Ketzerei, Befehls-

[421] Dieser Grundsatz findet sich bei *Capmany*, Libro del Consulado del Mar, S. 135 und bei *Pardessus*, Collection de lois maritimes II, S. 138 in der Überschrift zu Kapitel 150.

[422] Kapitel 156 LCM.

verweigerung oder Meineids[423] als Kündigungsgrund genannt werden, so konnte der Schiffer nach den Rôles d'Oléron den Vertrag schon beenden, wenn sich der Schiffsmann ihm gegenüber ungehörig verhielt. Während die tadelhaften Fälle im Llibre del Consolat de Mar durch den Verweis des Kapitels 267 LCM a.E. auf Kapitel 125 LCM genau aufgeführt werden[424], ist in den Rôles d'Oléron allgemein die Rede von „*Streit*", der zwischen dem Schiffsmann und dem Schiffer entstand.

Trotzdem findet sich eine bemerkenswerte Gemeinsamkeit in der Form des Schlichtungsverfahrens. Bevor der Schiffer den Seemann nach den Rôles d'Oléron von Bord wies, war er zunächst verpflichtet, ihm das Tischtuch dreimal wegzunehmen und ihn so von der Tischgemeinschaft auszuschließen.[425] Es handelte sich hier um einen formalen Akt, der dem Schiffsmann noch eine Chance zur Entschuldigung geben sollte.[426]. Gemäß Kapitel 267 LCM musste der Schiffer, bevor er seinen Schiffsmann wegen tadelhaften Verhaltens entlassen konnte, dreimal das Brot und die Speise wegnehmen.

Es ist interessant, dass in beiden Fällen die Zahl 3 auftaucht und es in beiden Fällen um den ungehorsamen Schiffsmann geht. *Pardessus* beschreibt Kapitel 267 LCM als fast literarische Kopie des Kapitels XIV Rôles d'Oléron, die gleichzeitig eine Kommentierung des knappen Kapitels XIV der Rôles d'Oléron darstelle.[427]

Die dreifache Beschwörungsformel kann sich daraus erklären lassen, dass die Drei im allgemeinen als mystische Zahl galt: Die heilige Dreifaltigkeit wie auch die Kabbala bezeugen das. Die Drei ist die Zahl der geometrischen Dreiecke, die Perfektion symbolisieren sollen. Sie ist die Zahl der Komplexität und der Vielfalt. Und es existiert noch heute das Sprichwort: „*Alle guten Dinge sind drei.*" Auch im mittelalterlichen Recht war die Dreizahl von großer Bedeutung: Dreimal im Jahr wurde Gericht gehalten, drei Richter waren notwendig und der Gerichtsplatz wurde durch drei Bäume gekennzeichnet.

---

[423] Kapitel 125 LCM. Wobei die Befehlsverweigerung gegenüber dem Steuermann eine Sonderstellung einnahm, weil der Steuermann den Schiffsmann selbst von Bord schicken durfte, nachdem er fünfmal nicht gehorcht hatte. Der Schiffer durfte ihn schon nach dreimaliger Mahnung wegschicken, was sich aus der stärkeren Autorität des Schiffers erklären lässt.

[424] Nämlich Diebstahl, Ketzerei, Befehlsverweigerung und Meineid. *Pardessus*, Collection de lois maritimes, S. 288.

[425] Kapitel XIV, Zeile 3 ff. (Ms. Liber Horn): „*Le mestre deit ouster la towaile devaunt ses mariners trois foitz avaunt qe il les menge hors.*" *Runyan*, The Rolls of Oleron and the Admiralty Court, S. 100.

[426] *Gros*, L'Oeuvre de Cleirac, S. 73.

[427] *Pardessus*, Collection de lois maritimes II, S. 287.

Dieses sehr ähnliche Verfahren könnte aber auch ein Indiz dafür sein, dass den Verfassern des Llibre del Consolat de Mar die Rôles d'Oléron bekannt waren.

Allerdings fand sich in den Rôles d'Oléron noch ein Wiedergutmachungsverfahren durch einen Schiedsspruch der anderen Schiffsleute als Tischgemeinschaft.[428] Dieses Mitbestimmungsrecht findet sich im Llibre del Consolat de Mar nicht mehr. Dies ist ein Indiz dafür, dass die Mitbestimmungsbefugnisse der Mannschaft im Llibre del Consolat de Mar schon mehr zurückgedrängt worden waren. Es könnte sich aber auch an eine lokal bedingte oder zeitliche Anpassung der Regelung aus den Rôles d'Oléron handeln. Im LCM durfte aber noch der Steuermann als qualifiziertere Arbeitskraft an Bord den einfachen Schiffsmann nach fünfmaliger Befehlsverweigerung von Bord verweisen.[429]

Die heimliche Flucht mit der bereits empfangenen Heuer als heimlicher bzw. verdeckter Vertragsbruch wie auch die Desertation wurde in den Rôles d'Oléron im Gegensatz zum Llibre del Consolat de Mar gar nicht erwähnt.[430]

[428] Kapitel XIV, Zeile 8 ff. (Ms. Liber Horn).
[429] Kapitel 125 LCM.
[430] *Vogel*, Geschichte der Seeschiffahrt, S. 440.

## C. Dienstleitungs- und allgemeine Pflichten des Schiffsmanns

### I. Allgemein

Bei einer Schiffsreise konnten sich die Dienstleistungspflichten der Schiffsleute auf alle die Pflichten, die mittelbar und unmittelbar der Fortbewegung des Schiffes dienten, gegenüber dem Schiffer, aber auch gegenüber den Kaufleuten und Befrachtern beziehen. Es waren alle Tätigkeiten denkbar, die der erfolgreichen Durchführung der Schifffahrtsreise dienten.[431]

Dazu konnten nicht nur alle Dienstleistungen zählen, die unmittelbar und mittelbar der Fortbewegung des Schiffes dienten, sondern auch Ladungsarbeiten für die Befrachter.[432]

Wenn bestimmte Pflichten nicht im Einzelnen in den Quellen erwähnt werden, könnte dies aber auch mit einer ihnen innewohnenden Selbstverständlichkeit zusammenhängen.[433]

### II. Rôles d'Oléron

In den Rôles d'Oléron wurden zahlreiche Dienstleistungspflichten normiert. Diese bezogen sich auf alle Tätigkeiten, die zur Durchführung einer Schifffahrtsreise gehören.[434]

#### 1. Beginn und Ende der Arbeitspflicht des Schiffsmannes

Der Beginn der Arbeitspflicht wird in den Rôles d'Oléron nicht explizit erwähnt: Er lässt sich aber anhand folgender Hinweisen aus der Quelle rekonstruieren: Man erfährt aus der Quelle, dass der Schiffer die Matrosen von der Stadt heuerte, aus der auch das Schiff war: *„Le mestre dune nef lowe ses mariners de la vile, dount la nef est, (...).“*[435], um eine Frachtreise ins Ausland zu unternehmen: *„La neef (...) se frette a aler en pais estraunge »*.[436] Der Heuervertrag wurde also in der Heimatstadt des Schiffes abgeschlossen, die nach den obigen Ausführungen die Insel Oléron gewesen sein könnte.[437]

---

[431] Allgemein zu den Dienstpflichten der Schiffsmänner : *Gros*, L'œuvre de Cleirac, S. 68-71.
[432] *Valroger*, Droit maritime II, S. 4 f. ; *Abel*, Grundzüge und geschichtliche Grundlagen, S. 29; *Gros*, L'Oeuvre de Cleirac, S. 68.
[433] *Ebel*, Arbeitsvertragsrecht, S. 63.
[434] Vgl. Kapitel III, V, VI, VIII, X, XI, XVI, XIX, XX, XXI, XXIV (Ms. Liber Horn), auf die im Folgenden eingegangen werden soll.
[435] Kapitel XX, Zeile 1 ff. Ms. Liber Horn.
[436] Vgl. Kapitel I, Zeile 9 ff. (Ms. Liber Horn). *Kiesselbach*, Ursprung der Rôles d'Oléron, S. 9.
[437] Vgl. die Ausführungen im Kapitel Beendigung des Heuerverhältnisses / Rôles d'Oléron / Ordentliche Beendigung.

Fraglich ist aber, wann die konkrete Arbeitsverpflichtung des Schiffsmanns begann, wenn der Ausgangshafen nach dem Inhalt der Quelle nicht mit dem Hafen der Befrachtung gleichgesetzt werden kann. Denn das Schiff musste, wenn es eine Frachtreise in ein anderes Land unternahm, zunächst eine Zureise zu dem Hafenplatz machen, an dem es seine Befrachtung erhielt.[438] So heißt es in der Quelle: *„La neef sen-part de pays dount ele est et vient a Burdeaux ou a la Rochelle, ou aillours et se frette a aller en pais estraunge"*; also dass das Schiff nach Bordeaux, La Rochelle oder anderswo vom Ausgangshafen der Reise aus fuhr, um dort befrachtet zu werden.[439] Damit fiel die Heimat der Schiffe nicht mit dem Ort zusammen, an dem die eigentliche *„Hauptreise"* begann, an dem das Schiff befrachtet wurde und die Kaufleute ihr Gut auf das Schiff luden.[440] Auf der anderen Seite war der Schiffer erst am Befrachtungshafen in Bordeaux oder anderswo verpflichtet, seiner Mannschaft die Frage zu stellen, ob sie ihren Ladungsanteil selbst befrachten wollen oder sie ihn der Fracht des Schiffes überlassen wollen: *„Une nef arive a sa charge a Burdeux ou aillurs. Le maistre est tenuz dire a ses compaignouns, seignurs, frettere vous a marrees ou liweres a fret de la nef. »*[441]

An Bord sollte der Kapitän ihnen sodann ihre Arbeit zuweisen und ihren Schlafplatz zeigen.[442]

Mit der Befrachtung im Hafen von Bordeaux (oder einem anderen Ort) begann aber nicht erst die eigentliche seemännische Arbeit. Mit Fahrtbeginn vom Ausgangshafen musste die Arbeitsverpflichtung jedes einzelnen Schiffsmannes denklogisch ihren Anfang nehmen. Dafür spricht auch, dass die Schiffsleute bereits dann die Bordanwesenheitspflicht traf, wenn das Schiff, ungeachtet dessen, ob es noch unbeladen oder schon befrachtet worden war, an irgendeinem Hafen ankam.[443] Das unbefrachtete Schiff könnte nämlich das auf dem Weg vom Ausgangshafen zu dem Hafen der Befrachtung fahrende Schiff gewesen sein. Ein Indiz dafür ist, dass der Schiffer ja bereits zum Dirigieren des Schiffes seine Schiffsleute benötigte, die er an dem Ursprungshafen angeheuert hatte, so dass die Arbeitsverpflichtung spätestens mit Beginn der Reise vom Ausgangshafen zum Hafen der Befrachtung beginnen musste.

---

[438] *Kiesselbach*, Ursprung der Rôles d'Oléron, S. 9. Kapitel I, Zeile 9 ff. (Ms. Liber Horn).
[439] Kapitel I, Zeile 9 ff. (Ms. Liber Horn); vgl. auch Kapitel XVIII, Zeile 1 ff.
[440] *Kiesselbach*, Ursprung der Rôles d'Oléron, S. 11.
[441] Kapitel XVIII, Zeile 1 ff. (Ms.Liber Horn).
[442] Kapitel XVIII, Zeile 23 ff. (Ms.Liber Horn): *„ Et il doit le mestre moustrer lour rives et lur leire."*
[443] *„Une nef se part de acun port charge ou voyde et aryve en alcun port. Les mariners ne deyvent pas issir hors saunz conge de mestre ; ( ...) »*, Kapitel V, Zeile 1 ff. (Ms. Liber Horn).

Denn das Schiff musste erst vom Ausgangshafen zum Hafen der Befrachtung nach Bordeaux oder anderswohin fahren und dorthin von den Schiffsmännern manövriert werden. Deshalb begann die Reise für die Schiffsmänner wohl spätestens mit Beginn der Reise am Ausgangshafen. Der Schiffer stellte die Schiffsleute bereits an dem Hafen, von dem das Schiff war, für die Dauer einer bestimmten Reise auf einem bestimmten Schiff an.
Es war schlechthin unmöglich, dass der Kapitän ohne Personal vom Ausgangs- zum Befrachtungshafen fuhr.

Das Ende der Arbeitspflicht wurde in der Quelle expliziter geregelt. Die Pflicht endete, wenn das Schiff zur Ausladung an seinen Heimathafen[444] zurückgelangt war und die Fracht ausgeladen war.

Während bezüglich der Verfrachtungen in der Quelle nur auf die Ausreisen Bezug genommen wird und die Rückfrachten mit den hier in Frage kommenden Frachtgütern in der Aufzeichnung nicht geregelt werden (also nur die Reise der Fracht in eine Richtung), wird in den Bestimmungen, die das Verhältnis des Schiffers zu seinen Schiffsleuten betreffen die Rückreise erwähnt.[445]

Die Rückkehr in den heimatlichen Hafen stellte das Ende der Reise dar.[446] Erst wenn die Rückreise zu Ende geführt wurde, endete auch die Pflicht zu Dienstleistungen des Schiffsmannes gegenüber dem Schiffer.[447] Zur Sicherheit konnte der Schiffer die Heuer bis zu diesem Zeitpunkt zurückhalten, also bis das Schiff wieder dorthin zurückgebracht wurde, wo es der Schiffer zu Beginn der Reise übernommen hatte.[448] Dahinter könnte der Gedanke gestanden haben, dass die erfolgreiche gemeinsame Beendigung des Schifffahrtunternehmens immer gesichert werden sollte. Ob zur Beendigung der Reise auch noch die Löschung der Ladung gehörte, kann zwar vermutet werden[449], jedoch erwähnt die Quelle eine eventuelle Fracht der Rückreise nicht.

Im Falle von Krankheit, Verletzung und Verwundung während des Dienstes endete die Arbeitsverpflichtung des Schiffsmanns jedoch schon früher. Wenn er so krank war, dass er nicht mehr arbeiten konnte, wurde er von seiner Arbeits-

---

[444] Das Schiff sollte dahin zurückgebracht werden, wo es der Schiffer übernommen hatte: *„(...) pur rendre la nef la, ou il la prist."*

[445] Kapitel XX und XIX (Ms. Liber Horn).

[446] Dies kann aus Kapitel XIX Ms. Liber Horn geschlossen werden, dass davon handelt, dass das Schiff zur Ausladung ankommt: *„Une nef vient a descharge"*, heißt es in Kapitel XIX, Zeile 1 f. (Ms. Liber Horn).

[447] *Kiesselbach*, Ursprung der Rôles d'Oléron, S. 13.

[448] Kapitel XIX, Zeile 7 ff. (Ms. Liber Horn): *„Le mestre poet retenir de soun lower pur rende de la nef la, ou il la prist sil doune bone caucioumpur funir la veyage."*

[449] *Kiesselbach*, Ursprung der Rôles d'Oléron, S. 13.

verpflichtung befreit.[450] Dies wird in der Quelle für den Krankheitsfall erwähnt: *„Il avient qe maladie enprent a un des compaignouns (...). Li mestre li doit mettre hors.“*[451] Das Schiff wartete nicht auf ihn, damit hatte er dann aber auch keine Arbeitsverpflichtung mehr zu leisten. Der Schiffer musste ihm einen weiteren Seemann[452] oder eine Pflegerin zur Verfügung stellen, ihm eine Wohnung suchen und ihn mit Kostgeld versorgen.[453] Er blieb also gegenüber seinem Schiffsmann weiterhin verpflichtet. Der genesene Schiffsmann bzw. im Todesfall seine Frau bzw. seine Erben behielten weiterhin den Anspruch auf die volle Heuer.[454] Es ist also davon auszugehen, dass das Heuerverhältnis im Rahmen einer gewissen Fürsorgepflicht weiterhin bestand bzw. nachwirkte und nur die Arbeitsverpflichtung gegenüber dem Schiffer entfiel.

**2. Arbeiten, die der Schiffsmann im Hafen zu leisten hat**

Der Schiffsmann war neben den Leistungen an Bord auch zur Befrachtung im Hafen verpflichtet.[455] Dabei handelte es sich entweder um seine eigene Führung oder um die Teilnahme an der Schiffsfracht. Dafür bekam der Schiffsmann vom Schiffer seinen Anteil am Laderaum zugewiesen: *„Et il deit le mestre penser de lur mareage chescun.“* [456] Er konnte seinen Anteil aber auch an die Kaufleute verfrachten.[457]

Das Frachtgut musste gut vertaut werden und es durfte dabei kein schlechtes Arbeitsgerät verwendet werden. So behandeln die Kapitel X und XI der Rôles d'Oléron zwei besondere Fälle von Leistungsstörungen bei der Erfüllung des Frachtvertrages, die der Kapitän und die Mannschaft zu vertreten hatten:

Gemäß Kapitel X waren die Schiffsleute zusammen mit dem Schiffer gegenüber den Kaufleuten dazu verpflichtet, ihnen die Taue zu zeigen, mit denen sie winden wollten. Wenn durch schlechte Taue die Fässer beschädigt wurden und der Wein verloren ging, mussten sie mit ihrem Windegeld haften, dass die

---

450 Kapitel VII (Ms. Liber Horn).
451 Kapitel VII, Zeile 1 ff. (Ms. Liber Horn).
452 Ein Seemann kann also auch dazu verpflichtet werden, einen kranken Seemann an Land zu pflegen. Kapitel VII, Zeile 12 ff. (Ms. Liber Horn): *„Un de ses valles de la nef“*
453 *„Li mestre li doit mettre hors et li quere un hostiel et li bailer un des ses valles de la nef pur li garder ou lower une femme qe prendre garde a li.“* Kapitel VII, Zeile 7 ff. (Ms. Liber Horn.
454 Kapitel VII, Zeile 31 ff. (Ms. Liber Horn): *„Et sil garist, il deit avoier soun lower tot a lonc. Et sil moert, sa femme ou ses prives deyvent avoier pur li."*
455 Kapitel XVIII (Ms. Liber Horn): *„Une nef arive a sa charge a Burdeux ou aillurs“*
456 Kapitel XVIII, Zeile 7 ff. (Ms. Liber Horn).
457 Kapitel XVIII (Ms. Liber Horn). *„Et si ensi est qe eux se fregettent as marchaunz (...).“*

Kaufleute gezahlt hatten[458], soweit sie die Taue nicht vorher den Kaufleuten gezeigt und diese die Taue für gut befunden hatten.[459] Hier stehen die Interessen der Kaufleute an dem Erhalt ihrer Waren im Vordergrund. Sie können eine Schadenswiedergutmachung verlangen, die aus dem von ihnen gezahlten Windegeld erfolgte.

Eine besondere Arbeitsverpflichtung der Schiffsleute stellte gemäß Kapitel XI die Herrichtung des Laderaums dar. Wenn sie den Laderaum nicht so herrichteten, wie sie es sollten, das Schiff auf dem Meer von schlechtem Wetter ergriffen wurde und dabei ein Schaden oder Verlust von Waren durch unsachgemäße Stauung entstand,[460] musste der Schiffer den Kaufleuten die entstehenden Verluste ersetzen, wenn er nicht mit drei oder vier Seeleuten als Zeugen seine Unschuld beschwören konnte.[461] Interessant war das Verfahren, das in dem über die Berechtigung eines entsprechenden Vorwurfs entschieden wurde: Der Kaufmann wählte die Schiffsleute, auf die es dann im Folgenden ankam, aus.[462] Nahmen sie es nicht auf ihren Eid, dass der Schiffer unschuldig am Verlust war, so war es der Schiffer, der den Schaden ersetzen musste. Hier handelt es sich um eine durchdachte Beweisregel: Der Kaufmann musste zwar umständehalber Zeugen aus dem Lager des Gegners wählen. Damit sind die Schiffsleute gemeint, da sie vom Schiffer angestellt und bezahlt wurden. Doch hatte er unter diesen die Auswahl und konnte sie zudem mit der Gefahr, einen Meineid und damit eine Todsünde zu begehen, unter Druck setzen. Dieser Druck wurde noch zusätzlich dadurch verstärkt, dass sie selbst haftbar wurden, wenn sie nicht schwören wollten: *„Et sil ne voilent jurir, il deyvent rendre as marchaunz lur damages.“*[463] Diese Haftung traf sie, da sie laut Kapitel XI dazu verpflichtet wa-

---

[458] Kapitel X, Zeile 17 ff. (Ms. Liber Horn): *„(...), kar si le tonel se pert par defaute de guide ou de cordge, le mestre est tenuz al amender, luy et ses mariners. Et il deyt partir le mestre pur taunt qil prent en guyndage (=Windegeld)“*.

[459] *„Mes si les marchaunz dient, qe les cordes soient beles et bones, et il rumpent, chacun doit partir du damage, cest asaver les marchaunz a ki les vins serrount taunt seulement.“*, Kapitel X, Zeile 27 ff. (Ms. Liber Horn).

[460] Kapitel XI, Zeile 6 ff. (Ms. Liber Horn): *„(...) le mestre et les mariners lur boucle sicum il dissent et le prent mal temps en la meer en tiele manere qe la fuistaile de leyns enfoundre ou tonel ou pipe.“*

[461] *„Si le mestre poet jurer, li et ses troys compaignons ou quatre de ceux (...).“* Kapitel XI, Zeile 19 ff. (Ms. Liber Horn).

[462] *„(...) troys compaignons ou quatre de ceux, qe les marchaunz eslirunt, (...).“* Kapitel XI, Zeile 20 ff. (Ms. Liber Horn).

[463] Kapitel XI, Zeile 31 ff. (Ms. Liber Horn).

ren, die Ladeflächen und die Luken gut herzurichten, bevor sie von dem Ort der Befrachtung abfuhren.[464]

Wenn die Ware nicht ordnungsgemäß gelagert oder vertaut wurde, bestand Gefahr, dass sie zerstört wurde. Bei ungleichmäßiger Ladung konnte das Schiff in Schieflage geraten. Dadurch war zumindest die Steuerungsfähigkeit beeinträchtigt, das Schiff konnte aber auch in Seenot geraten. Bei unzureichend befestigter Ladung konnte sich diese bei heftigem Seegang lösen, durch das Schiff geschleudert werden und dabei andere Ladung oder das Schiff selbst beschädigen. Kamen beide Faktoren zusammen, ergab sich ein ungleich größeres Risiko für die Beschädigung von Schiff und Ladung.[465] Deshalb waren die Schiffsleute dazu verpflichtet den Stauraum gemäß Kapitel XI sorgsam herzurichten.[466] Im Ergebnis handelte es sich hier nach *Krieger* um eine Schadenshaftung bei schuldhafter Verletzung von Vertragspflichten, wie sie sich auch im römischen Recht findet.[467]

Damit gehörten nicht nur alle Dienstleistungen, die mittelbar und unmittelbar der Fortbewegung des Schiffes dienten, zu den Verpflichtungen der Seeleute, sondern auch die Ladungsarbeiten für die Befrachter und die Herrichtung des Laderaums, weshalb dem Schiffsmann auch hier eine Doppelstellung zukam.

### 3. Sorgetragung für das Bassin im Hafen

Des weiteren waren die Schiffsleute gemäß Kapitel XXIV dazu verpflichtet, zusammen mit dem Schiffer für das Bassin, das Hafenbecken, im Hafen, wo das Schiff zur Ausladung hingeführt wurde, Sorge zu tragen, - *„Le mestre est tenu pur purveier sa fourme, li et ses compaignouns (...).“*[468]-, damit das Schiff und die Waren der Kaufleute keinen Schaden erlitten.[469]

---

[464] Kapitel XI, Zeile 35 ff. (Ms. Liber Horn): *„(...) kar il sount tenuz a affier lour boucles et lour elores bien et certeinement, avant kil se deyvent partir del lieu ou il se chargent.“*

[465] *Cleirac*, Us et coutumes, Kapitel XII; *Engelbrecht*, Corpus Iuris Nautici, S. 55.

[466] *Engelbrecht*, Corpus Iuris Nautici, S. 55; *Cleirac*, Us et coutumes, Kapitel XII, merkt hier an, dass dies eine Arbeit gewesen sei, welche die Schiffsleute nur ungern verrichteten. In bestimmten Häfen habe es deshalb *Stauder*, die der Berufsgruppe der Zimmermänner angehörten, gegeben, die von den Kaufleuten zu diesem Zweck gemietet werden konnten.

[467] *„Qui columniam transportandam conduxit, si ea, dum tollitur aut portatur aut reponitur, fracta sit, ita id periculum praestat, si qua ipsius eorumque, quorum opera uteretur, culpa acciderit; culpa autem abest, si omnia facta sunt, quae dilengitissimus quisque observaturus fuissit“*, Dig. XIX, 25, 7. Vgl. dazu mit weiteren Nachweisen *Krieger*, Ursprung und Wurzeln, S. 78.

[468] Kapitel XXIV, Zeile 10 ff. (Ms. Liber Horn).

[469] *„(...) que les marchaunz neient damage“*, Kapitel XXIV, Zeile 18 ff. (Ms. Liber Horn).

Das Bassin musste durch Bojen, zu deren Auslegung die Schiffsmannschaft verpflichtet war, gut gekennzeichnet werden, damit der Lotse das Schiff sicher zum Hafen der Ausladung führen konnte.[470] Ein angeheuerter Lotse hatte seine Pflicht nämlich schon dann erfüllt, wenn er das Schiff bis an die Hafeneinfahrt geführt hatte. Eine Suche nach abgegrenzten, womöglich mit Ketten verschlossenen Entladeplätzen, das Manövrieren dorthin und das Vertäuen fiel nicht mehr in seinen Verantwortungsbereich, sondern in den von Schiffer und Seeleuten. Wenn Schaden an den Gütern wegen mangelnder Sorgfalt der Schiffsleute und des Kapitäns entstand, waren sie den Kaufleuten zum Ersatz ihres Schadens verpflichtet, wenn sie nicht Gründe angeben konnten, die sie von ihrer Pflichtverletzung befreiten.[471]

**4. Treuepflichten der Seeleute gegenüber dem Schiffer**

Die Seeleute waren dem Schiffer zu Frieden, Treue und Gehorsam verpflicht, da er sie *„in Frieden halten und ihr Richter sein"* sollte.[472] Der Schiffer war gegen Verleumdungen von einem Schiffsmann besonders geschützt. Wer ihn einen Lügner nannte, musste acht statt ansonsten nur vier Denare Strafe zahlen.[473]

Und wenn es ein Schiffsmann wagte, den Schiffer, ohne von ihm angegriffen worden zu sein, zu schlagen, dann musste er gemäß Kapitel XII wahlweise 100 Sous zahlen oder er verlor seine Hand: *„Et si le mariner fert* (=schlägt)*le mestre primer, il doit perdre c. s. (* =100 Sous) *ou les poins*[474] *al chois de mariner"*.[475]

*Krieger*[476] übersetzt hier, dass die Strafe nach Wahl des Matrosen gewählt werden konnte, während nach *Friedland*[477] die Besatzung darüber entschied. Nach dem Wortlaut des Ms. Liber Horn (*„als chois de mariner"*) folge ich wegen der verwendeten Singularform von *„mariner"* eher der Interpretation *Kriegers*. Dafür spricht, dass auch vorher von dem Matrosen (*le mariner)*, die Rede ist, der den Schiffer schlägt. Zudem wird in der Quelle insgesamt klar zwischen

---

470 Kapitel XXIV, Zeile 13 ff. (Ms. Liber Horn).

471 Kapitel XXIV, Zeile 20 ff. (Ms. Liber Horn).

472 Kapitel XII, Zeile 1 ff. (Ms. Liber Horn): *„Un mestre lowe ses mariners et les deit tenir en pees et estre lur juge (...)."*

473 Kapitel XII, Zeile 13 ff. (Ms. Liber Horn): *„Et si il ia nul, qi demente le mestre, il doit paier a taunt cum le mestre."* Vgl. auch *Friedland*, Schiff und Besatzung, S. 259.

474 Les poins = die Hände, in den anderen Manuskripten ist hier jedoch von „der Hand = le poin, le poing" die Rede. Vgl. Ms. Liber rubeus und Ms. 1386 Troyes.

475 Kapitel XII, Zeile 23 ff. (Ms. Liber Horn).

476 *Krieger*, Ursprung und Wurzeln, S. 134.

477 *Friedland*, Schiff und Besatzung, S. 259.

*„les mariners“* und *„le mariner“* unterschieden.[478] Das Wahlrecht des Matrosen selbst entspräche in diesem Zusammenhang auch dem Bild des grundsätzlich „mitbestimmungsberechtigten“ Schiffsmannes, dass sich in der gesamten Quelle findet.

### 5. Die Bordanwesenheitspflicht der Seeleute

Eine Bordanwesenheitspflicht wurde in den Rôles d'Oléron explizit aufgestellt. Kapitel V bestimmt, dass niemand das Schiff beim Einlaufen in einen Hafen verlassen durfte, bevor es nicht mit vier Tauen oder Leinen an Land festgemacht worden war.[479] Dabei spielte es keine Rolle, ob das Schiff beladen oder unbeladen war.[480] Auch danach durfte nur ein Teil der Schiffsleute das Schiff ohne Erlaubnis verlassen, da die anderen Schiffsleute zur Schiffsbewachung an Bord bleiben mussten.[481] Versäumte ein Matrose diese Pflicht und nahm das Schiff auch nur durch irgendeinen Zufall Schaden,[482] so trug er volle Haftung und Risiko, d.h. er musste Schadensersatz leisten: *„(...)a dunc il serrount tenuz a amender, (...).“*[483] Seine Zugehörigkeit zur Schiffsgemeinschaft wurde quasi aufgehoben, er musste die Nachteile ersetzen, die durch seine unerlaubte Abwesenheit entstanden waren, und wenn er sich verletzte, hatte er keinen Anspruch mehr auf Hilfe der anderen Schiffsleute.

Wenn das Schiff im Bestimmungshafen angekommen war, traf die Schiffsmannschaft wie oben bereits erläutert die Pflicht, so lange an Bord zu bleiben, bis die Ladung vollständig gelöscht war.[484] Eine spezielle Regelung über die Pflicht zur Schiffswache findet sich nicht, nur zur Bordanwesenheit.

### 6. Schiffsbruch und Bergung der Waren durch die Seeleute

Von den Schiffsmännern wurde großer Mut bei dem Kampf gegen den Untergang des Schiffes beispielsweise durch den Sturm als eine natürliche Gefahr der See verlangt. Davon handelt Kapitel III, das davon handelt, dass das Schiff in

---

[478] Z.B. im Ms. Liber Horn: Kapitel XIX, Zeile 2: *„les mariners“;* Kapitel XIV, Zeile XIV *„ses mariners“*; Kapitel VI *„mariners“.*

[479] Kapitel V, Zeile 1 ff. (Ms. Liber Horn): *„Une nef se part de acun port charge ou voyde (...). Les mariners ne deyvent pas issir hors saunz conge de mestre.“*

[480] Kapitel V, Zeile 2 f. (Ms. Liber Horn): *„Une nef (...) charge ou voyde (...).“*

[481] Kapitel V, Zeile 12 ff. (Ms. Liber Horn): *„(...) mais si la nef estoit en lieu ou ele se fut amarrees il purront bien issir hors et revenir par temps a lour nef“.* Vgl. *Kriegers*, Ursprung und Wurzeln, S. 127, Fn. 584.

[482] Kapitel V, Zeile 7 ff. (Ms. Liber Horn): *„(...); kar si la nef senperdoit par aucun aventure“.*

[483] Kapitel V, Zeile 10 f. (Ms. Liber Horn).

[484] Vgl. Kapitel XIX (Ms. Liber Horn).

irgendeinem Land an irgendeinem Ort Schiffbruch erlitt: „*Une nef sempert en alcun teres ou en quel leu qe ceo soit.*“[485]

Die Schiffsmänner waren in diesem Fall dazu verpflichtet, bei Schiffbruch bei der Bergung der Waren zu helfen: „*Les mariners sount tenu a sauver le plus kil purrount, (...)*[486] Dafür verloren sie dann auch nicht ihre Heuer.[487] Wer nicht dabei half, verlor auf die Fürsorgepflicht des Schifferrs, wieder von ihm nach Hause geführt zu werden und den Anspruch auf die Heuer, wenn das Schiff verloren ging: „*(...), et sil ni aydent, il nest tenuz de riens lour bailer ne de rien les purveier, ayns perdent lur lowers quant la nef est perdu.*“ Auf der anderen Seite stand ihnen aber auch ein sogenannter Bergelohn zu, wenn sie halfen.[488]

Seeräuber und Piraten werden in der Quelle nicht erwähnt. Es findet sich allerdings die Verpflichtung in Kapitel XV, dass es zu keinen absichtlichen Kollisionen mit anderen Schiffen kommen durfte. Ein Schiffer, der die Gefahr einer Kollision wegen niedrigen Wasserstandes erkannte, musste das andere Schiff warnen und auffordern, den Anker weiter entfernt auszubringen. Reagierte die Besatzung des anderen Schiffes hierauf nicht, so mussten die Seeleute zur Selbsthilfe schreiten. Nur wenn der Schiffer des anderen Schiffes diesen Schritt ebenfalls untersagte, musste dieser den Schaden allein tragen. Nur bei Vorliegen dieser Voraussetzung wurde eine Ausnahme von dem Prinzip zugelassen, dass die gemeinsame Nutzung eines Wasserwegs eine Gefahrengemeinschaft darstellte, die auch Schäden gemeinsam tragen musste.[489] Die Schiffsleute mussten im Fall einer Kollision gemeinsam mit dem Schiffer schwören, dass diese nicht mit Absicht geschah.[490]

### III. Llibre del Consolat de Mar

Im Llibre del Consolat de Mar findet sich eine umfassende Normierung der Tätigkeiten, die zur Durchführung einer Schifffahrtsreise gehörten und welche die Schiffsmänner zu leisten verpflichtet waren.

---

485 Kapitel III, Zeile 1 ff. (Ms. Liber Horn).

486 Kap. III, Zeile 3 ff. (Ms. Liber Horn) Dazu auch *Vogel*, Geschichte der Seeschiffahrt, S. 458; *Gros*, L'Oeuvre de Cleirac, S. 69 f.

487 Dies ergibt sich aus dem Gegenschluss, dass der Schiffer ihnen keinen Lohn schuldete, wenn sie nicht halfen: „*et sil ni aydent (...) ayns perdent lur lowers, quant la nef est perdu.*“ Kapitel III, Zeile 12 ff. (Ms. Liber Horn).

488 Kapitel III, Zeile 13 ff. (Ms. Liber Horn) bestimmt, dass sie von dem geretteten Gut nur dann etwas erhalten sollten, wenn sie bei der Bergung halfen. *Vogel*, Geschichte der Seeschiffahrt, S. 458.

489 *Cordes*, Flandrischer Copiar, S. 137.

490 „*Le maistre de la nef, qe ad feru lautre, est tenuz a jurir, li et ses mariners, kil ne firent pas de gre, (...)*“, Kapitel XV, Zeile 17 ff. (Ms. Liber Horn).

## 1. Allgemeiner Grundsatz

Grundsätzlich war der Schiffsmann verpflichtet, alle Arbeiten zu erledigen, die das Schiff betreffen: „*E és tengut de fer tots servicis qui pertanguen a nau.*“[491] Aber das Llibre del Consolat de Mar stellte nicht einfach nur einen solchen Grundsatz auf, vielmehr regelte es auch, welche Arbeiten es waren, die mit dem Schiff in Zusammenhang standen. In den verschiedenen Kapiteln werden vielmehr zahlreiche Dienstleistungspflichten und Rechte der Schiffsleute einzeln normiert.[492]

## 2. Die Be- und Entladung des Schiffes

Interessant ist dabei zunächst die Bestimmung in Kapitel 74 LCM, in dem es darum geht, wozu die Schiffsleute in Bezug auf die Beladung des Schiffes verpflichtet waren und wozu nicht: „*A que son tenguts ò no tenguts los mariners en lo carregar*“.[493] Die Schiffsleute sollten zunächst die Güter an Bord in Empfang nehmen. Sie waren aber nur dazu verpflichtet, die Güter einzuladen und an Bord zu verstauen[494], wenn der Schiffer das den Kaufleuten versprochen hatte. Dann musste der Schiffer sich aber mit den Schiffsleuten zusätzlich über die Erledigung dieser Aufgaben einigen, dass sie auch dieses zu tun hatten.[495] Die Schiffsleute sollten aber in jedem Fall dann zum Ein- und Ausladen verpflichtet sein, wenn sich der Schiffer an einem einsamen, unbewohnten Ort - „*si lo senyor del leyn és en loch agrest*“ – befand, an dem er keine anderen Leute finden konnte, die ihm gegen eine Bezahlung halfen. Dann waren die Schiffsleute gehalten, ihm zu helfen. Sie wurden für ihre Dienste bezahlt, wobei der Steuermann darüber zu urteilen hatte, wie viel Geld jedem Einzelnen zustand.

---

[491] Kapitel 177, Zeile 4 f. LCM. Mit „*és tengut*“ *(ist verpflichtet)*, ist hier der Schiffsmann gemeint. Dies geht aus der Überschrift des Kapitels 177 hervor, in der es heißt „*Mariner es tengut (...).*“ *Colon*, Llibre del Consolat de Mar I, S. 157.

[492] Vgl. zu den Rechten und Pflichten des Schiffsmanns: Kapitel 124 ff., bis einschl. 183, 232, 238, 247, 267, 268, 273 und 297 LCM. Hierzu *Pardessus*, Collection de lois maritimes II, S. 122.

[493] Überschrift zu Kapitel 74 (XXIX) bei *Pardessus*, Collection de lois maritimes II, S. 78.

[494] Die Pflicht zum Verstauen der Waren findet sich auch schon in Kapitel 73, und darüber hinaus in Kapitel 92 LCM.

[495] „*Mas los mariners són tenguts de prendre l'aver a la porta, e a destibar non són tenguts, sil senyor de la nau no ha promès al mercaders. E si promès ho ha, puys lo senyor de la nau ha-se'n a posar ab los mariners, sils mariners se volen*“, Kapitel 74, Zeile 2 ff. LCM.

Die Matrosen mussten also vom Schiffer für zu leistende Arbeiten auch gesondert entlohnt werden.[496] Den Schiffsleuten wurde in dem Fall, in dem der Schiffer keine anderen *Belader* finden konnte, die Pflicht auferlegt, gegen Geld zu helfen. Dies wird in der Quelle in Kapitel 74 LCM folgendermaßen begründet: „*E aquest capítol fo fet per so que·l senyor de la nau no·n pogués perdre son viatge, ne los mercaders*"[497] – dieses Kapitel wurde geschaffen, weil weder der Schiffer noch die Kaufleute ihre Reise verlieren durften, das heißt, dass die erfolgreiche Durchführung der Reise immer im Vordergrund stand und dahinter die Interessen der Schiffsleute zurücktreten mussten. Allerdings besaßen die Schiffsleute auch hier einen Anspruch auf Bezahlung, und am Ende des Kapitels wird noch mal betont, dass sie nur dann gegen Bezahlung zu Hilfe verpflichtet waren, wenn der Schiffer niemand anderes zum Ein- und Ausladen finden konnte.[498]

Im einem gewissen Gegensatz zur Regelung des Kapitels 74 LCM steht aber zunächst der Inhalt des Kapitels 180 LCM. Gemäß Kapitel 180 LCM waren die Schiffsleute verpflichtet, den Ballast ein- und auszuschiffen und das Schiff zu be- und entladen. Die Matrosen sollten das Schiff an dem Ort, von dem es abfuhr, mit Ballast versehen, „*ballasten*", den Ballast auswerfen und alles tun, was zur Schiffsarbeit gehörte oder für das Schiff erforderlich war.[499] Wenn das Schiff am Bestimmungshafen angekommen war, sollten sie die Güter der Kaufleute ausladen, das Schiff reinigen und neue Güter verladen.[500]

Wenn das Schiff an einem Ort entladen wurde, wo an dem die Schiffsleute frei waren, so waren sie nicht dazu verpflichtet, das Schiff zu beladen oder Ballast auszuwerfen. Sie mussten es aber auf Befehl des Schiffers das Schiff zu Anker bringen, die Stengen und das Ruder abnehmen und das Schiff an Land oder zu Wasser bringen. Wenn sie diese Dienste erledigt hatten, waren sie zu keinem weiteren Dienst mehr verpflichtet. Die Kapitel 74 und 180 LCM können nur dann in Einklang gebracht werden, wenn man – *Pardessus* folgend - davon aus-

---

[496] Laut *Filleau*, Engagement des équipages, S. 116 f., waren es auch hier die Kaufleute, die für das Beladen und Entladen zu zahlen hatten. Er beruft sich auf *Valin*, Kommentar zu Artikel 1, tome VII, livre II.

[497] Kapitel 74, Zeile 11 f. LCM.

[498] „*Mas si hòmens hi à qui carreguen ni descarreguen per moneda, no·n són tenguts los mariners*", Kapitel 74, Zeile 12 ff. LCM.

[499] « *Mariners són tenguts de dessorrar e de sorrar, là hon la convinensa comensarà viatge, e d'estibar la roba e los avers e descarregar ab la barcha o ab barques de la nau o del leny.* », Kapitel 180, Zeile 3 ff. LCM.

[500] « *E puys là hon la nau farà port per rahó de descarregar l'aver dels mercaders, caxes, lurs armes, e sorrar la nau e dessorrar y carregar e estibar de quals havers sia noliejat* », Kapitel 180, Zeile 5 ff. LCM.

geht, dass es sich bei Kapitel 180 um den in Kapitel 74 LCM erwähnten Ausnahmefall handelt.[501] Denkbar ist auch, dass neben dem Ausnahmefall, dass der Schiffsmann an einem einsamen Ort zur Mithilfe verpflichtet werden konnte, hier die Einigung über Mithilfe schon miteinbezogen wurde.

Wenn der Schiffer sein Schiff an Land bringen wollte, war der Matrose gemäß Kapitel 181 LCM verpflichtet, ihm dabei zu helfen. Er durfte in diesem Fall solange nicht weggehen, bis sie das Schiff an Land gebracht hatten:

> *„Encara és tengut mariner que si·l senyor del leny ho vol trer en terra o en fou que no se'n deu partir tro que·l leny sia en terra o en la fou que no se'n deu partir tro que·l leny sia en terra o en la fou."*

Wenn der Matrose nicht helfen wollte, das Schiff an Land zu bringen, dann sollte er wenigstens helfen, das Schiff festzumachen. Wenn er auch das nicht tat, dann sollte er alle Unkosten bezahlen, die durch seine Weigerung verursacht wurden.

### 3. Die Gehorsamspflicht gegenüber dem Schiffer und Befrachter

Neben den besprochenen Arbeitsverpflichtungen hatte der einzelne Schiffsmann grundsätzlich auch eine Gehorsamspflicht gegenüber dem Schiffer. Wenn ihm der Schiffer befahl, an einen bestimmten Ort zu gehen, musste der Schiffsmann dieser Weisung Folge leisten.[502] Allerdings war der Schiffsmann dem Befehl des Schiffers nicht völlig schutzlos ausgeliefert. Wenn er aus Anlass einer bestimmten Weisung Schaden erlitt, dann musste der Schiffer dafür einstehen.[503] Wenn der Matrose gefangen genommen wurde, dann sollte ihn der Schiffer freikaufen.[504] Außerdem sollte ihn der Schiffer nicht weiter als eine halbe Meile vom Schiff und darüber hinaus nur an wenig gefährliche Orte senden dürfen: *„Emperò salvant que no·l tremeta luny mig miler de la nau, e que sia en loch meyns de dupte."*[505]

Wenn der Matrose gewaltsam von Seeräubern gefangen wurde, so sollte er seinen Lohn bekommen, als hätte er die Reise mitgemacht.[506]

---

[501] *« Cette décision paroît en opposition avec le chapitre xxix (74), et le seul moyen de les concilier est de supposer qu'il s'agit ici du caqs d'exception prévu par le chapitre qui vient d'être cité »*, so *Pardessus*, Collection de lois maritimes II, S. 151 in seiner Anmerkung zu Kapitel 74.

[502] Kapitel 182, Zeile 3 f. LCM: *„Si alcun mariner que·l senyor de la nau haja trèmes en alcun loch és pres ne ha alcun dampnatge, (...)."*

[503] Kapitel 182, Zeile 4 LCM.

[504] *« E si és pres, que·l deu reembre. »* Kapitel 182, Zeile 5 LCM.

[505] Kapitel 182, Zeile 5 f. LCM.

[506] Kapitel 182 LCM.

Gemäß Kapitel 182 LCM war der Schiffsmann verpflichtet, nicht nur alle Befehle des Schiffers selbst, sondern auch die Befehle einer vom Schiffer als Stellvertreter eingesetzten Person zu befolgen, und zwar solange die Reise dauerte.[507]

In Kapitel 183 LCM wurde außerdem festgelegt, dass die Schiffsmänner nicht nur gegenüber dem Schiffer zur Leistung der Dienste verpflichtet waren, sondern auch gegenüber dem Befrachter. Dies galt, wenn der Schiffer das Schiff zu einem bestimmten Preis an einen Kaufmann verfrachtet hatte, der Schiffer aber mit der Fracht nichts zu tun haben wollte und der Befrachter deshalb an seine Stelle trat.[508] Der Befrachter war in diesem Fall so verpflichtet, als wäre er selbst der Schiffer. Dementsprechend musste er dem Schiffer und den Schiffsleuten ihren Lohn zahlen.[509]

Der Schiffsmann war gemäß Kapitel 154 LCM gegenüber dem Schiffer so eng verpflichtet, als wäre zwischen ihnen ein von einem Notar beglaubigter schriftlicher Vertrag abgeschlossen worden.[510] Durch den Vertrag verpflichtete sich der Schiffsmann beispielsweise, das Schiff ohne die Erlaubnis des Schiffers nicht zu verlassen.[511]

Der Schiffsmann verpflichtete sich gegenüber dem Schiff außerdem durch einen Schwur,[512] der dahingehend lautete, dass er ihm getreu sein würde: „*Encara és tengut lo mariner al senyor que li ha a jurar de ésser fel e leyal*“[513]. Diesen Schwur sollte er so leisten, wie es im Kapitel 61 LCM beschrieben wird,

---

[507] Kapitel 182 LCM.

[508] „*E si·l senyor del leny noliejà lon leyn a escar a alcun mercader, e·l senyor s'és desaxit de la mació e aquel qui haurà noliejat la fa enaxí és tengut lo mariner a aquel qui al leny haurà noliejat pròprament com si era senyor.*" Kapitel 183, Zeile 7 ff. LCM.

[509] „*Que senyor serà, pus eyl darà lo loguer al senyor e als mariners, (...)*", Kapitel 183, Zeile 11 f. LCM.

[510] So heißt es in Kapitel 154, Zeile 2 ff. LCM: „*Lo mariner és tengut a senyor de nau o de leny que, pus que serà acordat ab lo senyor e donada palmada, és mester que l mariner vaja ab eyl axí ben con si n'havia carta feta de notari, (…).*"

[511] "*(…) el mariner, d'aquel jorn anant que sera acordat ab lo senyor de la nau, no pot anar de nuyla part sens voluntat del senyor*", Kapitel 154, Zeile 5 ff. LCM. Das der Schiffsmann das Schiff ohne die Erlaubnis des Schiffers nicht verlassen darf, wird auch in Kapitel 179 gesagt: „*E los mariners no deuen derelenquir nau o leyn per lo dit temps etsant en aquel viatge.*" Vgl. auch Kapitel 166: Der Schiffsmann durfte nur mit Erlaubnis des Schreibers oder des Steuermanns an von Bord gehen, wenn der Schiffer nicht da war. Ansonsten wurde er bestraft (Kapitel 169). In Kapitel 155 werden die Umstände aufgelistet, unter denen der Schiffer das Schiff verlassen darf („*De condicions, con se pot partir mariner de la nau o leyn*").

[512] Einen solchen Schwur musste gemäß Kapitel 62 LCM auch der Steuermann leisten, auf den an dieser Stelle aber nicht eingegangen werden soll.

[513] Kapitel 154, Zeile 11 ff. LCM.

das von den Kaufleuten handelt, „die den Schiffer fragen“:[514] *„(...) axí com en aquel capítol és escrit que demanen los mercaders al senyor“.*[515] Gemäß Kapitel 61 LCM, auf das Kapitel 154 LCM hier verweist, sollten alle, die auf dem Schiff gegen einen Lohn mitfahren[516], dem Schiffer schwören, dass sie die Güter der Kaufleute und aller Personen, die auf dem Schiff mitfahren, beschützen und sie so behandeln würden, als wäre es ihr eigenes Vermögen. Ferner mussten sie schwören, weder die Kaufleute noch andere Personen auf dem Schiff zu verleumden, zu betrügen oder zu berauben oder gar eine Meuterei gegen sie zu führen.[517]

**4. Verbot des Anbordbringens von Ware ohne vorherige Zustimmung**

Die Schiffsleute traf noch eine weitere zentrale Verpflichtung, die am Ende des Kapitels 61 LCM erwähnt wird: Sie durften ohne die Erlaubnis des Schreibers oder des Steuermanns nichts an Bord bringen. Auch war es ihnen verboten, bei Tag oder Nacht ohne Wissen des Steuermanns oder des Aufsehers Gegenstände aus dem Schiff herauszubringen.[518]

**5. Das Verlassen des Schiffes**

Nachdem in Kapitel 154 LCM geregelt wurde, inwieweit sich der Schiffsmann allgemein durch seinen Vertrag mit dem Schiffer verpflichtet, handelt das folgende Kapitel davon, in welchen Fällen der Schiffsmann das Schiff verlassen darf (*„De condicions, con se pot partus mariner de la nau o leyn“)*[519], und von den Diensten, zu denen der Schiffsmann sich verpflichtete.[520]

---

[514] Gemeint ist hier Kapitel 61 LCM, in dem es neben anderen Dingen auch um den Schwur der Schiffsleute geht.

[515] Vgl. Kapitel 154 LCM.

[516] Also neben den Schiffsleuten auch der Steuermann, die Offiziere, die Reeder und alle anderen Personen, die gegen Lohn auf dem Schiff mitfahren: *„Encara, que deu fer jurar lo nauxter e·ls penesés e als parsoners el·s mariners e tots cels qui hiran ne·y seran e tots celes qui pendran lo loguer de la nau que ajuden a salvar e a guardar los mercaders e·ls lurs havers e de tots aquels qui en la nau hiran de lur poder“*, Kapitel 61, Zeile 11 ff. LCM.

[517] Kapitel 61, Zeile 15 ff.: *„Encara més, que no·ls descobren ne no fassen res ne ladronici ne barayla contra tots aquels qui dessús són dits. »*

[518] Kapitel 61, Zeile 17 ff. LCM: *„Encara més, que no traguen ne meten res en la nau sens sebuda del scrivà o del nauxter, ne metre ne trer de nuyt ne de dia que·l nauxter o·l guardià no ho sabés."*

[519] Vgl. die Überschrift zu Kapitel 155 LCM.

[520] So die Überschriften bei *Pardessus*, Collection de lois maritimes II, S. 140: *„A quins servicis es obligat lo mariner » / « A quels services est obligé le matelot ».*

Gemäß Kapitel 155 LCM war der Schiffsmann zunächst dazu verpflichtet, das Schiff nicht zu verlassen, außer bei Eintritt einer der drei nachfolgend aufgeführten Ursachen:

1. Wenn er selbst ein Schiff bekam und Schiffer oder Steuermann wurde,
2. wenn er es in seinem Vertrag mit dem Schiffer vereinbart hatte oder
3. wenn der Schiffer oder diejenige Person gegenüber der sich der Matrose vertraglich verpflichtet hatte, starb. Von den im Schiff befindlichen Gütern des Verstorbenen sollte dann der Lohn der Schiffsleute bezahlt werden.[521]

In diesen Fällen bestand also ein Recht des Schiffsmannes, das Schiff vorzeitig zu verlassen.

Aus dem zweiten Teil des Kapitels 155 LCM geht hervor, zu welchen Diensten der Schiffsmann verpflichtet war Er musste alle nötigen Arbeiten für das Schiff verrichten: „*Encara és tengut mariner a nau en totes coses.*"[522] In dem Kapitel werden – typisch für den kasuistischen Aufbau der Quelle - beispielhaft einige Arbeiten aufgelistet. So sollte er in den Wald gehen, um dort Holz zu fällen, darüber hinaus die Taue in Ordnung bringen, dem Bootsmann helfen, Güter ein- oder auszuladen, und Wasser holen, wenn es der Steuermann befahl. Auch wird hier geregelt, dass die Schiffsleute die Geräte der Kaufleute an Bord zu bringen, das Schiff zu ballasten und schließlich alles zu tun hatten, was an Diensten auf einem Schiff erforderlich war. Die Pflicht zum Be- und Entladen des Schiffes steht im Widerspruch zum Inhalt des Kapitels 74 LCM. Die beiden Bestimmungen sind nur dann miteinander in Einklang zu bringen, wenn man davon ausgeht, dass es sich um den bereits besprochenen Ausnahmefall handelt, in dem der Schiffer keine anderen Personen am Ort zum Beladen anheuern konnte und die Schiffsleute deshalb gegen eine Bezahlung zur Mithilfe verpflichtet waren[523], oder wenn sich die Schiffsleute mit dem Schiffer darüber geeinigt hatten, gegen eine Extraentlohnung diese Arbeit zu übernehmen.

Dass die Schiffsleute auch zur Stauung der Fracht verpflichtet waren, lässt sich aus Kapitel 136 LCM schließen. Dem gemäß wurde den Schiffsleuten der Lohn ausbezahlt, nachdem sie das Schiff gestaut hatten: „*Encara és tengut lo*

---

[521] „*Encara és tengut mariner al senyor de la nau que no·s pot partir d'él ne de la nau per nuyla cosa sinóper tres : per ésser senyor de nau o de leyn o da nauxter, per la qual cosaés tenguda covinença que, si mor lo senyor o aquel qui haurà logat o serà sobre·l leny, que·ls béns d'aquel qui seran deuen pagar los mariners al terme.* » Kapitel 155, Zeile 3 ff. LCM.

[522] Kapitel 155, Zeile 8 f. LCM.

[523] *Pardessus*, Collection de lois maritimes II, S. 140.

*senyor de la nau als mariners que, quant haurà estibada la nau, de so que deu pagar als mariners.*"[524]

## 6. Gehorsams- und Treuepflicht gegenüber dem Schiffer

### a. Gehorsampflicht gegenüber dem Schiffer

Die Seeleute waren dem Schiffer - ebenso wie nach den Rôles d'Oléron - zu Frieden, Treue und Gehorsam verpflicht.

Der Schiffsmann musste den Befehlen des Schiffers und auch des Steuermanns gehorchen, Kapitel 162 LCM.[525] Er war gegenüber dem Schiffer verpflichtet, grundsätzlich alle seine Befehle und die des Steuermanns zu befolgen, es sei denn, sie betrafen den Dienst eines anderen Schiffes. Ansonsten war der Matrose zu allen Diensten, die zu seinem Schiff gehörten, verpflichtet.[526]

### b. Grenzen der Treuepflicht gegenüber dem Schiffer

Der Schiffsmann musste seinem Schiffer gegenüber zwar schwören, ihm (ge)treu zu sein,[527] allerdings ging diese Treue nicht soweit, dass sich die Schiffsleute einfach von ihrem Schiffer verleihen lassen konnten. Davon handelt Kapitel 148 LCM: „*Senyor de nau no pot prestar mariner a altra nau*"[528]

Der Schiffer konnte den Schiffsmann gegen dessen Willen nicht an ein anderes Schiff verleihen. Eine Ausnahme bestand aber dann, wenn ein anderes Schiff einen Zimmermann oder einen Matrosen, der die Arbeit eines Zimmermanns verrichten konnte, benötigte. Dies war etwa dann der Fall, wenn dringende Arbeiten am Schiff zu erledigen waren, die von keinem der an Bord befindlichen Schiffsleute verrichtet werden konnte, weil es ihnen an entsprechenden Kenntnissen fehlte. In diesem Fall sollte der Matrose an Bord des anderen Schiffes gehen, es sei denn, es befand sich an Land. Eine Ausnahme bestand nur dann, wenn er noch im Dienst des Schiffes stand, in welchem er sich aufhielt.[529] Aus Kapitel 148 LCM am Ende geht hervor, zu welchen Arbeiten der Schiffsmann grundsätzlich nicht verpflichtet war. So sollte er z.B. nicht als Tagelöhner beschäftigt werden. Darüber hinaus sollte er auch keine schweren Lasten und

---

[524] Kapitel 136, Zeile 3 f. LCM.

[525] „*Mariner és tengut de fer tot comendament de senyor de nau o de leyn e del nauxter (...)* », *Kapitel 162, Zeile 3 f. LCM.*

[526] „*(...) mas tot servey que pertangue a nau és tengut de fer.», Kapitel 162, Zeile 5 LCM.*

[527] Vgl. Kapitel 61 und 154 LCM.

[528] So die Überschrift zu Kapiteln 148 LCM.

[529] Kapitel 148 LCM.

Packen zu tragen haben und auch zu keiner anderen Arbeit, die er als Matrose nicht zu tun verpflichtet war, herangezogen werden.[530]

**8. Die Bordanwesenheitspflicht**

Die Schiffsleute waren verpflichtet, an Bord zu bleiben.[531] Von dem Tag an, an dem er sich dem Schiffer gegenüber verpflichtet hatte, durfte er ohne die Erlaubnis des Schiffers das Schiff nicht verlassen, wenn es an Land ging, Kapitel 154 LCM.[532] Dass der Schiffsmann das Schiff ohne die Erlaubnis des Schiffers nicht verlassen durfte, wird auch in Kapitel 179 gesagt: *„E los mariners no deuen derelenquir nau o leyn per lo dit temps etsant en aquel viatge."*

Gemäß Kapitel 166 LCM durfte der Schiffsmann das Schiff nicht ohne die Erlaubnis des Steuermanns oder des Schreibers verlassen.[533] Dies galt vor allem dann, wenn sich der Schiffer nicht an Bord befand und so nicht selbst eine Erlaubnis erteilen konnte. Das Verlassen des Schiffes ohne Erlaubnis stand unter Strafe; davon handelt auch Kapitel 169 LCM: *„Esmena de mariner que no deu exir en terra sans comendament"*.[534]

Gemäß Kapitel 171 LCM durfte der Schiffsmann nicht vom Schiff gehen, sobald es beladen wurde. Er war verpflichtet, an Bord des Schiffes zu bleiben.[535] Wenn das Schiff an einem gefährlichen Ort war, durfte er ohne die Erlaubnis des Schiffers oder des Steuermanns das Schiff ebenfalls nicht verlassen. Wenn er ohne Erlaubnis oder trotz nicht erteilter Erlaubnis von Bord ging, musste er den gesamten Schaden tragen, den das Schiff durch sein Verhalten erlitt.[536]
Kapitel 174 LCM bestimmt darüber hinaus, dass es dem Schiffsmann verboten war, ohne Erlaubnis des Schiffers an Land zu schlafen. Wenn er es doch tat, galt er als meineidig: *„e si·u fa, és perjur."*[537] Der Schiffsmann verhielt sich in diesem Fall nicht nur meineidig, der Schiffer musste ihm gemäß Kapitel 146 LCM

---

[530] *„(...) saul que aquell mariner no bestexàs de levar faix ne càrregues en son coyl, que fer no dagués"*, Kapitel 148, Zeile 8 ff. LCM.
[531] Vgl. Kapitel 169,171 und 174 LCM.
[532] *"(...) el mariner, d'aquel jorn anant que sera acordat ab lo senyor de la nau, no pot anar de nuyla part sens voluntat del senyor"*, Kapitel 154, Zeile 5 ff. LCM.
[533] Vgl. auch Kapitel 169, 171 und 174 LCM, die dieses Verbot ebenfalls aufgegriffen.
[534] Überschrift bei *Colon* zu Kapitel 169 LCM. Zur Bestrafung, die durch ein Gericht am Land erfolgte, vgl. das Kapitel „Formen der Autorität und Mitbestimmung."
[535] *„Encara mariner és tengut que no·s partescha del leyn, (...) »*, Kapitel 171, Zeile 4 LCM.
[536] *„(...) pus comensà a carregar en loch periylós, menys de volentat del senyor o del nauxter; e si ho fa, és tengut d'esmanar tot dan que la nau o·l leny sustindrà per colpa d'eyl"*, Kapitel 171, Zeile 4 ff. LCM.
[537] Kapitel 174 LCM.

auch nichts mehr zu essen geben: „*Senyor de nau o de leny no és tengut de donar a manjar als mariners, pus no jaguen en la nau ni al leyn.*"[538]

In Kapitel 179 LCM wird erneut bestimmt, dass die Matrosen das Schiff während der Reise nicht verlassen sollten. Es wird folgende Schlussfolgerung aufgestellt: Und so wie das Schiff seine Fracht verdient, verdienen auch die Matrosen ihren Lohn; „*e enaxí con la nau o·l leny guanyarà del nòlit, e mariner créxer de lur loguer.*"[539]

Wenn das Schiff im Bestimmungshafen angekommen war, traf die Schiffsmannschaft die Pflicht, so lange an Bord zu bleiben, bis die Ladung vollständig gelöscht worden war.

### 9. Das Entkleidungsverbot der Schiffsleute

Kapitel 170 LCM handelt davon, dass der Matrose sich nicht entkleiden sollte, außer wenn er in einem Hafen überwinterte.[540] Wenn er gegen das Entkleidungsverbot verstieß, wurde er bestraft.[541] Dann sollte er dreimal mit einem Strick ins Wasser gestürzt und dann wieder an dem Strick herausgezogen werden. Wenn ihm das dreimal passiert war, sollte er seinen Lohn und sein im Schiff befindliches Gut verlieren.[542] Sinn des Entkleidungsverbotes könnte gewesen sein, dass der Schiffsmann so vor Krankheiten geschützt und allzeit zum Dienst bereit war.

### 10. Pflichten bei der Fortschleppung eines anderen Schiffes

In Kapitel 159 LCM geht es um die Fortschleppung eines anderen Schiffes. Der Matrose war verpflichtet, dabei zu helfen, ein anderes Schiff in den Hafen zu ziehen oder zu schleppen, wenn ihm dies vom Steuermann so befohlen wurde. Es durfte sich dabei aber um kein feindliches Schiff handeln.[543]

---

538 Kapitel 146 LCM.

539 Kapitel 179, Zeile 4 f. LCM.

540 „*Encara lo mariner no·s despuyl si no és port exivernador.*" Kapitel 170, Zeile 3 LCM.

541 Kapitel 170 LCM; *Cleirac*, Anmerkung 5 zu Artikel 5.; *Gros*, L'Oeuvre de Cleirac, S. 70, *Engelbrecht*, Corpus Iuris Nautici, S. 43.

542 Kapitel 170, Zeile 3 ff. LCM: „*E si ho fa, per cascuna vegada deu ésser surt en mar ab la veta del morgonal per III vagades. E de III vegades a anant deu perdre lo loguer e la roba que ha en la nau.*"

543 „*Encara mariner és tengut que vaja ajudar a remolcar nau o leny que entra al port, si·l nauxter li ho comanda, salvant que no sien lurs enamichs", Kapitel 159, Zeile 3 ff. LCM.*

## 11. Besondere Verpflichtung der meilenfahrenden Schiffsleute

Eine besondere Verpflichtung traf die Schiffsleute, die meilenweise (mit)fuhren: In Kapitel 160 LCM geht es um in der See gefundenes Gut und um diese Schiffsleute, die nach Meilenzahl mitfahren. Wenn die Schiffsleute, nachdem sie im Dienst des Schiffers waren, etwas fianden, so sollte das Schiff davon drei Teile (also ¾) und sie selbst einen Teil (also ¼) behalten. Dabei war es gleichgültig, ob nur eine oder mehrere Personen etwas gefunden hatten: *„Encara és tengut mariner que si troba alcuna cosa, pus que serà tengut a la nau ne han III parts e los mariners una, sein molts mariners o pochs.“*[544]

Wenn sie auf See waren und Kaufmannswaren oder andere Sachen sahenso sollten sie auf Befehl des Schiffers zu diesen hinfahren. Auch in diesem Fall stand ihnen ein Anteil und dem Schiff drei Anteile am Fund zu. Als Begründung für diese Regelung ist anzuführen, dass die Schiffsleute beim Schiffer in Kost und Lohn standen und dementsprechend nicht nur dem Finder, sondern auch dem „Unternehmer“ ein Anteil am Fund gebührte – nach damaliger Ansicht überwog anscheinend der Beitrag des Schiffers am Fund dem des tatsächlichen Finders, womöglich weil die Schiffsleute ohne den Schiffer überhaupt nicht an Ort und Stelle gelangt wären und dieser das Risiko der Unternehmung trug.

Vermietete der Schiffer sein Schiff an einen anderen, so sollte dieser die oben genannten drei Teile erhalten, da er in diesem Fall die Kosten für das Schifffahrtsunternehmen trug. Starb der Mieter vor Ablauf der Miete, musste ihm oder seinen Erben sein Teil bezahlt werden.

Ferner war ein Matrose, der meilenweise fuhr, gehalten, dem Schiffer bis ans Ende der Reise zu folgen. Wenn das Schiff aber nach vollendeter Reise wieder an den Anfangsort der Reise zurückkehrte, zwischenzeitlich aber ausgeladen hatte und dann ganz andere Güter führte, war er nicht weiter gegenüber dem Kapitän gebunden.[545]

Wenn das Schiff hingegen noch nicht entladen war, dann war er verpflichtet, so lange mitzufahren, bis die Reise beendet war.[546]

Am Ende des Kapitels findet sich wiederum eine Begründung, warum dieses Kapitel eingefügt wurde. Es wird geschildert, dass viele Schiffer in ihrem Land verschuldet waren und deshalb nicht mehr in ihre Heimat zurückkehren konnten, weil sie Angst hatten, dass sie dort ihr Schiff hätten verkaufen oder versteigern

---

[544] Kapitel 160, Zeile 3 ff. LCM. Dazu *Cleirac*, Us et coutumes, S. 52. Vgl. zu diesem Kapitel auch Kapitel 252 LCM.

[545] Kapitel 160, Zeile 12 ff. LCM.

[546] *„Mas si la nau descarregat no ha, lo mariner li és tengut d'anar per milers“*, Kapitel 160, Zeile 17 f. LCM.

müssen. Dies hätte zur Folge gehabt, dass sie dann die Schiffsleute auf immer in ihrem Dienst festgehalten hätten:

> *„E per fo fet aquest capítol, car molt senyor de leny o de nau serà endeutat e no volrà tornar en sa terra per malmirent que·y serà o per so car haurà pauhor que no li encanten la nau. E axí tostemps tendria lo mariner."*[547]

## 12. Weitere Verpflichtungen der Schiffsleute

Den Schiffsmann trafen auch noch weitere Verpflichtungen gegenüber dem Schiffer.

Nach Kapitel 175 LCM sollte der Matrose das Schiff fest machen, das Tau ausbringen und das Schiff vor Anker legen. Dies galt unabhängig davon, ob der Steuermann anwesend war oder nicht. Der Schiffsmann sollte hier gegebenenfalls auch ohne den Befehl des Steuermanns handeln.[548]

Er durfte das Schiff allerdings nicht losmachen, wenn es ihm nicht befohlen wurde: *„Mas (lo mariner)*[549] *no gosa levar que·s desormeig, si no n'ha comendament."*[550] Dies könnte damit begründet werden, dass es für das erfolgreiche Schifffahrtsunternehmen wichtig war, dass das Schiff festgemacht wurde. Ein willkürliches Losmachen hätte aber eine Gefahr bedeuten können.

Kapitel 176 LCM handelt von dem Bootsmann, der dort zunächst vom Schiffsmann unterschieden wird, aber im hier aufgeführten Fall die gleichen Pflichten hatte. Denn auch ein Matrose, der Bootsmann sein wollte, war nach der vorgenannten Regelung verpflichtet, alle Menschen an Land zu tragen und barfuß durchs Wasser zu gehen: *„Encara és tengut mariner, si és barquer, de posar tots los homèns en terra e que·s descals."*[551] Wenn er dies nicht tat, so musste er alle Kosten tragen, die jemand deswegen aufwenden muss: *„E si no a fa o no·u vol fer, deu pagar tota masió que hom ne fasa."*[552]

Kapitel 177 LCM regelt, wie der Matrose an die Winde gehen sollte. Wenn der Schiffer oder der Schreiber dem Matrosen befahl, dass dieser an die Winde gehen sollte, so musste er dies ohne Widerworte tun. Denn er war zu den Diensten verpflichtet, die am Schiff zu tun sind: *„E és tengut de fer tots servicis qui pertanguen a nau"*.[553]

---

[547] Kapitel 160, Zeile 18 ff. LCM.

[548] *„Encara és tengut mariner que deu donar exàrcia devant la nau e d'ormajar, si ben si és lo nauxter o no·y és"*, Kapitel 175, Zeile 4 f. LCM.

[549] *Colon*, Llibre del Consolat de Mar I, S. 157, Fußnote 5 zu Kapitel 175 LCM.

[550] Kapitel 175, Zeile 5 f. LCM.

[551] Kapitel 176, Zeile 3 f. LCM.

[552] Kapitel 176, Zeile 4 f. LCM.

[553] Kapitel 177, Zeile 4 f. LCM.

Wenn das Schiff zur Entladung kam, durften die Schiffsleute den Schiffer nicht drängen, ihnen den Lohn auszubezahlen.[554] Stattdessen hatten sie zu warten, bis alles geregelt und fertig beendet war.

### 13. Besondere Pflichten des Schreiber

Neben der großen Verantwortung besaß der Schreiber eine große Macht: Der Schiffer konnte das Schiff nur beladen in Anwesenheit des Schreibers, und Gut durfte von einem Schiffsmann nur mit der Erlaubnis des Schreibers ausgeladen, ausgewindet oder an Land gesetzt werden. Alle Gegenstände, die vom Schreiber aufgenommen wurden und verloren gingen, mussten von ihm persönlich ersetzt werden. Und wenn er kein Geld hatte, musste das Schiff die Kosten tragen, auch wenn es dafür verkauft werden musste.[555] Damit wird deutlich, dass sich letztendlich die Interessen der Beladungsinteressenten durchsetzen.

Der Schreiber konnte grundsätzlich auch Schiffsbedarf ohne die Erlaubnis des Schiffers kaufen und verkaufen. Nur beim Kauf von Schiffsgeräten musste der Schreiber dem Schiffer Nachricht geben, der dann seinerseits die Reeder informieren sollte. Wenn diese das Schiffsgerät nicht haben wollten, es aber für das Schiff und die Durchführung der Reise benötigt wurde, konnte der Schreiber es trotzdem gegen ihren Willen kaufen.[556]

## III. Zusammenfassung

Im Llibre del Consolat de Mar findet sich in Bezug auf die Pflichten der Schiffsleute eine Grundsatzformel. Danach war der Schiffsmann verpflichtet, alle Arbeiten zu erledigen, die das Schiff betrafen: *„E és tengut de fer tots servicis qui pertanguen a nau“.*[557]

Ein solcher Grundsatz findet sich in den Rôles d'Oléron zwar nicht, dafür geht aus dieser Quelle hervor, dass der einzelne Schiffsmann zur Erledigung aller mittelbar und unmittelbar das Schiff betreffenden Arbeiten verpflichtet war, während der Schiffsmann im Llibre del Consolat de Mar grundsätzlich nur zu solchen Arbeiten verpflichtet war, die das Schiff unmittelbar betrafen.

---

[554] Kapitel 238 LCM: *„E los mariners deuen-lo esperar que no·l deuen congoxar (...).“*

[555] Dabei bleibt aber der Lohn der Schiffsleute unberührt (*„salvant lo loguer als mariners“*), Kapitel 58, Zeile 9 f. LCM.

[556] *„E si los parsoners no ho volien, lo senyor de la nau ho pot ben comprar, pus que sia necessari a la nau“*, Kapitel 58, Zeile 14 ff. Vgl. auch *Pardessus*, Collection, de lois maritimes II, S. 66.

[557] Kapitel 177, Zeile 4 f. LCM.

Während im ersten Fall also auch Beladungsarbeiten im Ausgangshafen und Hafenarbeiten zu den Dienstleistungsverpflichtungen zählten,[558] gab es gerade in Bezug auf das Beladen des Schiffers im Llibre del Consolat de Mar grundsätzlich keine derartige Verpflichtung des Schiffsmannes, da der Schiffer für solche Arbeiten andere Leute einstellen sollte. Der Schiffsmann wurde hier also schon vom normalen Hafenarbeiter differenziert betrachtet. Nur wenn es gesondert mit dem Schiffer vereinbart wurde oder wenn der Schiffer keine anderen Leute fand, musste der Schiffsmann auch solche Arbeiten erledigen, dann allerdings immer gegen den Erhalt eine Sonderzahlung, die der Schiffer mit ihm vereinbaren sollte. Eine Sonderbezahlung durch die Kaufleute gab es interessanterweise nicht, zumindest schweigt die Quelle dazu. Dass eine vereinbarte Extrabezahlung möglicherweise regelmäßig erfolgte, lässt sich daraus schließen, dass der Fall immer wieder in der Quelle auftaucht und zunächst in scheinbarem Widerspruch zu Kapitel 74 LCM stehen mag. Dies lässt sich nur dadurch erklären, dass dort ein Fall der Vereinbarung vorlag.

Die Dienstverpflichtung der Schiffsleute bestand nach den Rôles d'Oléron bis zum Ende der Reise, das mit der Rückkehr in den heimatlichen Hafen erreicht war.[559] Der Schiffer konnte die Heuer bis zu diesem Zeitpunkt zurückhalten.[560] Ob der Schiffsmann möglicherweise auch noch bei dem Löschen der für die Rückreise geladenen Ladung helfen musste, kann vermutet werden, jedoch erwähnt die Quelle eine eventuelle Fracht der Rückreise nicht.[561]

Im Llibre del Consolat de Mar sollte der Schiffsmann in den Wald gehen, um Holz zu fällen, die Taue in Ordnung bringen, dem Bootsmann helfen, Güter ein- oder auszuladen und Wasser holen, wenn es der Steuermann befahl. Die Schiffsleute sollten die Geräte der Kaufleute an Bord bringen, das Schiff ballasten und schließlich alles tun, was zum Dienst des Schiffes erforderlich war. Dabei ist der Zusammenhang zu Kapitel 74 LCM zu beachten.

Dass die Schiffsleute auch zur Stauung der Fracht verpflichtet waren, lässt sich aus Kapitel 136 LCM schließen.

Im Llibre del Consolat de Mar wird am Ende noch erwähnt, dass der Schiffsmann zur Reinigung des Schiffes verpflichtet war. Ein Dienst, der wohl

---

558 Wenn auch diese zum größten Teil nicht vom Schiffer, sondern von den Kaufleuten entlohnt werden sollten.

559 Dies kann aus Kapitel XIX Ms. Liber Horn geschlossen werden, dass davon handelt, dass das Schiff zur Ausladung ankommt: *„Une nef vient a descharge"*, heißt es in Kapitel XIX, Zeile 1 f.

560 Kapitel XIX, Zeile 7 ff. (Ms. Liber Horn): *„Le mestre poet retenir de soun lower pur rende de la nef la, ou il la prist sil doune bone caucioumpur funir la veyage."*

561 *Kiesselbach*, Ursprung der Rôles d'Oléron, S. 13.

auch deshalb zu verrichten war, weil er unmittelbar das Schiff betraf. Zudem mussten die Schiffsleute das Schiff an Land bringen. In den Rôles d'Oléron hingegen musste der Schiffsmann Sorge für das Bassin tragen und Bojen auswerfen.

Insgesamt wird deutlich, dass der „einfache" Schiffsmann im Llibre del Consolat bereits mehr zu einem alle Pflichten übernehmenden „Arbeiter" geworden war.

Das Verbot, ohne Erlaubnis das Schiff nicht zu verlassen, findet sich sowohl in Kapitel 166 LCM als auch in Kapitel 5 Rôles d'Oléron.[562] Damit war nach beiden Quellen nicht nur die Desertation, sondern auch die unerlaubte Abwesenheit von Bord verboten.[563]

In Kapitel 179 LCM wird erneut bestimmt, dass die Matrosen während der Reise das Schiff nicht verlassen sollten. Auch gemäß Kapitel 5 Rôles d'Oléron durften die Schiffsleute nicht ohne Erlaubnis das Schiff verlassen.[564] In beiden Fällen bestand also eine Bordanwesenheitsverpflichtung.
Ein Gebot der Selbstbeköstigung gab es in beiden Quellen nicht. Danach war grundsätzlich der Schiffer zur Verpflegung seiner Schiffsleute verpflichtet.[565]Die besonders detaillierte Ausgestaltung des Llibre del Consolat de Mar schrieb es dem Schiffsmann auch vor, bekleidet zu schlafen. Grund dafür könnte neben dem Schutz vor Krankheit die Notwendigkeit der allzeitigen Dienstbereitschaft gewesen sein.

Eine „*Treue- und Gehorsamspflicht*" der Schiffsleute bestand in beiden Quellen. Während sie in den Rôles d'Oléron explizit gegenüber dem Schiffer bestand, waren die Schiffsleute im Llibre del Consolat de Mar sowohl gegenüber dem Schiffer als auch gegenüber dem Steuermann zur Treue verpflichtet.[566] Auch mussten sie dem Befehl des Schreibers in bestimmten Fällen gehorchen.[567]. Es bestand die Verpflichtung des Schiffsmannes, seine Treue nach bestimmten Regeln zu beschwören.[568] Der auf Lohn mitfahrende Schiffsmann musste dem Schiffer schwören, dass er die Güter der Kaufleute und aller Perso-

---

[562] Außerdem finden sich laut *Pardessus*, Collection de lois maritimes II, S. 146, ähnliche Bestimmungen in den Artikeln 19 und 21 der Ordonnance des Königs von Aragon aus dem Jahre 1340.
[563] *Desjardins*, Droit Commercial Maritime III, Nr. 652, S. 139.
[564] *Pardessus*, Collection de lois maritimes II, S. 151.
[565] Kapitel XVII (Ms. Liber Horn); Kapitel 143 ff. LCM.
[566] Kapitel 162 LCM.
[567] Vgl. die Ausführungen zu Kapitel 172 und 166.
[568] Vgl. zu den Schwüren des Schiffsmann, Kapitel 154 mit Verweis auf Kapitel 61 und 62 LCM.

nen, die auf dem Schiff mitfuhren, beschützen und sie so behandeln würde, als wäre es sein Vermögen.[569] Er musste auch schwören, weder die Kaufleute noch eine andere Person auf dem Schiff zu verleumden, zu betrügen oder zu berauben oder gar eine Meuterei gegen sie zu führen.[570]

Gemäß Kapitel 182 LCM war der Schiffsmann verpflichtet, nicht nur alle Befehle des Schiffers selbst, sondern auch die einer vom Schiffer als Stellvertreter eingesetzten Person befolgen, so lange die Reise dauerte.[571] Gemäß Kapitel 183 LCM war der Schiffsmann gegenüber dem Befrachter in bestimmten Fällen genauso verpflichtet wie gegenüber dem Schiffer.

Die Kapitel 182 LCM und 6 Rôles d'Oléron ähneln sich in gewisser Weise:[572] Beide Rechtsquellen kennen Fälle, in denen der Schiffsmann seinen Lohn oder zumindest eine konkret ausgestaltete Fürsorge vom Schiffer bekommt, obwohl er seine Dienste an Bord nicht mehr verrichten kann. Das Kapitel 182 LCM regelt den Fall, in dem der Schiffsmann in die Hände von Piraten fällt, die Rôles d'Oléron den Fall, in dem der Schiffsmann bei Erledigung eines Landganges für den Schiffer verletzt oder verwundet wurde. Im erstgenannten Fall war der Schiffer zur Zahlung der Heuer verpflichtet,[573] im letztgenannten zur Übernahme der Aufwendungen für die Heilung des Seemanns.[574]

Das Llibre del Consolat de Mar geht in seiner kasuistischen Art und Weise noch einen Schritt weiter: Der Schiffsmann ist danach sogar verpflichtet, nicht nur die Befehle des Schiffers, sondern auch diejenigen einer vom Schiffer als Stellvertreter eingesetzten Person zu befolgen, so lange die Reise dauert.[575]

Die negative Folge für den Schiffsmann war in dem einen Fall die Gefangennahme durch Seeräuber und im anderen die Verletzung. Es gab also zwei verschiedene Fälle. Aber gemein ist beiden, dass den Schiffer in diesen Fällen eine Fürsorgepflicht traf: In den Rôles d'Oléron muss der Schiffer den Schiffsmann heilen lassen. Dies erfolgt, damit er die Reise zu Ende führen kann und er seinen Lohn nicht verliert. Im Llibre del Consolat de Mar wird gleichfalls der Anspruch auf den vollen Lohn normiert.[576]

---

[569] Kapitel 61 LCM

[570] Kapitel 61, Zeile 15 ff. LCM: „*Encara més, que no·lsdescobren ne no fassen res ne ladronici ne barayla contra tots aquels qui dessús són dits.* »

[571] Kapitel 182, Zeile 8 ff. LCM.

[572] Dies stellten bereits fest: *Cleirac,* Us et coutumes, S. 25; *Targa,* S. 53; *Pardessus,* Collection des lois maritimes II, S. 152.

[573] „*Mes si le mestre lenvoye en acune service de la nef soun comaun dement et sil se blessat ou le naverat, il deit estre garries et sauves sus le coustes de la nef*", Kapitel VI, Zeile 18 ff.

[574] Kapitel VI (Ms. Liber Horn).

[575] Kapitel 182 LCM.

[576] Kapitel 182, Zeile 7 f. LCM.

In beiden Quellen waren die Schiffsleute auch zur Mithilfe bei Schiffsbruch verpflichtet. Im Llibre del Consolat de Mar fallen die Regelungen - die Verpflichtungen des Schiffsmannes betreffend - schon aufgrund seines Umfangs detaillierter aus, während die in den Rôles d'Oléron schriftlich festgelegten Regeln dem Umfang der Quelle entsprechend knapper gehalten waren. Trotzdem gibt es auch dort erstaunlich detaillierte Regelungen, die sich im Llibre del Consolat de Mar zum gleichen Thema gar nicht finden, wie beispielsweise das Auswerfen der Bojen und das Herrichten des Bassins. Andere Regelungen sind ähnlich. Trotz einiger Ähnlichkeiten in den Vorschriften gibt es bei gleicher Problematik auch die aufgezeigten Differenzen und unterschiedliche Lösungswege, z.B. in Bezug auf die Beladungsarbeiten.

In den Rôles d'Oléron finden sich im Gegensatz zum Llibre del Consolat de Mar keine Vorschriften, nach denen die Matrosen verpflichtet wurden, nur bekleidet zu schlafen.[577] In der knappen Quelle wurden auch andere Ordnungsvorschriften, wie das Verbot von Trinkgelagen, nicht erwähnt.

Hinter den aufgeführten Verpflichtungen der Seeleute stand aber auch hier vordergründig das Interesse der Erhaltung der Ordnung auf dem Schiff, um die Reise erfolgreich durchführen zu können.[578]

---

[577] *Cleirac*, Anmerkung 5 zu Artikel 5; *Gros*, L'Oeuvre de Cleirac, S. 70; *Engelbrecht*, Corpus Iuris Nautici, S. 43.
[578] *Abel*, Grundzüge und geschichtliche Grundlagen S. 32.

## D. Allgemeine Leistungspflichten des Schiffers gegenüber seinen Schiffsmännern

### I. Überblick über die allgemeinen Fürsorgepflichten

Allgemeine Leistungspflichten des Schiffers gegenüber seiner Besatzung sind in Form verschiedener Fürsorgepflichten denkbar wie die Verpflichtung zur Beköstigung der Schiffsleute, die Versorgung eines Matrosen bei Krankheit, Hilfeobliegenheiten bei nicht schuldhafter Verletzung des Schiffsmannes und Pflichten des Schiffers gegenüber den Angehörigen seiner Schiffsleute bei deren Tod.

Mit der Lebensmittelversorgung an Bord eines Schiffes im Mittelalter beschäftigte sich die Literatur[579] häufiger, wohl weil es sich um ein existentielles Thema im Rahmen einer Seefahrt handelte: Auf einem Schiff auf See als einen von der Außenwelt quasi abgeschlossener Raum war die ausreichende Versorgung mit Lebensmitteln und vor allem mit Getränken existentiell wichtig. Insbesondere war die sorgfältige Rationierung und Verteilung der Lebensmittel grundlegend.[580] Frische Lebensmittel waren an Bord wegen mangelnder Haltbarkeit rar. Die Nahrung musste haltbar und transportabel sein, denn die Reise dauerte oft mehrere Wochen, während der Platz an Bord naturgemäß begrenzt war und insbesondere konträr zu den Transport- und damit den Gewinninteressen der beteiligten Akteure Kaufleute stand.[581]

Nach *Gaurier* gab es im Mittelalter auf fast allen Schiffen einen nahezu identischen Speiseplan, der im Wesentlichen aus gepökelten Fischen, Zwieback und Käse bestand, während zumeist Wein als Getränk gereicht wurde.[582] Ein Beispiel für einen möglicherweise typischen Speiseplan liefert die Schilderung

---

579 *F.C. Lane*, Salari e regime alimentare ; *Guiral-Hadziiossif*, Valence, port méditerranéen; *Dufourcq*, La vie quotidienne dans les ports méditerranéens au Moyen Age, Paris 1975; *Mollat*, la vie quotidienne des gens de mer en Atlant Atlantique Ixe-XVIe siècles, Paris 1983 ; *Balard*, Navigations gémoises en Orient d'après des livres de bord du XIVe siècle, in : Comptes-rendus de l'Académie des Inscriptions et Belles-Lettres, novdéc. 1988, S. 788-791 ; *ders.*, Biscotti, vino e ... Topi: Dalla vita di bordo nel mediterraneo medievale, Genova 1992; *Gaurier*, Le marin et les plaisiers de la table à bord des navires, évocation en forme de clin d'oeil en souvenir des cassoulets et des bières si souvent partagés, S. 167-192, Rennes 2003.

580 *„L'oeconomie principale sur mer est à regler et bien dispenser viures et victuailles, à les distribuer par raison et par mesure (...) »*, so *Cleirac*, Us et coustumes, Anmerkung 1 zu Kapitel XVII, S. 77. *Engelbrecht*, Corpus Iuris Nautici, S. 60.

581 *Dufourcq*, La vie quotidienne dans les ports méditerranéens au moyen age, S. 75.

582 *Gaurier*, Le marin et les plaisirs de la table a bord des navires, S. 174 f. ; *Balard*, Biscotti, vino e ... Topi: Dalla vita di bordo, S. 248 stellt dies für den mediterranen Raum fest, aber auch im Norden sah der Speiseplan wohl ähnlich aus, da man Lebensmittel benötigte, die über einen längeren Zeitraum haltbar waren.

des Seefahrers *Marino Sanudo Torsello*:[583] Nach seinen Berichten bestand ein tagesüblicher Speiseplan aus 715 g Zwieback, einem halben Liter Wein, 40 g Käse, 52 g gesalzenem Fleisch („*carne salata*") und 98 g Bohnen. Das ergab insgesamt 3915 Kalorien, die zu 71 % aus Kohlenhydraten, zu 15 % aus Fett und zu 14 % aus Proteinen bestanden.[584] Die Schilderung stammt zwar aus dem Jahre 1611, jedoch ist ein ähnlicher Speiseplan auch im 13. und 14. Jahrhundert denkbar.[585]

Ohne weitere Quellennachweise aufzuführen, erwähnt *Cleirac* das Gewohnheitsrecht der portugiesischen Schiffe, die nach Ostindien fuhren:[586] Dort erhielten die Schiffsmänner nach seinen Angaben täglich anderthalb Pfund Zwieback, ein halbes Maß Wein und ein Maß süßes Wasser. Monatlich stand ihnen gesalzener Fisch, etwas trockener Fisch sowie Zwiebeln und Knoblauch zu. Interessant ist hier, dass jeder Schiffsmann seine eigenen Kochgeräte mit sich geführt und seine Speisen auch selbst zubereitet haben soll. Auf der Rückreise von Indien erhielten die Schiffsleute bis zum Kap der Guten Hoffnung nur Wasser und Brot, danach bekamen sie vom Schiffer nichts mehr und mussten sich selbst zu verköstigen.[587] Wichtig war auch die ausreichende Versorgung Getränke. Wein galt dabei als Getränk und nicht als Genussmittel. Wasser stellte auf einer längeren Reise zudem eine Krankheitsgefahr dar, da es keine Haltbarkeit aufwies und zu verkeimen drohte. Im Gebiet der Hanse war das „Schiffbier", im Gegensatz zum Wein im Mittelmeerraum und Frankreich, noch ein wichtiges Getränk, das in den Quellen erwähnt wird.[588]

Auch stellt sich die Frage, inwieweit der Schiffer im Falle einer Verletzung eines Schiffsmanns für dessen Heilung und die dadurch entstehenden Kosten verantwortlich war und ob hier zwischen einer schuldhaften und einer schuldlosen Verletzung differenziert wurde.

*Vogel* beschreibt in seiner „*Geschichte der deutschen Seeschiffahrt*" bildlich, aber ausführlich, warum schuldhafte Verletzungen so häufig vorgekommen seien:

---

[583] *M. Sanudo Torsello*, Liber secretorum fidelium Crucis terrae Sanctae recuperatione et consevatione, in: *Bongars*, Gesta Dei per Francos, Hannover 1611, zitiert nach *Balard*, Biscotti, vino e ... Topi: Dalla vita di bordo, S. 248 f.

[584] Eine ähnliche Versorgung fand sich auch auf den Schiffen aus dem Orient oder aus Genova. *Balard*, Biscotti, vino e ... Topi: Dalla vita di bordo, S. 249.

[585] *Balard*, Biscotti, vino e ... Topi: Dalla vita di bordo, S. 249.

[586] Dazu auch *Gros*, L'Oeuvre de Cleirac, S. 71 f.

[587] *Cleirac*, Us et coutumes, Anmerkung 5 zu Kapitel XVII RdO, S. 78; *Engelbrecht*, Corpus Iuris Nautici, S. 60.

[588] Das "*Schiffbier*" war ein offenbar leichtes, dünnes Bier, von dem das "*gute Bier*" unterschieden wurde. Vgl. *Schäfer*, Hansestädte, S. 305 f.

*„Selbstverständlich, für die Löcher im Kopf, die sich der Schiffsknappe in der Trunkenheit und bei Raufereien zuzog, war der Schiffer nicht verpflichtet aufzukommen. Und das wird so selten nicht der Fall gewesen sein. Lag das Schiff glücklich im Bestimmungshafen, so war die Mannschaft allerdings zunächst mit Löschen und Laden beschäftigt. Aber man ließ sich damit Zeit; oft zwangen auch ungünstiges Wetter, Mangel an Ladungsangebot, Arreste zu wochen-, ja monatelangem Stillliegen. Dann war es schwer, die Mannschaft im Zaume zu halten, umso schwerer als Jan Maat im Bestimmungshafen ein Drittel seiner Heuer empfing und es nie Seemannsbrauch gewesen ist, Geld lange in der Tasche zu bewahren. Das Treiben in den übelberüchtigten Kneipen der Hafenstädte glich aufs Haar dem, was dort in der Gegenwart Brauch ist.*[589]

Aufgrund der schwierigen hygienischen und versorgungstechnischen Bedingungen an Bord, waren die Schiffsleute ständig der Gefahr ausgesetzt, schwer zu erkranken. Am häufigsten waren dabei verschiedene Formen von Typhus oder Skorbut. Auf eine Krankheit folgte zumeist die nächste. *Jean Meyer* beschreibt das Auftreten dieser Krankheiten auf einer Reise sehr anschaulich, in dem er das Bild einer „*Trilogie*" verwendet:

*„(...) tout voyage un peu long se traduit par une trilogie: typhus lié aux poux, typhoïde due aux eaux croupeis, scorbut par manque de vitamine C, chaque maladie renforçant l'autre.“* [590]

## II. Ausgestaltung der Fürsorgepflichten in den Rôles d'Oléron

Einen thematischen Schwerpunkt der Rôles d'Oléron bildeten die Fürsorgepflichten des Schiffers gegenüber seiner Mannschaft. Neben der Verpflegung, der Unterkunft und dem möglichen Krankheitsfall wurde besonders die Verletzung des Schiffsmannes – sowohl die verschuldete als auch die unverschuldete - im Verhältnis zur sonstigen Knappheit der Quelle sehr differenziert behandelt.

### 1. Verpflegung der Schiffsleute

Die Rôles d'Oléron geben mit besonderer Präzision, gemessen an dem knappen Umfang der gesamten Quelle, Auskunft über die Verpflegung der Schiffsleute.[591] Von der Verpflegung der Seeleute handelte vorrangig Kapitel XVII.

In Fragen der Verpflegung unterscheidet Kapitel XVII danach, woher die Schiffsleute kamen. Die Seeleute erhielten je nach ihrer Herkunft eine unterschiedliche Verpflegung. Eine Unterscheidung wurde dabei auch bezüglich der Getränke, nämlich ob Wein oder Wasser gewährt wurde, getroffen.

Den Seeleuten von der Küste der Bretagne stand nur eine Mahlzeit pro Tag zu: *„Le mariners de la costere de Bretaigne ne deivent aver qe une quisine le*

---

[589] *Vogel*, Geschichte der deutschen Seeschiffahrt, S. 457.
[590] Zitiert nach *Réhault*, Le naufrage III. S. 594.
[591] Vgl. hierzu auch : *Gaurier*, Le marin et le plaisirs de la table, S. 169 f.

*jour.*“[592] Begründet wurde dies damit, dass sie Getränke, und zwar Wein, auf der Hin- und Rückfahrt der Reise erhielten: „*par la resoun, qil ount beverage en alaunt et en venaut.*“[593]

Die normannischen Seeleute dagegen bekamen zwei Mahlzeiten pro Tag, zum Trinken erhielten sie dafür aber nur Wasser, und das auch nur auf der Hinfahrt.[594] Erst wenn das Schiff das Gebiet des Weinanbaus erreichte, schuldete der Schiffer allen Leuten Wein: „*Mes puis qe la nef est en la tere, ou le vin crest, les mariners deyvent avoir beverage.*“[595] Der Schiffer war dann verpflichtet, ihnen den Wein zu verschaffen.[596] Das Wasser wurde wohl nur auf der Hinreise gereicht, da es nicht so lange haltbar war und ansonsten eine Verseuchung mit Keimen und Bakterien drohte.

Aber auch in Kapitel XXI Rôles d'Oléron war von der Verpflegung der Schiffsleute die Rede: Wenn das Schiff in Bordeaux oder an einem anderen Ort anlegte und die Matrosen das Boot für eine bestimmte Zeit verließen, wurde auch hier die Versorgung der an Land gehenden Matrosen geregelt. Sie erhielten von der Mahlzeit, die es an Bord gab, jeweils zu zweit eine Portion in der Größe, die einer Portion auf dem Schiff entsprach: „*(...) les .ij. mariners poent enporter un mes; mes taunt cum ils serrent trenchez en la nef.*“[597] Hinzu bekamen sie allerdings so viel von dem an Bord vorhandenen Brot, wie sie essen konnten.[598] Getränke erhielten sie nicht.[599] Eine Begründung für die Reglementierung der Verpflegung und die Versagung von Getränken kann aus den nachfolgenden Zeilen erschlossen werden: « *Et deyvent revenir tut aprestement si qe le mestre ne perde ses houres de la nef;(...)* »; damit der Schiffer ihre Arbeitskraft nicht verlor, sollten sie alsbald wieder an Bord zurückkehren.[600] Das die Verpflegung

---

[592] Kapitel XVII, Zeile 1 ff. (Ms. Liber Horn)
[593] Kapitel XVII, Zeile 5 ff. (Ms. Liber Horn).
[594] „*Et ceus de Normandie endeyvent aver deux le jour par la resoun, qe lour mestre ne lur baile qe ewe al aler*“, Kapitel XVII, 8 ff. (Ms. Liber Horn).
[595] Kapitel XVII (Ms. Liber Horn).
[596] „*(...) et lur deit le maystre quere.*“ Kapitel XVII, Zeile 17 f. (Ms. Liber Horn).
[597] Kapitel XXI, Zeile 5 ff. (Ms. Liber Horn).
[598] Kapitel XXI, Zeile 10 ff. (Ms. Liber Horn): „*Et tel pain cum il i auera, il endeivent aver solunc ceo qil porrunt manger.*“
[599] Kapitel XXI, Zeile 14 ff. (Ms. Liber Horn): „*Et de beiverage endeyvent eux rien aver (...).*“
[600] Kapitel XXI, Zeile 14 ff. (Ms. Liber Horn): « *...tut aprestement si qe le mestre ne perde ses houres de la nef;...* » Laut *Krieger* müssen hier aufgrund des Sinnzusammenhangs vor « tut » die Worte „*Et deyvent revenir*“ eingefügt werden, die sich sowohl in der Ms. Liber rubeus, fol. 33 v°: *et deyvent revenyr prestement* und Ms. 1386 Troyes: *et se doiuent deluirer* (ed. *Zeller*, Heft 1, S. 25) finden.

und die Herkunft der Seeleute betreffende Kapitel war in allen überlieferten Fassungen der Rôles d'Oléron identisch. [601]

Im Folgenden soll ein Blick auf Kapitel XXXIII Rôles d'Oléron geworfen werden. Dieses Kapitel gehörte nicht zum alten Kern der Sammlung mit seinen 24 Kapiteln. Es scheint sich eher um eine Art Gewohnheitsrecht zu handeln, welches von den englischen Redakteuren alsbald in die späteren Manuskripte aufgenommen worden war nachdem sich die Sammlung „*etabliert*" hatte.[602]

Dort heißt es: „*Il* ( = der Schiffer) *est ordonné et établi comme coutume de la mer que, si un marchand a frété un navire, le capitaine doit lui fournir chaque jour la nourriture suffisante (...) »*[603] Danach war die Fürsorgepflicht in Bezug auf die Nahrung nach den „Gewohnheiten des Meeres" sogar noch auf den mitfahrenden Kaufmann erweitert worden, der von dem Schiffer jeden Tag eine ausreichende Versorgung erhalten sollte. Die Quelle schweigt jedoch darüber, ob die Kaufleute möglicherweise ein Gewisses Entgelt für die Versorgung an Bord zahlen mussten.

## 2. Unterbringung

Den Schiffsleuten wurde gemäß Kapitel XVIII Rôles d'Oléron neben Frachtraum auch eine Koje zugeteilt.[604] Dies galt dem Inhalt des Kapitels entsprechend aber anscheinend nur für die Schiffsleute, die ihren Ladungsanteil selbst befrachteten oder ihn der Fracht des Schiffers überließen.[605] Dafür spricht auch Kapitel XIX, aus dem hervorgeht, dass es Schiffsleute gab, die weder Bett noch Kasten an Bord hatten.[606] Dies könnte dafür sprechen, dass hier die Schiffsleute gemeint sind, die in Geld und nicht durch einen Anteil am Frachtraum bezahlt wurden. Diese hatten dann keinen Bett oder Kasten.[607]

---

[601] Vgl. die Tabelle bei *Krieger*, Ursprung und Wurzeln, S. 14/15 und *Krieger*, Ursprung und Wurzeln, S. 29.

[602] *Gaurier*, Le marin et les plaisirs de la table, S. 170 ; *Pardessus*, Collection de lois maritimes I, S. 345.

[603] *Pardessus*, Collection de lois maritimes I, S. 345.

[604] „*Et il doit le mestre moustrer lour rives et lur leire.* » Kapitel XVIII, Zeile 23 ff. (Ms. Liber Horn).

[605] Vgl. Kapitel XVIII, Zeile 3 ff. (Ms. Liber Horn).

[606] „*Et il i a acuns, qe ne ount lich ne arche leins.*" Kapitel XIX, Zeile 4 ff. (Ms. Liber Horn).

[607] Es geht in dem Kapitel um die Schiffsleute, die die Auszahlung ihres Lohns begehren. „*Les mariners voilent aver lur louwers.*" Kapitel XIX, Zeile 2 ff. (Ms. Liber Horn).

### 3. Verletzung eines Schiffsmannes

Arbeitsrechtlich besonders interessant war die Behandlung von Ereignissen, die zur Arbeitsunfähigkeit des Schiffsmannes führten. Bei der Verletzung eines Seemanns, die zum Verlust seiner Arbeitsfähigkeit führte, wurde bereits zwischen einer „*verschuldeten*“ und einer „*unverschuldeten*“ Arbeitsunfähigkeit im Rahmen des Kapitels VI Rôles d'Oléron differenziert, an die unterschiedliche Rechtsfolgen geknüpft wurden.[608]

#### a. Verschuldete Arbeitsunfähigkeit

Die verschuldete Arbeitsunfähigkeit wurde im ersten Teil des Kapitels VI Rôles d'Oléron geregelt.[609] Dort wurde der Fall geschildert, dass einige der gemieteten Schiffsleute ohne Erlaubnis das Schiff verließen und dann in Streit gerieten und dabei verwundet wurden: „*Mariners se lowent ou lour mestre, et acuns deux sen issent saunz conge hoers et senyverent et fount contekes et en y a acuns, qi sount naufres;(...).*“[610] In diesem Fall einer Schlägerei während unerlaubter Abwesenheit von Bord sowie in dem Fall, in dem sie im Rausch an Bord zurückgingen, konnten die Seeleute von Bord gewiesen werden. Sie verloren den Anspruch auf Heuer und mussten sogar, wenn nun nur noch Ersatzleute zu höherer Heuer verfügbar waren, dem Schiffer die Differenz ersetzen:

> „*(...)le mestre nest pas tenuz a eux fere garir ne a les pruvier de rien, eins le poet ben mettre hors et louer un autre en lieu de li, et si couste plus qe celuy, il le deit paier, si le mestre troeve rien de soen; (...).*“[611]

Anspruch auf Behandlung oder Versorgung auf Kosten des Schiffes hatten sie in diesen Fällen nicht.[612]

Der Schiffsmann musste seine Verletzung allein verantworten, da sie selbstverschuldet war. Durch das unerlaubte Entfernen von Bord hob er nämlich in gewisser Weise seine Zugehörigkeit zur Schiffsgemeinschaft auf. Damit traf ihn ein hohes Risiko und eine große Haftung, da er in der Fremde als Verletzter auf sich selbst gestellt war und nicht länger der Schiffsgemeinschaft angehörte.[613]

---

608 Kapitel VI (Ms. Liber Horn).
609 Kapitel VI, Zeile 1-19 (Ms. Liber Horn).
610 Kapitel VI, Zeile 1 ff. (Ms. Liber Horn).
611 Kapitel VI, Zeile 8 ff. (Ms. Liber Horn).
612 Kapitel VI (Ms. Liber Horn).
613 *Friedland*, Schiff und Besatzung, S. 260 f.

### b. Unverschuldete Arbeitsunfähigkeit

Denjenigen Schiffsleuten, die sich während des Dienstes unverschuldet verletzten oder verwundet wurden, stand diese Versorgung hingegen zu. Diesen Fall behandelte zunächst der zweite Teil des Kapitels VI Rôles d'Oléron.
Danach hatte der Schiffsmann einen Anspruch, auf Kosten des Schiffers geheilt zu werden, wenn er mit Befehl des Schiffers von Bord gegangen war und sodann verletzt oder verwundet wurde:

> *„(...) mes si le mestre lenvoye en acune service de ka nef par soun comaun dement et sil se blessat ou le naverat, il deit estre garries et sauves sus le coustes de la nef.“*[614]

Wenn sich ein Matrose verletzte, weil er keine Hilfe von den Schiffsmännern bekam, die das Schiff – ausgestattet mit etwas Proviant (was auf die Einwilligung des Schiffers zumindest für eine kurze Abwesenheit der Schiffsleute schließen lässt) – verlassen hatten, sobald es in Bordeaux oder anderswo angelegt hatte,[615] mussten diese abwesenden Schiffsleute den durch ihre Abwesenheit verletzten Matrosen auf ihre Kosten heilen lassen. Dem Matrosen, dem Schiffer und der Tischgemeinschaft gegenüber waren die abwesenden Schiffsleute dann verpflichtet, Schadensersatz zu leisten.[616]

Der Text ist an dieser Stelle sehr kasuistisch und von geringem Abstraktionsgrad. Dennoch fand sich hier bereits unverkennbar ein Bemühen um Interessenausgleich. Modern gesprochen gibt es eine Differenzierung zwischen *„verschuldeter und unverschuldeter Arbeitsunfähigkeit“*.[617] Die unverschuldete Arbeitsunfähigkeit wurde dem Schiffsmann nicht zur Last gelegt.[618]

### 4. Krankheit eines Schiffsmannes

Wenn ein Matrose in Ausübung seiner Arbeit auf dem Schiff erkrankte, oblag dem Schiffer ihm gegenüber gemäß Kapitel VII Rôles d'Oléron eine besondere Fürsorgepflicht.[619] Der Schiffer war dazu verpflichtet, den kranken Schiffsmann an Land zu bringen: *„Il avient qe maladie enprent a un des compaignous ou a deus o troys; il ne poet pas taunz estre malades en la nef.“*[620] Aus den Zeilen geht hervor, dass wegen der vermutlich großen Ansteckungsgefahr oftmals

---

[614] Kapitel VI, Zeile 19 ff. (Ms. Liber Horn)
[615] Vgl. Anmerkung zur Verpflegung, Kapitel XXI (Ms. Liber Horn).
[616] Kapitel XXI, Zeile 24 ff. (Ms. Liber Horn): *„(...) ou si un des compaignouns se blessard par bosoygne de ayde, il sount tenuz a fere garir et amender al compaignoun et al mestre et a ceux de table.“*
[617] *Cordes*, Flandrischer Copiar, S. 136.
[618] Vgl. die Ausführungen im Kapitel „Heuer.“
[619] Kapitel VII (Ms. Liber Horn); *Masson*, La mort et les Marins, S. 80 f.; *Krieger*, Ursprung und Wurzeln, S. 20 f.
[620] Kapitel VII, Zeile 1 ff. (Ms. Liber Horn).

gleich mehrere Schiffsleute krank wurden („*un des compaignous ou a deus o troys*"). Ein Blick auf jüngere Manuskripte[621] macht deutlich, dass hier zumindest in späterer Zeit auch immer der Fall der unverschuldeten Krankheit, die auf dem Schiff ausbrach, gemeint war: „*en fesauntz lour services de la nyef*"[622] oder „*en fesant lour besoignne en la nef*"[623] heißt es dort explizit. Der Schiffer musste die erkrankten Schiffsmänner auf Kosten des Schiffes an Land pflegen lassen.[624] An Land sollte der Schiffer dem erkrankten Schiffsmann eine Unterkunft verschaffen, ihn mit Kerzen oder Öl versorgen und ihm einen Schiffsjungen oder eine Frau zur Pflege bestellen: „*(...) et li quere un hostiel et li bailer crescet ou chaundeile et li bailer un de ses valles de la nef pur li garder ou lower un femme qe prenge garde a li.*"[625] Der kranke Matrose sollte auch die Kost erhalten, die ihm auf dem Schiff zugestanden hätte, wenn er gesund gewesen wäre.[626] Damit musste der Schiffer eine umfassende Versorgung des erkrankten Schiffsmannes gewährleisten, die aus dem Zusammenhang der Quelle auf seine bzw. auf Kosten der Schiffsgemeinschaft ging. Die Versorgung hatte jedoch ihre Grenzen, da der Schiffer nicht mehr als die übliche Kost schuldete: „*come il prist en saunte et rien plus*".[627] Sollte der Kranke aber bessere Speisen als diese haben wollen, dann war der Schiffer nicht verpflichtet, ihm solche zu besorgen, es sei denn auf eigene Rechnung des kranken Matrosen: „*Et sil voet aver viaundes plus deliciouses, le mestre nest pas tenuz a li quere, sil ne soit a ses despenses.*"[628] Das Schiff musste nicht auf die Genesung des kranken Matrosen warten, bis es seine Reise weiter fortsetzen konnte. Es stand ihm, wenn er geheilt war, sein voller Lohn zu: „*Et sil garist, il deit avoier soun lower tot a lonc.*"[629]

## III. Ausgestaltung der Fürsorgepflichten im Llibre del Consolat de Mar

Den „*senyor de la nau*" trafen nach dem Llibre del Consolat de Mar ebenfalls zahlreiche Fürsorgepflichten gegenüber seiner Mannschaft. Dies wurde dem ka-

---

621 Ms. Liber rubeus oder Ms. 1386 Troyes.

622 Ms. Liber rubeus, fol. 32 r°, aus dem 14. Jahrhundert.

623 Ms. 1386 Troyes, Bl. 103 R.l. , ebenfalls 14. Jahrhundert (1386). *Zeller*, Das Seerecht von Oléron nach der Handschrift von Troyes (1386), S. 14.

624 „*Li mestre li doit mettre hors (...)*", Kapitel VII, Zeile 7 f. (Ms. Liber Horn).

625 Kapitel VII, Zeile 10 ff. (Ms. Liber Horn).

626 „*Et li deit purveier de tele viaunde cum len use en la nef, cest asaver de taunt, come il prist en saunte (...)* », Zeile 166 ff. (Ms. Liber Horn).

627 Kapitel VII, Zeile 20 ff. (Ms. Liber Horn).

628 Kapitel VII, Zeile 23 ff. (Ms. Liber Horn).

629 Kapitel VII, Zeile 31 ff. (Ms. Liber Horn). Vgl. auch *Krieger*, Ursprung und Wurzeln, S. 21.

suistischen Charakter der Quelle entsprechend sehr detailliert geregelt und wenig abstrakt formuliert.

**1. Verpflegung der Schiffsleute**

Im ersten Satz des Kapitels 143 LCM wird in Bezug auf die Verpflegung der Schiffsleute folgender Grundsatz aufgestellt: „*Senyor de nau o de leny sia tengut de donar a manjar als mariners estant al viatge.*“[630] Der Schiffer, so heißt es hier, ist zur Beköstigung seiner Schiffsleute während der Reise verpflichtet.[631] Die Lebensmittel ließ der Schiffer durch den Schreiber einkaufen, bevor das Schiff die Reise in ein anderes Land antrat.[632] Wenn der Schiffer gleichzeitig noch Gerätschaften für das Schiff kaufen musste, wurde der Schiffer vom Schreiber begleitet. Dies wiederum bedurfte der Erlaubnis der Reeder.[633]

Gemäß Kapitel 79 LCM musste der Schiffer den Schaden tragen, wenn die Schiffsleute Lebensmittel an Bord stahlen: „*Lo senyor de la nau deu esmanar tota vianda que sia emblada per mà de mariner en la nau.*“[634] Hiermit sind wohl im Zusammenhang mit Kapitel 75 LCM Lebensmittel der Kaufleute gemeint, die diese auf dem Markt gekauft hatten, um sie – zum Beispiel an die Schiffsleute - zu verkaufen. Für diese mitgeführten Lebensmittel waren sie dem Schiffer nämlich auch Frachtgeld schuldig,[635] was erklärt, dass der Schiffer seinerseits schadensersatzpflichtig wurde, wenn seine Schiffsleute die Lebensmittel stahlen. Wenn es nicht genug Lebensmittel an Bord gab, musste der Kaufmann seine Lebensmittel aber dem Schiff zur Verfügung stellen, damit der Schiffer seiner Versorgungspflicht gegenüber der Mannschaft nachkommen konnte.[636] Dafür war der Schiffer aber verpflichtet, dem Kaufmann seine Lebensmittel zu ersetzen, wenn sie an einen Ort kamen, an dem man Lebensmittel kaufen konnte.[637] Hierin spiegelt sich der Grundsatz wieder, dass die Versorgung der Schiffsleute

---

[630] Kapitel 143, Zeile 4 f. LCM.

[631] Dies macht auch noch mal Kapitel 83, Zeile 9 ff. LCM deutlich, aus dem hervorgeht, dass der Schiffer Unkosten wegen (des Lohnes) und der Versorgung der Schiffsmannschaft mit Lebensmitteln hatte: „*(...), perquè lo senyor de la nau n à fet son dampnatge de donar a emjar e loguer à mariners (...).*“

[632] Kapitel 239, Zeile 4 ff.

[633] Kapitel 239, Zeile 10 ff. LCM. Dieses Prinzip findet sich auch in Kapitel 58 LCM.

[634] Kapitel 79 LCM.

[635] Kapitel 75, Zeile 7 ff.: „*Mas si lo mercader volia metra vianda per revendre ne altres coses en la companya o hom per ell, deu-ne nòlit a la nau.*“

[636] Kapitel 108 LCM.

[637] Kapitel 108, Zeile 6 ff. LCM: „*E com lo senyor de la nau serà en loch de recobre de vianda, lo mercader la li pot demanar tota ayanta com li n'hauran presa, e l senyor de la nau és-li tengut que la li reta.*“

durch den Schiffer gewährleistet sein musste, auch wenn sich dieser hierzu Lebensmittel von den Kaufleuten leihen musste. Obwohl die Kaufleute verpflichtet waren, ihm ihre Lebensmittel zur Verfügung zu stellen, durften sie baldmöglichsten Ersatz dafür verlangen .

Die Art und Weise der Verpflegung der Matrosen wurde in der Quelle sehr detailliert geregelt. Auf dem Schiff war frische Nahrung rar. Im mediterranen Raum bestand deshalb die Nahrung vornehmlich aus Käse, gesalzenem Fisch (Sardinen, Sardellen und Makrelen), manchmal Zwiebeln, Kichererbsen oder Bohnen, trockenen Früchten und natürlich Zwieback, der in Wasser, Wein oder Öl aufgeweicht und mit etwas Essig verfeinert wurde. Wein war das dazu gereichte Getränk, das rationiert wurde. Bei Landgängen war man darum bemüht, neues Wasser und frischen Wein, Gemüse, Obst und Geflügel zu besorgen.[638]

Das von *Dufourcq*[639] allgemein gezeichnete Bild von der Nahrungsversorgung auf einem Schiff im mediterranen Raum findet sich in zwei Kapiteln des Llibre del Consolat de Mar bestätigt. Kapitel 145 LCM beschäftigt sich mit der Frage, welche Kost der Schiffer den Schiffsleuten geben musste.[640] Der Schiffer eines Schiffs oder verdeckten Fahrzeugs musste den Schiffsleuten dreimal pro Woche Fleisch zu essen geben, und zwar an festgelegten Tagen: sonntags, dienstags und donnerstags. *„Encara és tengut senyor de nau o de leny cubert de donar a manja als mariners III jorns de la setmana carn: lo dicmenge, lo dimarts e·l digous.“*[641] An den anderen Wochentagen sollten sie Suppe erhalten. Jeden Abend wurden ihnen Beilagen zum Brot gereicht.[642] Die Beilagen sollten aus Käse, Zwiebeln, gesalzenen Sardellen oder anderen trockenen Fischen bestehen: *„formatge o seba o sardina o altre peix.“*[643] Vom Schiffer bekamen sie Wein als Getränk. Der Wein wurde rationiert. Die Schiffsleute bekamen dreimal

---

638 *Dufourcq*, La vie quotidienne dans les ports méditerranéens au moyen age, S. 75 f.

639 *Dufourcq*, La vie quotidienne dans les ports méditerranéens au moyen age, S. 75 f.

640 Es handelt sich hier um das Kapitel, das in Kapitel 144, Zeile 15 ff. LCM beschrieben wird: *„E sobre lo capítol dessús dit, dien e declaren que los senyors de nau o dels leyns són tenguts de donar a manjar als marineris qui ab eyls pladajaran, so és a ssaber per casses sabuts: lo primer cas és si lo senyor de la nau o del leny no darà vianda a sos mariners sofficient axí com ja és acustumat e en I capítol ja dessús dit esclari e sertificat.t“*. An dieser Stelle geht es darum, dass der Schiffer auch dann zur Verköstigung der Mannschaft verpflichtet war, wenn sie gegen ihn einen Prozess führte in dem es darum ging, dass er dem Schiffsvolk nicht genug und nicht wie gebräuchlich und wie es in einem „vorherigen Kapitel“ erwähnt wurde, zu essen gab. Es handelt sich aber nicht um ein vorheriges (*„en I capítol ja dessús dit esclarit“*), sondern um das Folgekapitel 145 LCM. *Pardessus*, Collection de lois maritimes II, S. 134.

641 Kapitel 145, Zeile 3 ff. LCM.

642 *„(...) e altres jorns cuynat e al vespre companatge.* », Kapitel 145, Zeile 5 f. LCM.

643 Kapitel 145, Zeile 7 f. LCM.

morgens und dreimal abends Wein. Der Schiffer sollte ihnen Wein geben, solange dieser nicht über dreieinhalb Besanten pro Fass kostete.[644]

Der Wein konnte aber auch aus getrockneten Trauben oder Feigen („*atzabip o figues*“) gemacht werden. Hierbei handelte es sich um eine einfache Methode der Herstellung von Wein, was sich aus zwei Dingen schließen lässt. Zum einen heißt es in der Quelle:

> *„Und wenn er getrocknete Trauben oder Feigengewächs fand, sollte er daraus den Wein machen und wenn er keine getrockneten Trauben oder Feigen auftreiben konnte oder diese zu teuer waren, d.h. mehr als 30 millaresos kosteten, dann war der Schiffer nicht verpflichtet, den Schiffsleuten Wein zu geben.“*

Zum anderen weist *Engelbrecht* darauf hin, dass in der katalanischen Urfassung bei dem Wort „*getrocknete Trauben und Feigen*“ am Rand vermerkt sei, dass sich aus eben diesen Trockenfrüchten gut und günstig Wein machen ließe.[645] Der aus Feigen oder getrockneten Früchten hergestellte Wein erhielt dabei einen sehr hohen Zuckeranteil. Als Resultat daraus mag der einzelne Schiffsmann wohl stärker alkoholisiert gewesen sein, während der Geschmack dieses „*Gebräus*“ wohl eher zu wünschen übrig ließ.[646]

An Feiertagen sollte der Schiffer den Schiffsleuten die doppelte Portion geben: „*Encara és tengut lo senyor de dobar la ració als mariners a festa anyal (...)*“.[647] Auch musste er eigens zum Zubereiten der Speisen Personen anstellen: *(...) deu haver servicials qui adoben de manjar als mariners*“.[648]

Im Llibre del Consolat de Mar wurde auch die Frage geklärt, ab welchem Zeitpunkt der Schiffer dazu verpflichtet war, seine Schiffsleute zu verköstigen. Diese Pflicht traf ihn gemäß Kapitel 146 LCM erst, wenn sich der Schiffsmann an Bord befand. Solange dies noch nicht der Fall war, traf den Schiffer keine Verköstigungspflicht gegenüber seinem Schiffsmann.[649]

Der in Kapitel 143, Satz 1 LCM aufgestellte Grundsatz, dass der Schiffer seine Schiffsleute während der Reise zu verköstigen hatte, wurde noch erweitert, indem dieser Grundsatz auch dann galt, wenn die Schiffsleute mit ihm stritten

---

[644] Kapitel 145, Zeile 8 ff. LCM.

[645] *Engelbrecht*, Corpus Iuris Nautici, S. 251.

[646] *Gaurier*, Le marin et les plaisirs de la table a bord des navires, S. 173. Wobei *Gaurier* an dieser Stelle in Bezug auf den so hergestellten Wein zu dem Schluss kommt : „*Mais cela valait mieux que rien, et à cet égard, notre marin est plutôt bien traité.* »

[647] Kapitel 145, Zeile 12 f. LCM.

[648] Kapitel 145, Zeile 13 f. LCM.

[649] „*Senyor de nau o de leny no és tengut de donar a manjar als mariners, pus no jaguen en la nau ni al leyn.* » Kapitel 146 LCM.

oder gegen ihn einen Prozess führten: *„Esmena de senyor de nau com és tengut de donar a manjar als mariners qui pladèjan ab eyl."*[650]

Kapitel 144 LCM stellt eine Erläuterung des kurzen Kapitels 143 LCM dar. Zunächst wurde auch hier noch einmal wiederholt, dass der Schiffer die Matrosen während der Reise zu verköstigen hatte, auch wenn diese einen Prozess gegen ihn führten.[651] Dies ist der in Kapitel 143, Satz 2 LCM aufgestellte Grundsatz. Kapitel 144 LCM diente der Erläuterung, da in dem vorherigen Kapitel nicht gesagt worden sei, inwiefern der Kapitän die Matrosen zu verköstigen hatte und inwiefern nicht. Diese Nichterläuterung hätte sich zum Nachteil des Schiffers auswirken können.[652]

Deswegen hätten die weisen Männer (*„los bons hómes"*), die diese Gebräuche gemacht haben (*„ (...)qui aquests establiments o costums faéran"*)[653], erkannt, dass aus dem unbestimmten Kapitel 143 LCM, Missverständnisse erwachsen könnten, durch die dem Schiffer ein Schaden entstehen konnte. Damit dies nicht eintrete, sollte der Schiffer die Schiffsleute, die gegen ihn prozessieren, nur in folgenden Fällen beköstigen soll:

1. Wenn der Schiffer den Schiffsleuten nicht genug und nicht so, wie es Gewohnheit war und in einem gewissen Kapitel (gemeint ist hier Kapitel 145 LCM) verordnet wurde, zu essen gegeben hatte.[654]
2. Wenn der Schiffer den Bedingungen nicht nachkam, die er mit den Schiffsleuten am Tag ihrer Vereinbarung getroffen hatte.[655]
3. Wenn er von der Reiseroute abwich und zusätzliche Orte anfuhr, ohne dass er dies mit den Schiffsleuten später vereinbart hatte oder bei ihrer anfänglichen Vereinbarung dies angezeigt hätte.[656]
4. Wenn er ohne die Genehmigung der Schiffsleute die ganze Reiseroute ändern wollte.[657]

---

[650] Kapitel 143, Satz 2 LCM.

[651] Dort heißt es: *„Segons que·l capítol ja dessús contengut, que mariners qui pladejaran ab senyor de nau o de leny, que lo senyor d'aquela nau o d'aquell leny los és tengut que·ls dó a manjar mentre que ab eyls pladajaran", Kapitel 144, Zeile 3 ff. LCM.*

[652] *„En enaxí, per so con en lo capítol dessús dit no esclareix, poria tonar a gran als senyors de les naus o deks lenys; (...)", Kapitel 144, Zeile 6 ff. LCM.*

[653] Kapitel 144, Zeile 8 f. LCM.

[654] So heißt es an dieser Stelle im Original: *„Lo primer cas és si lo senyor de la nau o de leny no darà vianda a sos mariners sofficient axí com ja és acustumat e en I capítol ja dessús dit esclarit e sertificat."* Kapitel 144, Zeile 15 ff. LCM.

[655] *„Lo segon cas és si eyl no atendrà les convinenses que ab eyls emoendrà lo dia que ab eyl s'ecorden.* » Kapitel 144, Zeile 18 f. LCM.

[656] *„Lo ters cas és si eyl se gitarà en alcun loch hon ischa de son viatge, si ab eyls no·s n'avé ho no·ls ho havia fet entanent com ab eyl so acordaren."* Kapitel 144, Zeile 19 ff. LCM.

5. In allen rechtmäßigen Fällen, in denen sich der Schiffer nicht an das hielt, was er den Schiffsleuten bei Abschluss der Vereinbarung versprochen hatte: „*E encara més, per tot cas que just sia que ell no·ls atena so que promès lus haurà, com ab eyl se acordaaren; (...)*“.[658]

In diesen Fällen war der Schiffer verpflichtet, die Matrosen zu beköstigen, da diese gezwungen waren, gegen ihn zu prozessieren.

Dem Schiffer oblag also eine weitreichende Versorgungspflicht gegenüber seinen Schiffsleuten. Diese waren auf der anderen Seite aber auch zu einem sorgsamen Umgang mit den Lebensmitteln verpflichtet. So wurde der Schiffsmann, der vorsätzlich Lebensmittel oder Wein wegwarf, bestraft. Er verlor seinen Lohn und sein Gut an Bord.[659] Der Schiffer konnte ihn nach seinem Ermessen bestrafen.[660]

Der Schiffer schuldete nur den Schiffsleuten Beköstigung, die an Bord schliefen.[661]Der Schiffer musste außerdem alle Lebensmittel, die von den Schiffsleuten an Bord gestohlen wurden, vergüten: „*Lo senyor de nau deu esmanar tota vianda que sia anblada per mà de mariner en la nau*“.[662] Er trug hier die Haftung für die Schiffsleute, wenn er den Dieb nicht stellen konnte. Fand er den Dieb, ging die Haftung auf diesen über.

## 2. Unterbringung

Trotz der detaillierten Regelungen über die Versorgung der Schiffsleute, geht aus der Quelle nicht explizit hervor, wo genau die Schiffsleute zum Schlafen untergebracht wurden. Zu denken wäre an eine Unterbringung unter Deck. Das

---

[657] „*Lo quart cas és si eyl volrà cambiar viatge sens voluntat d'eyls e de lur sabuda.* » Kapitel 144, Zeile 22 f. LCM. Im Folgenden wird dann noch erläutert, was unter Veränderung der Reiseroute zu verstehen ist: wenn der Schiffer an einem anderen Ort ist, wo er andere Matrosen finden kann, dennoch aber diejenigen, die er hat, gegen ihren Willen zwingen will, weiter mit ihm zu reisen. Wenn er allerdings wegen bestimmter Zufälle oder Hindernisse von der Reiseroute abweichen musste und deshalb nicht zum Bestimmungsort der Waren der Kaufleute fahren konnte, so waren die Schiffsleute verpflichtet, mit ihm zu gehen. Der Schiffer war aber in diesem Fall dazu verpflichtet, den Lohn der Matrosen in dem Maße zu erhöhen, in dem er die Frachtgelder zu erhöhen hatte.

[658] Kapitel 144, Zeile 23 ff. LCM.

[659] Kapitel 168 LCM: „*Encara mariner qui gitarà vianda ne vi acordament deu perdre lo loguer e la oba que haurà en la nau (...).*"

[660] „*(...) e estar a mercè del senyor de la nau*", Kapitel 168, Zeile 4 f. LCM. Die Form der Bestrafung lässt sich aus dem vorangehenden Kapitel 167, Zeile 5 ff. LCM entnehmen: Der Schiffer kann den Schiffsmann während der Reise gefangen halten und ihn danach den Gerichten übergeben.

[661] Kapitel 146 LCM.

[662] Kapitel 79 LCM.

Entkleidungsverbot in Kapitel 170 LCM könnte aber auch dafür sprechen, dass die Schiffsleute an Deck schliefen.

### 3. Verletzung und Freikauf eines Schiffsmannes

Im LCM findet wird in Kapitel 182 LCM nicht nur der Fall geregelt, dass ein Schiffsmann sich verletzte, sondern auch der Fall seiner Gefangennahme. Diese Vorschrift sei an Kapitel VI Rôles d'Oléron angelehnt.[663]

Wenn der Schiffsmann gefangen wurde oder einen Schaden erlitt, sich also verletzte, während er auf Befehl des Schiffers an einem bestimmten Ort unterwegs war, dann musste der Schiffer dafür einstehen.[664] Wenn der Matrose gefangen genommen wurde, so sollte ihn der Schiffer freikaufen.[665] Zum Schutz des Schiffsmannes wurde weiter bestimmt, dass der Schiffer ihn nicht weiter als eine halbe Meile vom Schiff und nur an einen wenig gefährlichen Ort senden durfte.[666] Wenn der Matrose mit Gewalt von Seeräubern gefangen wurde, so sollte er seinen Lohn bekommen, als hätte er die Reise mitgemacht.

### 4. Krankheit eines Schiffsmannes

Die Kapitel 127 und 128 LCM handeln von dem Fall, in dem ein Schiffsmann nach seiner Anstellung erkrankte. Grundsätzlich traf den Schiffer in diesem Fall weiterhin eine Verpflichtung zur Zahlung des Lohnes. Davon handelt Kapitel 127 LCM: Wenn der Matrose drei Tage an Bord gearbeitet hatte und dann krank wurde und deshalb nicht mehr arbeiten konnte, musste ihm der Schiffer trotzdem die Hälfte der Heuer zahlen.[667] Schon drei Tage geleisteter Arbeit führten zu einem Anspruch des Schiffsmanns auf die Hälfte des Lohnes. Wenn der Schiffsmann so krank war, dass er nicht mehr an Bord bleiben konnte, musste der Schiffer ihn an Land bringen lassen, soweit die anderen Schiffsleute geurteilt hatten, der kranke Schiffsmann könne an dieser Reise nicht weiter teilnehmen.[668]

---

[663] *Pardessus*, Collection de lois maritimes II, S. 152.

[664] *« Si alcun mariner que·l senyor de la nau haja tremès en alcun loch és pres ne ha alcun dampnatge, lo senyor li n'és tengut.* " Kapitel 182, Zeile 3 f. LCM.

[665] *« E si és pres, que·l deu reembre », Kapitel 182, Zeile 5 LCM.*

[666] Kapitel 182, Zeile 5 ff. LCM.

[667] *„Encara és tengut lo senyor que III jorns fins aytant com haurà lavorat e pren malaltia, que li deu pagar la maytat del loguer.* » Kapitel 127, Zeile 9 ff. LCM.

[668] *« E si no pot entrar en la nau, que la haja a jaquir, si los mariners conexen que no puscha anar ; (...) »*,Kapitel 127, Zeile 11 ff. LCM.

Wenn sie sich bereits in einem fremden Land befanden, schuldete der Schiffer dem so entlassenen Schiffsmann zudem noch die Hälfte der Heuer.[669] Dabei war es unwesentlich, ob der Schiffer in der Lage war, die Heuer zu zahlen oder nicht. Wenn er sie nicht zahlen konnte, sollte sich der Schiffer die Heuer borgen, da dem Schiffsmann die halbe Heuer zustand. Und wenn der Schiffer starb, mussten die Vollstrecker des letzten Willens des Schiffers,[670] also die „Testamentsvollstrecker", dafür sorgen, dass die Schiffsleute ihren Lohn erhielten. Spätestens aus dem Ende dieses Kapitels kann geschlossen werden, dass es sich hier nur um die Schiffsleute handelte, die zu einem festen Preis für eine bestimmte Reise angeheuert worden waren, denn es blieb ansonsten fraglich, wie die Hälfte des Lohnes zu berechnen war .[671] Aus dem folgenden Kapitel 128 LCM geht hervor, dass es sich hier um den Schiffsmann handelte, der vor Abfahrt des Schiffes lediglich dabei geholfen hatte, das Schiff auszurüsten und zu beladen.[672] Dies musste vorher mit dem Schiffer verabredet werden.[673] Matrosen mussten also vom Schiffer für zusätzlich zu leistende Arbeiten auch gesondert entlohnt werden.[674]

Das Kapitel 128 LCM handelt dann von dem Schiffsmann, der „an Bord krank" wurde. Diesem stand nicht die Hälfte, sondern die gesamte Heuer zu.[675]

## IV. Zusammenfassung

### 1. Fürsorgepflichten

In den Rôles d'Oléron trafen den Schiffer als Haus- bzw. Schiffsherrn vermehrt Friedens- und Schutzpflichten.[676] Besonders hervorzuheben ist dabei die Heilungsverpflichtung des Schiffers gegenüber einem erkrankten Schiffsmann.[677] Die Fürsorgepflichten bezogen sich dabei nicht nur primär auf die Rettung von Menschenleben bei Seenot, sondern umfassten neben einer Verpflichtung zur

---

669 *«(...) e si és en loch estrany, ha-li a donar lo senyor de la nau la maytat de son loguer »*, Kapitel 127, Zeile 13 f. LCM.

670 *„E si lo senyor mor, los marmasors del senyor deuen assò atendre"*, Kapitel 127, Zeile 15 f. LCM.

671 *Pardessus*, Collection de lois maritimes II, S. 124.

672 *Pardessus*, Collection de lois maritimes II, S. 123.

673 Kapitel 74, Zeile 2 ff. LCM.

674 *Filleau*, Engagement des équipages, S. 116 f. ; *Valin*, Kommentar zu Artikel 1, tome VII, livre II.

675 Kapitel 128 LCM handelt auch von dem Schiffsmann, der an Bord krank wurde und starb.

676 *Wagner*, Seerecht, S. 31 f.

677 Kapitel VII (Ms. Liber Horn).

Heilung bei Krankheit und unverschuldeten Arbeitsunfällen auch die Verpflegung der Mannschaft an Bord.[678]

Es finden sich hier bereits in einer Quelle des 13. Jahrhunderts Pflichten des Schiffers, die über das gebotene Maß der christlichen Fürsorge weit hinausgingen. Diese zeitlich frühe Normierung von Fürsorgepflichten wurde dann später aus der Vonnesse van Damme[679] ins hamburgische Seedienstrecht[680] übernommen.[681] Das in den Rôles d'Oléron gezeichnete Bild des Schiffers wurde in weiten Bereichen der Nordmeere übernommen. Warum in den Rôles d'Oléron diese Schutzpflichten schon so früh herausgebildet waren, insbesondere auch im Gegensatz zu anderen Quellen wie dem frühen hamburgischen Seerecht, lässt sich im Wesentlichen durch die unterschiedlichen Reederinteressen begründen bzw. auf die Eigentümer- bzw. Nichteigentümerstellung des Schiffers stützen. Dem durch Vertrag von den Reedern eingesetzten Schiffer kamen neben den nautischen auch fast alle sonstigen Befugnisse an Bord zu. Zwar wurde seine Herrschaftsgewalt durch die Mitspracherechte der Mannschaft in erheblichem Maße eingeschränkt, und er durfte das Schiff auch nicht verkaufen, aber ansonsten war seine Herrschaftsgewalt sehr weit ausgebildet. Man erkennt in den 24 Kapiteln, wie sehr es den Reedern daran gelegen sein musste, durch die ausgeprägt starke rechtliche Stellung der Mannschaft die Sicherung des Bordfriedens zu garantieren. Dies waren Erwägungen, die zur gleichen Zeit im Bereich Hamburgs beispielsweise noch keine solche Rolle spielten.[682]

Auch im Llibre del Consolat de Mar sind die Fürsorgepflichten des Schiffers besonders ausgestaltet, wobei sich besonders detaillierte Regelungen in Bezug auf die Beköstigung der Schiffsleute fanden.

### 2. Verpflegung der Schiffsleute

In den Rôles d'Oléron[683] als auch im Llibre del Consolat de Mar[684] war der Schiffer zur Verpflegung der Mannschaft verpflichtet.

---

[678] Für die aus den Rôles d'Oléron über die Vonesse van Damme übernommenen Schutzpflichten ins Hamburger Seearbeitsrecht: *Von der Decken*, S. 18.

[679] Vgl. Kapitel VI und XII Vonesse van Damme.

[680] Art. P 20, Abs. I und Art. P 20, Abs. 2 und III des HbgStR v. 1497; HbgStR. V. 1603/05, II/14, Art. 17. Vgl. Dazu das Schiprecht von 1301, in dem sich Pflichten des Schiffers nur in begrenztem Umfang finden. Dazu ausführlich *Von der Decken*, S. 66 f.

[681] *Von der Decken*, S. 117.

[682] *Von der Decken*, S. 93.

[683] Kapitel XVII (Ms. Liber Horn).

[684] Vgl. Kapitel 143 ff. LCM.

In den Rôles d'Oléron und im Llibre del Consolat stand den Schiffsleuten eine Verköstigung durch den Schiffer an Bord für die Dauer des gesamten Arbeitsverhältnisses zu.[685] Während in den Rôles d'Oléron die Schiffsleute aus der Normandie einen Anspruch auf regelmäßig zwei Mahlzeiten am Tag hatten, weil sie auf der Hinfahrt nur Wasser erhielten, bekamen die Seeleute aus der Bretagne nur eine Mahlzeit pro Tag, weil sie Getränke, d.h. Wein[686], auf der Hin- wie auch auf der Rückfahrt erhielten.[687] Im Llibre del Consolat de Mar fand sich eine viel präziser ausgestaltete Regelung der Mahlzeiten, die danach unterschieden, ob es sich um einen *„jour maigre oder gras"* handelte. Es fanden sich sogar Anleitungen für den Schiffer, wie er kostengünstig den normalen Wein durch solchen, der aus Rosinen oder Feigen hergestellt wird, ersetzen konnte.[688]

### 3. Unterbringung

Die Schiffsleute wurden nach den Rôles d'Oléron im Schiff, zumeist in Kojen, untergebracht. Das Llibre del Consolat de Mar schweigt zu dieser Frage, so dass offen bleiben muss, ob die Schiffsleute auf Deck oder im Schiffsraum schliefen.

### 4. Verletzung, Krankheit oder Freikauf eines Schiffsmannes

Während der Zeit seiner Anstellung konnte es häufig aufgrund der Lebensbedingungen und Gefahren der See vorkommen, dass ein Schiffsmann sich verletzte oder während der Reise erkrankte. In der Welt der Seeschifffahrt gab es deshalb seit jeher Regelungen, die sich mit *„Arbeitserkrankungen"* und *„-verletzungen"* beschäftigten.[689] Ein verletzter oder kranker Schiffsmann konnte gerade in einem abgeschlossenen Raum wie einem Schiff eine größere Belastung und einen größeren Ausfall als in einem herkömmlichen Arbeitsverhältnis an Land darstellen. So war die Ansteckungsgefahr für die übrigen Schiffsmänner und damit die Gefahr eines Scheiterns der Reise deutlich größer. Deshalb enthielten die Rôles d'Oléron und das Llibre del Consolat de Mar Regelungen für den Fall einer Erkrankung oder Verletzung eines Schiffsmanns, die aber signifikanten Anknüpfungspunkt für eine Beeinflussung der Rôles d'Oléron auf das Llibre del Consolat de Mar geben.

---

685 Dazu *Hesse*, Histoire et sources, S. 34.
686 So interpretiert es auch *Hesse*, Histoire et sources. S. 34.
687 Kapitel XVII (Ms. Liber Horn).
688 *Hesse*, Histoire et sources, S. 34.
689 *Villeneau*, L'Ordonnance de la marine de 1681, S. 74.

Während sich in den Rôles d'Oléron innerhalb der 24 Kapitel über die Behandlung eines verletzten Schiffmannes finden, wird im Llibre del Consolat de Mar vor allem die Frage des Freikaufs eines gefangen genommenen Matrosen behandelt. Der Freikauf spielt in den Rôles d'Oléron erst in den erweiterten späteren Fassungen eine Rolle, so dass sie den Verfassern des Llibre del Consolat de Mar nicht bekannt gewesen sein konnten..[690]

[690] Vgl. dazu aber *Villeneau,* L'Ordonnance de la marine de 1681, S. 75.

## E. Besondere Leistungspflichten des Schiffers in Bezug auf Entlohnung der Schiffsleute

### I. Allgemein

Nachdem im Rahmen des Kapitels „Begründung des Heuerverhältnisses" die Form der Anstellung und die daraus folgende Entlohnungsform bereits analysiert wurde, soll im Folgenden untersucht werden, wann und wo der Schiffsmann einen Anspruch auf seinen Lohn hatte und ob sich auch Hinweise auf die Höhe des Lohnes finden. Es soll dargestellt werden, in welchen Fällen er den Anspruch auf die Heuer verlieren konnte und was bei unvorhergesehenen Ereignissen geschah. Fraglich ist, ob es auch lohnschutzähnliche oder Sonderzahlungen betreffende Vorschriften in den beiden Quellen gab.

### II. Rôles d'Oléron

#### 1. Fälligkeit der Entlohnung

Die Schiffsleute hatten gegenüber dem Schiffer einen Anspruch auf ihren vollen Lohn, wenn die Reise erfolgreich beendet war.

Matrosen ohne *„Bett und Kasten"* mussten, wenn sie im Hafen der Ausladung ihre Heuer verlangten, einen Teil davon als Pfand hinterlegen, bevor sie von Bord gingen: *„Le mestre poet retenir de soun lower pur rendre la nef la, ou il la prist."*[691] So wurde sichergestellt, dass sie zum Schiff zurückkehrten und das Schiff wieder zum Ausgangshafen der Reise, der nicht mit dem Hafen der Ausladung übereinstimmen musste, zurückbrachten. Dass hier vorrangig die Matrosen „ohne Bett und Kasten"[692] angesprochen wurden, könnte damit zusammenhängen, dass diese – da sie ja kein Hab und Gut auf dem Schiff besaßen - leichter in Versuchung kamen, dass Schiff zu verlassen und nicht wieder zurückzukehren, um sich eventuell bereits am Hafen der Ausladung eine neue Anstellung für eine neue Reise zu suchen, ohne die erste zu Ende zu bringen. Deswegen musste der Matrose, wenn er das Schiff mit seiner Heuer verlassen wollte, dem Schiffer eine *„gute Sicherheit"* geben, dass er wieder zurückkehren und die Reise zu Ende führen würde: *„(...), sil ne doune bone caucion pur furnir la veyage"*[693] Dahinter steht wieder das vorrangige Ziel, die Reise zum Abschluss zu führen.

---

[691] Kapitel XVIII, Zeile 7 ff. (Ms. Liber Horn).

[692] *„Et il i a acuns, qe ne ount lich ne arche leins."* Kapitel XVIII, Zeile 4 ff. (Ms. Liber Horn).

[693] Kapitel XVIII, Zeile 10 ff. (Ms. Liber Horn).

### 2. Höhe der Entlohnung

Die Höhe der Entlohnung wurde nicht explizit in der Quelle geregelt. Dies war insoweit auch nicht möglich, da sie sich jeweils am Gewinn oder an der Dauer der Reise zu orientieren hatte.

Grundsätzlich ist aber von einem eher gleichförmigen Reiseverkehr auszugehen. Dafür spricht zum einen, dass aus Kapitel XIII Rôles d'Oléron hervorgeht, dass es eine konstante Reiseroute entlang der Küste und nicht etwa eine mit erheblich größeren Unwägbarkeiten verbundenen Fahrt über die Weltmeere gab.[694] Für das Vorhandensein einer feststehenden Reiseroute mit Passieren bestimmter Reisepunkte könnte darüber hinaus auch die große Verbreitung der Quelle in diesen Ländern sprechen.[695]

Es finden sich auch keine Hinweise auf die Größe des Frachtraums, die dem Schiffsmann zugewiesen wurde, da sie von der Dauer der Reise, der Anzahl der Matrosen und der Größe des Schiffes abhängig gewesen sein mag.

An der Höhe der Entlohnung änderte sich nichts, wenn das Schiff nur bis zu einem weniger entfernten Ort fuhr, als es nach dem Heuervertrag vorgesehen war. In diesem Fall sollten die Seeleute trotzdem ihre volle Heuer erhalten.[696] Allerdings traf sie weiterhin die Verpflichtung zu helfen, das Schiff dahinzubringen, wo sie es übernommen hatten, wenn dies der Kapitän wollte und mit der Hilfe Gottes.[697]

### 3. Anspruch auf Erhöhung des Lohnes

Die Rôles d'Oléron berücksichtigen bei der Anstellung eines Schiffsmanns für eine bestimmte Reise auf einem bestimmten Schiff mögliche Schwierigkeiten, die während der Reise auftreten konnten und so zu einer Verlängerung der Reise führten. Wenn ein Schiff beispielsweise in dem vorgesehenen Zielhafen der Befrachtung keine Ladung finden konnte und der Schiffer entschied, dass sie an einen anderen Ort fahren mussten, um Fracht zu finden, stellte sich die Frage, ob die Schiffsleute verpflichtet waren, ihrem Schiff zu folgen und inwieweit sie eine Erhöhung ihres Lohnes verlangen konnten.

Der für Geld gemietete Matrose konnte in dem Fall, dass das Schiff die Reise verlängern oder verändern musste, eine verhältnismäßige Erhöhung seines Lohns verlangen: *„(...); mes ceux, qi sount a dniers, le mestre est tenuz a lur*

---

[694] Vgl. Kapitel XIII, Zeile

[695] *Kiesselbach*, Ursprung der Rôles d'Oléron, S. 26.

[696] Kapitel XX, Zeile 22 ff. (Ms. Liber Horn): *„Et si ele venoit plus pres qe le covenaunt fut pris, il deyvent aver tut lur lower."*

[697] Kapitel XX, Zeile 27 ff. (Ms. Liber Horn). „Mes il deyvent rendre la nef la ou eus la pristrent, si le mestre veux a le aventure de Dyeux."

*crestre lour lowers.*“[698] Diese Recht hatte jeder einzelne Schiffsmann für jede Form der Verlängerung: „*(...) vewe par vewe, et corps par corps (...).*“[699] Dies wird so begründet, dass der Grund für die Vermietung war, zu einem bestimmten Ort zu fahren.[700] Sollte das Schiff nur bis zu einem weniger entfernten Orte fahren, als es nach dem Heuervertrag vorgesehen war, sollten die Seeleute trotzdem ihre volle Heuer erhalten: „*Et si ele venoit plus pres qe le covenaunt fut pris, il deyvent aver tut lur lower.*“[701] Allerdings traf sie sogleich die Verpflichtung, dabei zu helfen, das Schiff dahinzubringen, wo sie es übernommen hatten, wenn dies der Kapitän wollte.[702]

Der für einen Anteil im Laderaum angeheuerte Matrose, der selbst einen Teil des Laderaums befrachtete oder diesen wiederum durch Kaufleute befrachten ließ,[703] konnte hingegen bei einer Verlängerung der Reise keine Erhöhung verlangen und musste der Reise weiterhin folgen: „*Ceux qi sunt a mareage la doyvent suire.*“ [704] Er stand damit im Gegensatz zu den Schiffsleuten, die auf Lohn fuhren und die in diesem Kapitel explizit unterschieden wurden. Begründet werden kann diese Unterscheidung mit der allgemeinen Erwartung, dass der Wert der Fracht durch eine Verlängerung der Fahrt möglicherweise stieg. Außerdem hatte sich der Matrose durch die Vermietung für einen Anteil im Laderaum konkludent verpflichtet, sich sowohl an dem Verlust als auch dem Gewinn des Unternehmens zu beteiligen.[705] Dies betont seine Stellung als eine Art „*Befrachter*“, die dasselbe Risiko trugen.

### 4. Sonderzahlungen

Von den möglichen Sonderzahlungen erfährt man etwas in den Kapiteln XIII und XXII der Rôles d'Oléron.

Grundsätzlich hatte der Schiffer seine Schiffsleute zu entlohnen. Es fand sich jedoch eine Ausnahme in Kapitel XIII Rôles d'Oléron, wonach die Kaufleute die Kosten für die Lotsen, Schleppen und die Charte-partie zu tragen hatten:

---

[698] Kapitel XX, Zeile 13 ff. (Ms. Liber Horn).
[699] Kapitel XX, Zeile 11 f. (Ms. Liber Horn)
[700] „*(...) par la resoun, kil les avoit lowe a tremine lieu*“, Kapitel XX, Zeile 19 ff. (Ms. Liber Horn).
[701] Kapitel XX, Zeile 22 ff. (Ms. Liber Horn).
[702] Kapitel XX, Zeile 27 ff. (Ms. Liber Horn).
[703] Kapitel XVIII, Zeile 40 ff. (Ms. Liber Horn).
[704] Kapitel XX, Zeile 11 ff. (Ms. Liber Horn).
[705] *Cleirac*, Us et coustumes, S. 79 ff.; *Engelbrecht*, Corpus Iuris Nautici, S. 61.

Zunächst wurde in Kapitel XIII ausgeführt, dass das Schiff, das in Bordeaux oder La Rochelle oder an einem anderen Ort beladen bzw. befrachtet wurde, zur Entladung ankommt: „*Une nef frette a Burdeux ou a la Rochele ou aillours et vient a sa descharge (...).*" Die Reiseroute des Schiffes ging dann an den Küsten der Bretagne und Normandie vorbei bis nach Calais und von dort aus nach Flandern, England oder Schottland.[706] Dabei mussten die als Lotsen oder Schleppen auf dem Schiff angestellten Männer an diesen Punkten[707] von den Kaufleuten bezahlt werden: „*(...) e sunt chatre partie towage et petites lod mannage sunt sus les marchaunz; (...).*" Aus diesem Zitat geht auch hervor, dass die Kaufleute die Kosten für die „*charte partie*", den schriftlichen Frachtvertrag, zu tragen hatten.

In Kapitel XXII der Rôles d'Oléron ging es um den Fall des Verzuges der Befrachtung durch Verschulden der Kaufleute. Die Kaufleute machten durch ein Abkommen mit dem Schiffer einen festen Termin zur Befrachtung aus.[708] Kapitel XXII betraf den Fall, dass sich der Kaufmann nicht an dieses Abkommen hielt und die Besatzung auf seine Beladung mehr als zwei Wochen warten musste und dadurch möglicherweise das günstige Wetter und das Schiff seinen Auftrag verlor:

> „*Et le marchaunt nel tient pas, einz tient la nef et les mariners par lespace de .XV. jours ou plus, et acune foiz enpert le mestre soun temps et sa messioun par defaute de marchaunt.*"[709]

Die hier genannten „*XV. jours*" entsprechen den französischen „*quinze jours*" für „*14 Tage*", dem westfranzösischen Ursprung der Rôles d'Oléron entsprechend.[710] Das Verschulden für eine solche Verspätung trug der Kaufmann selbst. Er war verpflichtet, dem Schiffer Schadensersatz zu leisten; er schuldete den vollen Frachtlohn: „*Le marchaunt est tenuz al amender le mestre.*"[711] Der Frachtlohn wurde zwischen dem Schiffer und seinen Schiffsleuten in dem Ver-

---

[706] *Cordes*, Flandrischer Copiar, S. 136 f.

[707] In Kapitel XIII, Zeile 8 ff. (Ms. Liber Horn) werden diese Reisepunkte detailliert aufgezählt: „ *(...) e la coste de Bretaigne touz ceux qe lem prent pus qe lem ad passe de Batz ou sunt lodmaunz. Et ceus de Normaundie et Dengletre puis qe lempasse Caleys. Et ceus Descoce puis qe lem passe Gerneseye. Et ceux de Flaundres puis qe lem passe Caleys. Et ceux Descoce puis qe lem passe Gernemue.* »

[708] „*Un mestre frette sa nef a un marchaunt et est devise entre eux mise un terme bonement deux deux.*" Kapitel XXII, Zeile 1 ff. (Ms. Liber Horn). Das zweite „deux" ist zu streichen, *Krieger*, Ursprung und Wurzeln, S. 143.

[709] Kapitel XXII, Zeile 6 ff. (Ms. Liber Horn).

[710] *Cordes*, Flandrischer Copiar, S.140, der auch auf die im deutschen Mittelalter gebräuchliche Zählung nach Nächten statt nach Tagen hinweist, nach welcher nach 15 Nächten der 15. Tag begann.

[711] Kapitel XXII, Zeile 15 ff. (Ms. Liber Horn).

hältnis ¾ zu ¼ aufgeteilt.[712] Begründet wurde dies damit, dass der Schiffer die Schiffsleute versorgen musste: „*(...) par la resoun qil troeve les coustes.*"[713] Interessant ist, dass hier eine Begründung erfolgt. *Cordes* weist zurecht darauf hin, dass die Begründung nötig gewesen sei, weil sie von der älteren Regel, nämlich der Halbierung des Frachtlohnes zwischen Schiffer und Schiffsleuten, wie es sich z.B. in Art. 17-18 des älteren Hamburger Schiffsrechts findet, abweiche. Er erklärt, dass dort die Schiffsleute dafür selbst für ihre Verpflegung zu sorgen hatten.[714] Interessant ist jedoch, dass sich die Verteilung von ¾ zu ¼ auch in der ältesten Fassung der Rôles d'Oléron fand, sodann auch in allen späteren Fassungen, die hier insgesamt keine Abweichungen in der prozentualen Aufteilung aufzeigten.

Zum anderen könnte man nach *Cordes* eine Interpretation auch auf die konkreten Zahlenverhältnisse im norditalienischen Gesellschaftsrecht stützen.[715] Dort wurde der Schiffer stets mit einem Viertel des Gewinns entlohnt. Man könne also hier einen italienischen Einfluss vermuten, wobei zu bedenken ist, dass es sich dort um die Gewinnteilung zwischen Geldgebern und dem Schiffer und hier um die Teilung des Frachtlohns zwischen den Kaufleuten als Verfrachtern und den Seeleuten handelte.[716]

Nach meiner Auffassung ist die erste Interpretation überzeugender. Der Schiffer hatte weitere Ausgaben gegenüber seine Mannschaft durch seine Verköstigungspflicht. Zudem ist die nicht mehr gleiche Verteilung zwischen den beiden Parteien ein Indiz für den Umbruch von einer genossenschaftlichen zu einer herrschaftlichen Struktur des Schifffahrtsunternehmens, wie sie sich an verschiedenen Punkten der Quelle durch das Aufeinandertreffen von Mitbestimmungsrechten der Mannschaft und der Herrschaftsgewalt des Schiffers findet.

### 5. Ganzer Verlust der Entlohnung

In den Rôles d'Oléron fand sich in Kapitel III die klare Regelung, dass die Schiffsleute im Falle eines totalen Verlustes von Schiff und Fracht ihren An-

---

712 „*Et en cel amender qi serra fet mariners* (zuerst stand an dieser Stelle « *marchaunt*, was von späterer Hand gestrichen und durch mariners ersetzt wurde. Dies steht auch im Einklang mit den anderen Manuskripten. Vgl. *Krieger*, Ursprung und Wurzeln der Rôles d'Oléron, S. 143) *i deyvent partir le quart et le mestre les trois parties (...) .*» Kapitel XXII, Zeile 18 ff. (Ms. Liber Horn).

713 Kapitel XXII, Zeile 24 f. (Ms. Liber Horn).

714 *Cordes*, Flandrischer Copiar, S. 140.

715 *Cordes*, Flandrischer Copiar, S. 140 f.

716 *Cordes*, Flandrischer Copiar, S. 140 f.

spruch auf Entlohnung verloren: *„(...) ayns perdent lur lowers, quant la nef est perdue.“*[717] Bei einem kompletten Untergang des Schiffes konnte jeder Schiffsmann wohl nur noch versuchen, sein Leben zu retten. Der gesamte Untergang des Schiffes stand in Kapitel III Rôles d'Oléron allerdings in engem Zusammenhang mit den Schiffsleuten, die nicht helfen wollten, das Schiff zu retten. Wenn das Schiff unterging, dann hatten sie auch keinen Anspruch mehr auf die Heuer, denn durch die Verweigerung ihrer Hilfe wurden sie quasi mit für den Untergang verantwortlich gemacht.

**6. Teilweiser Verlust der Entlohnung**

In den Rôles d'Oléron wurde in Kapitel VIII ein klassischer Fall des Seewurfs, nämlich das Ergreifen eines Schiffes durch Sturm auf hoher See, dargestellt. An dieser Stelle erfolgte indes noch nicht die exakte Begriffsbestimmung des Seewurfs, wie sie sich in späteren Quellen findet.[718] Ungeklärt blieb auch, ob die Tatsache, dass nur der Sturm erwähnt wurde, darauf schließen lässt, dass nur der Sturm als einziger Fall des Seewurfs vorausgesetzt wurde oder ob es sich wegen des geringen Abstraktionsgrades nur um ein Regelbeispiel handelte.

Im Gegensatz zu anderen mittelalterlichen Seerechtsquellen enthielt Art. VIII Rôles d'Oléron deutliche Hinweise auf die am Seewurf beteiligten Personen, die deutlich machen, dass der Schiffer keine diktatorische Gewalt innehatte. Denn zunächst musste der Schiffer die Einwilligung der mitfahrenden Kaufleute zum Seewurf einholen: *„Le mestre est tenu de dire as marchaunz, seignurs, nous ne pouns eschaper saunz gettre des vins ou des darres.“*[719]

Verweigerten diese die Zustimmung, sollte der Schiffer den Seewurf dennoch vornehmen können, wenn er dies für richtig hielt.[720] Der Schiffer musste zwar zunächst die Kaufleute hinzuziehen, konnte diese aber, wenn eine Einigung nicht möglich war, mit Hilfe der Schiffsleute überstimmen. In diesem Fall mussten drei seiner Schiffsleute, wenn sie wohlbehalten an Land angekommen waren, schwören, dass der Seewurf nur deshalb erfolgt sei, um ihr Leben, das Schiff und das übrige Gut zu retten[721]:

> *„(...) juraunt le tiers de ses compaignouns sur les seinz evangelies, quant il serra venuz a sauvete al tere, kil ne fesoit mes pour sauver les corps et la nef et les darres et les vins.“*[722]

---

[717] Kapitel III, Zeile 15 ff. (Ms. Liber Horn).
[718] Landwehr, Haverei, S. 10.
[719] Kapitel VIII, Zeile 8 ff. (Ms. Liber Horn).
[720] Kapitel VIII, Zeile 20 ff. (Ms. Liber Horn).
[721] *Landwehr*, Haverei, S. 17.
[722] Kapitel VIII, Zeile 26 ff. (Ms. Liber Horn).

Der Schiffer wurde hier Teil der Gefahrengemeinschaft, da ohne den Seewurf das ganze Schiff in Gefahr geraten wäre. Auch wenn er Mast, Taue oder Segel kappen musste, konnte er seinerseits die Kaufleute gemäß Kapitel XVI am entstandenen Schaden beteiligen.[723] Bei der Schadensberechnung hatten die Schiffsleute eine Tonne frei, der Rest sollte bei der Schadensberechnung mit einfließen.[724] Dies bedeutete, dass sie, wenn sie mehr als eine Tonne an Waren mitführten, an dem Seewurfausgleich teilnahmen.[725]

Auch die Entlohnung der Schiffsleute, die an der Fracht des Schiffes teilnahmen oder „*à derniers*" fuhren, konnte sich mindern, wenn das Schiff infolge eines Schiffsbruchs teilweise verloren ging.

Es stellte sich die Frage, ob bei einem Schiffsbruch, bei dem noch Teile des Schiffes und der Güter durch die Mannschaft gerettet werden konnten, ein Anspruch auf teilweise Entlohnung bestand oder ob der Schiffer in diesem Fall vorrangig nur dafür zu sorgen hatte, dass die Schiffsleute wieder heil in ihr Heimatland zurückgeführt wurden. Diese Frage stellt sich bei der Analyse des Kapitels III Rôles d'Oléron.

Die Auslegung des hier einschlägigen Kapitels III der Rôles d'Oléron gab Anlass zu zahlreichen Kontroversen in der seerechtsgeschichtlichen Literatur.[726] Im Folgenden sollen die verschieden Meinungen dargestellt werden, die zum großen Teil auf den verschiedenen überlieferten Versionen des Kapitel III Rôles d'Oléron beruhen. In einer anschließenden Konklusion soll mit Hilfe der Analyse des Ms. Liber Horn als dem wohl ältesten bekannten Manuskript versucht werden, einen Lösungsweg aufzuzeigen.

### a. Differenzen zwischen den verschiedenen Übersetzungen des Kapitels III Rôles d'Oléron

Durch Unterschiede in den Übersetzungen der verschiedenen Manuskripte in der französischen, englischen und deutschen Literatur gibt es verschiedene Interpretationsansätze des Kapitels III Rôles d'Oléron.

Kernpunkt der Differenzen ist die Frage, wofür die geretteten Güter primär zu verwenden waren, nämlich für die Entlohnung der Schiffsmänner oder aber ausschließlich für deren Rückführung zu ihrem Heimathafen.

---

[723] *„Et si il tolent a lever, et lautre et lautre lur fet damage, il sunt tenuz al amender tut alcounc."* Kapitel XVI, Zeile 19 ff. (Ms. Liber Horn).
[724] Kapitel VIII, Zeile 47 ff. (Ms. Liber Horn).
[725] *Landwehr*, Haverei, S. 60.
[726] Réhault, Le naufrage, S. 640 ff.

**aa. Pardessus**

*Pardessus*' Edition der Quelle wird - vor allem in der französischen Literatur - zahlreichen Forschungen fast ausschließlich zugrunde gelegt. Sie bezieht sich auf die alten „*manuscripts anglais*". Allerdings hat Pardessus in seiner Edition eine modernisierte französische Sprache zugrunde gelegt. Daraus lassen sich auffällige Differenzen zu den anglo-amerikanischen Autoren wie *Studer*[727] oder *Runyan*[728] erklären, die ihrerseits die alten englischen Manuskripte des 14. Jahrhunderts ihren Arbeiten zugrunde legen.[729] Nach *Pardessus* weist Kapitel III ein deutliches Subordinationsverhältnis zwischen der zunächst im Vordergrund stehenden Rettung der Überreste des Schiffes beziehungsweise der Waren und der Entlohnung der Matrosen und der Rückführung in die Heimat nach einem teilweisen Schiffsbruch auf. So heißt es hier bei *Pardessus*:

> *« (...) lorsqu'un navire périt en quelque lieu que ce soit, les matelots seront tenus de sauver le plus qu'ils pourront de débris et du chargement. Dans ce cas, le patron doit leur payer un salaire raisonnable, et les frais de conduite dans leur pays, autant que le valeur des choses sauvée peut suffire. »*[730]

**bb. Studer und Runyan**

In der zur französischen Fassung hinzugefügten englischen Übersetzung in der Edition *Studers*[731], auf die sich auch *Runyan*[732] stützt, heißt es:

> *„If a ship is lost in any land or in any place whatever, the mariners are bound to save the most that they can; and if they assist, the master is bound, if he have no money, to pledge some of the goods which they have saved, and to convey them back to their country."*[733]

In dieser englischen Übersetzung wird durch den Wortlaut besonders betont, wie sehr die von den Matrosen geretteten Güter der Rückführung in die Heimat dienten. Auf die Entlohnung der Seeleute bei einem solchen partiellen Schiffsbruch wird nicht so explizit eingegangen wie bei *Pardessus*.[734] Allerdings ist „*to pledge some of the goods*" mit einem "*and*" und nicht mit einem "*or*" verbunden.

---

[727] *Studer*, The Oak Book of Southampton, Vol. II, Southampton 1911.

[728] *Runyan*, The Rolls of Oleron and the Admiralty Court in Fourteenth Century England, S. 95-111.

[729] *Réhault*, Le naufrage, S. 641.

[730] *Pardessus*, Collection de lois maritimes II, S. 324 f.

[731] *Studer*, The Oak Book of Southampton, Vol. II.

[732] *Runyan*, The Rolls of Oleron and the Admiralty Court in Fourteenth Century England, S. 95-111.

[733] *Studer*, The Oak Book of Southampton, Vol. II, S. 57.

[734] Dazu auch *Réhault*, Le naufrage, S. 641.

### cc. Krieger

In der von *Krieger* seinem diplomatischen Abdruck des Ms. Liber Horn beigefügten deutschen Übersetzung heißt es an dieser Stelle:

> *„Ein Schiff erleidet in irgendeinem Lande oder an welchem Orte es auch sei, Schiffbruch. Die Matrosen sind verpflichtet, so viel wie möglich zu retten; und wenn sie helfen, ist der Kapitän, wenn er kein Geld hat, verpflichtet, von dem was sie retten werden, zu verpfänden und sie in ihre Heimat zurückzuführen; (...).“*[735]

Auch aus der deutschen Übersetzung geht vornehmlich hervor, dass die Matrosen in ihre Heimat zurückgeführt werden sollten. Allerdings bedeutet dies nicht, dass der Schiffer *„verpfänden [muss], um sie in die Heimat zurückzuführen“*, sondern *Krieger* übersetzt *„verpfänden und sie in ihre Heimat zurückführen“*. Daraus kann nicht geschlossen werden, dass die Verpfändung nur zum Zwecke der Rückführung in die Heimat erfolgt.

Ein Blick auf das älteste Manuskript kann für die hier zu lösende Frage, ob es bei einem partiellen Verlust von Schiff und Waren auch zu einem teilweisen Verlust der Entlohnung kommt, von Bedeutung sein. In dem nach heutigem Forschungsstand als älteste Fassung geltenden Manuskript Liber Horn[736] heißt es:

> *„Une nef sempert en alcun teres ou en quel leu qe ceo soit. Les mariners sount tenu a sauver le plus kil purrount ; et sil aident, le mestre est tenu a engager sil nad derniers de ceo qil sauverount et les remener a leur teres ; (...) »*[737]

Hiernach war der Schiffer also verpflichtet, das, was gerettet wird, zu Geld zu machen *und* („*et*“) die Schiffsleute in ihre Heimat zurückzuführen. Was jedoch mit dem Geld getan werden soll, geht nicht klar aus dem Text hervor.

## b. Die verschiedenen Interpretationen des Kapitels III Rôles d'Oléron

Es kommen drei Auslegungsmöglichkeiten des Kapitels III Rôles d'Oléron in Betracht:

---

735 *Krieger*, Ursprung und Wurzeln der Rôles d'Oléron, S. 125.

736 *Krieger*, Ursprung und Wurzeln, S. 37 ff.

737 Ms. Liber Horn, folio 355 v°. Eine Edition des Ms. Liber Horn findet sich bei *Krieger*, Ursprung und Wurzeln, S. 123 ff. Eine solche ist auch abgedruckt bei *Twiss*, Black Book III, S. 4 ff. Da der bei *Twiss* abgedruckte Text nach einem Vergleich mit dem Original als Kopie zum Teil Ungenauigkeiten aufweist (was *Krieger*, Ursprung und Wurzeln, S. 122 zur nochmaligen Veröffentlichung des Ms. Liber Horn als diplomatischen Abdruck veranlasste), ist neben der mir vom Guildhall Archive London zur Verfügung gestellten Kopie des Originalmanuskripts die Edition Kriegers der Edition von *Twiss* vorzuziehen.

**aa. Interpretationsansatz der vorrangigen Rückführung der Mannschaft an ihren Heimathafen**

Man könnte der Auffassung sein, dass die verpfändeten geretteten Überreste des Schiffes und der Waren vornehmlich dazu dienen sollten, die Schiffsbesatzung wieder in ihre Heimat zurückzuführen.[738]

Neben *Paul Studer*[739] vertreten auch Timothy *Runyan*[740] und *Dorothy Burwash*[741] die Auffassung, dass die Gegenstände, die gerettet werden konnten, nach einem Schiffsbruch primär und traditionell dazu dienten, die Bezahlung der Rückführung der Schiffsleute in ihre Heimat gewährleisten zu können.[742] *Studer* und *Runyan* betonen die Probleme, welche die verschiedenen Fassungen und Übersetzungen der Quelle mit sich bringen. Diese führten dazu, dass das Kapitel III der Rôles d'Oléron in seiner Auslegung als eines der meist diskutierten Kapitel gilt.

Die Kanadierin *Dorothy Burwash* stellt in ihrer Dissertation über die englische Handelsschifffahrt fest,[743] dass *„the language of the Laws of Oleron is more equivoqual on this point, but displays the clear intention that in case of disaster the seaman should not be stranded.“*[744] Damit gesteht Burwash zu, dass die Gesamtheit der geretteten Güter als eine Art Pfand dafür dienen sollten, dass die Matrosen ihre Entlohnung und eine Rückführung in die Heimat gewährleistet bekamen.[745] Deshalb heißt es bei ihr weiter: *"perhaps the intention of the article was to ensure that mariners should not claim both their wages and the costs of returning home.“*[746] Damit macht sie klar, dass es nach ihrer Interpretation das Hauptziel des Kapitels III war, es zu vermeiden, dass die Schiffsleute zur selben Zeit ihre Entlohnung und die Rückführung in die Heimat verlangen konnten. Anhand eines Urteils aus dem Jahre 1473[747] belegt sie, dass in England

---

[738] Diese Auffassung wird vornehmlich von den anglo-amerikanischen Autoren wie *Burwash*, *Studer* und *Runyan* vertreten.
[739] *Studer*, The Oak Book of Southampton, 2 Bände, Southampton 1910-11.
[740] *Runyan*, The Rolls of Oleron and the Admiralty Court, in: The American Journal of Legal History, Volume 19, 1975, S. 95-111.
[741] *Burwash*, English Merchant Shipping, Toronto 1947.
[742] *Réhault*, Le naufrage, S. 642.
[743] *Burwash*, English merchant shipping 1460-1540, Toronto 1947.
[744] *Burwash*, English merchant shipping, S. 56.
[745] *Réhault*, Le naufrage, S. 643.
[746] *Burwash*, English merchant shipping, S. 56.
[747] Dazu *Burwash*, English merchant shipping, S. 56.

der Schwerpunkt nicht auf der Bezahlung der Schiffsleute, sondern auf der Rückführung in die Heimat lag.[748]

Nach dieser Auffassung stand somit die Rückführung der Schiffsleute in ihre Heimat nach Kapitel III Rôles d'Oléron im Vordergrund und war oberstes Ziel.

**bb. Interpretationsansatz der vorrangigen Entlohnung der Mannschaft**

Auf der anderen Seite wird die Ansicht vertreten[749], dass die verkauften oder verpfändeten geretteten Überreste eines Schiffbruchs vornehmlich der Entlohnung der Schiffsleute dienen sollten.[750]

Dies ist eine Auffassung, die vornehmlich im französischen Raum vertreten wurde. Während *Cleirac*[751] nur betonte, dass eine Pflicht zur Rettung der Güter durch die Matrosen bestand, wurde dieses Problem eigentlich erst gegen Ende des 17. Jahrhunderts mit dem Erlass der Ordonnance von 1681 diskutiert. *Valin*[752] und *Emérigon*[753] erörterten hier zunächst ausschließlich die Pflicht zur Rettung und Bergung der Fracht durch die Schiffsleute.[754]

Nach dem Inkrafttreten des Code de Commerce beschäftigten sich auch *Desjardins*[755] und *Valroger*[756] mit dem Ursprung der Rôles d'Oléron, um das französische Recht besser zu verstehen.[757] Für *Pardessus*[758] stellte die Bezahlung der Schiffsleute mit Hilfe der geretteten Güter immer ein primäres Ziel des Artikel 3 dar; er betont in seiner Edition nur, dass weder die englischen Manuskripte in Oxford noch die in London oder die im Black Book of the Admiralty

---

748 *„The emphasis is not of the payment of wages but on arranging to get the seaman home to England"*, *Burwash*, English merchant shipping, S. 56.

749 Diese zweite Auffassung wird hauptsächlich unter den französischen Forschern vertreten.

750 Diese beiden Interpretationsmöglichkeiten zeigt *Réhault*, Le naufrage, S. 642, auf: *„L'article 3 des Rôles a donné lieu à deux types d'interprétations majeures: les anglo-saxons analysèrent les débris du navire comme un gage de créance du rapatriement des naufragés ; les savants français y voyait une règle traditionnelle d'attribution principale des débris au payment des salaires. »*

751 *Cleirac*, Us et coutumes de la mer, Bordeaux 1661.

752 *Valin*, Nouveau commentaire sur l'Ordonnance de la marine du mois d'août 1681, 2 Bände, La Rochelle 1760.

753 *Emerigon*, Nouveau commentaire sur l'Ordonnance de la marine du mois août 1681, 3 Bände, Paris 1803.

754 *Réhault*, Le naufrage, S. 644.

755 *Desjardins*, Traité de Droit Commerciales Maritime, Band 1-8, Paris 1878 ff.

756 *Valroger*, Droit maritime. Commentaire théorique jet pratique du livre II du Code de Commerce (Législations comparées), 2 Bände, Paris 1883..

757 *Réhault*, Le naufrage, S. 644.

758 *Pardessus*, Collection de lois maritimes I, Paris 1828.

den alten Ausdruck *„lor bailler"* enthielten, den er mit *„d'un salaire"* übersetzte. Aber er gibt keinen Hinweis darauf, warum im französischen Recht die geretteten Güter primär zur Entlohnung der Schiffsleute benutzt werden sollten.

Schließlich stellte *Abbott*[759] im Jahre 1802 fest, dass die alten Texte nicht eindeutig seien und dass die verschiedenen Übersetzungen und Interpretationen des Kapitels III es fast unmöglich machten, eine klare Interpretation zu finden. Die verschiedenen Fassungen machten deshalb auch deutlich, wie schwer es sei, eine *„Wurzel"* von einem allgemeinen Recht der Nationen aus den alten Quellen herauszuziehen.

### cc. Interpretationsansatz des Mittelweges zwischen Entlohnung und Rückführung der Matrosen

Schließlich ist noch an einen dritten Weg, einen *„Mittelweg"* zu denken. Die verpfändeten geretteten Güter würden dann der Bezahlung des Lohnes der Schiffsleute und ihrer Rückführung in die Heimat dienen.

Diese Auffassung scheint meiner Ansicht nach am ehesten überzeugend zu sein. In der Ms. Liber Horn als ältestem Manuskript steht zunächst, dass der Kapitän verpflichtet ist, die geretteten Güter zu verpfänden und die Schiffsleute in ihre Heimat zurückzuführen: *„(...) le mestre est tenu a engager sil nad derniers de ceo qil sauverount et les remener a leur teres."*[760] Der Gegenschluss aus den folgenden Zeilen besagt sodann, dass der Schiffer den Schiffsleuten, die bei der Rettung halfen, weiterhin ihre Heuer schuldete.[761] Doch woher sollte der Schiffer das Geld bekommen, wenn die Reise gescheitert war? Wahrscheinlich doch aus dem Gewinn der Verpfändung.

Die Bezahlung wird hier davon abhängig gemacht, dass aus dem geborgenen Gut noch genug Geld erwirtschaftet werden kann. Dahinter könnte der Grundsatz *„Fracht ist die Mutter der Gage"* stehen.[762]

Es bestand also eine doppelte Verpflichtung gegenüber dem rettungsbereiten Schiffsmann: Der Schiffer sollte verpflichtet sein, ihn nach Hause zu führen und ihm seine Heuer zu zahlen.

Dabei ist noch folgendes anzudenken: Die Rückreise an sich verursachte ja nur die Verpflegungskosten, denn ein Segelschiff brauchte keinen Treibstoff, sondern nur die Arbeitskraft der Schiffsmänner. Von daher war die Rückreise

---

[759] *Abott,* A treatise of the law relative to merchant ships and seaman, London 1802.
[760] Kapitel III, Zeile 7 ff. (Ms. Liber Horn).
[761] *„(...) et sil ni aydent, il nest tenuz de riens lour bailer ne de rien les purveier, ayns perdent lur lowers quant la nef est perdu. »*
[762] *Cordes,* Flandrischer Copiar, S. 135.

wohl auch dann zu realisieren, wenn nur wenige Güter gerettet und verkauft werden konnten. M.E. spricht nichts dagegen, dies als primäre Verpflichtung anzusehen. Konnten mehr Waren gerettet werden, konnte man auch an eine Entlohnung denken, vorausgesetzt, daß Schiff war nicht zu stark beschädigt.

Vielleicht ist hier aber auch das Problem der ¾ : ¼ Entlohnung zu diskutieren. Normalerweise bekam ja der Schiffer ¾ des Gewinns. Man könnte überlegen, dass ihm solange kein eigener Anteil zustand, wie die Rückreise nicht gesichert war. Erst dann, wenn nach Ausrüstung und ggf. Reparatur des Schiffes etwas übrig blieb, konnte an die Verteilung des verbleibenden Gewinns im Verhältnis 3:1 nachgedacht werden, so dass dieses Kapitel vielleicht im Kern dem Schiffer schlicht und ergreifend seinen ¾ Anteil nimmt, solange die Rückreise nicht gesichert ist.

Stünde die Entlohnung im Vordergrund, erhielt der Schiffer hingegen von jedem erwirtschafteten Gewinn von vornherein 3/4, während das vorhandene ¼ vielleicht nicht für die Rückfahrt der Schiffsleute ausreichen würde. Dies erscheint eher als unwahrscheinlich.

**c. Stellungnahme**

Da das Original der Quelle verschwunden ist, ist es kaum möglich, eine abschließende Antwort auf die Frage zu finden, ob die geretteten Überreste des Schiffes nun primär der Rückführung in die Heimat dienen sollten oder ob die Bezahlung der Schiffsleute vorrangig war.

Der Erkenntnis *Réhaults*[763] von der zu starken Theorielastigkeit der vorgelegten Auffassungen ist zuzustimmen. Es bleiben so eine Reihe von Hypothesen. Auf der anderen Seite mag es auch interessant sein, dass die Autoren des 16. und 17. Jahrhunderts sich nicht zu diesem Thema äußerten. Das Schweigen der Autoren könnte ein Indiz dafür sein, dass man der Thematik des schiffbrüchigen Schiffsmannes eher mit Desinteresse begegnete.

Hier scheint aber die von *Réhault* gestellte Frage nach der zu großen Theorielastigkeit dieser Diskussion berechtigt. Dann müsse doch offen bleiben, inwieweit sich den Schiffsleuten solche juristischen Fragen stellten.[764] Auch auf diese Frage wird man ebenso keine befriedigende Antwort finden können, wie auf die Frage nach der Ursache der Differenzen in den verschiedenen Manuskripten.[765]

---

[763] *Réhault*, Le naufrage, S. 645.
[764] *Réhault*, Le naufrage, S. 645.
[765] *Réhault*, Le naufrage, S. 645.

Der Geldlohn war aber vom Erfolg der Fahrt abhängig. Wenn der Schiffer aufgrund eines Schiffbruchs nur einen Teil der Frachtsumme erhielt, konnte der Schiffsmannschaft auch nur ein entsprechender Anteil zustehen.[766]

**7. Lohnschutz**

Der Schiffsmann mit eigener Führung besaß nicht die Stellung eines Befrachters. Es bestand keine Haftung des Schiffers gegenüber dem Schiffsmann für den Transport. Als ein gewisser Lohnschutz kann aber die Regelung betrachtet werden, dass die Führung des Schiffsmannes von der Beitragspflicht befreit war, wenn bei einem Schiffbruch Güter über Bord geworfen werden mussten.[767] Dies galt allerdings nur bis zum Betrag von einer halben Tonne.[768] Führte der Seemann mehr Waren mit, so nahm er mit diesen am Seewurfausgleich teil.[769]

Obwohl sich in Kapitel XVIII der Rôles d'Oléron und aus ihnen übernommen im Waterrecht (Art. 34) ein Pfandrecht des Schiffers fand, gab es umgekehrt ein solches für den einzelnen Schiffsmann nicht.[770]

In der Art der Entlohnung lässt die Quelle noch die ursprünglich genossenschaftlichen Leistungsverhältnisse auf dem Schiff erkennen:[771]

**8. Tod eines Matrosen**

Am Ende des Kapitels VII wird noch der Tod eines Matrosen nach Krankheit thematisiert. Wenn der Matrose starb, erhielten seine Frau oder seine Nachkommern („*sa femme ou ses prives*") an seiner Stelle den Lohn: „*Et sil moert, sa femme ou ses prives deyvent avoier pur li.*"[772] Der Lohnspruch des Schiffsmanns ging danach auf sie über und insgesamt somit nicht verloren.

**a. Unterschiede in den verschiedenen Manuskripten**

Es handelt sich im Ms. Liber Horn um eine sehr allgemein gehaltene Vorschrift, die in den jüngeren Handschriften aber modifiziert wurde.[773] In den normannischen Handschriften erhielten seine Frau oder Kinder, „*sa fame ou sez enfans*"

[766] *Ebel*, Gewerbliches Arbeitsvertragsrecht, S. 66.
[767] *Ebel*, Gewerbliches Arbeitsvertragsrecht, S. 68 f.
[768] Kapitel VIII, Zeile 48 ff. (Ms. Liber Horn): „*Les mariners deyvent aver (chescun) un tonel fraunk (...).* » « *Chescun* » wurde mit späterer Hand eingefügt, vgl. *Krieger*, Ursprung und Wurzeln, S. 130, Fn. 591.
[769] *Landwehr*, Haverei, S. 60. Kapitel VIII, Zeile 49 ff. (Ms. Liber Horn): „*(...) et lautre deyvent partir au get (...).*"
[770] *Ebel*, Gewerbliches Arbeitsvertragsrecht, S. 71.
[771] Vgl. Kapitel VIII, XVIII und XX (Ms. Liber Horn).
[772] Kapitel VII, Zeile 33 ff. (Ms. Liber Horn).
[773] Vgl. hier auch *Krieger*, Ursprung und Wurzeln, S. 34.

den Anspruch auf die Heuer.[774] In den bretonischen Fassungen wurde die Formel durch *„sa famme ou ses prochains amis"*[775] ersetzt, also seine Frau und seine engsten Freunde. Es mag sich hier um eine im Laufe der Zeit erfolgte Anpassung an eventuelle lokale Gegebenheiten handeln. So findet sich in der Coutume der Bretagne in Kapitel 153 eine analoge Vorschrift: *„... et auxi les prochains amis à qui la descensse devroit aler ..."*[776] Insgesamt stimmen mit dieser Verordnung ebenfalls Art. 19 des Seerechts von Wisby, Tit. 14 des hanseatischen Seerechts, Art. 27 der Verordnung Karls V. und Art. 16, Tit. *„Von den Schiffleuten und ihren Officiers"*, der Verordnung Philipp II. in Bezug auf den kranken oder an Bord des Schiffes sterbenden Matrosen vollkommen überein.[777]

**b. Zusammenfassung**

Die vorstehend dargestellten Regelungen stellen eine frühe Form eines Interessenausgleiches zwischen dem Schiffer und dem Schiffsmann dar. Der Schiffsmann stellt sich und seine Arbeit dem Schiff zur Verfügung, im Gegenzug dazu hat er bei unverschuldeter Arbeitsunfähigkeit - wie oben angesprochen - einen Anspruch auf Heilung auf Kosten des Schiffes. Sein Anspruch auf Lohn erlosch nicht mit seinem Tod, sondern ging auf seine Erben, also auf seine Frau, seine Kinder oder seine Freunde, über. Damit trug der Schiffer das *„soziale Risiko"*, das die Reise für den Schiffsmann und seine Familie darstellte zumindest in Fällen unverschuldeter Krankheit und in einem Todesfall, der durch die schwierigen und gefährlichen Lebensbedingungen an Bord verursacht werden konnte.

## III. Llibre del Consolat de Mar

### 1. Fälligkeit der Entlohnung

Gemäß Kapitel 131 LCM galt der Grundsatz, dass der Schiffer den Schiffsleuten den Lohn an dem Ort zu bezahlen hatte, an dem er das Frachtgeld für die Waren erhielt:

---

[774] Ms. 1386 Troyes, Kap. VII (ed. *Zeller*, Heft 1, S. 14). In der Ms. 14571, Kapitel VIII *„sa femme ou ses enfants"*; in der Ms. 5330, Kapitel VIII: *„leurs femmes ou leurs enfans ou parens"* (ed. *Zeller*, Heft 2, S. 8).
[775] Ms. 923 Poitiers, Kap. VII. Vgl. auch Ms. 14398, Kap. VII: *„sa femme ou ses enfans ou ses prochains amys »* ; Ms. 2570 Arsénal, Kap. VII : *« sa famme ou ses prochains amis »* (ed. *Zeller*, Heft 6, S. 7); Ms. 74 Rennes, Kap. VII: *„sa femme ou ses prochains amys »* (ed. *Zeller*, Heft 3, S. 8).
[776] *Planiol*, S. 158.
[777] *Engelbrecht*, Corpus Iuris Nautici, S. 47; *Cleirac*, Us et coustumes, S. 32 ff.

*„Encara és tengut lo senyor de la de pagar son loguer al mariner là hon les mercaderies paguen lo nòlit.“*[778]

Ebenso wurde in Kapitel 139 LCM am Anfang noch einmal der Grundsatz aus Kapitel 138 LCM wiederholt, wonach der Schiffer verpflichtet war, den Schiffsleuten ihren Lohn an dem Ort zu bezahlen, an dem er die Fracht erhielt:

*„Tot senyor de nau és tengut de paguar loguer als mariners là hon eyl reeb lo nòlit, segons quel capítol dessús dit és contengut.“*[779]

Dieser Grundsatz konnte jedoch gemäß Kapitel 139 LCM durch Vereinbarung abgedungen werden, so dass der Lohn erst nach Beendigung der Reise und Ankunft am Ausgangsort gezahlt werden sollte.[780] Dies sei so zu verstehen, dass dann, wenn zwischen den Matrosen und dem Schiffer eine entsprechende Abrede oder ein entsprechender Vertrag über den Lohn getroffen worden war, die Matrosen ihren Lohn nicht eher fordern konnten, bis sie zum vereinbarten Ort zurückgekehrt waren, wo sie den Vertrag mit dem Schiffer geschlossen hatten.

*„Mas és axí entendre que no haja alcuna convinensa. que·ls mariners hàjan ab lo senyor de la nau o de leny que no·ls sia tengut de pagar tro que elys sein tornats en aquel loch hon hauran comensat e levat lo viatge; o si aquesta covinensa entre éls empresa, e los mariners ne poden ne deuen demanar lo lur loguer, tro que eyls sein tornats en aquel loch on eyls faéran la convinensa ab lo senyor de la nau o leny, (...).“*[781]

Der Schiffer konnte ihnen jedoch auch nach seiner Gunst früher den Lohn zukommen lassen: *„(...) si donchs lo senyor de la nau nols en volia fer alcuna gràcia.“*[782] Er war allerdings verpflichtet, den Schiffsleuten ihren Lohn unverzüglich zu zahlen, wenn sie an den vereinbarten Ort zurückgekehrt waren. Er sollte sie ohne Aufschub und Widerrede bezahlen: *„(...) e assò deu fer sens tot lagui e sens tot contrast.“*[783] Wenn einer der Schiffsleute infolge einer verspäteten Zahlung Schaden oder Kosten erlitt, war der Schiffer verpflichtet, diese Summen zu tragen.

Wenn der Schiffer aber betrügerischen Kaufleuten aufgesessen war (*„e si per aventura los mercaders seran treffaguers“*)[784] oder wenn ihre Ware nicht die

[778] Kapitel 131, Zeile 3 f. LCM. Kapitel 139 LCM entspricht dieser Regelung mit etwas verändertem Wortlaut, aber gleichem Sinn und bezieht sich auf Kapitel 131 LCM als vorangegangenes Kapitel.

[779] Kapitel 139, Zeile 3 ff. LCM.

[780] Kapitel 139, Zeile 6 ff. LCM: *„(...) que no·ls sia tengut de pagar tro que elys sein tornats en aquel loch hon hauran comensat e levat lo viatge.“*

[781] Kapitel 139, Zeile 5 ff. LCM.

[782] Kapitel 139, Zeile 11 f. LCM.

[783] Kapitel 139, Zeile 13 ff. LCM.

[784] Kapitel 139, Zeile 5 f. LCM. *„per aventure“*, also „sollte es sich ereignen, dass die Kaufleute Betrüger sind“. Dieser Fall wird durch die Formulierung sehr abgeschwächt dargestellt, möglicherweise um der Ehre der Kaufleute nicht zu nahe zu treten.

Fracht wert war, welche die Kaufleute dem Schiffer schuldeten,[785] sollten die Matrosen trotzdem ihren Lohn erhalten, egal, ob der Wert des Gutes der Fracht entsprach oder nicht. Selbst wenn das Schiff verkauft werden musste (*„si la nau se'n sebia vendre"*) oder zu dem Preis weggegeben werden musste, der der Höhe der Gesamtheuer der Matrosen entsprach, sollte den Matrosen ihr voller Lohn gezahlt werden.[786]

Von dem Erlös sollten dann die Matrosen bezahlt werden und zwar vor allen anderen Gläubigern, selbst wenn diese dem Schiffer Geld vorgelegt hatten. Begründet wurde dies damit, dass ein Matrose seine Bezahlung haben *„musste"*, solange das Schiff noch keine neue Reise angetreten hatte, selbst wenn nur ein *„Nagel"*[787] übrig wäre, aus dessen Erlös er bezahlt werden könnte: *„Si no n'hi havia més hun encara, de quès pogués pagar, se deu pagar."*[788] Der Anspruch des Schiffsmanns auf seinen Lohn ging dem Anspruch der anderen Gläubiger (Aktionäre, Darlehensgeber) vor, und machte den Lohnanspruch des Matrosen zu einer Art übergeordneten *„heiligen Verpflichtung des Schiffers"*.[789] Dieser Grundsatz fand sich nicht nur in Kapitel 138 und 139 LCM, sondern auch in den Kapiteln 58, 63, 139, 151, 193, 227 und 228 LCM wieder.

In Kapitel 139 LCM wurde betont, dass es notwendig sei, dass die Matrosen ihren Lohn an dem Ort erhielten, an dem ihnen der Schiffer die Bezahlung versprochen hatte.[790] Die Schiffsleute konnten jedoch gegenüber dem Schiffer auf die *„termingerechte"* Zahlung verzichten, wenn sie warten wollten, bis der Schiffer an einen Ort kam, an dem er Hilfe und Geld zur Unterstützung erwartete, um ihnen ihren Lohn zu bezahlen. Am Ende des Kapitels 139 LCM wurde auch wieder eine Begründung für die Schaffung des Kapitels genannt, und zwar die Verpflichtung des Schiffers, gut zu prüfen, was er von wem an Gütern oder Waren annahm oder nicht. Denn es sei notwendig, dass den Schiffsleuten ihr Lohn bezahlt wurde, egal ob der Schiffer seine Fracht erhielt oder nicht.[791]

---

785 Kapitel 139, Zeile 6 ff. LCM.
786 Kapitel 139, Zeile 29 ff. LCM.
787 Die Formel *„selbst wenn ihm nur ein Nagel blieb"* bildete noch im 17.-19. Jahrhundert den Grundsatz, nach dem der Schiffsmann einen Anspruch auf Zahlung seines Lohnes besaß. *Cleirac, Us et coustumes, S. 38*; *Valroger,* Droit maritime II, S. 108; *Valin,* Commentaire sur l'Ordonnance de la Marine I, S. 713.
788 Kapitel 138, Zeile 7 ff. LCM.
789 *Réhault,* Le naufrage, S. 646 : *« Le salaire était donc considéré comme une dette sacrée. »*
790 Kapitel 139, Zeile 30 ff. LCM.
791 *„E fo fet per so aquest capitol que tot senyor de naudeu guardar, ea com noliejarà ne com no, a qui ne a qui no, ne quina roba ne quina no, per so cor aja el nòlit o no l'haja, mester és quels mariners sien pagats de lurs loguers."* Kapitel 139, Zeile 38 ff. LCM.

Deshalb hatten die Schiffsleute Anspruch auf ihren vollen Lohn, ohne dass eine Widerrede des Schiffers beachtlich gewesen wäre. Etwas anderes sollte gelten, wenn zwischen den Schiffsleuten und dem Schiffer eine Vereinbarung getroffen wurde, wonach der Schiffer ihnen den Lohn erhöhte und sie für die Liegetage bezahlt werden sollten. In diesem Fall sollten das Schiff zu dem vereinbarten Lohn und der Lohn zu den Unkosten des Schiffes beitragen. Schiff und Lohn wurden in diesem Fall zusammengerechnet. Wenn es aber keine Absprache gab, musste der Schiffer zahlen. Des Weiteren war der Schiffer verpflichtet, die Kosten der Schiffsleute, die diese an manchen Orten hatten, zu tragen, welche für jeden einen *denir* oder *maille* betrugen.

Der Zeitpunkt der Fälligkeit der Entlohnung konnte jedoch auch verschoben werden in folgendem Fall, der in Kapitel 138 LCM erwähnt wird:

Der Schiffer hatte die Möglichkeit, sich den Lohn der Matrosen *„freundschaftlich"* für ein weiteres Seefahrtsunternehmen zu leihen, um den Lohn durch einen Gewinn zu vermehren. Wenn während dieser weiteren Reise das Schiff verunglückte, war der Schiffer schuldig, zumindest den Lohn von der ersten Reise zu zahlen.[792] Auch hier wurde wieder das Bild des *„letzten übrig gebliebenen Nagels"* verwendet: Und selbst wenn nur ein Nagel übrig blieb, sollte dieser verwendet werden, um den Lohn der Matrosen zahlen. Dagegen konnte auch kein Einspruch von jemandem, der dem Schiffer beispielsweise Geld geliehen hatte, geltend gemacht werden. Denn die Schiffsleute, die dem Schiffer Geld borgten bzw. ihre Arbeitsleistung weiter zur Verfügung stellten, sollten aus dem vorhandenen Erlös als erste befriedigt werden, da sie in dem Vertrauen auf ihren Lohn gemietet wurden.[793]

Dieses Privileg könnte die Folge von bestehenden Problemen der Rekrutierung neuer Seeleute gewesen sein. Die Lohnsicherheit überzeugte die Männer vielleicht, erneut das Risiko einer Seefahrt einzugehen.[794] Es machte sie aber auch abhängiger von dem Gelingen des neuen Unternehmens, da nunmehr zwei Löhne auf dem Spiel standen.

**2. Höhe der Entlohnung**

Die Höhe der Entlohnung richtete sich nach der Fracht, die das Schiff erhielt.[795] Kapitel 131 LCM ging davon aus, dass die Führung in der Regel bis zu 50 Pes-

---

[792] Kapitel 138, Zeile 10 ff. LCM

[793] Kapitel 138, 14 ff. LCM.

[794] *Réhault*, Le naufrage III, S. 647.

[795] Kapitel 85, Zeie 21 ff. LCM.

anten an Wert betrug. Auch wurde in Kapitel 131 LCM davon gesprochen, dass der Schiffsmann *„100 illures“* verdiente.[796]

### 3. Anspruch auf Erhöhung des Lohnes

Nach der vollständigen Beendigung der Reise war der Matrose frei. *„Fet lo viatge, mariner és libertat“*:[797] Dann musste der Schiffer dem Schiffsmann seinen Lohn auszahlen.[798] Wenn der Schiffer am Ort der Entladung des Schiffes eine andere Reise annahm, auf die der Matrose nicht mitgehen wollte, konnte der Schiffer den Matrosen nicht mehr zum Mitfahren zwingen und war deshalb verpflichtet, ihm seinen Lohn zu geben.[799]

Wenn die Reise beendet war und man in den Heimathafen zurückgelangte, war damit der Schiffsmann zwar grundsätzlich frei. Wenn der Schiffer aber keine neuen Schiffsmänner finden konnte, war das Vertragsverhältnis doch nicht beendet und der Schiffsmann blieb weiter an seinen Vertrag gebunden. In diesem Fall hatte der Schiffsmann aber Anspruch auf eine vom Schreiber und Steuermann zu bestimmende Erhöhung seines Lohnes.[800] Der Lohn durfte dabei jedenfalls nicht vermindert werden.[801] Damit wurde eine mögliche Schlechterstellung des Seemanns im Verhältnis zum Schiffer verhindert, da sich der Matrose beispielsweise in einem fremden Land in einer schwächeren Position befand und eventuell gezwungen gewesen wäre, für schlechteren Lohn weiter mitzufahren. Zum anderen konnte er unter Umständen eine Erhöhung verlangen, wenn das Schiff wegen irgendeines Verbots der Regierung[802] nicht in einem Hafen einlaufen durfte und die Entfernung bis zu dem Hafen, an dem das Schiff schließlich einlaufen konnte, mehr als 150 Meilen betrug. Dann konnte der Schiffsmann

---

[796] *« Emperò les portades deuen ésser d'aytant com ell pren lo loguer, de L basants en avayl comprades, so és a entendra : que si havia C lliures de loguer que non paguaria de les L, e de les L ensús paguaria, e si à LX o XXX o XX besants e havia tant com deu haver de L aval, no paguaria lo git ne averies »*, Kapitel 131, Zeile 10 ff. LCM.

[797] Dieser Grundsatz wird bei *Capmany*, Libro del Consulado del Mar, S. 135 und bei *Pardessus*, Collection de lois maritimes II, S. 138 in der Überschrift zu Kapitel 150 (bei *Capmany*, Kapitel 149) aufgestellt.

[798] *Ebel*, Arbeitsvertragsrecht, S. 71.

[799] *« Si senyor de nau pren altre viatge là hon la nau haurà descarregat el·l mariner no·l pot forsar, salvant que sia en loch que trop mariners »*, Kapitel 150 LCM.

[800] *« Mas si no·n trobava, ha-los a fer junta al viatge, enaxí com sia conegut per lo senyor nautxer e per l'escrivà de júnyer, segons que·l homa valrà més la I que l'altre"*, Kapitel 150, Zeile 6 ff. LCM.

[801] *" Mas lo senyor no·n pot minvar a nagun son loguer"*, Kapitel 150, Zeile 9 f. LCM.

[802] *„Si nau o leny per alcuna condició per empahiment de senyoria (...)"*, Kapitel 191, Zeile 2 ff. LCM

nach Maßgabe der erhöhten Fracht mehr Lohn verlangen.[803] Wenn das Schiff allerdings nicht mehr Fracht erhielt, erhöhte sich in diesem Fall auch nicht ihre Entlohnung: „*E si la nau no·s creix del nòlit ne los mariners de lur loguer.*“[804]

### 4. Sonderzahlungen

Wenn der Schiffer mit den Kaufleuten eine gesonderte Zahlung für das Ausladen vereinbart hatte, so sollte er auch das mit den Schiffsleuten vereinbaren und ihnen der Vereinbarung mit den Kaufleuten entsprechend etwas von dem, was er von diesen erhalten hatte, geben.[805] Das Geld, das der Schiffer von den Kaufleuten bekam, musste er an die Schiffsleute weitergeben, da sie das Ausladen als zusätzliche Arbeit übernahmen. Dies ging auch aus den Kapiteln 74 und 75 LCM hervor, wonach die Schiffsleute eine Sonderzahlung für das Ein- und Ausladen (das normalerweise eine Arbeit für bloße Tagelöhner war) erhalten sollten.

Wenn die Schiffsleute, die meilenweise fuhren, während der Zeit ihrer Anstellung Güter oder Gegenstände fanden, mussten sie an das Schiff ¾ des Fundes abgeben, 1/4 durften sie – egal ob es ein oder mehrere Finder waren - insgesamt behalten.[806]

Diese Aufteilung galt auch dann, wenn sie bereits auf See waren und dort Sachen fanden. Diese Aufteilung war laut Kapitel 160 deswegen gerechtfertigt, weil die Schiffsleute vom Schiffer Kost und Lohn erhielten.[807]

### 5. Totalverlust von Schiff und Fracht

Der Schiffsmann verlor seinen gesamten Lohn im Falle des totalen Verlustes des Schiffes, wenn sich das Schiff in einem fremden Land (der Sarazenen) befand oder das Schiff durch Unglücksfälle wie Sturm oder durch den Angriff eines anderen Schiffes komplett verloren ging.[808] Der Schiffer war dann nicht mehr verpflichtet, den Schiffsleuten ihren Lohn zu zahlen: „*Senyor de nau (...) no és*

---

[803] Kapitel 191, Zeile 8 ff. LCM: „*Emperò, si la nau crexia del nòlit per les dites CL milles, quels mariners fossen crescuts de lur loguer*

[804] Kapitel 191, Zeile 10 ff. LCM.

[805] Kapitel 149, Zeile 3 ff: LCM „*Senyor de nau és tengut al mariner que tot aytal com farà al mercader, si deu descarregar en I loch, tot enaxí com haurà dels mercaders, axí deu donar als mariners.*“

[806] Kapitel 160, Zeile 3 ff. LCM: „*Encara és tengut mariner que si troba alcuna cosa, pus que serà tengut a la nau, , que la nau ne han III parts e los mariners una, sein molts mariners o pochs.*“

[807] Kapitel 160, Zeile 14 ff. LCM. Wenn der Schiffer das Schiff vermietete, konnte der Mieter zudem ¾ der gefundenen Güter verlangen, dies stand ihm über seinen Tod hinaus zu. Kapitel 160, Zeile 9 ff. LCM.

[808] Kapitel 228, Zeile 3 ff. LCM.

*tengut de res a donar als mariners.*"[809] Er war auch nicht mehr verpflichtet, ein neues Schiff zu besorgen, um die Schiffsleute nach Hause in ein christliches Land zu bringen oder sie weiter zu beköstigen.[810] Dies wurde damit begründet, dass der Schiffer alles, was er hatte, und vielleicht sogar noch mehr durch den totalen Schiffsbruch verloren hatte: „*(...) per so cor eyl haurà perdut tot quant haurà e per ventura més que no havia.*"[811] Dieses Kapitel sollte damit die Regelung in Kapitel 152 LCM einschränken, nach welcher der Schiffer verpflichtet war, die Schiffsleute in die Heimat zurückzuführen und zu beköstigen, wenn er das Schiff im Land der Sarazenen verkauft hatte. Denn in dem Fall des Kapitels 152 LCM war er durch den Verkaufserlös dazu in der Lage, während er im Fall des totalen Schiffsbruchs gemäß Kapitel 228 LCM selbst alles verloren hatte.

Wenn der Schiffer sein Schiff an einem Ort verlor, an dem er bereits einen Teil seiner Fracht erhalten hatte, galt aber etwas anderes:[812] Dann blieb er entsprechend dem Grundsatz vom „*letzten Nagel*" in Kapitel 104 und 138 LCM den Schiffsleuten ihren Lohn schuldig.[813] Wenn er sich aber mit den Kaufleuten verglichen hatte, mussten die Schiffsleute diesen Vergleich gegen sich gelten lassen, wodurch sie einen Teil ihres Lohnes verlieren konnten.[814] Und wenn er den Schiffsleuten noch Geld von einer vorangegangenen Reise schuldete, behielten sie weiter den Anspruch darauf wie es bereits in dem vorangegangen Kapitel geregelt war:

> „*Mas si lo senyor de la nau o del leny devia als mariners loguers per altres viatges, eyl los és tengut de pagar, axí com en lo capítol que dessús és dit se contén.*"[815]

Der Schiffsmann verlor seinen gesamten Lohn, wenn sich der Schiffer von ihm aus gerechten Ursachen oder anderen vorangegangenen Umständen trennte.[816] Bezug genommen wurde hier wohl auf das vorangegange Kapitel 125 LCM, nach welchem sich der Schiffer wegen eines von dem Schiffsmann begangenen Diebstahls („*per ladronisi*"), einer von diesem verübten Ketzerei („*per rassa*"), wegen Befehlsverweigerung gegenüber dem Steuermann („*si no fa lo comen-*

---

809 Kapitel 228, Zeile 3, 6 f. und Zeile 14 ff. LCM.

810 Kapitel 228, Zeile 16 ff. LCM: „*(senyor de nau) no és tengut donar leny ne vianda a mariners entró que sia en terra de cristians...(...).*"

811 Kapitel 228, Zeile 17 f. LCM.

812 Kapitel 228, Zeile 7 f. LCM.

813 „*(...), si donchs eyl no·l perdrá el loch hon eyl perdes tot son nòlit;* ", Kapitel 228, Zeile 7 ff. LCM.

814 Kapitel 228, Zeile 9 f. LCM: „*Mas emperò, qualque pati que·l senyor de la nau o del leny farà ab los mercaders, a aquel pati metex deuen ésser los mariners.*"

815 Kapitel 228, Zeile 12.

816 Kapitel 267 LCM.

*dament del nauxter")* oder wegen Meineids von dem Schiffsmann trennen konnte.

Auch sollte der Matrose, der vorsätzlich Lebensmittel wegwarf, seinen Lohn und sein Gut im Schiff verlieren.[817] Ob er weiter auf dem Schiff bleiben durfte, hing von der Gnade des Schiffers ab.[818]

Kapitel 170 LCM handelte davon, dass der Matrose sich nicht entkleiden sollte, außer wenn er in einem Hafen überwinterte.[819] Wenn er gegen das Entkleidungsverbot verstieß, wurde er bestraft.[820] Dann sollte er dreimal mit einem Strick ins Wasser gestürzt werden und dann wieder an dem Strick herausgezogen werden. Und wenn ihm das dreimal passiert war, sollte er seinen Lohn und sein im Schiff befindliches Gut verlieren.[821]

Wenn ein Schiffsmann das Schiff verließ, nachdem er seine Heuer erhalten hatte, aber bevor er mit der Erledigung der versprochenen Arbeiten fertig war, musste er dem Schiffer ohne Widerrede die erhaltene Heuer gemäß Kapitel 268 LCM erstatten:

> „*(...) aquell mariner aytalés tengut de retre lo loguer que rebut haurà a aquell senyor d'aquella nau o d'aquell leny de qui eyl l'auràrebut, sens tot contrast, e de servey qu ell aja fet no n deu haver res.*"[822]

Und auch ein Schiffsmann, der weggelaufen war, sollte seinen Anspruch auf die Heuer komplett verlieren.[823] Er musste dem Schiffer allen Schaden ersetzen, und dem Schiffer sollte auf sein bloßes Wort geglaubt werden.[824]

Wenn ein Matrose Streit mit seinem Schiffer anfing, sollte er die Hälfte seines Lohnes und seiner Sachen, die er an Bord hatte, verlieren und von dem Schiff verwiesen werden. „*(...) que deu perdre la maytat del loguer e la roba què haura en la nau.*"[825] Wenn der Matrose eine Waffe gegen den Schiffer richtete, sollten die anderen Schiffsleute ihn nehmen, fesseln und ihn in einer Art provisorisches Gefängnis auf dem Schiff einsperren. Schließlich sollte er den

---

[817] Kapitel 168 LCM.

[818] Kapitel 168, Zeile 4 f. LCM.

[819] „*Encara lo mariner no·s despuyl si no és port exivernador.*" Kapitel 170, Zeile 3 LCM.

[820] Kapitel 170 LCM; *Cleirac*, Anmerkung 5 zu Artikel 5.; *Gros*, L'Oeuvre de Cleirac, S. 70, *Engelbrecht*, Corpus Iuris Nautici, S. 43.

[821] Kapitel 170, Zeile 3 ff. LCM: „*E si ho fa, per cascuna vegada deu ésser surt en mar ab la veta del morgonal per III vagades. E de III vegades a anant deu perdre lo loguer e la roba que ha en la nau.*"

[822] Kapitel 268, Zeile 8 ff. LCM.

[823] Kapitel 268 LCM, das auf Kapitel 157 und 158 LCM Bezug nimmt und deren Inhalt rezipiert. *Pardessus*, Collection de lois maritimes II, S. 289.

[824] Kapitel 268, Zeile 16 f. LCM: „*E sie'n cregut per sa simple paraula, sens altre Testimoni.*"

[825] Kapitel 163, Zeile 4 f. LCM.

Gerichten übergeben werden.[826] Und diejenigen, die sich weigerten, ihn zu nehmen, sollten ihren Lohn, den sie für die Reise bekommen hatten oder noch bekommen sollten, und ihr Gut ebenfalls verlieren,.[827] Mit letzterem könnte der Lohn, die Führung, die Kleidung und die gesamte Habe des Schiffsmannes gemeint gewesen sein. Auch hier handelte es sich um eine kluge Regelung: Die Schiffsleute, die sich weigerten, einen aufrührerischen Matrosen gefangen zu nehmen und so letztendlich selbst gegen den Schiffer aufbegehrten, riskierten ihren vollen Lohn, so dass diese Vorschrift den Frieden an Bord sicherte und größere Revolten oder Eskalationen der Schiffsleute gegen den Schiffer verhinderte.[828]

Wenn der Matrose seinen Schiffer aus Zorn schlug, sollte er gefangen genommen werden und alles – und damit wohl auch seine Entlohnung - verlieren, was er besaß: „*Mariner que tocerà iradament son senyor és perjur e bara e deu ésser pres en persona e perdre tot quant ha.*"[829] Denn durch eine solche Respektlosigkeit musste er als meineidig, verräterisch und treulos gegenüber seinem Schiffer gelten, dem er ja gemäß Kapitel 154 LCM am Beginn der Reise Treue geschworen hatte.[830]

Gemäß Kapitel 238 LCM verloren die Schiffsleute, die mit dem Schiff des Schiffers ohne ihn und ohne seine Erlaubnis abfuhren, alles das, was sie besaßen und damit auch ihren Lohn.[831] Der Schiffer konnte sie fesseln und den Gerichten übergeben und dort anklagen.[832] Sie mussten dem Schiffer, dem auf sein bloßes Wort geglaubt[833] werden sollte, alle seine Schäden und Kosten ersetzen.[834]

[826] „*E si leva armes contra al senyor, tots los mariners lo deuen pendra e ligar e metre en presó e menar-lo a la senyoria; (..).*" Kapitel 163, Zeile 5 ff. LCM.

[827] „*(...; e aquels qui pendra no·l volran, deuen perdra la roba e·l loguer que hauran ne haver dauran per aquell viatge.*" Kapitel 163, Zeile 7 ff. LCM.

[828] Dieses Kapitel weist nach *Pardessus*, Collection de lois maritimes II, S. 145 Ähnlichkeiten mit dem rhodischen Recht auf.

[829] Kapitel 164 LCM.

[830] „*Encara és tengut lo mariner al senyor que li ha a jurar de ésser fel e leyal*", Kapitel 154, Zeile 11 ff. LCM.

[831] Kapitel 238, Zeile 14 ff. LCM.

[832] Kapitel 238, Zeile 16 f. LCM: „*E lo senyor de la nau pot-los metre en ferres e metre en metre en poder de la senyoria, e fer demanda contrea eyls (...).*"

[833] Kapitel 238, Zeile 24 LCM.

[834] Kapitel 238, Zeile 22 ff. LCM.

## 6. Teilweiser Verlust der Entlohnung

### a. Grundsätzliche Befreiung des Schiffsmannes beim Seewurf

Nach dem Llibre del Consolat de Mar war es dem einzelnen Schiffsmann nicht erlaubt, seinen Frachtraum weiterzuvermieten.[835] Dafür war er nach dem Grundsatz des Kapitels 131 LCM von der Teilnahme am Seewurfsausgleich befreit: *„(...) e que les portades dels mariners, so és entendre no meten en git."*[836] In Kapitel 132 LCM erfolgte dann aber eine Erklärung des Kapitels 131 LCM.

In Kapitel 132 LCM wurde zunächst die Hauptaussage des Kapitels 131 LCM aufgegriffen, dass die Führung der Seeleute nichts zum Seewurf beitragen sollte. Dieser Grundsatz sei aber nach dem Rat der weisen Männer, welche die Welt durchreisten, so zu verstehen:

Zunächst wurde ein Fall eines Matrosen gebildet, welcher seine Führung auf eigene Kosten gekauft hatte, bevor er seine Heuer empfing. Wenn er nun mit seiner Führung, die er von seinem eigenen Geld gekauft hatte, auf dem Schiff fuhr und auf diesem ein Unglück geschah, dann sollte dieser Matrose zu dem Seewurf verhältnismäßig soviel beitragen, wie seine Führung wert war oder wie viel sie gekostet hatte. Denn er hatte seine Heuer ja noch nicht erhalten. Wenn er sie dann später (zumindest noch zur Hälfte) bekam, ersetzte diese quasi seinen Beitrag zum Seewurf.[837] Denn aus dem weiteren und auch aus Kapitel 131 LCM wird deutlich, dass der Wert Führung in der Regel die Hälfte der Heuer nicht überschritt.

Denkbar war aber auch ein zweiter Fall: Wenn der Schiffer den Matrosen ihre gesamte Heuer bereits gezahlt hatte, ehe sie die Reise antraten und der Schiffer ihnen somit ihre Gunst erwiesen hatte, dann waren die Matrosen nicht verpflichtet, mit der Hälfte ihrer Heuer zum Ausgleich beizutragen.[838] Die Ursache war, dass die unbezahlten Heuergelder der Matrosen zum größten Teil von der Teilnahme am Seewurf befreit waren. Deshalb musste es konsequenterweise auch richtig sein, dass die für diese Heuergelder eingekauften Waren und Kaufmannschaften frei waren.[839] Hier geht die Quelle aus dem Gesamtzusammenhang davon aus, dass die Führung in der Regel nicht mehr als die Hälfte der Heuer ausmachte.

---

[835] Kapitel 134 LCM.

[836] Kapitel 131, Zeile 9 f. LCM. Dieser Grundsatz geht auch aus Kapitel 89 hervor, das nur den Ausgleich zwischen Kaufleuten und Schiffer in den verschiedenen Fällen des Verlustes der Waren betraf.

[837] Kapitel 132, Zeile 9 ff. LCM.

[838] Kapitel 132, Zeile 20 ff. LCM.

[839] Kapitel 132, Zeile 16 ff. LCM.

Wenn aber die Führung mehr gekostet hatte als die halbe Heuer betrug, dann waren die Schiffsleute verpflichtet, sich am Ausgleich insoweit verhältnismäßig zu beteiligen, als die Führung mehr als die Hälfte der empfangenen Heuergelder kostete oder wert war (3. Fall).[840]

Die Schiffsleute waren also von dem Moment an, an dem sie ihre Heuer erhalten hatten, nur mit dem Beitrag zum Ausgleich verpflichtet, der mehr als die halbe Heuer betrug.

Die Größe der Führung wurde in diesem Zusammenhang auch bestimmt. Sie sollte den Wert von 50 Pesanten besitzen.[841] Dies sei so zu verstehen: Derjenige Matrose, der 100 *„lliures"* als Lohn verdiente, bezahlte für 50 im Falle eines Seewurfs nichts, sondern nur dann, wenn er mehr Führung als 50 Pesanten besaß. Der Schiffsmann, der eine Führung im Wert von 40, 30 oder 20 *„besants"*[842] hatte, musste dementsprechend zu keinen Kosten und auch nicht zum Wurf beitragen, solange die Führung den Wert von 50 Pesanten nicht überschritt.[843]

Damit galt die Kontributionsfreiheit gemäß 132 LCM für den Fall, dass der Schiffsmann noch keinen Vorschuss bekommen hatte, sondern sich seine Führung *(„(es)portades")* von seinem eigenen Privatvermögen gekauft hatte.[844]

**b. „Fracht ist die Mutter der Gage"**

Der zwischen dem Schiffer und seinen Seeleuten abgeschlossene Heuervertrag war mit dem Frachtverhältnis eng verknüpft, da der Anspruch auf Entlohnung nur dann bestand, wenn der Schiffer Fracht verdient hatte.

Dies ist der Grundsatz *„Fracht ist die Mutter der Gage"*, welcher im Llibre del Consolat de Mar konkret umgesetzt wurde.[845] Die Heuerforderung war von der Frachtforderung abhängig. Und so bestand der Anspruch auf Entlohnung, wenn der Schiffer Frachtgelder verdient und diese dann auch tatsächlich von den Ladungsinteressenten erhalten hatte.[846]

---

[840] Kapitel 132, Zeile 30 ff. LCM.
[841] Kapitel 131, Zeile 12 ff. LCM.
[842] *Colon*, Llibre del Consolat de mar I, S. 129 merkt hier an, dass in dem Ms. Esp. 56. BN de París (segle XV) für *„besant"* das Wort *„luires"*.
[843] *« Emperò les portades deuen èsser d'aytant com ell pren lo loguer, de L basants en avayl comprades, so és a entendra : que si havia C lliures de loguer que non paguaria de les L, e de les L ensús paguaria, e si à LX o XXX o XX besants e havia tant com deu haver de L aval, no paguaria lo git ne averies »*, Kapitel 131, Zeile 10 ff. LCM.
[844] So *Abel*, Grundzüge und geschichtliche Grundlagen, S. 17.
[845] *Abel*, Grundzüge und geschichtliche Grundlagen, S. 16.
[846] *Von der Decken*, S. 39.

Dies ging aus den Kapiteln 136, 137 und 179 LCM direkt hervor. Der Schiffer musste gemäß Kapitel 136 LCM die Heuer der Matrosen aus der Fracht bezahlen, die er erhalten hatte: „*Encara és tengut lo senyor de nau als mariner que, quant haurà estibada la nau, de so que deu pagar als mariners, (...).*“[847] Der Schiffer sollte den Schiffsleuten ihren Lohn an dem Ort bezahlen, an dem er die Fracht erhalten hatte.[848] In Kapitel 179 LCM, in dem es darum ging, dass die Schiffsleute das Schiff nicht ohne Erlaubnis des Schiffers verlassen durften, wurde der Grundsatz aufgestellt, dass so, wie das Schiff seine Fracht verdiente, auch die Matrosen ihren Lohn verdienen sollten: „*E enaxí con la nau o·l leny guanyarà del nòlit, e mariner créxer de lur loguer.*“[849]

So konnte die Heuerforderung entfallen oder sich verringern, wenn der Frachtgewinn, beispielsweise im Fall der Beschädigung oder des Verlustes der Ladung, ausblieb oder sich reduzierte.[850] Es konnte aber auch zu einer Erhöhung der Heuer kommen, wenn sich die Reise verlängerte.[851] Diese Regel fand sich in Kapitel 150 und 191 LCM.

Der Schiffer sollte gemäß Kapitel 138 LCM die Heuer der Matrosen aus dem Frachtgeld, das er erhielt, zu bezahlen: „*Encara és tengut senyor de nau als mariners del nòlit qui a él serà pagat, que deu pagar los mariners.*“[852]

Dem Grundsatz „*Fracht ist die Mutter der Gage*“ entsprechend, konnte die Reduzierung oder der ganze oder der teilweise Verlust der zugrunde gelegten Fracht zu einer Herabsetzung des Heueranspruchs des Schiffsmannes führen. Dies geht exemplarisch aus den Kapiteln 83, 85, 191 und 192 LCM hervor.
In Kapitel 83 LCM ging es um den Kaufmann, der das Schiff nach Quintalen (Doppelzentnern) befrachtete („*Mercader qui nolieja nau o leyn a quintalades*“)[853] Wenn ein Kaufmann schriftlich, in Gegenwart von Zeugen oder durch Eintragung im Schiffsbuch durch den Schreiber versprochen hatte,[854] eine bestimmte Anzahl an Quintalen zu laden, und dann doch nicht an der Reise teilnehmen und das Schiff nicht mit der vereinbarten Anzahl an Quintalen befrachten wollte, so musste er dem Schiffer alle entstandenen Kosten ersetzen, die die-

[847] Kapitel 136, Zeile 3 ff. LCM.
[848] Kapitel 137, Zeile 3 ff. LCM: *Encara és tengut senyor de nau als mariners del nòlit qui a él serà pagat, que deu pagar los mariners.*“
[849] Kapitel 179, Zeile 4 f. LCM.
[850] Dies geht beispielsweise aus den Kapiteln 83, 85 und 191 LCM hervor.
[851] *Monnerjahn*, S. 11; *Wagner*, Seerecht, S. 18; *Abel*, S. 16.
[852] Kapitel 138, Zeile 3 f. LCM.
[853] Kapitel 83, Zeile 3 LCM.
[854] Kapitel 83, Zeile 12 ff. LCM. Die grundsätzliche Bindung an ein Versprechen oder einen Vertrag folgt auch aus Kapitel 292 LCM.

ser zur Vorbereitung der Reise im Vertrauen auf die Vereinbarung hatte.[855] Wenn der Kaufmann aber schon mit der Beladung begonnen hatte, so musste er die Hälfte der versprochenen Fracht bezahlen.[856] In dem Fall, dass das Schiff auf der Reise zumindest die Hälfte der anfänglich erwarteten Fracht erhielt, erhielten die Schiffsleute auch nur die halbe Heuer:

> *„E·l senyor del leyn deu pagat la maytat del loguer als meriners, si la nau o el leyn ha tanta quantitat de nòlit que fos la maytat que poria haver, com hauria son ple.“*[857]

Kapitel 85 LCM handelte von Kaufleuten, die ein Schiff befrachtet hatten und das verfrachtete Gut verkauften. Sie mussten die Frachtgelder zahlen, da sie bei dem Verkauf einen Gewinn machten und in diesem Gewinn auch der Frachtlohn des Schiffers inbegriffen war. Denn es sei billig, dass im Falle des Gewinns und Vorteils der Kaufleute der Schiffer keinen Schaden erleiden musste. Ein etwaiger Streit hierüber Streit sollte in der Regel[858] von zwei seefahrenden, weisen Männern entschieden werden, an deren Entscheidung die Kaufleute und der Schiffer gebunden waren. Den so geschlossenen Vergleich zwischen Schiffer und Kaufleuten mussten auch die Schiffsleute gegen sich gelten lassen: *„E aquell pati lo senyor de la nau o del leyn farà ab los mercaders, en aquell pati matex deuen ésser los mariners*[859]*.“*[860] Dies bedeutete, dass der Lohn der Schiffsleute sich nach der dem Schiffsmann zustehenden Fracht richtete, was entsprechend dem Grundsatz *„Fracht ist die Mutter der Gage“* zum teilweisen Verlust der Heuer führen konnte.[861]

Wenn das Schiff von der Regierung gehindert wurde, die Reise zu dem Bestimmungsort aufzunehmen, der Schiffer und die Kaufleute aber einen Hafen fanden, der nicht mehr als 150 Meilen (*„CL milles“*) von dem ursprünglichen Bestimmungshafen entfernt war und an dem sie anlegen konnten, dann mussten die Schiffsleute gemäß Kapitel 191 LCM dem Schiff folgen, ohne eine Erhöhung ihres Lohnes verlangen zu können.[862] Wenn das Schiff aber weiter als die

---

[855] Kapitel 83, Zeile 16 ff. LCM.

[856] *„E si, despuys que haguessen neguna cosa carregada els mercaders s'estreyen del viatge, dèjan donar la maytat del nòlit, lo qual haurien fermat a la nau o al leny, meyns de tot contrast.“* Kapitel 83, Zeile 18 ff. LCM.

[857] Kapitel 83, Zeile 21 ff. LCM

[858] Nämlich dann, wenn der Hafen der Vertragsschließung und der Befrachtung identisch waren. Kapitel 85, Zeile 16 ff. LCM.

[859] In der Editon von *Colon*, S. 83, heißt es „mercaders“, gemeint sind aber laut einem Vergleich mit allen anderen Manuskripten die „mariners“. *Colon*, S. 83 Fn. 36.

[860] Kapitel 85, Zeile 21 ff. LCM.

[861] *Engelbrecht*, S. 223.

[862] *„Si nau o leny per alcuna condició per empahiment de senyoria e no gosava anar là on lo viatge serà levat, e·l senyor de la nau cobrerà ab los mercaders altre loch per fer port si·l lo dit loch era pus luny que·l loch hon l'empahiment era on voilier anar de CL milles, que·ls*

vorgenannten 150 Meilen fuhr und durch den längeren Reiseweg mehr Fracht bekam, dann sollten die Schiffsleute dem Grundsatz *„Fracht ist die Mutter der Gage"* entsprechend mehr Lohn erhalten.[863] Wenn das Schiff aber nicht mehr Fracht erhielt, dann konnten auch die Schiffsleute trotz der längeren Reiseroute keine Erhöhung ihres Lohns fordern.[864] Wenn das Schiff wegen Verhinderung an irgendeinem anderen Ort entladen musste, richtete sich der Lohn nach der Fracht, die das Schiff dort verdiente.[865]

Kapitel 192 LCM handelte von einem Schiff, das wegen eines Verbots der Regierung an einem Ort nicht laden konnte und zur Ent- oder Beladung an einen anderen Ort fahren musste, an dem es eine Ladeerlaubnis bekam. Der Schiffer musste sich mit den Kaufleuten darüber einigen, an welchen Ort sie fahren sollten, was zu einer Verlängerung der Reise führen konnte. Die Schiffsleute hatten entgegen den Regelungen in vorangegangen Kapiteln hier keinerlei Mitspracherecht.[866] Vielleicht weil man der Auffassung war, dass hier primär Interessen von Schiffer und Kaufleuten betroffen waren.

Wenn die Kaufleute den Frachtlohn nicht erhöhten, musste auch der Schiffer entsprechend dem Grundsatz „Fracht ist die Mutter der Gage" den Lohn der Schiffsleute nicht erhöhen: *"E si·ls mercaders mo faran junta de nòlit al senyor de la nau, lo senyor de la nauno és tengut de fer junta als mariners de lurs loguers."*[867]

Die Kaufleute, die durch das Verbot der Regierung einen Verlust machten, waren es dem Schiffer nicht schuldig, das Frachtgeld und die entstandenen Kosten zu zahlen, da das Regierungsverbot nicht in ihre Risikosphäre fiel. Wenn wiederum der Schiffer deshalb kein Frachtgeld erhielt, war er auch nicht verpflichtet, den Schiffsleuten ihren Lohn zu zahlen[868], da ihn neben dem Verlust des Frachtlohns weiterhin die Kosten des Schiffes trafen, die er von den Kaufleuten nur zur Hälfte ersetzt bekam.[869]

Etwas anderes sollte gemäß Kapitel 192 LCM aber gelten, wenn die Kaufleute und der Schiffer bereits vor der Frachtannahme durch den Schiffer von

*mariners dejen seguir lo dit viatge menys de junta a lur loguer.* ", Kapitel 191, Zeile 3 ff. LCM.

[863] Kapitel 191, Zeile 8 ff. LCM.

[864] Kapitel 191, Zeile 10 ff. LCM.

[865] Kapitel 191, Zeile 12 ff. LCM.

[866] *„(...) mariner negun no li pot contrestar, segons que en lo dessús dit capitol és contengut.*" Kapitel 192, Zeile 11 f. LCM.

[867] Kapitel 192, Zeile 12 ff. LCM.

[868] *„E si los mariners demanaran lo loguer al senyor de la nau no·ls és tengut del loguer a donsar, (...).*" Kapitel 192, Zeile 30 ff. LCM.

[869] Kapitel 192, Zeile 34 ff. LCM.

dem Verbot unterrichtet waren, das Schiff aber dennoch an den Ort fuhr, weil man glaubte, dass man durch bestechende Geschenke für die Regierung dort doch laden durfte.[870] Wenn man an dem Ort dann wider Erwarten nicht laden durfte, schuldeten die Kaufleute dem Schiffer weder Unkosten noch Frachtgeld, da er von dem Verbot wusste.[871] Wussten die Kaufleute nichts von dem Verbot, dann musste der Schiffer auch den Kaufleuten alle ihre entstandenen Kosten ersetzen und auch den Schiffsleuten, wenn sie nichts von dem Verbot wussten, die volle Heuer zahlen.[872] Wussten sie aber von dem Verbot, verloren sie auch den Anspruch auf ihre Heuer.[873]

Wenn der Schiffer selbst unwissend war, die Kaufleute dagegen aber von dem Verbot wussten, mussten sie dem Schiffer seine volle Fracht und alle Unkosten ersetzen. Die Schiffsleute erhielten dementsprechend auch die volle Entlohnung.[874]

Auch hier fand sich wieder der Grundsatz „*Fracht ist die Mutter der Gage*“, der aber dann eingeschränkt wurde, wenn der Schiffer von dem Verbot wusste und damit bösgläubig war, während die Schiffsleute in gutem Glauben handelten: Dann hatten die gutgläubigen Schiffsleute einen Anspruch auf ihre Entlohnung.

**7. Lohnschutz**

Wenn die Güter vom Schiffsmann oder Steuermann im Feuchten gestaut wurden und die Waren dadurch Schaden erlitten, musste der Schiffer gemäß Kapitel 63 LCM *(„Capítol de roba a estibar“)* allen geschädigten Personen den so entstandenen Schaden ersetzen, selbst wenn er dazu das Schiff verkaufen musste.[875] Die Bodmer oder Rheder erhielten von dem Erlös dann nichts, da er zunächst dazu dienen sollte, die Schäden zu ersetzen und, was in diesem Zusammenhang wichtig erscheint, dass die Schiffsleute auch in einem solchen Fall ihren Lohn nicht verloren: *„Et si noy basta, deu-se'n vendra la nau, que per parsoner ne presta-*

---

[870] Kapitel 192, Zeile 40 ff. LCM.

[871] Kapitel 192, Zeile 55 ff. LCM.

[872] *„Encara és tengut lo senyor de la nau de pagar als mariners tot lo loguer que promès lus havia, si donchs los dits mariners no sabien ja aquel empahiment ans que ab lo senyor se acordassen.“* Kapitel 192, Zeile 74 ff. LCM.

[873] *„E si·ls mariners sebien aquel empahiment, lo senyor de la nau no·ls és tengut de res a donar ne de pagar lur loguer.“* Kapitel 192, Zeile 77 ff. LCM.

[874] Kapitel 192, Zeile 58 ff. LCM.

[875] Hierbei handelte es sich um eine Verpflichtung, die sich vom Prinzip her auch schon im dritten Teil des Rhodischen Seerecht in den Kapiteln XXXIV und XXXVIII fand. *Pardessus*, Collection de lois maritimes II, S. 71.

*dor non pot res haver, saul los mariners que no perden lurs loguers.*"[876] Dabei handelte es sich wieder um einen klugen Schutzmechanismus, der die Schiffsleute davor schützen sollte, ihren Lohn zu verlieren.

Der Schiffsmann, der bereits drei Tage vor der Abreise an Bord gearbeitet hatte und dann erkrankte, besaß einen Anspruch auf die halbe Heuer, auch wenn er dann nicht mehr mit auf die Reise gehen konnte: „*Encara és tengut lo senyor que III jorns fins ayent com haurà lavorat e pren malaltia, que li deu pagar la maytat del loguer.*"[877]

Dies galt allerdings nur, wenn die Schiffsmannschaft entschied, dass er nicht mit auf Reise gehen konnte.[878] Wenn sie sich bereits in einem fremden Land befanden, also die Schiffsreise bereits begonnen hatte, schuldete der Schiffer dem wegen Krankheit entlassenen Matrosen ebenfalls die Hälfte der Heuer. Dabei war es unwesentlich, ob der Schiffer die Heuer zahlen konnte oder nicht. Wenn er sie nicht zahlen kann, sollte sich der Schiffer die Heuer borgen, da dem Matrosen die halbe Heuer zustand.[879] Wenn der Schiffer starb, mussten die Testamentsvollstrecker[880] des Schiffers dafür sorgen, dass der Matrose seine Heuer erhielt.[881]

In Kapitel 140 LCM ging es um den Lohn des Matrosen, wenn das Schiff unter der Hand verkauft wurde („*Capitol de senyor de nau qui serà penyorat*"). Das war der Fall, wenn der Schiffer von der Regierung oder von anderen mit Arrest belegt wurde und die Kaufleute und der Schiffer das Schiff unter der Hand verkauften. Sie brachten das Schiff dann aber nachher wieder an sich, indem sie es auf einen fremden Namen kauften, damit es entweder die Regierung oder die „anderen Personen" nicht merkten. Das Schiffsvolk sollte auch in diesem Fall seinen Lohn nicht verlieren, weil der Schiffer das Schiff mit der Fracht und der Ladung so doch behielt. Der Schiffer musste die Schiffsleute bezahlen.[882] Doch sollte das Schiffsvolk in diesem Fall den dritten Teil der verursachten Kosten fahren lassen. Von dem, was sie bereits empfangen hatten, sollten sie wie die Kaufleute ihren Anteil beitragen. Etwas anderes galt nur dann, wenn der

---

[876] Kapitel 63, Zeie 12 ff. LCM.
[877] Kapitel 127, Zeile 9 ff. LCM.
[878] „*E si no pot entra en la nau, que la haja a jaquir, si los mariners conexen que no puscha anat*", Kapitel 127, Zeile 11 ff. LCM.
[879] Kapitel 127 LCM.
[880] „*Les marmessors del senyor*" werden bei *Pardessus*, Collection des lois maritimes II, S. 124 als „*ses exécuteurs testamentaires*" und bei *Engelbrecht*, S. 244 als „*Curatoren*" übersetzt.
[881] Kapitel 127, Zeile 15 f. LCM.
[882] Kapitel 140, Zeile 7 ff. LCM.

Schiffer in einem Hafen überwintern wollte, ohne dass die Kaufleute davon erfuhren.[883]

Am Ende des Kapitels 137 LCM fand sich wieder eine Begründung, warum dieses Kapitel aufgenommen wurde: Der Matrose war vom Willen und Handeln des Schiffers abhängig. Der Schiffer konnte tun, was er wollte. Und durch die Überwinterung verlor man Zeit, für welche die Matrosen nicht einmal eine Lohnverbesserung erhielten, obwohl sie durch die weitere Arbeit geschwächt und ihre Kleider abgenutzt wurden. Der Schiffer aber verschob auf Kosten der Matrosen seine Reise, indem er dadurch auf Gewinn hoffte. Hierfür durfte den Matrosen kein Risiko aufgebürdet werden.

Etwas anderes sollte nur dann gelten, wenn die Schiffsleute zuvor mit dem Schiffer eine Vereinbarung getroffen hatten, dass sie für die Liegetage extra bezahlt werden sollten. Dann mussten sie sich sogar an den Kosten beteiligen.[884]

Wenn das Schiff an einen Nichtmiteigentümer verkauft wurde, erhielten die Schiffsleute ihren kompletten Lohn.[885] Sie hatten sogar einen Anspruch auf Ersatz der Reisekosten gegen den Schiffer oder den neuen Eigentümer, wenn sie sich an einem fremden Ort befanden, an dem sie keine Arbeit finden konnten, um wieder nach Hause gelangen zu können.[886] Dies entsprach auch der grundsätzlichen Verpflichtung des Schiffers, wenn er in einem „*ungläubigen*" Land war, den Schiffsleuten die Rückfahrt in ein christliches Land zu ermöglichen.[887]

Kapitel 182 LCM handelte von dem Schiffsmann, der an Land geschickt und von Seeräubern gefangen genommen wurde. Er behielt dann den vollen Anspruch auf seinen Lohn.[888] Daraus kann geschlossen werden, dass dieser Lohn im Falle seines Todes seinen Erben zustehen musste.

Eine gewisse Sonderstellung der Schiffsleute, die man als eine Art „*Lohnschutz*" bezeichnen könnte, wurde in Kapitel 193 LCM aufgestellt. Danach blieb die Heuer der Schiffsleute auch dann unantastbar, wenn der Schiffer sein Schiff

---

[883] Kapitel 140, Zeile 12 ff. LCM.

[884] Kapitel 140, Zeile 27 ff. LCM.

[885] „*Si senyor de nau vendrà la nau o altre qui la puscha vendra a hom estrany que no·y agués part, tot lo loguer deu pagar als mariners escàpols.*», Kapitel 151 LCM.

[886] „*E si·ls mariners són en loch que no·y vuylen navegar, lo senyor, o aquel qui la nau haurà venuda, és tengut de fer lur ops a eyls, dentrò sien tornats là d'on los levaren*», Kapitel 151, Zeile 5 ff. LCM. Dieser Gedanke spiegelt sich auch in Kapitel 161 LCM wieder: Der Schiffer sollte den Schiffsleuten, wenn er das Schiff verkauft hatte, ein Schiff für die Heimreise verschaffen. Kapitel 161, Zeile 6 ff. LCM.

[887] „*Si nau o leyn se vendrà en terra de sarrahins, lo senyor de la nau o del leny deu donar leny e vianda als mariners, dentrò sien en terra de christians hon pusquen haver recobra*", Kapitel 152 LCM.

[888] Kapitel 182 LCM.

zu einem gewissen Preis an eine Person verfrachtete, die sich im Nachhinein als Betrüger herausstellte. Wenn der betrügerische Befrachter entfloh, sich verbarg oder verstarb, so war es das Schiff, das für den Lohn der Schiffsleute zu haften hatte.[889] Egal wie die Umstände auch waren, der Schiffer oder die Person, die das Schiff führte, blieben verpflichtet, dem Schiffsmann seinen Lohn zu zahlen: „*(...)lo senyor de la nau o aquell qui la nau menarà deu pagar los mariners.*“[890] Kapitel 193 LCM stellte den Grundsatz auf, dass ein Matrose seinen Lohn nicht verlieren durfte um eines Entlaufenen oder Betrügers oder Leihenden oder um des Schiffers Todes willen: „*Mariner no pert son loguer per fugidor ne per tref-fagadar ne per prestador ne per Mort de senyor.*“[891]

Schließlich diente noch folgendes Kapitel dem Schutz des Schiffsmannes und seines Lohns: Die Lohnforderung eines Schiffsmanns gegenüber dem Schiffer sollte nicht schriftlich geschehen, hieß es in dem kurzen Kapitel 28 LCM: „*De loguer de mariner que·s clam de son patró no·n cal demanda posar per scriptura.*“[892] Dies bedeutete, dass es nicht notwendig war, dass der Schiffsmann den Schiffer in einer Schrift vor den Konsuln verklagt. Er sollte dies mündlich tun. Die Regelung ist schiffmannsfreundlich, da eine schriftliche Klage vor den Konsuln für ihn ein unüberwindbares Hindernis hätte darstellen können.

## 8. Tod eines Matrosen

Wenn der Schiffsmann an Bord krank wurde und dort auch starb, hatte er bzw. hatten seine Nachfahren trotzdem einen Anspruch auf die volle Heuer.[893] Wenn ein Verwandter von ihm an Bord war, erhielt dieser die Sachen des Schiffmanns. Die Heuer sollte im Todesfall den Kindern oder seiner Ehefrau zustehen und diesen übergeben werden. Dabei war es unwesentlich, ob dies dem Willen des Verstorbenen entsprach oder nicht. Allerdings gab es in Bezug auf seine Frau eine Einschränkung: Ihr sollte die Heuer nur dann zustehen, wenn sie zu Lebzeiten ihren Mannes noch mit ihm zusammen war.[894] Wenn die Frau sich ihm gegenüber nicht „*loyal*“ verhalten hatte, also bei seiner Abreise nicht mehr bei ihm war oder ihn nach der Abreise verlassen hatte, hatte sie keinen Anspruch auf die

[889] Kapitel 193, Zeile 13 ff. LCM.
[890] Kapitel 193, Zeile 18 f. LCM.
[891] Kapitel 193, Zeile 19 ff. LCM.
[892] Kapitel 28 LCM.
[893] Kapitel 128, Zeile 2 ff. LCM: „*E encara és tengut lo senyor de la nau al mariner que, si malaut és lo mariner e mor en la nau, que deu ésser pagat de tot son loguer.*“
[894] « *E si aquel qui mort serà ha dit o no dit, als infants e a la muyler sia donat, si ab eyl estava eyla com lo marit era viu.* » Kapitel 128, Zeile 5 ff. LCM.

Heuer.[895] Der Schiffer und der Schreiber sollten in diesem Fall die Heuer, nachdem sie die Genehmigung des Gerichts eingeholt haben, den nächsten Verwandten des Matrosen übergeben: *„(...) lo senyor de la nau ab l'escrivà e ab consentiment de la cort, als parents pus prohismes ho don.“*[896]

Wenn der monatsweise angeheuerte Schiffsmann starb, sollten die Erben gemäß Kapitel 130 LCM nach Maßgabe der Zeit, die der Matrose seinen Dienst geleistet hat, befriedigt und bezahlt werden.[897]

Wenn der Matrose starb, bevor das Schiff unter Segel gegangen war, stand ihm beziehungsweise seinen nächsten Erben immer noch der vierte Teil des Lohnes (*„lo quart del loguer“*) zu. Der Lohn sollte an die Erben ausgezahlt werden.[898]

Wenn der Matrose starb, nachdem das Schiff unter Segel gegangen war, jedoch bevor es einen Hafen erreicht hatte, dann gebührte dem Verstorbenen immerhin die halbe Heuer (*„la maytat del loguer“*), die seinen Erben (*„sos hereus“*) ausgezahlt werden sollte.

### 9. Tod des Schiffers

In Kapitel 127 LCM wurde der Fall angesprochen, dass der Schiffer stirbt. Auch in diesem Fall endeten seine Verpflichtungen nicht. Die Zahlung des Lohnes der Schiffsleute musste nämlich gewährleistet bleiben und von den *„marmasors del senyor“*, *den* Vollstreckern seines letzten Willens, geleistet werden.[899]

## IV. Zusammenfassung

### 1. Fälligkeit der Entlohnung

Nach dem Llibre del Consolat de Mar war der Lohn grundsätzlich an dem Ort zu bezahlen, an welchem der Schiffer sein Frachtgeld erhielt.[900] In den Rôles d'Oléron war dies regelmäßig der Hafen der Ausladung[901]. Dieser Ort der Lohnzahlung konnte aber auch nach dem Llibre del Consolat de Mar vertraglich zwi-

---

[895] *„E si la muyler no li era leyal o no estava ab eyl com eyl partí de sa terra o si li serà fuyta despuys que·l marit ne serà mogut, (...)“*, Kapitel 128, Zeile 7 ff. LCM.

[896] Kapitel 128, Zeile 9 f. LCM.

[897] Kapitel 130 LCM: *„Si·l mariner s'és acordat a meses e mor, sia pagat e donat als seus heureus per so que haurà servit.“*

[898] *“(...) sia donat a sos hereus.”* Kapitel 129, Zeile 5 LCM.

[899] *„E si lo senyor mor, los marmasors del senyor deuen assò atendre“*, Kapitel 127, Zeile 15 f. LCM.

[900] Kapitel 131, 139 LCM.

[901] Kapitel VIII (Ms. Liber Horn).

schen Schiffer und Schiffsmann vereinbart – also geändert werden.[902] Die umfangreichen Regelungen im Llibre del Consolat de Mar zum Abschluss einer solchen Sondervereinbarung in Kapitel 139 deuten darauf hin, dass dies wohl nicht unüblich war.

Allerdings musste der Schiffer im Llibre del Consolat de Mar, wenn der vereinbarte Lohn nicht mit der Fracht zu begleichen war, das Geld aus seinem eigenen Vermögen zahlen, selbst wenn er dazu Geld borgen oder das Schiff verkaufen musste.[903] Dieser Vorrang des *„heiligen Lohnanspruchs“*[904] des Schiffsmannes gegenüber dem Schiffer vor allen anderen Gläubigern wurde nur im Llibre del Consolat de Mar besprochen. Allerdings konnte auch der Schiffsmann dem Schiffer Lohn mit zusätzlichem Zinsanspruch leihen.[905]

Das Bild des *„letzten übrig gebliebenen Nagels“*, mit dem der Lohn gezahlt werden musste, und die umfassenden Regelungen im Llibre del Consolat de Mar deuten auf die immense Bedeutung der Lohnzahlung und des Anspruchs darauf hin.[906] Diese Lohnsicherung diente sicher der besseren Rekrutierungsmöglichkeit von Schiffsmännern, damit diese das Risiko einer Seereise eingingen, macht aber auch deutlich, dass die Zahlung eines Lohns im Llibre del Consolat de Mar die weitaus etabliertere Form der Heuerung gewesen zu sein scheint als andere Formen. Zwar handelte es sich um eine heilige Verpflichtung, sie führte jedoch gleichzeitig auch zu einem stärker ausgeprägten Über-/ Unterordnungsverhältnis, indem die Rolle des Schiffsmanns als Ladungsinteressent allmählich zu verschwinden scheint. Dies kann als Beleg gewertet werden, dass im Llibre del Consolat de Mar ein jüngerer Zustand als in den Rôles d'Oléron gezeichnet wird. Im Llibre del Consolat de Mar war der Lohnanspruch ein grundsätzlich isolierter Anspruch, der sich nicht mehr nur auf den Frachtgewinn des Schiffes bezog. Denn in den Rôles d'Oléron scheinen Führung und Heuer noch nahezu gleichberechtigt nebeneinander existiert zu haben, was durch die Frage des Schiffers an die Schiffsleute, ob sie ihre eigene Führung haben oder an der Führung des Schiffes teilnehmen wollten, belegt werden kann.

---

[902] Kapitel 139 LCM.
[903] Kapitel 138 LCM.
[904] Kapitel 138 und 58, 63, 139, 151, 227, 228 LCM.
[905] Kapitel 138 LCM.
[906] Kapitel 138 und 58, 63, 139, 151, 227, 228 LCM.

**2. Höhe der Entlohnung**
Über die Höhe der Entlohnung fand sich in den Rôles d'Oléron kein Hinweis, während im Llibre del Consolat de Mar davon die Rede war, dass es Schiffsmänner gab, die „*100 illures*" verdienten.

**3. Anspruch auf Erhöhung des Lohnes**
In den Rôles d'Oléron erhöhte sich dementsprechend der Lohn, wenn sich die Reise verlängerte.[907] Dies galt konsequenterweise nur für den Schiffsmann, der „*a derniers*" fuhr. Der auf Führung fahrende Schiffsmann behielt den ihm zugewiesenen Schiffsraum.

Im Llibre del Consolat de Mar konnte der Schiffsmann ebenfalls eine Erhöhung verlangen, wenn sich die Reise verlängerte.[908] Der Schiffsmann konnte zum einen dann eine Erhöhung seines Lohnes verlangen, wenn Schiffer im Heimathafen keine neuen Schiffsleute finden konnte und der Schiffsmann deshalb an seinen Vertrag gebunden blieb.[909] Zum anderen konnte er eine Erhöhung verlangen, wenn das Schiff zu einem mehr als 150 Meilen entfernten Hafen fahren musste, da es in den ursprünglichen Hafen wegen eines Verbots nicht einlaufen durfte.[910]

**4. Sonderzahlungen**
In der knappen französischen Quelle fanden sich überraschenderweise sehr detaillierte Regelungen über die Verpflichtung der Kaufleute, die Kosten für Schleppen, Lotsen und die Charte-Partie zu tragen.[911]

Die Schiffsleute im Llibre del Consolat de Mar hatten einen Anspruch auf Sonderzahlungen, wenn der Schiffer von den Kaufleuten Geld für Ausladearbeiten erhielt.[912] Der Schiffer musste ihnen dann etwas geben, da das Ein- und Ausladen normalerweise Aufgabe von gesondert angeheuerten Tagelöhnern war.[913]

Interessant ist, dass in beiden Quellen eine ¾ : ¼ Aufteilung zwischen Schiffer und Schiffsleuten normiert wurde, allerdings in zwei verschiedenen Zusammenhängen: In den Rôles d'Oléron in dem Fall, dass das Schiff seinen Auftrag verlor, weil es länger als zwei Wochen auf die Kaufleute warten mussten.

---

[907] Kapitel XX (Ms. Liber Horn).
[908] Kapitel 150 und 191 LCM.
[909] Kapitel 150 LCM.
[910] Kapitel 191 LCM.
[911] Kapitel XIII (Ms. Liber Horn).
[912] Kapitel 149 LCM.
[913] Kapitel 74, 75 LCM.

Die Kaufleute schuldeten dann den kompletten Frachtlohn, der im Verhältnis ¾ : ¼ zwischen Schiffer und Schiffsleuten aufgeteilt wurde.[914]

Im Llibre del Consolat de Mar ging es darum, dass die Schiffsleute Waren gefunden hatten.[915] Dem Schiffer gebührten dann ¾ und den Schiffsleuten ¼ des gefundenen Gutes. Begründet wurde dies damit, dass die Schiffsleute von dem Schiffer Kost und Lohn erhielten. Aus den beiden Beispielen geht hervor, dass es schon ein ausgeprägtes Über-/ Unterordnungsverhältnis zwischen Schiffer und Schiffsleuten gab, da dem Schiffer ein Dreifaches zustand.

Die Aufteilung im Verhältnis ¾ : ¼ war im mittelalterlichen Europa sehr verbreitet. Im vorliegenden Fall müssen sie als ein Indiz für den Umbruch einer genossenschaftlichen zu einer herrschaftlichen Struktur des mittelalterlichen Schifffahrtsbetriebes gewertet werden, der die Stellung des Schiffers gegenüber den Schiffsleuten charakterisierte.

**5. Ganzer Verlust von Schiff und Fracht**

*Réhault* bezeichnet den ganzen Verlust der Entlohnung im Falle eines totalen Verlustes von Schiff und Fracht als einen allgemeinen seerechtlichen Brauch.[916] Dieser fand sich nicht nur in den Rôles d'Oléron[917], sondern auch im Llibre del Consolat del Mar[918] als den beiden bedeutendsten mittelalterlichen Quellen des Okzidents.

Dieser Grundsatz bildete somit eine Gemeinsamkeit der europäischen Quellen in Bezug auf die Entlohnung. Als Grundsatz galt somit, dass bei einem totalen Schiffbruch immer der Anspruch auf Entlohnung komplett verloren ging, ganz gleich, welche Art von Anstellungsverhältnis bestand.[919] Diese Regelungen fanden sich auch in der Ordonnance von Wisby[920] und im hanseatischen Recht[921]

---

914 Kapitel XXII (Ms. Liber Horn).

915 Kapitel 160 LCM.

916 So lautet bei *Réhault, Le naufrage, S. 604* eine Überschrift: *« La tradition maritime de la perte des salaires en cas de perte totale ».*

917 Kapitel III RdO. Die Regelung des Kapitels III RdO zum totalen Schiffbruch und dem daraus resultierenden Verlust der Heuer (*„lorsque le navire se perd, ils* (die Schiffsleute) *perdent tous leurs loyers")* diente später als redaktionelles Modell bei der Verfassung von Artikel 8, Buch 3, Titel 4 (*„De l'engagement et des loyers des matelots"),* der folgendermaßen lautet: *„En cas de prise, bris de naufrage avec perte entière du vaisseau et des marchandises, les matelots ne pourront prétendre aucun loyer; et ne seront néanmoins tenus de restituer ce qui leur aura été avancé ». Isambert*, Recueil général des anciennes lois françaises, Band 19, S. 318. Vgl. hierzu auch *Réhault*, Le naufrage, S. 604 f.

918 Kapitel 228 LCM

919 *Réhault*, Le naufrage, S. 604: *« Le naufrage absolu engendrait la perte totale des salaires des marins quel que soit leur contrat d'engagement. »*

920 Vgl. Art 15.

Und auch in England fand sich dieser Grundsatz in den Schriften des 16. Jahrhunderts wieder.[922] In einer juristischen Entscheidung „*Johnson versus Barister*" aus dem Jahre 1560 hieß es: „*a custom that if the ship be lost the mariners lose their wages*".[923] In Kapitel 228 LCM wurde allerdings noch differenziert, indem der Lohn des Schiffsmannes für eine frühere Reise auch im Fall des totalen Schiffbruchs nicht verloren gehen sollte.[924] Und wenn der Schiffer seine Fracht bereits erhalten hatte, dann musste er den Schiffsleuten auch weiterhin ihren Lohn zahlen.[925]

Zudem fanden sich im Llibre del Consolat de Mar noch weitere Regelungen, nach denen der Schiffsmann seinen Lohn komplett verlor. Dies war immer der Fall, wenn er gegen Befehle des Schiffers oder Steuermanns erheblich verstieß oder eine Straftat beging, wie Diebstahl, Ketzerei, Befehlsverweigerung[926] gegenüber dem Steuermann oder Meineid.[927] Auch bei mehrmaligem Verstoß gegen das Entkleidungsverbot drohte ihm der Verlust des kompletten Lohns [928], des Weiteren wenn er weglief[929] oder gegen den Schiffer Waffen erhob.[930]

### 6. Teilweiser Verlust von Schiff und Fracht

#### a. Kontributionspflichten beim Seewurf

In den Rôles d'Oléron hatten die Schiffsleute bei der Schadensberechnung eine Tonne frei, der Rest sollte bei ihr mit einfließen.[931] Wenn sie mehr Waren als eine Tonne mitführten, nahmen sie an dem Seewurfausgleich teil.[932] Damit lag hier nur eine bedingte Privilegierung des Schiffsmannes gegenüber den Befrachtern vor, was aus seiner „*Zwittergestalt*" zwischen Matrose und Ladungsinteressent zu erklären ist.

---

[921] Lüb. R. 1597 Art 44.
[922] Vgl. dazu die detaillierten Ausführungen zu England bei *Réhault*, Le naufrage, S. 604 und S. 608 ff.
[923] Zitiert nach *Réhault*, Le naufrage, S. 608.
[924] Kapitel 228, Zeile 12 ff. LCM.
[925] Kapitel 228, Zeile 7 f. LCM, dem Grundsatz des Kapitel 138 LCM entsprechend.
[926] Auch Kapitel 163 LCM.
[927] Kapitel 267, 125 LCM.
[928] Kapitel 170 LCM.
[929] Kapitel 268 LCM.
[930] Kapitel 164 LCM.
[931] Kapitel VIII, Zeile 47 ff. (Ms. Liber Horn).
[932] *Landwehr*, Haverei, S. 60.

Im Llibre del Consolat de Mar waren die Schiffsleute grundsätzlich von der Kontributionspflicht beim Seewurf befreit.[933] Dies könnte mit dem fast heiligen Charakter des Lohnes in Zusammenhang stehen.[934] Diese Privilegierung der Schiffsleute war auch ein Indiz dafür, dass die Funktion der Schiffsleute sich nunmehr von der Rolle der Befrachter unterschied und beide Personengruppen in der Schiffsgemeinschaft ein offenkundiges Wirtschafts- und Sozialgefälle voneinander unterschied.[935]

In Kapitel 132 LCM wurde dieser Grundsatz jedoch relativiert, so dass die Schiffsleute in bestimmten Fällen doch zum Seewurf beitragen mussten.

Der Schiffsmann, der seine Führung auf eigene Kosten gekauft hatte, bevor er seine Heuer empfing, musste zu dem Werfen verhältnismäßig soviel beitragen, wie seine Führung wert war oder wie viel sie gekostet hatte. Wenn er die gesamte Heuer bereits erhalten hatte, war er mit der Hälfte seiner Heuer nicht verpflichtet, zum Ausgleich beizutragen.[936] Hier geht die Quelle aus dem Gesamtzusammenhang davon aus, dass die mitgeführte Führung in der Regel nicht mehr als die Hälfte der Heuer ausmachte.

Überstieg der Wert der Führung eine halbe Heuer, waren die Schiffsleute verpflichtet, sich mit dem darüber hinausgehenden Wert anteilig am Ausgleich zu beteiligen.[937] Insgesamt lässt sich schließen, dass die Kontributionsfreiheit gemäß 132 LCM für den Fall galt, dass der Schiffsmann noch keinen Vorschuss bekommen hatte, sondern sich seine Führung *(„(es)portades")* von seinem eigenen Privatvermögen gekauft hatte.[938]

Leider geben weder die Rôles d'Oléron noch das Llibre del Consolat de Mar Klarheit darüber, inwieweit die geretteten Güter bei einem Schiffbruch zur Zahlung des Lohnes der Schiffsmänner und/oder zur Heimführung der Schiffsleute dienen sollten. Nach der vorliegenden Untersuchung war zumindest in den Rôles d'Oléron von einem doppelten Anspruch auszugehen. Und auch im Llibre del Consolat de Mar schien der Schiffer, sofern er nicht alles verloren hatte, verpflichtet zu bleiben, die Schiffsleute nach Hause zu bringen und ihnen zumindest einen anteiligen Lohn zu überlassen.

---

[933] Kapitel 131 LCM.
[934] Kapitel 138, Zeile 7 ff. LCM. Dieser Grundsatz fand sich neben dem Kapitel 138 auch in den Kapiteln 58, 63, 139, 151, 193, 227 und 228 LCM wieder.
[935] *Landwehr*, Haverei, S. 58 ff.
[936] Kapitel 132, Zeile 20 ff. LCM.
[937] Kapitel 132, Zeile 30 ff. LCM.
[938] So *Abel*, Grundzüge und geschichtliche Grundlagen, S. 17.

Beide Quellen weisen einen geringen Abstraktionsgrad auf. Während in den Rôles d'Oléron nur der Sturm als Fall für einen Seewurf erwähnt wurde,[939] war im Llibre del Consolat de Mar von Sturm oder einem feindlichen Angriff in einem fremden Land die Rede.[940]

**b. „Fracht ist die Mutter der Gage"**

In den Rôles d'Oléron fanden sich in Bezug auf den Geldlohn bereits Ansätze für die Umsetzung des Grundsatzes *„Fracht ist die Mutter der Gage"*, da sich der Lohn des Schiffsmannes, da der Lohn von der Fracht abhängig warder sich am Frachtanteil des Schiffes beteiligte, wohl entsprechend reduzierte, wenn der Schiffer aufgrund eines Schiffsbruch nur einen Teil der Frachtsumme von den Kaufleuten erhielt.

Im Llibre del Consolat de Mar hatte sich bereits der Grundsatz „Fracht ist die Mutter der Gage" durchgesetzt. Der Anspruch auf Lohnzahlung der Schiffsmänner hing danach davon ab, dass der *senyor de nau* die Fracht von den Ladungsinteressenten erhielt und so Frachtgelder verdiente.[941] Dieses Prinzip setzte sich später weitgehend in ganz Europa durch.[942] Wenn sich der Frachtgewinn verringerte oder Fracht beschädigt oder verloren ging, konnte sich der Frachtanteil der Schiffsleute verringern.[943] Unter bestimmten Umständen, wenn sich der Frachtlohn erhöhte, konnte dafür auch der Frachtanteil der Schiffsleute steigen.[944]

**7. Lohnschutz**

Im Llibre del Consolat de Mar fanden sich umfangreichere Lohnschutzvorschriften, dem Grundsatz der heiligen Lohnverpflichtung entsprechend. Die Schiffsleute hafteten beispielsweise nicht, wenn Ladung durch schlechte Stauung Schaden erlitt[945], sie besaßen einen Lohnanspruch im Krankheitsfall[946] und der Lohnanspruchs wurde nicht berührt, wenn das Schiff unter der Hand verkauft wurde[947] oder der Schiffer an einen Betrüger geriet.[948]

---

[939] Kapitel VIII (Ms. Liber Horn).
[940] Kapitel 228 LCM.
[941] Vgl. als Beispiele Kapitel 83, 85, 136, 137, 150, 179, 191 und 192 LCM.
[942] *Landwehr*, Seerecht (Seehandelsrecht), in: HRG IV, Sp. 1599.
[943] Kapitel 83, 85, 191 LCM.
[944] Kapitel 134, 146, 230 LCM.
[945] Kapitel 63 LCM.
[946] Kapitel 127 LCM.
[947] Kapitel 140 LCM.
[948] Kapitel 183 LCM.

Wichtig war in diesem Zusammenhang auch, dass der Schiffsmann Lohnansprüche gegen den Schiffer mündlich vor den Konsuln stellen konnte.[949] Die Rôles d'Oléron schweigen zu der Frage, wo und wie ein möglicherweise verweigerter Lohnanspruch geltend gemacht werden konnte.

**8. Tod eines Matrosen**

Der Schiffer blieb dem Schiffsmann auch über dessen Tod hinaus verpflichtet. Der Schutz des Schiffsmannes durch den Schiffer ging beim Tod des Schiffsmanns auf seine Nachfahren über. In den Rôles d'Oléron wurde bestimmt, dass im Fall des Todes eines Schiffsmannes der Lohnanspruch auf seine Witwe oder seine Erben überging. Im Llibre del Consolat de Mar fand sich dieser Grundsatz in einer viel detaillierteren Form:[950] Vorrangig war der zu Lebzeiten geäußerte Wille des verstorbenen Schiffsmanns. Wenn dieser nicht festgestellt werden konnte, wurde danach unterschieden, ob der Schiffsmann bis zum Zeitpunkt des Anbordgehens mit seiner Frau zusammengelebt hatte, ob sie sich loyal ihm gegenüber verhalten hatte oder ihm fortgelaufen war. Wenn verlassen hatte oder sich nicht loyal gegenüber dem Schiffsmann verhalten hatte, d.h. vor allem untreu war, dann konnte das Konsulat das Erbe den nächsten nahen Verwandten zusprechen. Wenn der Schiffsmann an Bord krank wurde und dort auch starb, hatte er trotzdem einen Anspruch auf die volle Heuer.[951]

Auch im Geltungsbereich des Llibre del Consolat de Mar wurde deutlich, wie weitreichend die Fürsorgepflichten des Schiffers gegenüber seinen Schiffsleuten waren. Die Verpflichtungen waren im Llibre del Consolat de Mar seinem größeren Umfang entsprechend noch viel detaillierter und kasuistischer ausgebildet, als dies in den Rôles d'Oléron der Fall war. Im Verhältnis zur Kürze der Rôles d'Oléron nahmen die Fürsorgepflichten jedoch einen weiten Raum innerhalb der Quelle ein.

**9. Tod des Schiffers**

Der Tod des Schiffers wurde nur im Llibre del Consolat de Mar und nicht in den Rôles d'Oléron thematisiert. Am Ende des Kapitels 127 LCM wurde der Fall angesprochen, dass der Schiffer stirbt. Dies ist eine Konstellation, die in den Rôles d'Oléron nicht erwähnt wird. Wenn der Schiffer starb, blieb er auch über Tod hinaus verpflichtet, dass den Schiffsleuten Lohn gezahlt wurde.

---

949 Kapitel 28 LCM.

950 *Villeneau,* L'Ordonnance de la marine de 1681, S. 76.

951 Kapitel 128, Zeile 2 ff. LCM: *„E encara és tengut lo senyor de la nau al mariner que, si malaut és lo mariner e mor en la nau, que deu ésser pagat de tot son loguer."*

## 10. Zusammenfassung

Insgesamt waren dem Charakter des Llibre del Consolat de Mar entsprechend die Regelungen viel ausführlicher als in der knappen Quelle der Rôles d'Oléron. Gemeinsam war beiden Quellen, dass es im Falle eines totalen Schiffsbruchs keinen Anspruch mehr auf Entlohnung gab. Interessant ist auch, dass beide Quellen detaillierte Regelungen über das Schicksal des Heueranspruchs des Schiffsmannes nach dessen Tod trafen.

In den Rôles d'Oléron hatten die Matrosen noch eine befrachterähnlichere Stellung als im Llibre del Consolat de Mar inne.

Für den jüngeren Charakter des Llibre del Consolat de Mar spricht auch, dass hier bereits grundsätzlich keine Kontributionsbeitragspflicht im Falle eines Seewurfs bestand. Zudem durften die Schiffsleute im Llibre del Consolat de Mar ihren Laderaum nicht mehr an Kaufmänner weitervermieten. Während in den Rôles d'Oléron klar zwischen Heuer und Führung unterschieden wurde, wurden im Llibre del Consolat de Mar beide Formen miteinander kombiniert. Dies ist als weiteres Entwicklungsstadium der Verdrängung der Führung als Entlohnung zu werten.

## F. Formen der Autorität und Mitbestimmung – Schiffsgericht und Schiffsrat

### I. Überblick

Zwischen dem Schiffer und seinen Schiffsleuten bestand eine persönliche Gefahrengemeinschaft, die rechtlich von der zwischen dem Befrachter und dem Schiffseigentümer bestehenden dinglichen Gefahrengemeinschaft zu unterscheiden war.[952]

Die persönliche Gefahrengemeinschaft zeichnete sich durch zwei Elemente aus: Das genossenschaftliche, welches in der Literatur auch als das *„demokratische"* bezeichnet wurde, und das herrschaftliche oder *„autoritative"* Element.[953] Diese beiden aufeinander treffenden Elemente bestimmten das Verhältnis der Parteien auf dem Schiff zueinander und dabei vor allem die Ausgestaltung der Schiffsgewalt.[954] Im Laufe des Mittelalters wurde das genossenschaftliche vom autoritativen Element zurückgedrängt.[955] Damit änderte sich auch der Träger der sogenannten Schiffsgewalt. Während in Zeiten des noch deutlich ausgeprägten genossenschaftlichen Elements die Schiffsgewalt noch nahezu gemeinschaftlich durch die gesamte Schiffsgemeinschaft ausgeübt wurde, war es später zunehmend der Schiffer, der als Träger der Herrschaftsgewalt an Bord die autoritativen Befugnisse ausübte.[956]

#### 1. Das Schiffsgericht

Als frühester rechtlicher Ausdruck einer Gefahrengemeinschaft galt die Institution eines *„Schiffsgerichts"*, wie es sich in den älteren Seerechten fand.[957] Da das Schiff als *„räumlich gesonderter Gerichtsbezirk"* von der *„uferstaatlichen Gewalt"* befreit war, solange es sich auf Fahrt befand, konnten die Insassen selbst Gericht halten.

Die Gerichtsbarkeit der Schiffsgemeinde verschwand nach *Ebel* langsam im 14. Jahrhundert.[958] Es blieb aber die Aufgabe des Schiffers, weiterhin die *„obrigkeitliche Gewalt"* auf dem Schiff auszuüben. Allerdings fungierte er ab die-

---

[952] *Ebel*, Gewerbliches Arbeitsvertragsrecht, S. 56.
[953] *Abel*, Die Grundzüge des deutschen Seearbeitsrechts und seine geschichtlichen Grundlagen, S. 40.
[954] *Ebel*, Gewerbliches Arbeitsvertragsrecht, S. 56.
[955] *Abel*, Die Grundzüge des deutschen Seearbeitsrechts und seine geschichtlichen Grundlagen, S. 40.
[956] *Weber*, Die Schiffsgewalt des Kapitäns und ihre geschichtlichen Grundlagen, S. 36 f.
[957] *Ebel*, Gewerbliches Arbeitsvertragsrecht, S. 56.
[958] *Ebel*, Gewerbliches Arbeitsvertragsrecht, S. 58.

sem Zeitpunkt nicht mehr als Richter, sondern als ein Gehilfe der Landes- oder Stadtgewalt.

**2. Der Schiffsrat**

Die Schiffsgemeinde war bestimmten Fällen als beratendes Gremium tätig, wenn es um bestimmte wichtige Fragen der Schiffsführung ging. Der Schiffsrat bildete dabei das zentrale genossenschaftliche Element der Mitbestimmung der Besatzung, das endgültig erst *„im 19. Jahrhundert vom Gedanken der autoritativen Schiffsführung"* verdrängt wurde.[959] Dabei spricht *Goldschmidt* davon, dass aus dem Schiffsgericht im Laufe der Zeit ein Schiffsrat wurde.[960]

Eine Veränderung hatte sich im Mittelalter jedoch erst langsam vollzogen. Diese Mitbestimmungsrechte der Mannschaft stehen im Gegensatz zu unserer heutigen Vorstellung von der Organisation auf einem Schiff, die eine starke Kommandogewalt des Kapitäns als notwendig und unerlässlich ansieht.

Die Mitbestimmungsrechte der Schiffsmannschaft gehörten zu den Elementen des Seeschifffahrtsrechts, die Aufschluss darüber geben, dass es sich bei einer Schifffahrt in frühen Zeiten um eine genossenschaftliche Betriebsform handelte. Die Einrichtung eines Schiffsrates ist vielleicht als Selbstverständlichkeit zu betrachten, die aus den verschiedenen an Bord lebenden Personengruppen wie den Kaufleuten, Reedern und der Besatzung resultierte, solange diese eine gewisse Gleichberechtigung besaßen. Die zu klärenden Probleme konnten dabei in vermischter Form rein seemännische wie auch vermögensrechtliche Fragen sein. Die Existenz des Schiffsrates hatte wohl so lange Bestand, um an Bord verschiedene, einander widerstreitende Vermögensinteressen direkt in Einklang bringen zu können.

Die Zuständigkeit des Schiffsrates wich im Laufe der Zeit der Befehlsgewalt des Schiffers, doch sie wirkte als Teilelement in den Quellen zunächst noch bis ins spätere Mittelalter fort. Dies kann dadurch erklärt werden, dass der Gedanke der *„Gefahrengemeinschaft aller Schiffsinsassen"* sich auch durch neue Unternehmensformen nicht änderte.

Bestand hatte diese Einrichtung, solange das unmittelbare wirtschaftliche und vermögensrechtliche Interesse der Mannschaft nicht auf ein Minimum beschränkt war.[961]

---

[959] *Ebel*, Gewerbliches Arbeitsvertragsrecht, S. 59.

[960] *Goldschmidt*, in: ZHR 35, S. 368 ff.

[961] *Abel*, Die Grundzüge des deutschen Seearbeitsrechts und seine geschichtlichen Grundlagen, S. 17 f.

Inwieweit sich die Existenz eines Schiffsgerichtes oder Schiffsrates in den Rôles d'Oléron und im Llibre del Consolat de Mar noch findet und wie das Verhältnis von demokratischen zu autoritativen Elementen jeweils ausgestaltet war, soll im Folgenden dargestellt werden.

## II. Rôles d'Oléron

### 1. Das Schiffsgericht

In den Rôles d'Oléron finden sich Belege für die Existenz einer individuellen Gerichtsbarkeit an Bord.[962] Der Schiffer, der seine Schiffsleute gemietet hatte, nahm dabei die Stellung eines Richters mit der Aufgabe ein, den Frieden an Bord zu wahren: *„Un mestre lowe ses mariners et les deit tenir en pees et estre lur juge."*[963]

Die Friedenspflicht betraf dabei nicht nur die Pflicht zum Friedenhalten gegenüber seiner Person und den Kaufleuten, sondern es war andererseits die Aufgabe des Schiffers, den Frieden unter der Mannschaft zu wahren. Wie schon in dem Kapitel über die Pflichten der Seeleute hinsichtlich eines Streites zwischen Seemann und Schiffer erwähnt, spielte der Gedanke der Tischgemeinschaft als Friedensgemeinschaft eine wichtige Rolle.[964]

Es konnten Sanktionen verhängt werden, die ihrerseits gestaffelt waren. So wurde derjenige, der ein anderes Mitglied der Mannschaft einer Lüge ungerechtfertigt beschuldigte, mit einer Buße von 4 Denaren bestraft, das Doppelte, wenn der Schiffer einen Schiffsmann Lügen strafte. Ebenfalls 8 Denare hatte der Schiffsmann zu zahlen, der seinen Schiffer provozierte, indem er ihn einer Lüge bezichtigte.[965] Schlägereien unter den Seeleuten wurden an dieser Stelle nicht erwähnt,[966] wohl aber der Schiffer, der seinen Schiffsmann schlug und umgekehrt. Schlug der Schiffer einen Mann „nur" mit der Hand oder der Faust, durfte

---

[962] *Ebel*, Gewerbliches Arbeitsvertragsrecht, S. 57.
[963] Vgl. Kapitel XII, Zeile 1 ff. (Ms. Liber Horn).
[964] Vgl. Kapitel XII (Ms. Liber Horn).
[965] *„Celi qi dementera lautre deit paier .iiij. d. Et le mestre sil demente null, deit paier .viij. d. Et si il ia nul, qi demente le mestre, il doit paier a taunt cum le mestre.* » Kapitel XII, Zeile 8 ff. (Ms. Liber Horn).
[966] Schlägereien unter den Schiffsmänner oder von Schiffsmännern mit anderen Leuten an Land werden in Kapitel VI, Zeile 1 ff. (Ms. Liber Horn) erwähnt, in dem es um *„Streit"* und daraus resultierende *„Verwundungen"* ging: *„Mariners se lowent ou leur mestre, et acuns deux sen issent saunz conge hors et senyverent et fount contekes et en y a acuns, qi sount naufres; (...)."*

sich der geschlagene Schiffsmann nicht wehren. Erst wenn der Schiffer noch rabiater wurde, durfte der Mann zurück schlagen.[967]

Kapitel XII der Rôles d'Oléron kann so als Beleg für ein Schiffsgericht gewertet werden: Denn es handelt sich hier um eine Strafvorschrift, nach welcher ein Matrose, der seinen Schiffer schlug, entweder 100 Sous zahlen oder sogar seine Hand verlieren sollte.[968] Damit musste der Schiffsmann, allerdings nach seiner Wahl *(„al chois de mariner")*[969], entweder eine sehr hohe Geldstrafe zahlen oder er verlor sogar, als spiegelnde Strafe, seine Hand. Mit der Verhängung einer solchen scharfen Sanktion wurde zugleich der Verstoß gegen die Disziplin an Bord geahndet.[970]

**2. Der Schiffsrat**

Obwohl der Kapitän die Disziplinargewalt ausübte, indem er die Matrosen in Frieden halten und ihr Richter sein sollte,[971] mussten wichtige Entscheidungen zusammen mit der Mannschaft getroffen werden.[972]

In dieser Funktion sind sie auch schon in den Rôles d'Oléron eher als Schiffsrat denn als Schiffsgericht zu bezeichnen.[973] Allerdings werden sie in der Quelle nicht ausdrücklich als Schiffsrat bezeichnet. Es handelt sich hier um eine zur Mitentscheidung befugte Gruppe, ohne dass man erfährt, aus wie vielen Personen sie besteht oder ob es sich um einen speziellen Schiffsrat handelte.[974]. Diese Gruppe wird jedoch in der Literatur[975] überwiegend als *„Schiffsrat"* be-

---

[967] Kapitel XII, Zeile 16 ff. (Ms. Liber Horn): *„Et si ensi est qe le mestre enferge un des ses mariners, il deit attendre le primere colee cum de poin ou de paume, et sil le fiert plus, il se doit defendre."*

[968] *„Et si le mariner fert le mestre primer, il doit il doit perdre .c. s. ou les poins al chois de mariner »*, Kapitel XII, Zeile 23 ff. (Ms. Liber Horn). Statt *« Les poins (die Fäuste) »* könnte hier der Singular *„le poin"* zu lesen sein: dafür könnten zunächst praktische Interessen wie der Erhalt der zumindest noch partiellen Arbeitsfähigkeit des Schiffsmann zugunsten des Schiffes. Ein Blick in die anderen Manuskripte zeigt auch, dass dort nur *„eine Faust"* erwähnt wird: Vgl. Ms. Liber rubeus, fol. 32 ° *(« ou le poyn al choys du mariner »)*.

[969] Kapitel XII, Zeile 26 f. (Ms. Liber Horn).

[970] *Cordes*, Flandrischer Copiar, S. 140.

[971] Kapitel XII (Ms. Liber Horn).

[972] Kapitel I und II (Ms. Liber Horn).

[973] *Ebel*, Gewerbliches Arbeitsvertragsrecht, S. 57 verwendet auch nicht nur für die Ausübung der Gerichtsbarkeit an sich, sondern auch für die Beschlussfassung in Fragen der Schiffsführung den Begriff *„Schiffsgericht"*: *„Neben der Ausübung der Gerichtsbarkeit oblag dem Schiffsgericht die Beschlussfassung in gewissen Fragen der Schiffsführung."*

[974] *Cordes*, Flandrischer Copiar, S. 135.

[975] So z.B. *Abel*, Die Grundzüge des deutschen Seearbeitsrechts und seine geschichtlichen Grundlagen, S. 17; *Ebel*, *Vogel*, Geschichte der deutschen Seeschiffahrt, S. 439 f.; *Von der Decken*, S. 78;

zeichnet, da der Schiffer bei bestimmten Entscheidungen seine Schiffsleute um Rat fragen musste und sie so ein Mitbestimmungsrecht besaßen. Wenn sich der Schiffer dem Rat nicht fügte, konnten ihn Haftungsverpflichtungen treffen. Dies ist hier im Sinne einer zur weitgehenden Mitentscheidung befugten Mannschaft zu verstehen, die eine Art Beratungs- und Entscheidungsgremium bildete. Dieses Gremium konnte vom Schiffer hinzugezogen werden, um sein Schadenshaftungsrisiko zu mindern[976] oder eine Haftung komplett ausschließen.[977]

In weiteren wichtigen Fällen war der Schiffer auf die Mithilfe seiner Mannschaft durch einen von ihr zu leistenden Schwur angewiesen, um sich gegenüber den Ansprüchen der Kaufleute und Befrachter rechtfertigen zu können.[978]

Geriet der Schiffer unterwegs in Geldnot, weil er das Schiff verproviantieren musste, so durfte er es nicht verkaufen, aber nach Konsultation des Schiffsrates Teile der Ausstattung verpfänden. Damit war die Vertretungsmacht des Schiffers, der von den die Fahrt nicht begleitenden Reedern als eine Art Vertrauensperson eingesetzt wurde, beschränkt. Er durfte das Schiff nicht verkaufen, wenn er nicht Auftrag oder Vollmacht der Eigentümer des Schiffes erhalten hatte.[979] Auch die Schiffsgeräte durfte der Schiffer nur mit Zustimmung der Schiffsmannschaft verpfänden, wenn es die Situation erforderte: „*(...), mes si il ad mestier de despense, il pout bien mettre ascun des apparailes en gage par conseil de compaignouns de la neef.*“[980]

Ein mögliches Indiz für den Verlust der Mitspracherechte der Mannschaft im 15. Jahrhundert im Nordmeerraum bildet das Ms. 10251 der Rôles d'Oléron. Es stammt aus der zweiten Hälfte des 15. Jahrhunderts aus einer Sammlung seerechtlicher Aufzeichnungen[981] und enthält 24 Kapitel.[982] Hier fehlt das Mitspracherecht der Mannschaft beim Verkauf von Schiffsgeräten, wie es sich in den Manuskripten der Rôles d'Oléron aus dem 14. Jahrhundert durchweg findet. In Kapitel I heißt es im Ms. 10251:

---

976 So im Falle des Über-Bord-Werfens von Gütern bei Seenot oder in Fragen über die Art und Weise des Ladegeschäfts, in denen der Schiffer sonst ein beträchtliches Haftungsrisiko einging, wenn er die Schiffsleute nicht befragte. *Friedland*, Schiff und Besatzung, S. 259.

977 Vgl. Kapitel II, VIII und XI (Ms. Liber Horn).

978 Kapitel VIII, XI, XXIV (Ms. Liber Horn).

979 „*Le mestre ne poet pas vendre la nef si il nad comaundement ou procuracion des seigneurs*“, Kapitel 1, Zeile 16 ff. (Ms. Liber Horn).

980 Kapitel I, Zeile 20 ff. (Ms. Liber Horn).

981 Diese Sammlung enthält unter anderem auch die „*Ordonnance de Charles V sur l'amirauté*“ und die „*Droits de l'amiral de France*“.

982 *Zeller*, Das Seerecht von Oléron nach der Handschrift no. 10251, S. 1 f.

*„Et premierement*
*Len fait vng maistre en vne nef et lanef est adeux ou atrois ho'mes. Elle separt du pays dont elle est et vient abourdeaulx alarochelle ou ailleurs elle se frete pour aller en pais estrange. Le maistre nepeult pas ve'der lanef se il na commandement ou procuracion des maistres aqui la nef est. Mais sil a mestier dedespence il peult bien mectre en gaige aulcuns des appareulx delanef. Cest le iugement en ce cas.“*[983]

In Kapitel II des Ms. 10251 besteht das Mitspracherecht darüber, ob das Wetter günstig ist für die Abfahrt des Schiffes, jedoch weiterhin, so dass sich hier nicht mit Sicherheit nachweisen lässt, ob ein wirklicher Verlust der Mitsprache der Schiffsleute stattgefunden hatte oder dies nur als eine versehentliche Auslassung durch den Schreiber des Manuskripts anzusehen ist. Für die zweite These spricht, dass in allen anderen Manuskripten, auch in den jüngeren aus dem 15. Jahrhundert[984], das Mitspracherecht der Mannschaft in Kapitel I weiter bestand.[985]

Weitere Mitbestimmungsrechte finden sich in allen Manuskripten überliefert: So musste der Schiffer wie soeben angesprochen gemäß Kapitel II die Entscheidung, wann der Wind und das Wetter günstig genug waren, um auszulaufen, zusammen mit der Mannschaft treffen und diese diesbezüglich befragen: *„(...) le mestre deit prendre conseil oue ses compaignouns et lour dire, seignurs, vous avez cest temps. (...)“*[986] Wenn er die Meinung der Schiffsmannschaft nach dem Mehrheitsprinzip ermittelt hatte, musste er die Abreise des Schiffes danach richten.[987] Dies hatte gemäß der genossenschaftlichen Funktion der Mitbestimmung zur Folge, dass dem Schiffer die alleinige Verantwortung abgenommen wurde. Wenn er eine Mehrheitsmeinung seiner Besatzung ermitteln konnte und den Termin der Abreise danach richtete, dann haftete er für keinerlei Schiffs- und Warenverluste mehr. Nur wenn er gegen diese Entscheidung handelte, haftete er allein für Schiff und Gut, wenn diese durch schlechtes Wetter verloren gingen: *„Et sil fet autrement, le mestre est tenuz a rendre la nef et les darees, si il senperdount.“*[988] War die Mehrheit der Schiffsmannschaft ebenfalls für die

---

[983] Kapitel I (Ms. 10251).
[984] Vgl. Add. Ms. 34801 (dazu *Perels*, Das Seerecht von Oléron, in: ZRG GA Band 32, S. 246 ff.); Ms. Vespasian; die Handschriften, die den Text des Black Book of the Admiralty enthalten. Dort besteht das Mitspracherecht in Kapitel I.
[985] Dafür spricht auch, dass dieses Mitbestimmungsrecht beispielsweise in der Vonisse van Damme ebenfalls noch erhalten ist. *Cordes*, Flandrischer Copiar, S. 135.
[986] Kapitel II, Zeile 5 ff. (Ms. Liber Horn).
[987] *„Le mestre est tenuz de ceo acorder oue les plus de compaignouns“*, Kapitel II, Zeile 15 ff. (Ms. Liber Horn).
[988] Kapitel II, Zeile 18 ff. (Ms. Liber Horn).

Aufnahme der Fahrt, dann trugen nach den allgemeinen Schadensprinzipien wohl die Eigentümer, also die Kaufleute und die Reeder, das Risiko.[989]

Neben den Mitbestimmungsrechten war der Schiffer in verschiedenen Fällen auf den Schwur einiger Mitglieder der Mannschaft angewiesen, um sich gegenüber bestimmten Ansprüchen der Befrachter oder Kaufleute rechtfertigen zu können.

Im Regelfall musste der Schiffer die Einwilligung der mitfahrenden Kaufleute zum Seewurf einholen.[990] Wenn die Kaufleute ihm ihre Zustimmung verweigerten, dann sollte der Kapitän den Seewurf trotzdem durchführen und so viel hinauswerfen, wie es ihm richtig erschien. Wenn er aber gegen den Willen der Kaufleute gehandelt hatte, mussten drei seiner Schiffsleute, wenn sie wohlbehalten an Land angekommen waren, einen Schwur darüber leisten, dass der Seewurf nur erfolgt war, um ihr Leben, das Schiff und die Waren und Weine zu retten.[991]

Ein derartiger Schwur war auch dann zu leisten, wenn ein Schaden oder Verlust entstand und die Kaufleute behaupteten, dies sei geschehen, weil der Kapitän und seine Seeleute den Laderaum schlecht hergerichtet hatten.[992] Es handelte sich dann um einen Fall der unsachgemäßen Stauung. Der Kapitän konnte sich auch hier gegen diesen Vorwurf wehren, indem er selbst und drei oder vier seiner Seeleute einen Schwur des Inhaltes abgaben, dass die Weine nicht durch ihre Holzverstrebungen beschädigt oder verloren gegangen seien. Interessant war hier auch das Verfahren, das darüber entschied, ob ein entsprechender Vorwurf berechtigt war. Die Kaufleute wählten selbst drei oder vier Seeleute aus, welche zum Schwur gebeten wurden.[993] Auf den Schwur der ausgewählten Seeleute kam es an. Nahmen sie die Version des Schiffers nicht auf ihren Eid, so unterlag dieser. Er musste dann zusammen mit den Matrosen den Kaufleuten ihre Schäden ersetzen.[994]

Dies war eine gut durchdachte Beweisregel: Der Kaufmann musste zwar Zeugen aus dem gegnerischen Lager des Schiffers wählen, hatte jedoch unter

---

[989] *Friedland*, Schiff und Besatzung, S. 259.
[990] *„Le mestre est tenu de dire as marchaunz, seignurs, nous ne pouns eschaper saunz gettre des vins ou des darres."* Kapitel VIII, Zeile 8 ff. (Ms. Liber Horn).
[991] Kapitel VIII, Zeile 21 ff. (Ms. Liber Horn).
[992] Kapitel XI, Zeile 6 ff. (Ms. Liber Horn).
[993] *„Si le mestre poet jurer, li et ses troys compaignons ou quatre de ceux, qe les marchaunz eslirunt, (...)."* Kapitel XI, Zeile 19 ff. (Ms. Liber Horn).
[994] Kapitel XI, Zeile 31 (Ms. Liber Horn).

diesen die Auswahl und konnte sie zudem mit der Gefahr, einen Meineid und damit eine Todsünde zu begehen, unter Druck setzen.[995]

Für die Frage der Ursache eines Schadens standen als Zeugen die Schiffsleute, der Schiffer und der Steuermann als Schiffsinsassen zur Verfügung. Da der Schiffer sich entlasten musste, bestand die Gefahr, dass er nur ihm treu ergebende Seemänner als Zeugen benannte. Diese Gefahr wurde dadurch eingedämmt. Sie wurde ferner dadurch eingedämmt, dass gleich drei oder vier Personen schwören mussten. Denn es könnte vermutet werden, dass der Kapitän bereits dann haftete, wenn ein einziger es nicht auf seinen Eid nehmen wollte.

Eine weitere Schwurregelung der Matrosen fand sich in Kapitel XV Rôles d'Oléron im Falle der Kollision zweier Schiffe: Der Schiffer des Schiffes, welches das andere getroffen hatte, war im Falle der unabsichtlichen Kollision zusammen mit seiner Mannschaft verpflichtet zu schwören, dass der Zusammenstoß nicht willentlich geschah.[996] Diese Regelung diente dem Frieden der Meere. Es sollte verhindert werden, dass Schiffe absichtlich zusammenstießen.

Dem Frieden der Meere diente möglicherweise auch die Tatsache, daß derjenige haften musste, der die Kollision absichtlich herbeiführt hatte. Dadurch, dass der Kapitän als Verantwortlicher wusste, dass es zum Schwur kommen würde, wenn eine Kollision passierte, gab es einen guten Grund für ihn, eine absichtliche Kollision zu verhindern.

Aus den Mitbestimmungsrechten ging hervor, dass der Schiffer mit Hilfe der Schiffsleute die bessere oder neutralere Grundlage einer Entscheidung finden konnte als die Kaufleute, deren vordergründiges Interesse mehr ihren Waren als allgemeinen Problemen an Bord galt.

## III. Llibre del Consolat de Mar

### 1. Das Consolat de Mar von Barcelona

Das Schiffsgericht an Bord, wie es oben beschrieben wurde, existierte nicht mehr. Vielmehr existierte in Barcelona bereits vor der schriftlichen Niederlegung des Llibre del Consolat de Mar ein Seekonsulat, das *„Consolat de Mar"* von Barcelona. Es war damals das wichtigste Seekonsulat im Mittelmeerraum. Es fungierte, wie auch andere Seekonsulate, als Seegerichtshof und hatte seit der zweiten Hälfte des 14. Jahrhunderts Einfluss auf das gesamte Mittelmeergebiet.

---

[995] *Cordes*, Flandrischer Copiar, S. 139.

[996] *„Le maistre de la nef, qe ad feru lautre, est tenuz a jurir, li et ses mariners, kil ne firent pas de gre, (...)"*, Kapitel XV, Zeile 17 ff. (Ms. Liber Horn).

Die Seekonsuln sind in Barcelona seit 1282 belegt, wobei die Institution jedoch wesentlich älter sein dürfte.[997]

Das Konsulat von Barcelona war an den Stadtrat gebunden. Die Konsuln, ein Bürger und ein Kaufmann, wurden einmal im Jahr an Weihnachten um die Vesperzeit in der Kirche der heiligen Tecla von einer vom Stadtrat abhängigen Institution gewählt. Diese bestand aus den *„guten Seemännern, dem Schiffer und dem Schiffsvolk*“. Dieses Verfahren wird in Kapitel 1 LCM beschrieben:

> *„Cascun ayn la vespre de la festa de Nadal de nost Senyor, los prohòmens navegants, patrons e mariners, o part de aquels, apleguen conseyl en la esgleya de sancta Tecla de dita ciutat.*“[998]

Die Ernennung von zwei erfahrenen Schifffahrtskundigen als Konsuln und die Ernennung einer weiteren Person als Appellationsrichter[999] erfolgte dabei nicht per Los, sondern durch Wahl.[1000] Nach ihrer Wahl legten die drei zunächst vor dem bürgerlichen Gericht in der Kirche ihren Eid ab.[1001] Sie schworen, dass sie das Konsulat redlich verwalteten. Sie sollten jeder Person, egal ob groß oder gering, Gerechtigkeit widerfahren lassen und auch dem König oder Fürsten ihre Treue und Rechtschaffenheit beweisen wollen.[1002] Alle drei legten nach dem Weihnachtsfest ihren Amtseid vor dem Bürgermeister der Stadt ab.[1003]

Das beschriebene Wahlsystem hatte bis zu einer Verfügung Ferdinands "*El Catolico*" von 1498 Bestand. Von da ab wurde der erste Konsul unter Vertretern des militärischen Standes, ehrenwerten Bürgern und Doktoren des Rechts und der Medizin ausgelost, der zweite Konsul unter den Kaufleuten. Diese sprachen wie zuvor Recht in erster Instanz. Ihnen wurde ein Richter beigeordnet, der für Berufungen gegen Urteile ordentlicher Gerichte zuständig war.

Ursprünglich hatte das Gericht nur die Jurisdiktion über wenige ganz konkrete Fragen der Schifffahrt wie Fracht, Heuer, Versicherungen und Schiffbrüche, später wurde die Jurisdiktion auf alle Fragen des See- und Handelsrechts ausgedehnt.

---

[997] *Battle*, in Lex MA III, Consolat de mar, Sp. 163 f.

[998] Kapitel 1, Zeile 2 ff. LCM.

[999] Der Appellationsrichter bearbeitete Berufungsfälle und an ihn konnten sich die *„guten Männer der Seefahrtskunst*“ wenden kraft der vom König und seinen Vorfahren erhaltenen Privilegien, welche die guten Männer der Seefahrtskunst besaßen.

[1000] *„(...); e aquí per elecció, e no per redolins, (...)“*, Kapitel 1, Zeile 5 LCM.

[1001] Kapitel 2, Zeile 2 ff. LCM.

[1002] *„(...), que bé e leyalment se hauran en lo offici del dit consolat, que deran dret, axí al major com al menor, salvant tota hora la feeltat e leyaltat del senyor rey.* » Kapitel 2, Zeile 5 ff. LCM.

[1003] Vgl. Kapitel 3, Zeile 2 ff. LCM.

Die Konsuln hatten die Gerichtsbarkeit über alle Verträge, die nach den Gebräuchen und Gewohnheiten der See geschlossen wurden:

> *„Los Cònsols de la mar de la ciutat de València hant tot poder ordinari en tots los contractes qui per hús e custum de mar se han a determanar e en les custumes de la mar són declarats dits e spasificats."*[1004]

Ein Schiffsgericht tauchte in der Quelle selbst also nicht mehr auf. Anstelle eines Schiffsgerichts gab es das Seekonsulat von Barcelona als eine höhere Gerichtsinstanz außerhalb des Schiffes. So hieß es in Kapitel 128 LCM, dass die Heuer des verstorbenen Schiffsmannes der Witwe nicht zustand, wenn sich diese nicht zu Lebzeiten ihrem Mann gegenüber loyal verhalten hatte. In diesem Fall sollten der Schiffer und der Schreiber die Heuer den nächsten Verwandten übergeben, aber erst nachdem sie die Genehmigung des Gerichts an Land (*„de la cort"*) eingeholt hatten: *„(...) lo senyor de la nau ab l'escrivà e ab consentiment de la cort, als parents pus prohismes ho don."*[1005]

Wenn der Schiffsmann mit seinem Schiffer Streit suchte, dann mussten zunächst aber auch die anderen Schiffsleute zur Wiederherstellung des Friedens an Bord mithelfen.[1006] Wenn der Matrose eine Waffe gegen den Schiffer richtete, sollten die anderen Schiffsleute ihn nehmen, fesseln und ihn gefangen nehmen.[1007] Sie waren dazu verpflichtet, anderenfalls sollten sie ihr Gut und den Lohn verlieren, den sie für diese Reise bekommen hatten oder noch erhalten sollten.[1008] Der aufrührerische Schiffsmann selbst sollte dann aber an Land den Gerichten der Justiz übergeben werden: *„tots los mariners (...) menar-lo a la senyoria".*[1009]

In Kapitel 164 LCM ging es um den aufrührerischen Schiffsmann, der den Schiffer im Zorn schlug. Auch er sollte gefangen genommen werden und alles verlieren, was er hatte, denn durch seine Tat galt er als meineidig, verräterisch und treuelos.[1010] In diesem kurzen Kapitel ist nur die Rede davon, dass er gefangen genommen werden sollte, aber nicht von wem. Es könnte wie in Kapitel 163 LCM die Schiffsmannschaft sein. An Land wurde er dann wieder den Gerichten übergeben.

---

1004 Kapitel 31 LCM.

1005 Kapitel 128, Zeile 9 f. LCM.

1006 Kapitel 163 LCM.

1007 *„E si leva armes contra al senyor, tots los mariners lo deuen pendra e ligar e metre en presó (...)"*, Kapitel 163, Zeile 5 ff.

1008 *„(...); e aquels qui pendra no·l volran, deuen perdra la roba e·l loguer que hauran ne haver dauran per aquell viatge"*, Kapitel 163, Zeile 7 ff.

1009 Kapitel 163, Zeile 6 f. LCM.

1010 *„Mariner qui tocarà iradament son senyor és perjur e bara e deu ésser pres en persona e perdre tot quant ha.»* Kapitel 164 LCM.

Dass es in den Regelungen des Llibre del Consolat de Mar kein Schiffsgericht im ursprünglichen Sinne mehr gab, sondern bereits das „*Consolat de Mar*", wird auch aus Kapitel 167 LCM deutlich. Wenn ein Matrose stahl, konnte der Schiffer ihn während der gesamten Reise gefangen halten. Es stand dann in seinem Ermessen, ob er den Schiffsmann den Gerichten an Land übergab: „*E puys si vol metra en poder de la senyoria, pot-ho fer.*"[1011] So bestand an Bord grundsätzlich nur noch ein (vorläufiges) Festnahmerecht des Schiffers.

Auch nach Kapitel 169 LCM war es ein Gericht an Land, das über die Ersetzung des entstandenen Schadens zu entscheiden hatte, wenn ein Schiffsmann ohne Erlaubnis des Schiffers an Land ging, das Schiff dadurch Schaden erlitt und der Schiffsmann nicht in der Lage war, diesen zu ersetzen.[1012]

Damit war das Schiffsgericht nach dem Llibre del Consolat de Mar bereits überwiegend durch ein Gericht an Land, dem „*Consolat de Mar*" von Barcelona, ersetzt worden, bis auf einen Fall eine wichtige und interessante Ausnahme: Wenn sich ein Mann als Lotse ausgab, ohne über die erforderlichen Kenntnisse zu verfügen. Der angeheuerte Lotse („*pilot*") musste gemäß Kapitel 250 LCM ortskundig sein, d.h. ihm mussten die Gewässer, in denen das Schiff auf der Reise fahren sollte, bekannt sein, was er dem Schiffer schwören musste.[1013] Das Versprechen wurde auch gemäß Kapitel 250 LCM in das Schiffsbuch eingetragen. Wenn er diese Kenntnisse nur vortäuschte und das Schiff dadurch Schaden nahm, drohte ihm die Enthauptung („*perdre lo cap encontinent*") an Bord durch den Schiffer.[1014]

In diesem besonderen Fall durfte der Schiffer diese selbst durchführen lassen und musste nicht vor das Gericht mit ihm gehen.[1015] Der Grund dafür war, dass das Manövrieren so zentral für das Gelingen der Reise war, dass sich der Schiffer hundertprozentig auf die Fachkunde des Lotsen verlassen können musste und im Falle einer Täuschung unmittelbar zum Handeln berechtigt sein musste.[1016] Da es sich um so ein folgenschweres, falsches Versprechen handelte, dass

---

[1011] Kapitel 167, Zeile 6 f. LCM

[1012] „*Eyls deuen éser preses e meses en poder de la senyoria (...)*", Kapitel 169, Zeile 22 f. LCM.

[1013] Kapitel 250, Zeile 6 ff. LCM. „*(...), e aquel pilot se fermarà et dirà al senyor de la nau o de leny que eyl sap e és cert en aqueles parts on lo senyor de la nau volrà anar.*"

[1014] Kapitel 250, Zeile 26 LCM.

[1015] Kapitel 250, Zeile 27 ff. LCM: „*E el senyor de la nau o del leyn pot lo li fer tolre, et no és tengut quen deman al senyoria si nos vol.*"

[1016] Diese Begründung findet sich in Zeile 28 ff. des Kapitels 250 LCM.

die Schiffsreise gefährdet wurde, musste der Schiffer sofort Kraft seiner Autorität zur Ahndung bevollmächtig sein, diese Tat zu ahnden.[1017]

## 2. Mitbestimmungsrechte

Die Mitbestimmungsrechte der Schiffsleute zu Fragen, die sich während der Reise stellten, waren im Llibre del Consolat de Mar zum größten Teil den Kompetenzen gewichen, die hier der Schreiber und der Steuermann inne hatten.

Ein Mitbestimmungsrecht der Schiffsleute gab es aber noch im Kapitel 127 Llibre del Consolat de Mar in dem Fall, in dem es um die Verpflichtung zur Lohnzahlung des Schiffers gegenüber seinem Schiffsmann ging. Wenn der Schiffsmann nicht auf das Schiff kommen konnte – ein Grund dafür wurde nicht genannt -, so sollte der Schiffer ihn an Ort und Stelle lassen,[1018] wenn die Schiffsleute urteilten, dass der Schiffsmann nicht in der Lage war, mit auf Reise zu gehen: *„(...), si los mariners conexen que no puscha anar.“*[1019]

Schwüre zugunsten des Schiffers wurden in der Quelle in der Regel nicht mehr von der Schiffsmannschaft, sondern eher vom Schreiber oder Steuermann geleistet. So wurde der Schiffsmann, der sich als qualifizierter Zimmermann, Kalsaterer oder Steuermann ausgab und den der Schiffer daraufhin anstellte, bestraft, d.h. er erhielt keinen Lohn, wenn der Schiffer nach dem Wort dieses Matrosen auf dessen Fähigkeiten vertraut hatte. Hierzu, also zu der mangelnden Qualifikation des Schiffsmanns, mussten der Steuermann und Schreiber und nicht (mehr) die Schiffsmannschaft einen Schwur leisten.[1020] Im Verhältnis zum Lotsen war dies jedoch noch eine „milde“ Strafe.[1021]

Mitbestimmungsrechte hatten der Schreiber und der Steuermann auch, wenn es um die Lohnerhöhung des Schiffsmannes ging, und zwar konkret in dem oben beschriebenen Fall, wenn der Schiffer den Schiffsmann mangels anderer Leute zum weiteren Mitreisen nach Beendigung der Reise zwingen konnte. Die Höhe des Lohnes bestimmten der Schreiber und der Steuermann.[1022]

---

1017 Kapitel 250, Zeile 27 ff. LCM: „*E el senyor de la nau o del leyn pot lo li fer tolre, et no és tengut quen deman al senyoria si nos vol.*“

1018 „*E si no pot entrar en la nau, que la haja ajaquir, (...)*“, Kapitel 127, Zeile 11 f. LCM.

1019 Kapitel 127, Zeile 12 f. LCM.

1020 „*(...), res no li deu donar lo senyor de la nau o del leyn sinó en axí com coneguen lo nauxter o l'escrivá per sagrament què deu haver.*“ Kapitel 124, Zeile 8 ff. LCM.

1021 Kapitel 250 LCM.

1022 Kapitel 150, Zeile 6 ff. LCM: *Mas si lo senyor no·n trobava, ha-los a fer junta al viatge, enaxí com sia conegut per lo senyor nautxer e per l'escrivà de júnyer, segons que·l' homa valrà més la l que l'altre.*“

In Kapitel 165 LCM war der Fall geregelt, in dem die Schiffsleute zugunsten eines anderen Schiffsmannes als Zeugen auftreten sollten. Im Kapitel 165 LCM ging es dabei um die Frage, was der Schiffsmann von seinem Schiffer ertragen musste. Dies waren Schelten und auch die Verfolgung bis zu einem bestimmten Teil des Schiffers. Der Schiffer durfte ihn nur bis zu einer bestimmten neutralen Zone verfolgen; wenn er diese überschritt (sie war durch eine Kette / einen Bratenspieß gekennzeichnet), durfte der Schiffsmann sich verteidigen. Aber er sollte Zeugen rufen, dass der Schiffer ihm gefolgt war.[1023] Denn der Schiffer durfte die Kette nicht passieren: *„senyor no deu passer la cadena“.*[1024] Das Prinzip des Kapitels 165 LCM entspricht dem, das sich auch in Kapitel XII Rôles d'Oléron fand.[1025]

Im Llibre del Consolat de Mar sind es in vielen Fällen nicht mehr die Schiffsleute, die Handlungen des Schiffers bezeugen mussten. Stattdessen wurden andere Beweismittel eingesetzt. So ging es in Kapitel 178 LCM erneut um die Waffen der Matrosen. Hierin stand nun, dass der Matrose gehalten ist war, alle dem Schiffer versprochenen Waffen an Bord zu bringen.[1026] Wenn nun der Matrose seinem Versprechen nicht nachkam, dann konnte der Schiffer die Waffen vom Gehalt des Matrosen in der Gegenwart des Schreibers kaufen, ohne den Matrosen deswegen fragen zu müssen.[1027] Hier war es wieder der Schreiber, der die Handlung des Schiffers durch seine Anwesenheit bezeugen sollte (*„E l'escrivà deu-hi ésser“)*[1028].

Allerdings hatten die Schiffsleute gemäß Kapitel 99 LCM im Fall eines Seewurfs ein Bezeugungsrecht oder -pflicht darüber, dass der Schiffer die Kaufleute gefragt hatte, ob er Waren über Bord werfen dürfe, wobei diese zumindest mehrheitlich zugestimmt haben mussten und die Kaufleute von ihrem Recht, als erste Waren über Bord zu werfen, bevor die anderen die Waren der Kaufleute ergriffen, Gebrauch gemacht hatten.[1029] Aus Kapitel 99 LCM ging hervor, dass es eigentlich Aufgabe des Schreibers gewesen wäre, diese Verabredungen zwischen Schiffer und Kaufleuten zum Beweis aufzuzeichnen. Da der Schreiber

---

[1023] *« ( ...), pot se'n deffensar lo mariner, levats testimonis com lo senyor l'à ecalsat,( ...),* Kapitel 165, Zeile 7 f. LCM

[1024] Kapitel 165, Zeile 8 LCM.

[1025] *Pardessus*, Collection de lois maritimes II, S. 146.

[1026] *„Encara és tengut lo mariner de metra les armes que haurà covengudes al senyor de la nau (...)“*, Kapitel 178, Zeile 3 ff. LCM.

[1027] *„(...), e si no les hi met, lo senyor les pot comprar sobra son loguer sens volentat del mariner.“* Kapitel 178, Zeile 4 f. LCM.

[1028] Kapitel 178, Zeile 5 f. LCM.

[1029] Kapitel 99, Zeile 3 ff. LCM.

aber während eines Schiffsbruchs nicht in der Lage war, in das Schiffsbuch zu schreiben, fiel das Bezeugungsrecht auf die Schiffsleute zurück.[1030] In dem Fall, dass keine Kaufleute an Bord waren, musste der Schiffer mit dem Beirat des Steuermanns, der Gefährten und der gesamten Schiffsbesatzung („*consell del nauxter e dels parsoner e de tot lo cominal de la nau*")[1031] eine Entscheidung treffen, ob Waren geworfen werden sollten.[1032] Durch die Beratung mit der gesamten Besatzung galt die Entscheidung dann genauso für und gegen die Kaufleute, als wären diese an Bord gewesen und hätten eine Entscheidung getroffen. Es wurde in Kapitel 99 LCM auch erläutert, dass dem Schiffer mit Hilfe der Besatzung diese Entscheidungsbefugnis zukam, weil sonst Menschenleben, das Schiff und die Waren gefährdet gewesen wären.[1033] Dort wird die Wertung getroffen, dass es besser sei, einen Teil der Güter über Bord zu werfen, als Menschen, das Schiff und die gesamte Ladung verloren gehen zu lassen: „*E val més ques git una quantitat de la roba que sia perdien les persones e la nau e tot l'aver.*"[1034]

Gemäß Kapitel 223 LCM durften die Schiffsleute während der Reise bei einem Streit zwischen dem Schiffer und den Kaufleuten weder für die eine noch für die andere Seite Zeugnis ablegen:

> „*Senyor de nau o de leny qui haurà contrast ab mercaders, los mariners de la nau no pusquen fer testimoni al senyor de la nau ne als mercaders a lur dan, de la hun ne de l'altre, estant al viatge.*"[1035]

Die Rolle des Zeugen und Schiedsmannes übernahm während der Reise das Schiffsbuch: "*Mas lo cartolari deu fer testimoni*". Da das Schiffsbuch vom Schreiber geführt wurde, nahm dieser die bezeugenden Einträge vor. Nach der Reise, wenn die Schiffsleute frei waren, durften sie eine Sache bezeugen, sie mussten aber neutral sein.[1036] Da sie während der Schiffsreise gegenüber dem Schiffer verpflichtet waren, musste ihnen dort unterstellt werden, nicht neutral bezeugen zu können. Gemäß Kapitel 99 LCM bestand allerdings eine Ausnahme, wenn es wegen eines Sturms zum Seewurf kam. Dann durften die Schiffsleute die Handlungen des Schiffers bezeugen. Dies lässt sich aus der Notwen-

---

[1030] Kapitel 99, Zeile 19 ff. LCM.

[1031] Kapitel 99, Zeile 28 f. LCM.

[1032] Kapitel 99, Zeile 27 ff. LCM. Dieser Fall wird auch noch einmal in Kapitel 95 und ausführlich in Kapitel 111 geschildert. Der Schiffer musste sich den „Rat" der Schiffsleute einholen, wenn er bei Abwesenheit der Schiffsleute Güter werfen wollte.

[1033] Kapitel 99, Zeile 37 ff. LCM

[1034] Kapitel 99, Zeile 43 ff. LCM

[1035] Kapitel 223, Zeile 3 ff. LCM

[1036] Kapitel 223, Zeile 7 ff. LCM: „*Mas, emperò, com la nau haurà fet viatge e·ls mariners (...) poran fer testimoni al senyor de la nau e als mercaders, (...).*"

digkeit dieser besonders prekären Situation erklären. In Kapitel 99 LCM wurde auch noch der Grund erwähnt, dass in dieser besonderen Situation der Schreiber nicht mehr in der Lage war, das Schiffsbuch zu führen.[1037] Diese Ausnahmesituationen – wenn ein Schiffswurf wegen schlechten Wetters erforderlich war oder das Schiff wegen anderer Unfälle an Land laufen musste -, in denen das Schiffsbuch nicht mehr als Beweisurkunde fungieren konnte, wurden auch noch einmal in Kapitel 224 LCM aufgeführt:

> *„Emperò, los mariners poden fer testimoni, estant al viatge, al senyor de la nau e als mercaders per aquesta rahó, so és e saber per fet de get o per mal temps o per altre aventura que la nau hagués a anar en terra, cor en aquela sahó no pot metre les convinenses en lo cartolari.“* [1038]

Nach Beendigung der Reise konnte der Schiffsmann auch für einen anderen Schiffsmann Zeuge sein.[1039] Allerdings fand sich in Kapitel 225 LCM die Regelung, dass die Schiffsleute von den Kaufleuten an Bord als Zeugen berufen werden konnten, wenn es unter den Kaufleuten Streit gab. Wichtig war dabei unter Androhung einer Vorladung vor Gericht, dass die Schiffsleute durch ihre Bezeugung keinen Vorteil oder Schaden erlitten und als Person neutral waren und keiner anderen Person Schaden zufügten. Für ein falsches Zeugnis sollten sie allerdings vom Gericht bestraft werden.[1040] Die Kaufleute waren auf den Schwur der Schiffsleute angewiesen, da die Matrosen oft die einzigen anwesenden Personen waren, wenn die Kaufleute Handelsgeschäfte abschlossen. Aus diesem Grund sollten die Schiffsleute die Verträge zwischen den Kaufleuten bezeugen, damit diese sich untereinander nicht betrogen:

> *„E per aquesta rahon poden e deuen fer testimoni los mariners dels contrats qui seran entre los mercaders, per so que negun frau no puscha ésser entre eyls.“*[1041]

## IV. Zusammenfassung

Gerade an der Stelle der Mitbestimmungsrechte und der Behandlung von Schiffsgericht und Schiffsrat wird besonders deutlich, dass sich die beiden Quellen hier in einem unterschiedlichen Stadium befanden. Während es in den Rôles d'Oléron sogar noch Überreste des Schiffsgerichts, in jedem Fall aber den Schiffsrat gab, bestand im Llibre del Consolat de Mar schon ein Gericht an

---

[1037] Kapitel 99, Zeile 19 ff.: *„E si l'escrivà no ho podia escriura, los mariners poden fer testimoni de totes covinenses o empresions que sien fetes entre lo senyor de la nau e·ls mercaders, (...).“*

[1038] Kapitel 224, Zeile 15 ff. LCM.

[1039] *„E encara més, la I mariner pot fer testimoni a l'altre pus sien exits del viatge, (...).“* Kapitel 224, Zeile 12 f. LCM.

[1040] Kapitel 225, Zeile 16 ff. LCM.

[1041] Kapitel 225, Zeile 29 ff. LCM.

Land, das aus zwei gewählten Konsuln und einem Appellationsrichter bestand und das sogar Privilegien des Königs besaß. Das Verfahren hier erscheint viel professioneller. So fand sich im Llibre del Consolat de Mar auch in vielen Kapiteln die Option, den straffällig gewordenen Schiffsmann den Gerichten zu übergeben. Nur im Falle des Lotsen der fachliche Kenntnisse vortäuschte, durfte der Schiffer selbst die Tat ahnden.[1042]

In den Rôles d'Oléron waren die Mitbestimmungsrechte der Mannschaft noch ausgeprägter. Im Llibre del Consolat de Mar waren es schon häufiger der Schreiber und der Steuermann, die Handlungen etc. zu bezeugen hatten. In verschiedenen Situationen wurde jedoch weiterhin die Schiffsmannschaft befragt oder sie trat als Zeuge auf.

Während die Schiffsleute in den Rôles d'Oléron oft für Handlungen des Schiffers einen Schwur leisten mussten, war ihnen dieses nach dem Llibre del Consolat de Mar verboten. Gemäß Kapitel 223 LCM durften sie dies erst nach der Reise tun, wenn sie gegenüber dem Schiffer nicht mehr verpflichtet waren, denn ihre Aussage sollte neutral sein und vielleicht wollte man sie auch nicht in den Meineid treiben. Eine Ausnahme hierzu bildete Kapitel 99 LCM. Aufgrund der besonders schwierigen Lage konnten die Schiffsleute hier auch während der Reise ein Zeugnis ablegen.

Interessant ist, dass die Schiffsleute Handlungen der Kaufleute bezeugen konnten, Kapitel 225 LCM. Unter Androhung von Strafe waren sie dabei zu neutralen und wahren Aussagen verpflichtet und gewährleisteten so gleichzeitig den Frieden an Bord zwischen den einzelnen Kaufleuten.

Kapitel 99 LCM und Kapitel VIII Rôles d'Oléron ähneln sich sehr. In beiden Fällen taucht eine Frage in sehr ähnlicher Form auf. Es handelt sich dabei um das Problem der Kaufleute, ob und wann Waren über Bord geworfen werden durften. Die Frage ist im Llibre del Consolat de Mar zwar seinem kasuistischen Aufbau entsprechend ausführlicher behandelt worden, dennoch ist die Ähnlichkeit in Form und Anrede frappierend. Eine ähnliche Regelung fand sich auch im dritten Teil des Rhodischen Rechts in Kapitel 38.[1043] Dies könnte dafür sprechen, dass die Regelung aus dem Rhodischen Recht übernommen wurde.

Obwohl die Schiffsleute gemäß dem Llibre del Consolat de Mar sonst kein Zeugnis für den Schiffer ablegen durften, war es ihnen – wie in den Rôles d'Oléron - in diesem besonderen Fall erlaubt, aber nur weil der Schreiber, der eigentlich für die Niederschrift als Urkundsbeweis verantwortlich gewesen wä-

---

[1042] Kapitel 250 LCM.

[1043] *Pardessus*, Collection de lois maritimes II, S. 104: „*Il ya une similitude frappante entre ce chapitre et le chap.XXXVIII de la troisième partie de la compilation rhodienne (...).*"

re, in dieser Situation nicht in der Lage war, das Schiffsbuch zu führen. Es war also eine Art Rückverlagerung der Bezeugungskompetenz vom Schreiber bzw. dem Schiffsbuch zurück auf die Schiffsmannschaft, was deutlich macht, dass die Rôles d'Oléron ein früheres Stadium der Seeschifffahrt aufzeigen. Dafür spricht auch, dass im Llibre del Consolat de Mar in den Kapiteln 95, 99 und 111 LCM bereits der Fall angesprochen wurde, dass das Schiff in Seenot kam und keine Kaufleute an Bord waren, während in den Rôles d'Oléron die Kaufleute noch regelmäßig als an Bord anwesend vorausgesetzt wurden.

# 3. Teil: Zusammenfassung und Schluss

## A. Zusammenfassung der Rolle des Schiffers und seiner Schiffsleute

Durch die Untersuchung der beiden Quellen lassen sich die Rolle des Schiffers und die seiner Schiffmannschaft folgendermaßen zusammenfassen und bestimmen:

### I. Die Rolle des Schiffers und seiner Schiffsleute in den Rôles d'Oléron

In den Rôles d'Oléron werden fünf Personengruppen unterschieden: Reeder, Schiffer, Schiffsmannschaft, Lotsen[1044] und Kaufleuten. Die Schiffsmänner werden in der Quelle mit Ausnahme des Losten nicht nach Befähigungen oder Spezialisierungen unterschieden.

Die Reeder begleiteten das Schiff nicht auf der Fahrt. Sie übertrugen dem Schiffer als einer von ihnen persönlich eingesetzten Vertrauensperson die Abschlüsse der Heuer- und Frachtverträge sowie die Ausführung der Schifffahrt.[1045] Damit bestand keine unmittelbare Rechtsbeziehung der Schiffsleute zu den Reedern. Der Schiffer war auch dazu ermächtigt, die Heuerverträge vor Beginn der Reise mit den Schiffsleuten abzuschließen.

Der Schiffer vertrat die Interessen der Reeder während der Schiffsreise. Er war von den Reedern gleichsam ermächtigt, alle das Schiff und die Ladung betreffenden Rechtsgeschäfte abzuschließen, die Wirkung für und gegen die Reeder entfalteten.[1046] Er musste allerdings persönlich für den schuldhaft verursachten Verlust des Schiffes haften.[1047] Seine Vertretungsmacht war aber in einem wichtigen Punkt beschränkt. Er durfte, wenn es notwendig war, nur mit Zustimmung der Mannschaft das Schiff und seine Fracht verpfänden, aber nicht verkaufen.[1048]

Ansonsten war er dazu ermächtigt, alle das Schiff und die Ladung betreffenden Rechtsgeschäfte abzuschließen, die dann sowohl für als auch gegen die Reeder Wirkung entfalteten. Das Schiff trug auch die Heilungskosten für einen

---

[1044] Der Lotse wurde in den Rôles d'Oléron aufgrund seiner besonderen fachlichen Kenntnisse von den normalen Schiffsleuten unterschieden. Der Steuermann wurde nicht explizit hervorgehoben.

[1045] Kapitel I (Ms. Liber Horn).

[1046] Dies ergibt sich aus dem Zusammenhang des Kapitels I mit den Kapiteln VI, XII, XVIII und XX (Ms. Liber Horn).

[1047] Kapitel II und XIV, Zeile 28 ff. (Ms. Liber Horn).

[1048] Kapitel I, II (Ms. Liber Horn).

erkrankten Matrosen, wenn der Schiffer veranlasste, ihn an Land zu bringen, und ihm dort einen zu bezahlenden Pfleger bestellte.[1049]

Von den Kaufleuten als Befrachter erhielt er das Frachtgeld. Im Falle eines Schiffsbruchs hatte der Schiffer allerdings nur einen Frachtanspruch für die geretteten Gegenstände.[1050] Er hatte deswegen ein großes Interesse an der Rettung der Waren, was dazu führte, dass er auch die Schiffsleute anhielt, ihm bei der Rettung zu helfen, da diese beim vollen Verlust der Fracht und des Schiffes von ihm keinen Lohn erhielten.

Wenn die Kaufleute die vereinbarten Ladungstermine mehr als 15 Tage überschritten, konnte der Schiffer Schadensersatz verlangen, der dann zwischen ihm und seiner Mannschaft im Verhältnis 3:1 aufgeteilt wurde. Der Schiffer erhielt drei Teile, die Mannschaft nur einen.[1051]

Geriet das Schiff durch einen Sturm in Seenot, so konnte der Schiffer gegen den Willen der Kaufleute Güter über Bord werfen, allerdings bedurfte er dazu eines Schwurs durch ein Drittel der Mannschaft, dass der Wurf erforderlich war, um Schiff und Leben zu retten.[1052] Auch in dem Fall, dass bei Seenot Ankertaue und Mast gekappt werden mussten, waren alle Beteiligten am Schadensausgleich beteiligt.[1053]

Gemeinsam mit der Schiffsmannschaft musste der Schiffer den Befrachtern gegenüber haften, wenn durch schlechtes Vertäuen der Fracht durch die Schiffsleute Schäden an der Ladung entstanden.[1054] Allerdings hatte der Schiffer hier die Möglichkeit, sich durch einen von drei oder vier durch die Kaufleute ausgewählten Schiffsleuten geleisteten Entlastungsbeweis von der Haftung zu befreien.[1055]

Wenn es auf der Fahrt zu finanziellen Problemen kam, konnte der Schiffer die Waren der Kaufleute verkaufen, um weiterfahren zu können und dadurch die erfolgreiche Beendigung der Reise zu sichern.[1056] Hier bedurfte er interessanterweise nicht der Zustimmung oder des Schwurs (eines Teils) der Schiffsmannschaft. Er besaß die Möglichkeit, zur Sicherung der Weiterfahrt über die Gegenstände der Kaufleute zu verfügen, allerdings war er haftbar, wenn er eine für

[1049] Kapitel VI (Ms. Liber Horn).
[1050] Kapitel IV und IX (Ms. Liber Horn).
[1051] Kapitel XXII (Ms. Liber Horn).
[1052] Kapitel VIII (Ms. Liber Horn).
[1053] Kapitel IX (Ms. Liber Horn).
[1054] Kapitel XI (Ms. Liber Horn).
[1055] Kapitel XI (Ms. Liber Horn).
[1056] Kapitel XXIII (Ms. Liber Horn).

die Reise günstige Wetterlage verpasste und dadurch selbst die Fortführung der Reise in Gefahr brachte.[1057]

Wenn der Schiffer es am Löschungshafen versäumte, den Kaufleuten das Tauwerk zu zeigen, und bestimmte Schäden nicht ausbesserte, traf ihn eine Schadensersatzpflicht in voller Höhe. Wenn die Kaufleute die Taue für gut befanden, traf ihn keine Haftung. Ließ er allerdings die von den Kaufleuten beanstandeten Mängel nicht durch die Schiffsmannschaft beseitigen, hafteten er und die Schiffsmannschaft gemeinsam.[1058] Auch an dieser Stelle fand sich keine Möglichkeit eines Entlastungsschwures durch die Schiffsmannschaft, was dadurch zu erklären sein könnte, dass sie ja selbst an der Vertauung und den Ausbesserungsarbeiten beteiligt war.

Obwohl der Schiffer seine Schiffsleute in Frieden halten und ihr Richter sein sollte,[1059] besaß er keine unumschränkte Befehlsbefugnis. Wichtige Entscheidungen wie die angesprochene Verpfändung des Schiffsguts[1060] und die Frage nach der Abfahrt des Schiffes bedurften der Zustimmung der Schiffsmannschaft. Auch konnte sich der ansonsten persönlich haftende Schiffer nur mit Hilfe seiner Schiffsmannschaft von den oben genannten Ansprüchen der Befrachter befreien.[1061] Auf der anderen Seite wurden tätliche Angriffe der Schiffsleute gegen den Schiffer mit einer Geldstrafe oder dem Verlust einer Hand geahndet.[1062] Eine Sanktionierung erschien deshalb notwendig, um Meutereien an Bord zu verhindern. Der Schiffsmann, der den Schiffer angriff, konnte jedoch noch zwischen beiden Strafen wählen.[1063]

Die Seeleute waren ihrem Schiffer gegenüber verpflichtet, ihre zugewiesenen Aufgaben sorgfältig zu erfüllen.[1064] Dafür hatte der Schiffer im Falle von unverschuldeter Verletzung oder Krankheit die Pflicht, den Schiffsmann auf Kosten des Schiffes an Land behandeln und heilen zu lassen. Dabei behielt der Schiffsmann seinen Lohn; wenn er starb, ging der Lohn auf seine Erben über.[1065]

Für die ordnungsgemäße Navigation des Schiffes war der „*kleine Loste*“ bis zur Einfahrt in den Bestimmungshafen verantwortlich. Er wurde von den Kauf-

---

[1057] Kapitel XXIII (Ms. Liber Horn).
[1058] Kapitel X (Ms. Liber Horn).
[1059] Kapitel XII (Ms. Liber Horn).
[1060] Kapitel I (Ms. Liber Horn).
[1061] Kapitel VIII, XI, XIV.
[1062] Kapitel XII (Ms. Liber Horn).
[1063] „*Et si le mariner fert le mestre, il doit perdre c.s. ou le poin al chois de mariner.*“ Kapitel XII (Ms. Liber Horn).
[1064] Kapitel III, V, VI, XIX (Ms. Liber Horn).
[1065] Kapitel VII (Ms. Liber Horn).

leuten bezahlt.[1066] Von der Einfahrt bis zum Anlegeplatz[1067] mussten der Schiffer und seine Schiffsleute wieder selbst Sorge für Ladung und Schiff tragen.

### II. Die Rolle des Schiffers und seiner Schiffsleute im Llibre del Consolat de Mar

Die Rolle des Schiffers, dem *„senyor de nau"*, im Llibre del Consolat de Mar war die eines geschäftlichen Unternehmers des Seefahrtsbetriebs. Zugleich besaß er aber die Funktion eines – wenn auch nicht uneingeschränkten - Befehlshabers. Der Schiffer (*senyor de nau*) schloss die Heuerverträge mit den Schiffsleuten und die Befrachterverträge mit den Kaufleuten ab. Seine herrschaftliche Funktion war dabei gegenüber der Mannschaft teilweise noch nicht klar herausgebildet. Der Besitz am Schiff und die Leitung des Schiffes, die Kontrolle über seine Besatzung sowie der Besitz der und die Verantwortung für die Ladung verlangten von ihm in seiner Position die Bewältigung verschiedener, nicht einfach zu lösender Probleme.[1068] Seine Stellung fasst folgendes Zitat des berühmten Seerechtlers *Blanchard* aus dem 19. Jahrhundert pointiert zusammen:

> *„Le patron de navire, le senyor de nau, héros du Consulat, âme des conventions, chef exécutif de la famille flottante n'est jamais à son bord un maître absolu."*[1069]

Der *senyor de nau* konnte entweder geschäftsführender Reeder sein oder das Schiff aufgrund eines Gesellschaftsvertrages (*commenda)* führen.[1070]
Neben dem gewöhnlichen Schiffsmann gab es bereits Schreiber, Steuermänner, Kalfaterer, Zimmermänner sowie Tagelöhner zum Ein- und Ausladen der Waren.

Die Schiffsmannschaft, *„la companya"* und ihre Mitglieder, die *„companyons"*, die *„mariners"* oder *„cominals"* oder *„comunals"* besiegelten mit dem *senyor de nau* einen schuldrechtlich ausgestalteten „Arbeitsvertrag" per Handschlag;[1071] dieser Vertrag war als ein abhängiges Anstellungsverhältnis ausgestaltet.

Im Llibre del Consolat de Mar waren die Gehorsamspflichten der Schiffsleute gegenüber dem *senyor de nau* umfassend in über 60 Vorschriften, dem kasuistischen und redundanten Charakter entsprechend ausführlich, geregelt.

---

[1066] Kapitel XIII (Ms. Liber Horn).
[1067] Diese Beschreibung erinnert an den Hafen von Brügge bzw. den Zwirn.
[1068] *Bernard*, Navires et gens de mer à Bordeaux II, S. 633.
[1069] *Blanchard*, Sur la date e l'origine du Consulat de la mer, S. 4.
[1070] So qualifziert *Landwehr*, Seerecht (Seehandelsrecht), in: HRG IV, Sp. 1599 seine Stellung überzeugend aus dem Gesamtzusammenhang der Quelle. *Spieker*, Die Schiffsgewalt des Handelsschiffskapitäns im Mittelalter, S. 15 sieht in ihm das Pendant zum *„italienischen Patronus"*.
[1071] Kapitel 154, 16 LCM.

Durch die Regeln des Llibre del Consolat de Mar wurden die Schiffsleute aber auch vor dem Schiffer geschützt. Dieser Schutzgedanke trat im Llibre del Consolat de Mar in den verschiedenen Konstellationen immer hervor.[1072] Wenn der Schiffsmann Streit mit dem Schiffer begann oder Waffen gegen den Schiffer erhob, musste ihn die Schiffsmannschaft fassen und an Land den Richtern übergeben.[1073] Der Schiffer durfte unbeschränkte Selbstjustiz nur noch gegenüber dem Lotsen üben.[1074] Wenn der Schiffer den Schiffsmann schlug, hielt das Llibre del Consolat de Mar aber noch eine Regelung für den Schiffsmann bereit, um ihn vor weiteren Schlägen zu schützen: Der Schiffer durfte ihn nur bis zu einem bestimmten, durch eine Kette abgegrenzten Bereich auf dem Schiff verfolgen.[1075]

Die Rolle des Schiffsmannes war vornehmlich die eines „Arbeiters". Er konnte nach dem Llibre del Consolat de Mar zwar auch noch ein Ladungsinteressent sein. Üblich war es, dass die Schiffsleute eine Kombination aus einer Geldentlohnung und einem Anspruch auf Beförderung eigener Waren durch Nutzung von eigenem Schiffsladeraum[1076] erhielten. Sie waren dann aber nur noch Ladungsinteressenten und keine Befrachter mehr, da sie in der tatsächlichen Nutzung des ihnen zugewiesen Frachtraums stark eingeschränkt wurden.

Die Ladekapazität war nur noch so gering, dass der erwirtschaftete Ertrag wohl nicht mehr über den Geldlohn hinausging. Zudem durften sie ihren Frachtraum nicht an die Kaufleute weitervermieten,[1077] wodurch sie ihn nicht mehr für fremde Rechnung beanspruchen konnten.[1078] Dafür waren sie gemäß Kapitel 131 LCM aber grundsätzlich von der Kontributionspflicht beim Seewurf befreit. Dieser – wenn auch in Kapitel 132 LCM eingeschränkte – Grundsatz privilegierte sie gegenüber dem Befrachter.[1079] Dies ist ein Beleg für die unterschiedliche Funktion, aber auch für ein bestehendes Wirtschafts- und Sozialgefälle zwischen Befrachtern und Schiffsleuten.[1080] Im Llibre del Consolat de Mar fand sich somit nur noch ein Restanspruch der Selbstbefrachtung, wohl meist in der Ausgestaltung einer Naturalleistung als Bonus zur Heuerforderung.[1081]

---

[1072] *Larrère/Villain-Gandossi*, Le Llibre del Consolat de Mar, S.157.
[1073] Kapitel 163 LCM.
[1074] Kapitel 250 LCM.
[1075] Kapitel 165 LCM.
[1076] Kapitel 131 f. LCM.
[1077] Kapitel 134 LCM.
[1078] *Wagner*, Handbuch des Seerechts, Band 1, S. 19.
[1079] *Landwehr*, Haverei, S. 58 ff.
[1080] *Von der Decken*, Das Seearbeitsrecht im Hamburger Stadtrecht, S. 39.
[1081] *Abel*, Die Grundzüge des deutschen Seearbeitsrechts und seine geschichtlichen Grundlagen, S. 10.

Ein Mitspracherecht und Bezeugungsrecht der Schiffsleute bestand nur noch in Ausnahmesituationen.[1082] Allerdings übernahmen hier – als eine Art Zwischenstufe zwischen Schiffer und Schiffsmann - der Schreiber mit seinem „*cartolari*“ und der Steuermann bestimmte Beweis- und Mitsprachefunktionen.[1083]

Nur in besonderen Gefahrensituationen wie dem Schiffsbruch, wenn der Schreiber faktisch nicht mehr in der Lage war, Einträge in sein Schiffsbuch zu machen, fiel seine Bezeugungskompetenz an die Schiffsleute zurück.[1084]

Der Heuervertrag wurde zwar nur zwischen dem *senyor de nau* und seinen Schiffsleuten begründet, jedoch bestand durch die Abhängigkeit des Lohnes zur Fracht eine Verknüpfung mit dem Frachtverhältnis:

Der Grundsatz „*Fracht ist die Mutter der Gage*“, der eine aus dem Frachtverhältnis stammende Verknüpfung zwischen der Schiffsmannschaft, dem Schiffer und den Befrachtern darstellte und zumindest mittelbar von großer Bedeutung war, findet sich im bereits Llibre del Consolat de Mar .[1085] Der Anspruch auf Lohnzahlung der Schiffsmänner hing davon ab, dass der *senyor de nau* die Fracht von den Ladungsinteressenten erhielt und so Frachtgelder verdiente.[1086]

Verringerte sich der Frachtgewinn oder kam es zur Beschädigung oder zum Verlust der Fracht, verringerte sich der Frachtanteil der Schiffsleute.[1087] War die Führung als Bruchteil des Frachtlohnes definiert, so erhöhte sie sich dann automatisch. [1088]

Damit standen die Schiffsmänner des Llibre del Consolat de Mar im Vergleich zu den Rôles d'Oléron in einem größeren Abhängigkeitsverhältnis zum „*senyor de la nau*“. Sie waren aber wegen des Risikos, das sie für ihre Führung und ihre Heuer trugen, sowie den noch teilweise existierenden Mitspracherechten nach wie vor eng an Schiff und Ladung gebunden. So blieb das Seehandelsunternehmen noch durch einer Reihe von genossenschaftlichen Elementen geprägt.

---

[1082] *Landwehr*, Seerecht, in: HRG IV, Sp. 1599.
[1083] Kapitel 150, 178, 225.
[1084] Kapitel 99 LCM.
[1085] *Wagner*, Handbuch des Seerecht I, S. 18.
[1086] Kapitel 136, 137, 150, 179 LCM.
[1087] Kapitel 83, 85, 191 LCM.
[1088] Kapitel 134, 146, 230 LCM.

### III. Zusammenfassender Vergleich

Der Vergleich zwischen den *„Dienstvorschriften"* in den Rôles d'Oléron und im Llibre del Consolat de Mar hat gezeigt, dass es gewisse Parallelen, aber auch große Unterschiede zwischen den beiden Quellen gibt.

In beiden Quellen wurden aber die Begründung und Beendigung des Heuerverhältnisses, Rechte und Pflichten beider Vertragsparteien, dabei besonders ausführlich die Entlohnung der Schiffsleute, sowie ihre Mitbestimmungsrechte, aber auf der anderen Seite auch schon die stärker werdende Ausprägung der Herrschaftsgewalt des Schiffers geregelt.

Die Rôles d'Oléron sind älter als das Llibre del Consolat de Mar.[1089] Beide spiegeln zwar noch den Übergang einer genossenschaftlichen hin zu einer autoritären Organisation des Schifffahrtsunternehmens wider, sie befinden sich aber bereits in unterschiedlichen Stadien des Veränderungsprozesses, was besonders im Rahmen der Entlohnungsformen als auch bei der Ausprägung der Mitbestimmungsrechte deutlich wird. Dabei spiegelt sich im Llibre del Consolat de Mar schon eine größere Veränderung hin zu einem nur noch teilweise durch genossenschaftliche Elemente geprägten Seefahrtsunternehmen wieder, als dies in den Rôles d'Oléron der Fall war.

In der Form der Begründung des Heuerverhältnisses zeigte sich das Verfahren in dem Llibre del Consolat de Mar schon wesentlich formalisierter und differenzierter, da die Vertragsvereinbarungen von dem Schreiber in ein Schiffsbuch aufgenommen wurden und die fachlichen Qualifikationen, die man von dem einzelnen Schiffsmann erwartete, thematisiert wurden.[1090] Im Llibre del Consolat de Mar wurde zwischen den verschiedenen Personen - Schreiber, Tagelöhner, Kalfaterer, Zimmermann, Steuermann und Schiffsmann - viel genauer unterschieden[1091] als in den Rôles d'Oléron, die vom gewöhnlichen Schiffsmann lediglich den kleinen Lotsen unterschieden.[1092]

Im Llibre del Consolat de Mar gab es sechs verschiedene Formen der Anstellung, während in den Rôles d'Oléron nur drei existierten. Der klare Anspruch auf Führung bestand zwar in beiden Quellen, jedoch wurde die Führung, die sich im Llibre del Consolat de Mar nunmehr zumeist mit einer Entlohnung in Geld vermischte und dem Schiffsmann auch kein umfassendes eigenes Recht mehr gab, immer weiter verdrängt.

---

[1089] *Colon*, Llibre del Consolat de Mar, S. 274.
[1090] Kapitel 124, Zeile 5 ff. LCM.
[1091] *« Emperò en esta forma : que si·l mariner li promet qu·él sia calafat o mestra d'axa o nauxter , (...). "* Kapitel 124, Zeile 5 f. LCM.
[1092] *Burwash*, English Merchant Shipping, S. 35.

Die rechtliche Stellung der Schiffsmannschaft auf Seehandelsschiffen begründete in beiden Quellen einen Anspruch auf Führung, also auf die Zuweisung eines Frachtraums. Sie war eine Form der Entlohnung, die man als Naturalleistung im weiteren Sinne qualifizieren kann. Daneben bestand eine monetäre Heuerzahlung. Diese Entlohnungsarten bildeten dabei nicht nur einen Rahmen für die Einbindung in ein abhängiges Dienstverhältnis. Es bestand auch für den, der sich für einen festen Heuerlohn entschieden hatte, eine geringere Belastung mit dem Frachtrisiko. Die verschiedene Ausgestaltung der Entlohnung erlaubt es, die unterschiedliche soziale und wirtschaftliche Stellung des Schiffsmannes in beiden Quellen zu qualifizieren.

Die beiden Formen standen in den Rôles d'Oléron noch stärker ausgeprägt und gleichberechtigt nebeneinander. Dem Schiffsmann selbst kam eine noch umfassendere Stellung als Befrachter zu als im Llibre del Consolat de Mar. Denn er war in den Rôles d'Oléron noch befugt, *„seinen“* zugewiesen Frachtraum an die Kaufleute zu vermieten,[1093] während ihm dies im Llibre del Consolat de Mar bereits durch eine explizite Regelung untersagt war. Das Llibre del Consolat de Mar kannte zwar auch noch die Führung als Entlohnung, jedoch vermischte sich diese Form mit einer zusätzlichen Entlohnung ins Geld.[1094] Damit war hier schon eine weitere Veränderung der Stellung des Schiffsmanns eingetreten, der von der doppelten Rolle eines Arbeiters und Befrachters mehr und mehr zu einem nur noch untergeordneten Lohnempfänger wurde.[1095] Ansätze der Veränderung fanden sich in beiden Quellen, nur war diese Veränderung im Llibre del Consolat de Mar schon weiter vorangeschritten. Die umfangreichen Vorschriften im Llibre del Consolat de Mar wiesen aber auch ein stärkeres Über- / Unterordnungsverhältnis auf als in den Rôles d'Oléron.[1096]

Die stufenweise Ersetzung der eigenen Führung oder der Gewinnbeteiligung durch eine Lohnzahlung ist nicht nur damit zu begründen, dass hier zwei unterschiedliche Systeme in Süd- und Nordeuropa vorlagen, sondern es handelte sich vielmehr um verschiedene Entwicklungsstufen auf dem Weg hin zu einem abhängigen Seerechtsverhältnis.

Die ordnungsgemäße Beendigung des Heuerverhältnisses trat nach beiden Quellen mit dem Ende der Reise ein. In beiden Quellen fanden sich auch Regelungen zur *„außerordentlichen“* Kündigung des Vertragsverhältnisses.

---

[1093] Kapitel XVIII (Ms. Liber Horn).
[1094] *Burwash*, English Merchant Shipping, S. 46.
[1095] *Vogel*, Geschichte der deutschen Seeschiffahrt I, S. 368 f.
[1096] *Monnerjahn*, Das Arbeitsverhältnis in der deutschen Seeschiffahrt, S. 11.

Besonders interessant erscheint dabei, dass das Schlichtungsverfahren, wie oben besprochen, ähnlich ausgestaltet war, denn beide Male war die Zahl 3 von Bedeutung. Nach den Rôles d'Oléron (Kapitel XVIII) musste der Schiffer dem Schiffsmann das Tischtuch dreimal wegnehmen, nach dem Llibre del Consolat de Mar (Kapitel 267) sollte er ihm dreimal das Essen verweigern. Ein Wiedergutmachungsverfahren durch einen Schiedsspruch der anderen Schiffsleute als Tischgemeinschaft[1097] fand sich im Llibre del Consolat de Mar nicht mehr. Dies ist ein Indiz dafür, dass die Mitbestimmungsbefugnisse der Mannschaft im Llibre del Consolat de Mar schon weiter zurückgedrängt wurden. Vielmehr konnte dort der Steuermann, als die qualifiziertere Arbeitskraft, den einfachen Schiffsmann nach fünfmaliger Befehlsverweigerung von Bord verweisen.[1098] Die Schiffsbesatzung in den Rôles d'Oléron hatte alle unmittelbar und mittelbar das Schiff betreffenden Arbeiten zu erledigen. Dazu zählten auch die Beladungsarbeiten für den Schiffer im Ausgangshafen.[1099] Im Llibre del Consolat de Mar trafen den „*mariner*" grundsätzlich nur noch die Arbeiten, die das Schiff betrafen.[1100] „*Niedere Arbeiten*" wie das Beladen des Schiffes wurden, wenn nichts Besonderes vereinbart war oder der Schiffer ausnahmsweise keine Männer fand, von Tagelöhnern übernommen. Hier wird eine schon klarer gezeichnete Rolle des Schiffsmannes deutlich, der über dem einfachen Tagelöhner stand. In beiden Quellen fand sich darüber hinaus ein Verbot, ohne Erlaubnis des Schiffers das Schiff zu verlassen.[1101]

Die Treue- und Gehorsamspflicht gegenüber dem Schiffer fand sich sowohl im Llibre del Consolat de Mar als auch in den Rôles d'Oléron. Interessant ist in diesem Zusammenhang die Rolle des Steuermanns im Llibre del Consolat de Mar , dem gegenüber der Schiffsmann ebenfalls zu Treue und Gehorsam verpflichtet war wie auch gegenüber dem Schreiber.[1102] Schreiber und Steuermann bildeten eine Art Mittelinstanz in der Hierarchie zwischen Schiffer und Schiffsmann.

Kapitel 182 LCM und Kapitel 6 Rôles d'Oléron ähneln sich. Beide behandelten den Fall, dass der Schiffsmann vom Schiffer an Land geschickt wurde, um dort etwas für ihn zu erledigen. Beide Quellen sahen für den Fall, dass dem Schiffsmann während dieses Auftrages etwas zustieß, Schutzmechanismen vor,

---

[1097] Kapitel XVIII; XIV, Zeile 8 ff. (Ms. Liber Horn).
[1098] Kapitel 125 LCM.
[1099] Kapitel XIX (Ms. Liber Horn).
[1100] Der im Kapitel 177, Zeile 4 LCM aufgestellte Grundsatz lautete: „*E és tengut de fer tots servicis qui pertanguen a nau*"
[1101] Kapitel V (Ms. Liber Horn), Kapitel 166, 179 LCM.
[1102] Kapitel 182 LCM.

indem die Rôles d'Oléron bestimmten, dass der verletzte Schiffsmann auf Kosten des Schiffes geheilt werden sollte. Das Llibre del Consolat de Mar sah vor, dass der gefangengenommene Schiffsmann seinen vollen Lohnanspruch behielt.

In beiden Quellen setzte ein Schutzmechanismus ein, sobald der Schiffsmann auf Befehl des Schiffers Gefahren, hier den Gefahren eines Landganges, ausgesetzt wurde.

In den Rôles d'Oléron wurde, anders als im Llibre del Consolat de Mar , genauer zwischen einer verschuldeten und unverschuldeten Verletzung des Schiffers unterschieden.

Die Beköstigungspflichten des Schiffers gegenüber der Mannschaft fanden sich in beiden Quellen besonders ausgeprägt. In den Rôles d'Oléron wurde der Krankheitsfall eines Matrosen sehr ausführlich behandelt.[1103] Nach beiden Quellen ging der Heueranspruch beim Tod des Schiffsmannes auf dessen Erben über. Aber auch hier waren die Regelungen im Llibre del Consolat de Mar viel detaillierter in Bezug auf die die Erbfolge betreffenden Fragen.

Der Grundsatz *„Fracht ist die Mutter der Gage"*, also die Verquickung der Heuer des Schiffsmanns mit dem Frachtlohngewinn des Schiffes, war im Llibre del Consolat de Mar bereits ausgebildet.[1104] In den Rôles d'Oléron stand der Geldlohn zumindest in Abhängigkeit von der Fracht und bildet eine Vorform des Grundsatzes *„Fracht ist die Mutter der Gage"*.[1105]

Des weiteren begegnet bei der Gewinnaufteilung das Verhältnis ¾ : ¼. Zwar ging es in den Rôles d'Oléron darum, dass das Schiff auf die Kaufleute warten musste, und diese dann verpflichtet waren, den Frachtlohn zu zahlen, der zwischen Schiffer und den Schiffsleuten im Verhältnis ¾ : ¼ aufgeteilt wurde.[1106] Dieses Aufteilungsverhältnis fand sich auch in Kapitel 160 LCM. Im Fall, das Gut von den Schiffsleuten gefunden wurde, gebührte ihnen 1/4 und dem Schiffer 3/4.[1107]

Der Abstieg des Schiffsmannes zu einem bloßen Lohnempfänger ging einher mit dem Verlust seiner Mitbestimmungs- und Bezeugungsrechte, die ihn so zu einem bloßen Befehlsempfänger machten.[1108] Dies wurde im Llibre del Consolat de Mar besonders deutlich. Dort wurden in professionalisierterer Form die Bezeugungspflichten, die vormals der Mannschaft oblagen, weitestgehend vom Schreiber übernommen und die Mitbestimmungsrechte häufig dem Steuermann

[1103] Kapitel 7 (Ms. Liber Horn), Kapitel 127, 128 LCM.
[1104] Kapitel 83, 85, 191, 192 LCM. Kapitel IV und IX (Ms. Liber Horn).
[1105] *Ebel*, S. 66. Kapitel IV (Ms. Liber Horn).
[1106] Kapitel XXII (Ms. Liber Horn).
[1107] Kapitel 160 LCM.
[1108] *Vogel*, Geschichte der deutschen Seeschiffahrt I, S. 368 f.

oder Schreiber übertragen,[1109] der den Schiffsleuten seiner Stellung nach übergeordnet war. Im Llibre del Consolat de Mar durften die Schiffsleute beispielsweise erst dann einen Schwur leisten, wenn sie nach Beendigung der Reise nicht mehr in einem Abhängigkeitsverhältnis zum Schiffer standen.[1110]
Eine interessante Ähnlichkeit wiesen jedoch die dargestellten Übereinstimmungen der Form der Fragestellung an die Kaufleute in Kapitel VIII Rôles d'Oléron und im Kapitel 99 LCM auf.

So bestand zwischen dem Schiffer und seinen Seeleuten ein Über-/ Unterordnungsverhältnis, das im Llibre del Consolat de Mar wesentlich stärker durch die zwischengeschalteten Positionen des Schreibers und Steuermanns ausgeprägt war. Dennoch gab es in beiden Quellen noch unterschiedlich ausgeprägte genossenschaftliche Elemente.

---

[1109] Kapitel 150, 178, 225 LCM.
[1110] Kapitel 223 LCM.

## B. Erklärungsansätze zu den Ergebnissen des Vergleichs

Die Rôles d'Oléron werden als die bedeutendste Quelle der Nord-bzw. Westmeere bezeichnet, das Llibre del Consolat de Mar als die bedeutendste des Mittelmeerraums.[1111]

Die Analyse der Quellen hat gezeigt, dass aufgrund der Strukturverschiedenheit der Quellen die Regelungen im Llibre del Consolat de Mar viel ausführlicher und kasuistischer waren als die in den Rôles d'Oléron. Trotzdem stellt sich die Frage, ob die herausgearbeiteten Ähnlichkeiten aus der Natur der Sache oder durch eine mögliche Rezeption erklärt werden können.

### I. Natur der Sache

Das Argument der Natur der Sache findet sich bei *Lord Mansfield*,[1112] der nach britischer Manier mit dem *„common sense"*, was inhaltlich durchaus der *„Natur der Sache"* entspricht, argumentierte:[1113] Seine rechtsvergleichende Studie führte ihn zu dem Ergebnis, dass alle vergangenen und gegenwärtigen Rechtsordnungen seit der Lex Rhodia über die Rôles d'Oléron und das Llibre del Consolat de Mar bis hin zum hansischen Seerecht und den Ordonnancen von 1673 und 1681 in seinem Untersuchungsfall bezogen auf die Frage der Teilfracht zu gleichen Ergebnissen gekommen seien, was er damit begründete, dass es sich bei dem Seerecht nicht um ein national begrenztes, sondern ein *„General Law of Nations"* handele, das zu allen Zeiten erhalten bleiben würde:

> *„Non erit alia lex Romae alia Athenis; alia nunc alia posthac; sed et apud omnes gentes et omni tempore una eademque Lex obtinebit"*.[1114]

Er sah dabei das Seerecht in einer Art naturrechtlicher Unabänderlichkeit begründet.[1115]

Dass sich in beiden Quellen Regelungen über die Begründung und Beendigung des Heuerverhältnisses, Rechte und Pflichten beider Vertragsparteien, darüber hinaus besonders ausführlich über die Entlohnung der Schiffsleute sowie Mitbestimmungsrechte der Mannschaft als auch Formen der Herrschaftsgewalt geregelt finden, lässt noch keinen Schluss auf mögliche Rezeptionen zu, da dies

---

[1111] *Hesse*, Histoire et sources du droit maritimes, S. 29.

[1112] *Lord Mansfield* war einer der berühmtesten Juristen der englischen Rechtsgeschichte. Zu dem Fall, der ihn zu den folgenden Ausführungen veranlasste, vgl. *Cordes*, Lex Mercatoria, S. 168.

[1113] Vgl. die Darstellung bei *Burrow*, Reports of Cases adjudged in the Court of King's Bench, S. 882-890.

[1114] *Burrow*, Reports of Cases adjudged in the Court of King's Bench, S. 887.

[1115] *Cordes*, Lex mercatoria, S. 170.

Themen- und Problemkomplexe sind, die sich aus der besonderen Situation des seerechtlichen Arbeitsverhältnisses - und damit aus der *„Natur der Sache"*- ergaben.

Es handelt sich dabei zunächst einfach um die Frage eines zu lösenden Regelungsproblems, denn der Schiffsmann arbeitete und lebte an Bord. Diese Sondersituation machte entsprechende Regelungen notwendig, weshalb es nicht verwundert, dass sich hierzu in beiden Quellen Vorschriften fanden. Auch wenn sich das Regeln bestimmter Rechtsprobleme als *„Natur der Sache"* qualifizieren lässt, stellt sich doch die Frage, inwieweit eine solche Erklärung befriedigend und ausreichend ist. Zwar bildete das Leben auf einem Schiff eine Gemeinsamkeit, die alle Seeleute miteinander verband, jedoch berücksichtigt eine solche Erklärung die geographischen, klimatischen und kulturellen Eigenheiten wenig.

**II. Rezeption**

Es stellt sich weiterhin die Frage, ob die Rôles d'Oléron Einflüsse auf den Inhalt des Llibre del Consolat de Mar hatte und ob es im Llibre del Consolat de Mar möglicherweise Übernahmen aus den Rôles d'Oléron im Bereich der dienstrechtlichen Vorschriften gab, die vom Llibre del Consolat de Mar den damaligen Verhältnissen entsprechend erweitert wurden.

Der Nachweis einer Rezeption fällt aber schon deshalb schwer, weil der formale Charakter des Llibre del Consolat de Mar in seiner kasuistischen und redundanten Form ein ganz anderer ist als der der Rôles d'Oléron. Zudem ist die eine Quelle auf altcatalanisch und die andere in altfranzösisch verfasst. Außerdem hat der Vergleich ergeben, dass zwar gleiche Problemkomplexe geregelt werden, die Lösung aber im speziellen oft eine andere war. Doch es bleibt die schwierige Frage, wie man Einflüsse feststellen kann.

Es wäre aber durchaus denkbar, dass die ausführlicheren Regelungen im Llibre del Consolat de Mar durch die Anpassung an die eigenen ökonomischen Bedingungen und lokalen Besonderheiten entstanden sind.

**1. Möglichkeit einer Rezeption**

Zunächst stellt sich die Frage, ob es überhaupt die Möglichkeit der Rezeption der Rôles d'Oléron in Barcelona gab und inwieweit davon auszugehen ist, dass dort die Quelle aus dem Atlantikraum bekannt war.

*Pardessus* vertrat die Auffassung, dass die Rôles d'Oléron bereits seit dem Jahre 1266 in Kastilien bekannt gewesen seien und dass sie deshalb über Kastilien nach Aragon gelangten.[1116] *Pardessus* räumte zwar ein, dass diese beiden Königreiche in Feindschaft zueinander standen, aber dass dies noch nicht bedeuten musste, dass die Quellen nicht weiter getragen wurden.[1117] Er beruft sich dabei auf *Capmany*, der in seinen „*Memorias historicas sobre la marina*" handelsrechtliche Beziehungen zwischen den Katalanen und Kaufleuten aus Kastilien bezeugte. Die Kastilianer hatten Handelsbeziehungen nach Andalusien, dessen Häfen auch von den barcelonischen Schiffen angefahren wurden. Dies wertet *Pardessus* als wichtigen Hinweis darauf, dass die Redakteure des Llibre del Consolat de Mar die Rôles d'Oléron kennen mussten.

Dafür spricht auch Kapitel 46, nachdem das Llibre del Consolat de Mar sich ausdrücklich als das verstanden wissen wollte, was man als „*lex mercatoria*" oder zumindest als „*lex maritima*" bezeichnen würde: als ein überregional geltendes Sonderrecht aller Kaufleute, dass von Territorien und Rechtssetzung unabhängig ist.

> *„Aquests són los bons stabliments e les bones custumes qui són de fet de mar que·ls savis hòmens qui van per lo mónt e no comensaren d'anar els nostres entecessors faéran per los Llibres de la savietat de les costumes on d'aqui avant podem trobar què deu senyor de nau fer a mercader o a mariner o a palegrí o altre hom qui vaja en la nau. »*[1118]

Aus dem Wortlaut der Quelle geht explizit hervor, dass die Gebräuche von den weisen, erfahrenen Männern, die durch die Welt gereist sind und von ihren Vorfahren gelernt haben, verfasst wurden nach den Büchern vom Wissen um die guten Gewohnheiten. Danach sind das Llibre del Consolat de Mar nicht nur die Gewohnheiten der katalanischen Kaufleute und Seefahrer, sondern diejenigen des Meeres, wie sie durch die Welt gereiste, erfahrene Männer überliefert haben. Der Ausdruck „durch die Welt gereist" darf zwar nicht wortwörtlich verstanden werden, dennoch muss die „Welt" muss nicht nur der Mittelmeerraum und die Levante gewesen sein. Da die Rôles d'Oléron bereits im 14. Jahrhundert in zahlreichen Abschriften überliefert waren, könnten auch sie eine Vorlage gewesen sein. Sicherlich spielten insoweit auch Überlieferungen aus dem Rhodischen

---

[1116] *Pardessus*, Collection de lois maritimes II, S. 29: *„(...) et qu'il est dans l'ordre naturel des choses que cette connoissance ait passé de la Castille à l'Arragon."* Dieser Ansicht folgten unter anderem auch *Kiesselbach*, Ursprung und Wurzeln, S. 2 und *Dion*, Histoire de la vigne, S. 350.

[1117] *Pardessus*, Collection de lois maritimes II, S. 29.

[1118] Kapitel 46 LCM. Übersetzt bedeutet dies: *„Dies sind die guten Einrichtungen und die guten Gewohnheiten, welche den Seehandel betreffen, wie ihn die erfahrenen Männer, welche durch die Welt gereist sind, von ihren Vorfahren gelernt haben, und welche nach Büchern vom Wissen um die guten Gewohnheiten verfertigt wurden. Unter dem, was folgt, findet man das, an was der Schiffer gegenüber den Schiffsleuten oder den Kaufleuten oder den Passagiere oder gegenüber jedem Mann, der in dem Schiff reist, gebunden ist."*

Recht oder den anderen Rechtsgewohnheiten aus dem Mittelmeerraum eine Rolle.[1119]

**2. Anknüpfungspunkte für die These einer Rezeption in den Quellen**

Eine so allgemeine These bedarf aber einer näheren Untersuchung. Einen Anknüpfungspunkt könnten bestimmte Rechtswörter oder Formalitäten bilden, die sich so nur in den beiden betreffenden Quellen finden.

Anknüpfungspunkte für eine Rezeption lassen sich möglicherweise an vier Stellen, die auch bei näherer Betrachtung eine ausgesprochene Ähnlichkeit aufweisen, finden:

- Die Form des Schlichtungsverfahrens in Kapitel XIV Rôles d'Oléron und Kapitel 267 LCM
- Entsenden des Matrosen durch den Schiffer an Land in Kapitel VI Rôles d'Oléron und Kapitel 182 LCM
- Das Aufteilungsverhältnis 3:1 zwischen Schiffer und Schiffsleuten in Kapitel XXII Rôles d'Oléron und Kapitel 160 LCM
- Die Form der Frage an die Kaufleute in Kapitel VIII Rôles d'Oléron und Kapitel 99 LCM

**a. Kapitel XIV Rôles d'Oléron und Kapitel 267 LCM**

In der Regelung des Schlichtungsverfahrens fand sich in beiden Quellen die auffällige Gemeinsamkeit, dass der Schiffer dem ungehörigen Schiffsmann jeweils dreimal das Tischtuch bzw. sein Essen wegnehmen lassen musste, bevor er ihn von der Tischgemeinschaft ausschließen durfte.[1120] Dieses sehr ähnliche Verfahren und auch das Prinzip des dreimaligen Verweises vom Tisch könnte ein Indiz dafür sein, dass den Verfassern des Llibre del Consolat de Mar die Regelungen der Rôles d'Oléron bekannt waren.

Es gibt hier mehrere Anknüpfungspunkte: Die Zahl 3 könnte für eine Rezeption sprechen, doch ist diese Argumentation schwach, da die Zahl biblischen Ursprungs ist. Sie kann allenfalls ein Indiz bilden.

Ebenfalls zu berücksichtigen ist die Tatsache, dass in beiden Gesetzestexten eine „Tischgemeinschaft" besteht. Darin liegt eine wichtige Besonderheit. Die Tatsache, dass ein Tischtuch bzw. das Essen weggenommen wird, zeigt schon eine deutliche Parallelität. Denkbar wäre ja auch ein ganz anderes Verfahren,

---

1119 Zu denken ist hier an die Seerechte von Marseille oder Valencia. *Pardessus*, Collection de lois maritimes II, S. 27.

1120 Kapitel XIV (Ms. Liber Horn), Kapitel 267 LCM.

wie das sofortige Aussprechen eines Verweises, das Verbannen in einen besonderen Raum etc.

*Pardessus* beschreibt Kapitel 267 LCM als fast literarische Kopie des Kapitels XIV Rôles d'Oléron, die gleichzeitig eine Kommentierung des knappen Kapitels 14 darstelle.[1121] Auch *Engelbrecht* verweist in seiner Edition auf Kapitel 267 (nach seiner Zählung 264) LCM.[1122]

**b. Kapitel VI Rôles d'Oléron und Kapitel 182 LCM**

*Cleirac*, *Targa* und *Pardessus* konstatierten bereits, dass sich Kapitel 182 LCM und Kapitel 6 Rôles d'Oléron in gewisser Weise sehr ähneln:[1123] Wenn nach dem Llibre del Consolat de Mar der Schiffsmann mit Gewalt von Seeräubern gefangen wurde, so sollte er seinen gesamten Lohn bekommen, so als hätte er die Reise mitgemacht. Davon handelt Kapitel 182 LCM ebenfalls, das dem Inhalt des Kapitels 6, Zeile 18 ff. Rôles d'Olèron ähnelt. In beiden Fällen wurde der Schiffsmann vom Schiffer an Land geschickt, um etwas für ihn zu erledigen. Wenn der Schiffer in den Rôles d'Oléron dem Schiffsmann wegen einer Dienstleistung befahl, an Land zu gehen und der Schiffsmann sich dann verletzte oder verwundet wurde, so sollte er auf Kosten des Schiffes geheilt werden.[1124] Das Llibre del Consolat de Mar spricht hier davon, dass der Schiffsmann, der an Land geschickt wurde, von Seeräubern gefangen genommen wurde. Auch hier findet sich die Ausgestaltung der Fürsorgepflicht. Man könnte der Auffassung sein, dass sich das Llibre del Consolat de Mar auf diese Regel gestützt hat und sie den Umständen ihrer Zeit entsprechend nicht nur auf den allgemeinen Fall der Verletzung, sondern die Gefangennahme bezog. Allerdings ist dies nur schwer zu belegen und auch die oben genannten Autoren führen diesbezüglich keinen Beweis, sondern stellen nur eine These auf.

Als Gegenthese wäre zu nennen, dass es scheinbar schon damals einen allgemeinen Rechtsgedanken gegeben hat, wonach derjenige, der seinen Bediensteten an potentiell gefährliche Orte schickt, im Falle von dessen Verletzung für ihn einzustehen hat. Ebenfalls nicht auszuschließen ist, dass Verletzungen oder Verschleppungen so häufig waren, dass dieses Problem einfach normiert werden musste und sich so die Ähnlichkeit der Regelung schlicht aus der Natur der Sache ergeben hat.

---

[1121] *Pardessus*, Collection de lois maritimes II, S. 287.

[1122] *Engelbrecht*, Corpus Iuris Nautici, S. 57.

[1123] Dies stellten bereits fest: *Cleirac*, Us et coustumes, S. 25; *Targa*, S. 53; *Pardessus*, Collection des lois maritimes II, S. 152.

[1124] *„Mes si le mestre lenvoye en acune service de la nef soun comaun dement et sil se blessat ou le naverat, il deit estre garries et sauves sus le coustes de la nef"*, Kapitel VI, Zeile 18 ff.

**c. Kapitel XXII Rôles d'Oléron und Kapitel 160 LCM**

Ein dritter signifikanter Punkt ist, dass in beiden Quellen eine Aufteilung des Gewinns im Verhältnis ¾ : ¼ zwischen Schiffer und Schiffsleuten auftauchte, allerdings in zwei verschiedenen Zusammenhängen. In den Rôles d'Oléron galt diese Formel für den Fall, dass das Schiff seinen Auftrag verlor, weil es länger als zwei Wochen auf die Kaufleute warten musste. Die Kaufleute schuldeten dann den kompletten Frachtlohn, der im Verhältnis ¾ : ¼ zwischen Schiffer und Schiffsleuten aufgeteilt wurde.[1125]

Im Llibre del Consolat de Mar ging es um den Fall, dass die Schiffsleute Waren auf See gefunden hatten.[1126] Dem Schiffer gebührten dann ¾ und den Schiffsleuten ¼ des gefundenen Gutes. Begründet wurde dies damit, dass die Schiffsleute von dem Schiffer Kost und Lohn erhielten. Aus den beiden Beispielen geht hervor, dass es schon ein ausgeprägtes Über-/Unterordnungsverhältnis zwischen Schiffer und Schiffsleuten gab, da dem Schiffer ein Dreifaches zustand. Auch hier lässt sich der Nachweis für eine direkte Übernahme aus den Rôles d'Oléron schwer führen, da die Aufteilung im Verhältnis ¾ : ¼ im mittelalterlichen Europa sehr verbreitet war. Sie fand sich auch schon in italienischen Seerechten, in denen es um die Aufteilung zwischen Geldgebern und Schiffer ging.[1127] Daher können die Beeinflussungen auch aus anderen Quellen stammen. Interessant ist aber, dass es sich dabei um ein Aufteilungsprinzip gehandelt hat, dass sich sowohl in Nord- als auch in Südeuropa fand.

**d. Kapitel VIII Rôles d'Oléron und Kapitel 99 LCM**

Auch Kapitel 99 LCM und Kapitel VIII Rôles d'Oléron ähneln sich sehr. Beide Male taucht eine sehr ähnliche Form der Frage des Schiffers an die Kaufleute auf, ob Waren über Bord geworfen werden durften. Die Frage ist im Llibre del Consolat de Mar zwar, seinem kasuistischen Aufbau entsprechend, ausführlicher behandelt, dennoch ist die Ähnlichkeit in Form und Anrede frappierend. Eine ähnliche Regelung findet sich aber auch im Rhodischen Recht im dritten Teil, in Kapitel 38.[1128] Dies könnte bedeuten, dass die Regelung von den Verfassern des Llibre del Consolat de Mar auch aus dem Rhodischen Recht übernommen worden sein könnte und bildet deshalb keinen sicheren Nachweis für eine Übernahme aus den Rôles d'Oléron.

---

[1125] Kapitel XXII (Ms. Liber Horn).

[1126] Kapitel 160 LCM.

[1127] *Cordes*, Flandrischer Copiar, S. 140.

[1128] *Pardessus*, Collection de lois maritimes II, S. 104: *„Il ya une similitude frappante entre ce chapitre et le chap.XXXVIII de la troisième partie de la compilation rhodienne (...).“*

## III. Ergebnis

So verführerisch die These ist, dass die knappen Rôles d'Oléron eine Art Vorlage für das Llibre del Consolat de Mar bildeten, das die Regeln lediglich erweiterte, anpasste und ausschmückte, so sehr wurde deutlich, dass der fundierte Nachweis für solche Übernahmen kaum möglich ist.

Es finden sich zwar gewisse, zum Teil erstaunliche Gemeinsamkeiten in beiden Quellen. Dennoch wäre es zu spekulativ, die Behauptung aufzustellen, dass die Verfasser des Llibre del Consolat de Mar die Rôles d'Oléron als Vorlage verwendet haben. Wahrscheinlicher erscheint es aber, dass die Verfasser des Llibre del Consolat de Mar den Inhalt der Rôles d'Oléron als „*jugemenz de la meer*"[1129] möglicherweise – sei es bereits durch mündliche oder durch schriftliche Überlieferung – kannten.

Denn auch in Kapitel 46 LCM wird gesagt, dass die Verfasser des Llibre del Consolat de Mar die Bücher vom Wissen und die guten Gewohnheiten kannten, womit auch der Inhalt der Rôles d'Oléron gemeint gewesen sein könnte.

Möglicherweise gab es „allgemeine" Seerechtssätze und -prinzipien, die sich auch in anderen mittelalterlichen Seerechtsquellen wiederfinden könnten. Der Überprüfung dieser Fragestellung kann im Rahmen dieser Arbeit zwar nicht mehr nachgegangen werden. Ausgehend von den hier gefundenen Ähnlichkeiten und Übereinstimmungen wäre es aber interessant zu untersuchen, ob sich ähnliche Regelungen auch in anderen älteren Seerechtsquellen finden. Dies könnte ein Ansatzpunkt für eine weitere Forschungsarbeit bilden. Es muss dabei nicht die Suche nach „der" Lex maritima sein. Ein weiterer Vergleich könnte jedoch möglicherweise Aufschluss darüber geben, ob zumindest eine bestimmte Anzahl der hier herausgearbeiteten Prinzipien über einzelne Seerechtskreise hinaus verbreitet waren.

Die beiden in der vorliegenden Arbeit untersuchten Quellen sind aber zumindest als ein Indiz für zwei Quellen anzusehen, die sich beide im Umbruch einer genossenschaftlichen zu einer herrschaftlichen Struktur des mittelalterlichen Schifffahrtsbetriebes befanden, wobei die Rôles d'Oléron noch wesentlich genossenschaftlicher geprägt waren, was sich durch das Verhältnis des Schiffers zu den Schiffsleuten charakterisieren ließ.

Auch wenn eine Beeinflussung vermutet werden kann, sich aber nicht wirklich fundiert nachweisen lässt, waren das Llibre del Consolat de Mar und die Rôles d'Oléron als bedeutende Quellen des mittelalterlichen Seerechts jedenfalls

---

[1129] Vgl. Kapitel I, Zeile 1 ff. (Ms. Liber Horn): „*Ceo est la copie de la chatre Doliroun des jugemenz de la meer.* "

später dann gemeinsame Grundlage bei der Abfassung der „*Ordonnance de la marine de 1681*".

Die unbekannten Redakteure der Ordonnanz von 1681 hatten die verschiedenen Seerechte zusammengetragen, soweit sie ihnen bekannt gewesen waren, und diese dienten als Materialgrundlage bei der Schaffung der von *Colbert* verordneten Ordonnanz.[1130] Die Seerechtstexte waren in Frankreich bereits durch das Werk von *Cleirac*[1131] bekannt geworden, in dem er verschiedenste Seerechtsquellen aufgenommen und kommentiert hatte. Nach *Valin*[1132], der im Jahre 1760 einen Kommentar zur Ordonnance von 1661 veröffentlichte, dienten als Grundlage für die Ordonnance das Rhodische Seerecht, das Llibre del Consolat de Mar, die Ordonnanzen der spanischen Könige Charles Quint und Philippe II, die Rôles d'Oléron, das Wisbysche Seerecht, die Ordonnanzen der Hanse und die Versicherungspolicen von Anvers und Amsterdam.[1133]
Die Ordonnanz von 1681 war damit schließlich eine Art Synthese aus allen diesen Rechten.[1134]

---

1130 *Villeneau,* L'Ordonnance de la marine de 1681, S.69.
1131 *Cleirac,* Us et Coutumes de la mer, Bordeaux 1661.
1132 *Valin,* Commentaire sur l'Ordonnance de la Marine, du mois d'aout 1681, 2 Bände, La Rochelle 1760.
1133 *Valin* hatte nach seinen Angaben eine Sammlung mit den aufgezählten Seerechten in der « Bibliothèque du duc Penthièvre", einem französischen Admiral, wiedergefunden. Dazu *Villeneau,* Commentaire sur l'Ordonnance de la marine de 1681, S. 70.
1134 *Villeneau,* Commentaire sur l'Ordonnance de la marine de 1681, S.70.

## C. Fazit

Die Reichweite des seerechtlichen Anstellungsvertrages wurde durch die Analyse beider Quellen deutlich. Er bezog sich nämlich nicht nur auf die typischen seemännischen Arbeiten, sondern umfasste auch die Regelungen des gemeinsamen Zusammenlebens an Bord. Das Schiff auf der Reise als enger, abgeschlossener Raum, auf dem man zusammen arbeitete, lebte und speiste, war Arbeitsstätte und Lebensraum zugleich. Hinzu kam für die Teilnehmer das erhöhte Risiko für Leib und Leben während der Reise, konkret durch Gefahren der See, Schiffsbruch, Piraterie, Krankheiten, die sich auf einem Schiff als engem begrenzten Raum schneller ausbreiten konnten, aber auch durch rationierte Nahrung und nur gewisse Mengen an Getränken sowie durch Konflikte zwischen den einzelnen Mitgliedern der Schiffsgemeinschaft, die an Bord zu lösen waren.

Die aufgezeigten Schwierigkeiten und Probleme bedurften diverser Regelungen zur Bestimmung der Rechte und Pflichten der Schiffsgemeinschaft. Deswegen verwundert es auch nicht, dass gerade die *„arbeitsrechtlichen Bestimmungen"* in den beiden Seerechtsquellen einen großen Raum einnahmen. Auch wenn nicht abschließend geklärt werden kann, inwieweit die Rôles d'Oléron das Llibre del Consolat de Mar beeinflusst haben, spiegeln beide Quellen bezogen auf das Arbeitsrecht doch einen interessanten Zustand wieder, der den Schiffsmann jeweils mehr oder weniger als eine Art Zwitterfigur zwischen einen mit nautischen Aufgaben betrauten Ladungsinteressenten und einem gegenüber dem Schiffer abhängigen Schiffsarbeiter verstand.

## RECHTSHISTORISCHE REIHE

Band 1 Studien zu den germanischen Volksrechten. Gedächtnisschrift für Wilhelm Ebel. Vorträge gehalten auf dem Fest-Symposion anläßlich des 70. Geburtstages von Wilhelm Ebel am 16. Juni 1978 in Göttingen. Götz Landwehr (Hrsg.) 1982.

Band 2 Hans Poeschel: Die Statuten der Banken, Sparkassen und Kreditgenossenschaften in Hamburg und Altona von 1710 bis 1889. 1978.

Band 3 Thomas Kolbeck: Juristenschwemmen, Untersuchungen über den juristischen Arbeitsmarkt im 19. und 20. Jahrhundert. 1978.

Band 4 Norbert Hempel: Richterleitbilder in der Weimarer Republik. 1978.

Band 5 Rolf Stratmann: Die Scheinbußen im mittelalterlichen Recht. 1978.

Band 6 Martin C. Lockert: Die niedersächsischen Stadtrechte zwischen Aller und Weser. Vorkommen und Verflechtungen. Eine Bestandsaufnahme. 1979.

Band 7 Joachim Rückert/Wolfgang Friedrich: Betriebliche Arbeiterausschüsse in Deutschland, Großbritannien und Frankreich im späten 19. und frühen 20. Jahrhundert. Eine vergleichende Studie zur Entwicklung des kollektiven Arbeitsrechts. 1979.

Band 8 Peter Bender: Die Rezeption des römischen Rechts im Urteil der deutschen Rechtswissenschaft. 1979.

Band 9 Friedrich Karl Alsdorf: Untersuchungen zur Rechtsgestalt und Teilung deutscher Ganerbenburgen. 1980.

Band 10 Dietmar Willoweit/Winfried Schich (Hrsg.): Studien zur Geschichte des sächsisch-magdeburgischen Rechts in Deutschland und Polen (Sammelband). 1980.

Band 11 Brigitte Hempel: Der Entwurf einer Polizeiordnung für das Herzogtum Sachsen-Lauenburg aus dem Jahre 1591. 1980.

Band 12 Klaus-Detlev Godau-Schüttke: Rechtsverwalter des Reiches. Staatssekretär Dr. Curt Joël. 1981.

Band 13 Rainer Polley: Anton Friedrich Justus Thibaut (AD 1772-1840) in seinen Selbstzeugnissen und Briefen. Teil 1: Abhandlung. Teil 2: Briefwechsel. Teil 3: Register zum Briefwechsel. 1982.

Band 14 Michael Wettengel: Der Streit um die Vogtei Kelkheim 1275-1276. Ein kanonischer Prozeß.1981.

Band 15 Otto Wilhelm Krause: Naturrechtler des sechzehnten Jahrhunderts. Ihre Bedeutung für die Entwicklung eines natürlichen Privatrechts. 1982.

Band 16 Helga Spindler: Von der Genossenschaft zur Betriebsgemeinschaft. Kritische Darstellung der Sozialrechtslehre Otto von Gierkes. 1982.

Band 17 Holger Otte: Gustav Radbruchs Kieler Jahre 1919 - 1926. 1982.

Band 18 Rüdiger Teuner: Die fuldische Ritterschaft 1510 - 1656. 1982.

Band 19 Gerhard Dilcher/Rudolf Hoke/Gian Savino Pene Vidari/Hans Winterberg (Hrsg.): Grundrechte im 19. Jahrhundert. 1982.

Band 20 Karl-Hans Schloßstein: Die westfälischen Fabrikengerichtsdeputationen - Vorbilder, Werdegang und Scheitern. 1982.

Band 21 Birger Schulz: Der Republikanische Richterbund (1921-1933). 1982.

Band 22 Engelbert Krause: Die gegenseitigen Unterhaltsansprüche zwischen Eltern und Kindern in der deutschen Privatrechtsgeschichte. 1982.

Band 23 Meent W. Francksen: Staatsrat und Gesetzgebung im Großherzogtum Berg (1806-1813). 1982.

Band 24 Gerd von Sonnleithner: Bearbeitung des Handelsrechts durch Ignaz von Sonnleithner in seinem "Leitfaden über das österreichische Handels- und Wechselrecht". 1982.

Band 25 Rudolf Palme: Rechts-, Wirtschafts- und Sozialgeschichte der inneralpinen Salzwerke bis zu deren Monopolisierung. 1983.

Band 26 Helen Bosshard: Pestalozzis Staats- und Rechtsverständnis und seine Stellung in der Aufklärung. 1983.

Band 27 Jens Jessen: Die Selbstzeugnisse der deutschen Juristen. Erinnerungen, Tagebücher und Briefe. Eine Bibliographie. 1983.

Band 28 Günter Martin Jensen: Das Domanium Waldeck. Die rechtliche Zuordnung eines Fürstenvermögens. 1984.

Band 29 Johann Heinrich Kumpf: Petitionsrecht und öffentliche Meinung im Entstehungsprozeß der Paulskirchenverfassung 1848/49. 1983.

Band 30 Sabine Frey: Rechtsschutz der Juden gegen Ausweisungen im 16. Jahrhundert. 1983.

Band 31 Dietrich Joswig: Die germanische Grundstücksübertragung. 1984.

Band 32 Andreas Baryli: Konzessionssystem contra Gewerbefreiheit. Zur Diskussion der österreichischen Gewerberechtsreform 1835 bis 1860. 1984.

Band 33 Gerhard Oberkofler: Studien zur Geschichte der österreichischen Rechtswissenschaft. 1984.

Band 34 Rudolf Lauda: Kaufmännische Gewohnheit und Burgrecht bei Notker dem Deutschen. Zum Verhältnis von literarischer Tradition und zeitgenössischer Realität in der frühmittelalterlichen Rhetorik. 1984.

Band 35 Jens Jensen: Die Ehescheidung des Bischofs Hans von Lübeck von Prinzessin Julia Felicitas von Württemberg-Weiltingen AD 1648-1653. Ein Beitrag zum protestantischen Ehescheidungsrecht im Zeitalter des beginnenden Absolutismus. 1984.

Band 36 Horst Schröder: Friedrich Karl von Savigny. Geschichte und Rechtsdenken beim Übergang vom Feudalismus zum Kapitalismus in Deutschland. 1984.

Band 37 Andreas Hatzung: Dogmengeschichtliche Grundlagen und Entstehung des zivilrechtlichen Notstands. 1984.

Band 38 Matthias Klasen: Das Billwerder Landrecht. Landrecht und Landgericht in den Hamburger Elbmarschen. 1985.

Band 39 Rainer Jamin: Aufbau, Tätigkeit und Verfahren der Auseinandersetzungsbehörden bei der Durchführung der preußischen Agrarreformen. 1985.

Band 40 Henry Winter: Teilschuld, Gesamtschuld und unechte Gesamtschuld. Zur Konzeption der §§ 420 ff. BGB - Ein Beitrag zur Entstehungsgeschichte des BGB. 1985.

Band 41 Hermann Eichler: Verfassungsbewegung in Amerika und Europa. 1985.

Band 42 Dagmar Bandemer: Heinrich Albert Zachariae. Rechtsdenken zwischen Restauration und Reformation. 1985.

Band 43 Eva-Christine Frentz: Das Hamburgische Admiralitätsgericht (1623-1811). Prozeß und Rechtsprechung. 1985.

Band 44 Karl Lillig: Rechtsetzung im Herzogtum Pfalz-Zweibrücken während des 18. Jahrhunderts. Ein Beitrag zur Geschichte der territorialen Rechtsbildung. 1985.

Band 45 Walter Weber: Die Entwicklung der Sparkassen zu selbständigen Anstalten des öffentlichen Rechts. Ein Beitrag zur Entwicklung des Anstaltsbegriffs im 19. Jahrhundert. 1985.

Band 46 Bärbel Baum: Der Stabreim im Recht. Vorkommen und Bedeutung des Stabreims in Antike und Mittelalter. 1986.

Band 47 Hans Popp: Die nationalsozialistische Sicht einiger Institute des Zivilprozeß- und Gerichtsverfassungsrechts. 1986.

Band 48 John Karl-Heinz Montag: Die Lehrdarstellung des Handelsrechts von Georg Friedrich von Martens bis Meno Pöhls. Die Wissenschaft des Handelsrechts im ersten Drittel des 19. Jahrhunderts. 1986.

Band 49 Volker D. Anhäusser: Das internationale Obligationenrecht in der höchstrichterlichen Rechtsprechung des 19. Jahrhunderts. 1986.

Band 50 Udo Beer: Die Juden, das Recht und die Republik. Verbandswesen und Rechtsschutz 1919-1933. 1986.

Band 51 Herbert Grziwotz: Der moderne Verfassungsbegriff und die "Römische Verfassung" in der deutschen Forschung des 19. und 20. Jahrhunderts. 1986.

Band 52 Ralf Conradi: Karl Friedrich Eichhorn als Staatsrechtslehrer. Seine Göttinger Vorlesung über "Das Staatsrecht der deutschen Bundesstaaten" nach einer Kollegmitschrift aus dem Wintersemester 1821/22. 1987.

Band 53 Dieter Dannreuther: Der Zivilprozeß als Gegenstand der Rechtspolitik im Deutschen Reich 1871 - 1945. Ein Beitrag zur Geschichte des Zivilprozeßrechts in Deutschland. 1987.

Band 54 Stephan Felix Pauly: Organisation, Geschichte und Praxis der Gesetzesauslegung des (Königlich) Preußischen Oberverwaltungsgerichtes 1875 - 1933. 1987.

Band 55 Rüdiger Schulz: Die Entstehung des Seerechts des Allgemeinen Deutschen Handelsgesetzbuches unter besonderer Berücksichtigung der Bestimmungen über die Reederei, den Schiffer und die Schiffsmannschaft. 1987.

Band 56 Reinhold Reis: Deutsches Privatrecht in den Weistümern der Zenten Schriesheim und Kirchheim. 1987.

Band 57 Jürgen Christoph: Die politischen Reichsamnestien 1918 - 1933. 1987.

Band 58 Gerhard Oberkofler/Eduard Rabofsky: Hans Kelsen im Kriegseinsatz der k.u.k.-Wehrmacht. Eine kritische Würdigung seiner militärtheoretischen Angebote. 1988.

Band 59 Arne Wulff: Staatssekretär Prof. Dr. Dr. h.c. Franz Schlegelberger. 1876-1970. 1991.

Band 60 Gerhard Köbler (Hrsg.): Wege europäischer Rechtsgeschichte. Karl Kroeschell zum 60. Geburtstag. 1987.

Band 61 Rüdiger Hütte: Der Gemeinschaftsgedanke in den Erbrechtsreformen des Dritten Reichs. 1988.

Band 62 Markus Göldner: Politische Symbole der europäischen Integration. Fahne, Hymne, Hauptstadt, Paß, Briefmarke, Auszeichnungen. 1988.

Band 63 Wolfgang Kröner: Freiheitsstrafe und Strafvollzug in den Herzogtümern Schleswig, Holstein und Lauenburg von 1700 bis 1864. 1988.

Band 64 Werner Gaile: Die Norder Theelacht. 1988.

Band 65 Karl v. Kempis: Andreas Gaill (1526 - 1587). Zum Leben und Werk eines Juristen der frühen Neuzeit. 1988.

Band 66 Wolf-Rüdiger Osburg: Die Verwaltung Hamburgs in der Franzosenzeit. 1811-1814. 1988.

Band 67 Christian Schudnagies: Hans Frank. Aufstieg und Fall des NS-Juristen und Generalgouverneurs. 1988.

Band 89 Diethard Bühler: Die Entstehung der allgemeinen Vertragsschluß-Vorschriften im Allgemeinen Deutschen Handelsgesetzbuch (ADHGB) von 1861. Ein Beitrag zur Kodifikationsgeschichte des Privatrechts im 19. Jahrhundert. 1991.

Band 90 Gerhard Oberkofler: Die Vertreter des Römischen Rechts mit deutscher Unterrichtssprache an der Karls-Universität in Prag. Vom Vormärz bis 1945. 1991.

Band 91 Ulrich Andermann: Ritterliche Gewalt und bürgerliche Selbstbehauptung. Untersuchungen zur Kriminalisierung und Bekämpfung des spätmittelalterlichen Raubrittertums am Beispiel norddeutscher Hansestädte. 1991.

Band 92 Heinz Marcus Hanke: Luftkrieg und Zivilbevölkerung. Der kriegsvölkerrechtliche Schutz der Zivilbevölkerung gegen Luftbombardements von den Anfängen bis zum Ausbruch des Zweiten Weltkrieges. 1991.

Band 93 Kirsten Kraglund: Familien- und Erbrecht. Materielles Recht und Methoden der Rechtsanwendung in der Rechtsprechung des Oberappellationsgerichts der vier Freien Städte Deutschlands zu Lübeck. 1991.

Band 94 Reinhard Lorenz: Die politische und rechtliche Stellung des Proletariats in Preußen in der Zeit zwischen den Reformen und der Revolution 1848/49. 1991.

Band 95 Eric Hilgendorf: Die Entwicklungsgeschichte der parlamentarischen Redefreiheit in Deutschland. 1991.

Band 96 Hans J. Reiter: Die Handelsgesellschaft Villeroy & Boch von der Gründung 1836 bis zum Jahr 1878. 1992.

Band 97 Martin Johannes Heller: Reform der deutschen Rechtssprache im 18. Jahrhundert. 1992.

Band 98 Michael Kotulla: Die Tragweite der Grundrechte der revidierten preußischen Verfassung vom 31.01.1850. 1992.

Band 99 Michael Siefener: Hexerei im Spiegel der Rechtstheorie. Das crimen magiae in der Literatur von 1574 bis 1608. 1992.

Band 100 Andreas Ebert-Weidenfeller: Hamburgisches Kaufmannsrecht im 17. und 18. Jahrhundert. Die Rechtsprechung des Rates und des Reichskammergerichtes. 1992.

Band 101 Enno Bommel: Die Entstehung der Verwirkungslehre in der Krise des Positivismus. 1992.

Band 102 Ralph Steppacher: Die Berücksichtigung der bäuerlichen Postulate bei der Entstehung des ZGB und der Revision des OR. Ein Beitrag zur schweizerischen Kodifikationsgeschichte (1893 - 1912). 1992.

Band 103 Martin Fleckenstein: Die Todesstrafe im Werk Carl Joseph Anton Mittermaiers (1787 - 1867). Zur Entwicklungsgeschichte eines Werkbereichs und seiner Bedeutung für Theorie- und Methodenbildung. 1992.

Band 104 Jörn Eckert: Der Kampf um die Familienfideikommisse in Deutschland. Studien zum Absterben eines Rechtsinstitutes. 1992.

Band 105 Jörg Grotkopp: Beamtentum und Staatsformwechsel. Die Auswirkungen der Staatsformwechsel von 1918, 1933 und 1945 auf das Beamtenrecht und die personelle Zusammensetzung der deutschen Beamtenschaft. 1992.

Band 106 Andreas Rohde: Die Garantiehaftung des Vermieters und ihr Verhältnis zum Unmöglichkeitsrecht in dogmengeschichtlicher und modernrechtlicher Sicht. 1992.

Band 107 Tjark Siefke Kunstreich: Gesamtvertretung. Eine historisch-systematische Darstellung. 1992.

Band 108 Jürgen Krüger: Blindheit und Königtum. Die Blindheit des Königs Georg V. von Hannover als verfassungsrechtliches Problem. 1992.

Band 109 Wolfgang Putschek: Ständische Verfassung und autoritäre Verfassungspraxis in Österreich 1933-1938 mit Dokumentenanhang. Verfassung und Verfassungswirklichkeit. Mit einem Anhang: Denkschriften von Rechtsanwalt Dr. Erich Führer 1936/37. 1993.

Band 110 Klaus Hofmann: Die Verdrängung der Juden aus öffentlichem Dienst und selbständigen Berufen in Regensburg 1933-1939. 1993.

Band 111 Franz Kilger: Die Entwicklung des Telegraphenrechts im 19. Jahrhundert mit besonderer Berücksichtigung der technischen Entwicklung. Telegraphenrecht im 19. Jahrhundert. 1993.

Band 112 Wilhelm Brauneder (Hrsg.): Heiliges Römisches Reich und moderne Staatlichkeit. 1993.

Band 113 Thomas Heinrich: Das preußische Nichtehelichenrecht: Von der Aufklärung zur Reaktion. 1993.

Band 114 Gerald Kohl: Jagd und Revolution. Das Jagdrecht in den Jahren 1848 und 1849. 1993.

Band 115 Christian Schudnagies: Der Kriegs- oder Belagerungszustand im Deutschen Reich während des Ersten Weltkrieges. Eine Studie zur Entwicklung und Handhabung des deutschen Ausnahmezustandsrechts bis 1918. 1994.

Band 116 Elisabeth Bellmann: Die Internationale Kriminalistische Vereinigung (1889-1933). 1994.

Band 117 Julia Pfannkuch: Volksrichterausbildung in Sachsen 1945-1950. 1993.

Band 118 Jörg Offen: Von der Verwaltungsgemeinschaft des BGB von 1896 zur Zugewinngemeinschaft des Gleichberechtigungsgesetzes von 1957. 1994.

Band 119 Dorothee Kohlhas-Müller: Untersuchungen zur Rechtsstellung Theoderichs des Großen. 1995.

Band 120 Monika Rose: Das Gerichtswesen des Herzogtums Pfalz-Zweibrücken im 18. Jahrhundert. Ein Beitrag zur territorialen Gerichtsbarkeit im Alten Reich. 1994.

Band 121 Jörn Eckert / Hans Hattenhauer (Hrsg.): Bibel und Recht. Rechtshistorisches Kolloquium 9. - 13. Juni 1992 an der Christian-Albrechts-Universität zu Kiel. 1994.

Band 122 Robert Martin Mizia: Der Rechtsbegriff der Autonomie und die Begründung des Privatfürstenrechts in der deutschen Rechtswissenschaft des 19. Jahrhunderts. 1995.

Band 123 Walther Graf von Plettenberg: Das Fortleben des Liber Iudiciorum in Asturien/León (8. - 13. Jh.). 1994.

Band 124 Wolfgang Schulz: Das deutsche Börsengesetz. Die Entstehungsgeschichte und wirtschaftlichen Auswirkungen des Börsengesetzes von 1896. 1994.

Band 125 Frank Hagemann: Der Untersuchungsausschuß Freiheitlicher Juristen. 1949 – 1969. 1994.

Band 126 Andreas Rethmeier: "Nürnberger Rassegesetze" und Entrechtung der Juden im Zivilrecht. 1995.

Band 127 Edith Grether: Die Poesie der Throne. Die Juristen in der Fruchtbringenden Gesellschaft. 1995.

Band 128 Anna Bartels-Ishikawa: Der Lippische Thronfolgestreit. Eine Studie zu verfassungsrechtlichen Problemen des Deutschen Kaiserreiches im Spiegel der zeitgenössischen Staats. 1995.

Band 129 Jörg Schmidt: Otto Koellreutter 1883-1972. Sein Leben, sein Werk, seine Zeit. 1995.

Band 130 Christian Hattenhauer: Wahl und Krönung Franz II. AD 1792. Das Heilige Reich krönt seinen letzten Kaiser - Das Tagebuch des Reichsquartiermeisters Hieronymus Gottfried von Müller und Anlagen. 1995.

Band 131 Jutta v. der Decken: Das Seearbeitsrecht im Hamburger Stadtrecht von 1301 bis 1603. 1995.

Band 132 Detlev Schmidt: Die Reform des Rechts der Handelsvertreter von 1953. 1995.

Band 133 Gabi Roßdeutscher: Privatautonomie im Scheidungsrecht. Scheidungsbezogene Vereinbarungen in den letzten 200 Jahren. 1995.

Band 134 Harald Kahlenberg: Leben und Werk des Rechtshistorikers Walther Merk. Ein Beispiel für das Verhältnis von Rechtsgeschichte und Nationalsozialismus. 1995.

Band 135 Michael Steitz: Adelbert Düringer am Reichsgericht (1902-1915). Seine aktienrechtlichen Entscheidungen und sein Einfluß auf das Aktienrecht in Deutschland. 1995.

Band 136 Christian Becker: Beata Justorum Translatio. Juristen in schleswig-holsteinischen Leichenpredigten. 1996.

Band 137 Christoph Seiler: Vom Allgemeinen Landrecht zum Bürgerlichen Gesetzbuch. Dargestellt am Beispiel der höchstrichterlichen Judikatur zum kaufrechtlichen Sachmängelgewährleistungsrecht. 1996.

Band 138 Bernd Mayer: Die Vertrauensmännerausschüsse auf den preußischen Steinkohlegruben an der Saar. Entstehung und Wirken. Eine rechtshistorische Untersuchung. 1996.

Band 139 Rochus Scholl: Juden und Judenrecht im Herzogtum Pfalz-Zweibrücken. Ein Beitrag zur Rechtsgeschichte eines deutschen Kleinstaates am Ende des alten Reiches. 1996.

Band 140 Meike Bursch: Judentaufe und frühneuzeitliches Strafrecht. Die Verfahren gegen Christian Treu aus Weener/Ostfriesland 1720-1728. 1996.

Band 141 Markus Hillenbrand: Fürstliche Eheverträge. Gottorfer Hausrecht 1544 - 1773. 1996.

Band 142 Ulf Häder: Das gemeinschaftliche Oberappellationsgericht thüringischer Staaten in Jena. Ein Beitrag zur Geschichte des Gerichtswesens im 19. Jahrhundert. 1996.

Band 143 Andreas Bauer: Das Gnadenbitten in der Strafrechtspflege des 15. und 16. Jahrhunderts. Dargestellt unter besonderer Berücksichtigung von Quellen der Vorarlberger Gerichtsbezirke Feldkirch und des Hinteren Bregenzerwaldes. 1996.

Band 144 Christian Wirth: Der Jurist Johann Andreas Georg Friedrich Rebmann zwischen Revolution und Restauration. 1996.

Band 145 Stefanie Müller: Die Rechtsprechung des Hanseatischen Oberlandesgerichts zum persönlichen Eherecht in Hamburgischen Gerichtsfällen von 1879 -1900. 1996.

Band 146 Jean-Nicolas Morisset: Der Frachtvertrag in der *Ordonnance de la marine* von 1681. 1996.

Band 147 Dirk Lentfer: Die Glogauer Landesprivilegien des Andreas Gryphius von 1653. 1996.

Band 148 Wencke Mull: Die Haftung für Einsturzschäden nach den §§ 836-838 BGB in der Rechtsprechung des Reichsgerichts. 1996.

Band 149 Renate Zeiger: Teufelsverträge. Märchen, Sage, Schwank, Legende im Spiegel der Rechtsgeschichte. 1996.

Band 150 Guido Kraß: Das Arrestverfahren in Frankfurt am Main im Spätmittelalter. 1996.

Band 151 F. Benedict Heyn: Die Entwicklung des Eisenbahnfrachtrechts von den Anfängen bis zur Einführung des Allgemeinen Deutschen Handelsgesetzbuches (ADHGB). 1996.

Band 152 Thomas Lang: Die Staats- und Verfassungslehre Carl Salomo Zachariaes. 1996.

Band 153 Michael Hebeis: Karl Anton von Martini (1726-1800). Leben und Werk. 1996.

Band 154 Gerald Hubert: Die Diskussion um die rechtliche Natur der Bizone in den Jahren 1947-1949. 1996.

Band 155 Christof Horn: Die Rechtsprechung des Reichsgerichts in Ehescheidungssachen der Jahre 1900 bis 1905. 1996.

Band 156 Hermann Nehlsen / Georg Brun (Hrsg.): Münchener rechtshistorische Studien zum Nationalsozialismus. 1996.

Band 157 Jan Otto Clemens Kehrberg: Die Entwicklung des Elektrizitätsrechts in Deutschland. Der Weg zum Energiewirtschaftsgesetz von 1935. 1997.

Band 158 Johannes Tradt: Der Religionsprozeß gegen den Zopfschulzen (1791-1799). Ein Beitrag zur protestantischen Lehrpflicht und Lehrzucht in Brandenburg-Preußen gegen Ende des 18. Jahrhunderts. 1997.

Band 159 Dietmar Olsen: Das kaufrechtliche Sachmängelgewährleistungsrecht des Code civil in der Rechtsprechung deutscher Gerichte im 19. Jahrhundert. Ein Beitrag zur Ablösung der Partikularrechte durch das BGB. 1997.

Band 160 Ulrich Bernhardt: Die Deutsche Akademie für Staats- und Rechtswissenschaft „Walter Ulbricht" 1948-1971. 1997.

Band 161 Claudia Susan Hoppe: Die Bürgschaft im Rechtsleben Hamburgs von 1600 bis 1900. 1997.

Band 162 Franz-Rudolf Ecker: Die Entwicklung des Bergrechts im Saarbrücker Steinkohlenrevier bis zum Ende des 18. Jahrhunderts. Ein Vergleich mit dem älteren deutschen Bergrecht. 1997.

Band 163 Anne Katrin Rückert: Politik und Privatrecht in der „konservativen Revolution". 1997.

Band 164 Gisbert Laube: Der Reichskunstwart. Geschichte einer Kulturbehörde 1919-1933. 1997.

Band 165 Nicolas Lührig: Die Diskussion über die Reform der Juristenausbildung von 1945 bis 1995. 1997.

Band 166 Regula Gerber Jenni: Die Emanzipation der mehrjährigen Frauenzimmer. Frauen im bernischen Privatrecht des 19. Jahrhunderts. 1997.

Band 167 Mischa A. Färber: Das gemeinschaftliche Testament in der höchstrichterlichen Rechtsprechung zum Allgemeinen Preußischen Landrecht und zum BGB. Ein Beitrag zur Ablösung der Partikularrechte durch das BGB. 1997.

Band 168 Catherine Antoinette Gasser: Philipp Lotmar 1850-1922. Professor der Universität Bern. Sein Engagement für das Schweizerische Arbeitsrecht. 1997.

Band 169 Lars Immisch: Der sozialistische Richter in der DDR und seine Unabhängigkeit. Der Versuch eines Rechtsvergleiches zum Unabhängigkeitsbegriff in der bundesdeutschen Rechtsordnung. 1997.

Band 170 Jessica Jacobi: Besitzschutz vor dem Reichskammergericht. Die friedenssichernde Funktion der Besitzschutzklagen am Reichskammergericht im 16. Jahrhundert, dargestellt anhand von Kameralisten. 1998.

Band 171 Ewald Hügemann: Die Geschichte des öffentlichen und privaten Mietpreisrechts vom Ersten Weltkrieg bis zum Gesetz zur Regelung der Miethöhe von 1974. 1998.

Band 172 Lutz Rentzow: Die Entstehungs- und Wirkungsgeschichte der Verneuerten Landesordnung für das Königreich Böhmen von 1627. 1998.

Band 173 Sabine Stürmer: Mühlenrecht im Herzogtum Pfalz-Zweibrücken während des 18. Jahrhunderts. Ein Beitrag zum Wirtschaftsrecht eines deutschen Kleinstaates im Alten Reich. 1998.

Band 174 Mario Bogisch: *Nemo testis in re sua*. Das Problem der Zeugnisfähigkeit bei der Anwendung der deutschen Zivilprozeßordnung von 1877. 1998.

Band 175 Rainer Oßwald: Pactane sunt servanda? Freiwilligkeit, Zwang und Unverbindlichkeitserklärungen im islamischen Vertragsrecht malikitischer Schule. 1998.

Band 176 Bettina Kern: Der preußische BGB-Entwurf von 1842. 1998.

Band 177 Inken Fuhrmann: Die Diskussion über die Einführung der fakultativen Zivilehe in Deutschland und Österreich seit Mitte des 19. Jahrhunderts. 1998.

Band 178 Annette Rieck: Der Heilige Ivo von Hélory (1247-1303). Advocatus pauperum und Patron der Juristen. 1998.

Band 179 Frank Bottenberg: Die Hamburgische Strafprozeßordnung von 1869. 1998.

Band 180 Matthias Krauß: Das kursächsische Postrecht von seinen Anfängen bis zum Ende des Alten Reichs. 1998.

Band 181 Torsten Schmidt: Die Entmündigung von den Anfängen des BGB bis zu ihrer Ablösung durch das Institut der Betreuung. 1998.

Band 182 Christian Nunn: Rudolf Müller-Erzbach. 1874-1959. Von der realen Methode über die Interessenjurisprudenz zum kausalen Rechtsdenken (Leben und Werk). 1998.

Band 183 Christian Ortloff: Das staatskirchenrechtliche System Wilhelm Traugott Krugs. Glaubens- und Gewissensfreiheit – eine Forderung der Vernunft. 1998.

Band 184 Christian Hattenhauer: Schuldenregulierung nach dem Westfälischen Frieden. Der sog. § *de indaganda* und seine Umsetzung im Jüngsten Reichsabschied (AD 1648 und 1654). 1998.

Band 185 Werner Schubert: Preußen im Vormärz. Die Verhandlungen der Provinziallandtage von Brandenburg, Pommern, Posen, Sachsen und Schlesien sowie – im Anhang – von Ostpreußen, Westfalen und der Rheinprovinz (1841-1845). 1998.

Band 186 Silvia Schumacher: Das Rechtsverhältnis zwischen Eltern und Kindern in der Privatrechtsgeschichte. 1999.

Band 187 Kai Sommer: Die Strafbarkeit der Homosexualität von der Kaiserzeit bis zum Nationalsozialismus. Eine Analyse der Straftatbestände im Strafgesetzbuch und in den Reformentwürfen (1871-1945). 1998.

Band 188 Jan Erik Backhaus: Volksrichterkarrieren in der DDR. 1999.

Band 189 Ralf Ruhnau: Die Fürstlich Thurn und Taxissche Privatgerichtsbarkeit in Regensburg. Ein Kuriosum der deutschen Rechtsgeschichte. 1999.

Band 190 Antonio Grilli: Die französische Justizorganisation am linken Rheinufer 1797-1803. 1999.

Band 191 Stephanie Kammerloher-Lis: Die Entstehung des Gesetzes über die religiöse Kindererziehung vom 15. Juli 1921. 1999.

Band 192 Jan Telp: Ausmerzung und Verrat. Zur Diskussion um Strafzwecke und Verbrechensbegriffe im Dritten Reich. 1999.

Band 193 Kurt von Pannwitz: Die Entstehung der Allgemeinen Deutschen Wechselordnung. Ein Beitrag zur Geschichte der Vereinheitlichung des deutschen Zivilrechts im 19. Jahrhundert. 1999.

Band 194 Sylvia Busch: Die Entstehung der Allgemeinen Gerichtsordnung für die Preussischen Staaten von 1793/95. Ein Beitrag zur Geschichte der Kodifikationsbewegung und der Reform des Zivilprozesses in Preußen im 18. Jahrhundert. 1999.

Band 195 Dirk Bieresborn: Klage und Klageerwiderung im deutschen und englischen Zivilprozeß. Eine rechtshistorische und rechtsvergleichende Untersuchung unter besonderer Berücksichtigung der Beeinflussung durch das römisch-kanonische Verfahren. 1999.

Band 196 Andreas Thier / Guido Pfeifer / Philipp Grzimek (Hrsg.): Kontinuitäten und Zäsuren in der Europäischen Rechtsgeschichte. Europäisches Forum Junger Rechtshistorikerinnen und Rechtshistoriker München 22.-24. Juli 1998. 1999.

Band 197 Franz Smola: Die Fürstlich Liechtenstein'sche Kunstsammlung. Rechtsfragen zur Verbringung der Sammlung von Wien nach Vaduz in den Jahren 1944/45. 1999.

Band 198 Frank Martin Krauss: Das geteilte Eigentum im 19. und 20. Jahrhundert. Eine Untersuchung zum Fortbestand des Teilungsgedankens. 1999.

Band 199 Matthias Frey: Die spanische Aktiengesellschaft im 18. Jahrhundert und unter dem Código de Comercio von 1829. 1999.

Band 200 Alexandra Gilde: Die Stellung der Frau im Reichsstrafgesetzbuch von 1870/71 und in den Reformentwürfen bis 1919 im Urteil der bürgerlichen Frauenbewegung. Eine Analyse ausgewählter Straftatbestände. 1999.

Band 201 Malte Dießelhorst / Arne Duncker: Hans Kohlhase. Die Geschichte einer Fehde in Sachsen und Brandenburg zur Zeit der Reformation. 1999.

Band 202 Jörg Hillmann: Territorialrechtliche Auseinandersetzungen der Herzöge von Sachsen-Lauenburg vor dem Reichskammergericht im 16. Jahrhundert. 1999.

Band 203 Carsten Engler: Die Kommanditgesellschaft (KG) und die stille Gesellschaft im Allgemeinen Deutschen Handelsgesetzbuch (ADHGB) von 1861. 1999.

Band 204 Vesta Hoffmann-Steudner: Die Rechtsprechung des Reichsgerichts zu dem Scheidungsgrund des § 49 EheG (EheG 1938) in den Jahren 1938-1945. 1999.

Band 205 Michaela Thiele: Die Auflösung von Arbeitsverhältnissen aufgrund Anfechtung und außerordentlicher Kündigung nach der Rechtsprechung des Reichsarbeitsgerichts (1927-1945). 2000.

Band 206 Peter Landau / Hermann Nehlsen / Mathias Schmoeckel (Hrsg.): Karl von Amira zum Gedächtnis. 1999.

Band 207 Marcus Flinder: Die Entstehungsgeschichte des Zivilgesetzbuches der DDR. 1999.

Band 208 Boris Franz Leo Bromm: Die Entstehungsgeschichte des Berufs des Handelsvertreters. Unter besonderer Berücksichtigung der Sozialgesetzgebung in den Jahren von 1871-1933. 2000.

Band 209 Winfried C. J. Eberstein: Das Tierschutzrecht in Deutschland bis zum Erlaß des Reichs-Tierschutzgesetzes vom 24. November 1933. Unter Berücksichtigung der Entwicklung in England. 1999.

Band 210 Patrick Deller: Der „nach dem Vertrage" vorausgesetzte Gebrauch (§ 459 Absatz 1 Satz 1 BGB). Eine kaufrechtliche Untersuchung unter Berücksichtigung rechtshistorischer wie rechtsvergleichender Grundlagen. 2000.

Band 211 Eckard Freiherr von Bodenhausen: Haftung des Geschäftsherrn für Verrichtungsgehilfen im Straßen- und Schienenverkehr. Eine Analyse der Entscheidungen des Reichsgerichts zu § 831 BGB (1900-1945). 2000.

Band 212 Birte Gast: Der Allgemeine Teil und das Schuldrecht des Bürgerlichen Gesetzbuchs im Urteil von Raymond Saleilles (1855-1912). 2000.

Band 213 Hansjörg Michael Huber: Koloniale Selbstverwaltung in Deutsch-Südwestafrika. Entstehung, Kodifizierung und Umsetzung. 2000.

Band 214 Ulf Björner: Die Verfassungsgerichtsbarkeit im Norddeutschen Bund und Deutschen Reich (1867-1918). Eine rechtshistorische Untersuchung über Gerichtsbarkeit im Spannungsfeld von Politik und Recht innerhalb der von Bismarck geschaffenen deutschen Bundesstaaten. 2000.

Band 215 Mathias Freiherr von Rosenberg: Friedrich Carl von Savigny (1779-1861) im Urteil seiner Zeit. 2000.

Band 216 Reinhard Binder-Kriegistein: Österreichisches Adelsrecht 1868-1918/19. Von der Ausgestaltung des Adelsrechts der cisleithanischen Reichshälfte bis zum Adelsaufhebungsgesetz der Republik unter besonderer Berücksichtigung des adeligen Namensrechts. 2000.

Band 217 Claudia-Regine Nerius: Johannes Lehmann-Hohenberg (1851-1925). Eine Studie zur völkischen Rechts- und Justizkritik im Deutschen Kaiserreich. 2000.

Band 218 Ludger Meuten: Die Erbfolgeordnung des Sachsenspiegels und des Magdeburger Rechts. Ein Beitrag zur Geschichte des sächsisch-magdeburgischen Rechts. 2000.

Band 219 Christoph Alexander von Wilcken: Die Reformbestrebungen zum Genossenschaftsgesetz in der Frühzeit der Bundesrepublik. Die Beratungen der Sachverständigenkommission zur Überprüfung des Genossenschaftsrechts 1954 bis 1958 und der Referentenentwurf von 1962. 2000.

Band 220 Verein Junger RechtshistorikerInnen Zürich (Hrsg.): ¿Rechtsgeschichte(n)? ¿Histoire(s) du droit? ¿Storia/storie del diritto? ¿Legal Histori(es)? Europäisches Forum Junger Rechtshistorikerinnen und Rechtshistoriker Zürich 28.-30. Mai 1999. 2000.

Band 221 Hans Christian Schüler: Die Entstehungsgeschichte der Bundesnotarordnung vom 24. Februar 1961. 2000.

Band 222 Nils-Eberhard Schramm: Die Vereinigung demokratischer Juristen (1949-1999). 2000.

Band 223 Silke Anke Torp: Das Rechtsverhältnis zwischen den Eltern und ihren Kindern. Dienstleistungspflicht, Aussteuer und Ausstattung. Eine Analyse der Rechtsprechung des Reichsgerichts und des Reichsarbeitsgerichts zu den Vorschriften der §§ 1616 bis 1625 des Bürgerlichen Gesetzbuches in der Zeit von 1900 bis 1945. 2000.

Band 224 Martin Jürgen Maaß: Die Geschichte des Eigentumsvorbehalts, insbesondere im 18. und 19. Jahrhundert. 2000.

Band 225 Stefanie Langer: Rechtswissenschaftliche Itinerarien. Lebenswege namhafter europäischer Juristen vom 11. bis zum 18. Jahrhundert. 2000.

Band 226 Ulrich Schmitz: Der Unterhaltsanspruch des nichtehelichen Kindes gegen seinen Erzeuger. Die rechtsgeschichtliche und dogmatische Entwicklung im deutschen Recht. 2000.

Band 227 Sebastian Günther: Friedrich Carl von Savigny als Grundherr. 2000.

Band 228 Henning Ibs: Hermann J. Held (1890-1963). Ein Kieler Gelehrtenleben in den Fängen der Zeitläufe. 2000.

Band 229 Matthias Rücker: Wirtschaftswerbung unter dem Nationalsozialismus. Rechtliche Ausgestaltung der Werbung und Tätigkeit des Werberats der deutschen Wirtschaft. 2000.

Band 230 Hendrik Sandmann: Die Entwicklung von Begriff und Inhalt des Wirtschaftchsrechts durch die Rechtswissenschaft in der Weimarer Republik. 2000.

Band 231 Sibylle Müller: Gibt es Menschenrechte bei Samuel Pufendorf? 2000.

Band 232 Karin Olechowski-Hrdlicka: Die gemeinsamen Angelegenheiten der Österreichisch-Ungarischen Monarchie. Vorgeschichte – Ausgleich 1867 – Staatsrechtliche Kontroversen. 2001.

Band 233 Johannes Mierau: Die juristischen Abschluß- und Diplomprüfungen in der SBZ/DDR. Ein Einblick in die Juristenausbildung im Sozialismus. 2001.

Band 234 Jörg Wolff (Hrsg.): Stillstand, Erneuerung und Kontinuität. Einsprüche zur Preußenforschung. 2001.

Band 235 Friedo Schröder: Die anwaltliche Tätigkeit während der nationalsozialistischen Herrschaft. Eine Analyse der anwaltlichen Argumentation in Zivilprozessen anhand der vorhandenen Prozeßakten der Landgerichte Frankenthal, Wiesbaden, Limburg und Frankfurt und der Handakten der *jüdischen Konsulenten* des OLG-Bezirks Frankfurt. 2001.

Band 236 Der Code pénal des Königreichs Westphalen von 1813 mit dem Code pénal von 1810 im Original und in deutscher Übersetzung. Herausgegeben und mit einer Einleitung versehen von Werner Schubert. 2001.

Band 237 Klaus Richter: Deutsches Kolonialrecht in Ostafrika 1885-1891. 2001.

Band 238 Kai von Lewinski: *Deutschrechtliche Systembildung im 19. Jahrhundert*. 2001.

Band 239 Alexander Herzog: Sittenwidrige Rechtsgeschäfte in der höchstrichterlichen Rechtsprechung aus den Jahren 1948-1965. 2001.

Band 240 Claudia Rönnau: Die Beratungen des Wasserrechtsausschusses der Akademie für Deutsches Recht zu einem Reichswassergesetz (1934-1941). Ein Beitrag zur Dogmatik der Begriffe *Gemeingebrauch* und *Sondergebrauch* in der Zeit des Nationalsozialismus. 2001.

Band 241 Momme Rohlack: Kriegsgesellschaften (1914-1918). Arten, Rechtsformen und Funktionen in der Kriegswirtschaft des Ersten Weltkrieges. 2001.

Band 242 Rolf Geyer: Der Gedanke des Verbraucherschutzes im Reichsrecht des Kaiserreichs und der Weimarer Republik (1871-1933). Eine Studie zur Geschichte des Verbraucherrechts in Deutschland. 2001.

Band 243 Felix Lorenz Benjamin Lehmann: Der Rote Adlerorden. Entstehung und rechtliche Grundlagen (1705-1918). 2002.

Band 244 Marc Ludwig: Der Pfändungsschutz für Lohneinkommen. Die Entstehungs- und Entwicklungsgeschichte der Vorschriften zum Schutz vor Lohnpfändung in Deutschland. 2001.

Band 245 Alexander Wachter: Dorfschule zwischen Pastor und Schulmeister. Zur Säkularisierung des niederhessischen Schulwesens im 19. Jahrhundert. 2001.

Band 246 Richard Scholz: Analyse der Entstehungsbedingungen der reichsgerichtlichen Aufwertungsrechtsprechung. Untersuchung unter besonderer Berücksichtigung der konservativen Geldpolitik der Reichsbank und der Inflationspolitik der Reichsregierung. 2001.

Band 247 Judith Laeverenz: Märchen und Recht. Eine Darstellung verschiedener Ansätze zur Erfassung des rechtlichen Gehalts der Märchen. 2001.

Band 248 Christina Schenk: Bestrebungen zur einheitlichen Regelung des Strafvollzugs in Deutschland von 1870 bis 1923. 2001.

Band 249 Nils Werner: Die Prozesse gegen die Landvolkbewegung in Schleswig-Holstein 1929/32. Ein Beitrag zur Justizkritik in der späten Weimarer Republik. 2001.

Band 250 Wolfgang Walter: Das Duell in Bayern. Ein Beitrag zur bayerischen Strafrechtsgeschichte. 2002.

Band 251 Jörn Eckert / Kjell Å. Modéer (Hrsg.): Geschichte und Perspektiven des Rechts im Ostseeraum. Erster Rechtshistorikertag im Ostseeraum 8.–12. März 2000. 2001.

Band 252 Jan Könighaus: Die Inauguration der Christian-Albrechts-Universität zu Kiel 1665. Symbolgehalt und rechtliche Bedeutung des Universitätszeremoniells. 2002.

Band 253 Andreas Görgen: Rechtssprache in der Frühen Neuzeit. Eine vergleichende Untersuchung der Fremdwortverwendung in Gesetzen des 16. und 17. Jahrhunderts. 2002.

Band 254 Ralf Schäfer: Die Rechtsstellung der Haigerlocher Juden im Fürstentum Hohenzollern-Sigmaringen von 1634-1850. Eine rechtsgeschichtliche Untersuchung. 2002.

Band 255 Regine Schmalhorst: Die Tierhalterhaftung im BGB von 1896. Die Entstehung und Änderung des § 833 BGB sowie eine Analyse der Rechtsprechung des Reichsgerichts bis 1908. 2002.

Band 256 Thomas Hense: Konrad Beyerle. Sein Wirken für Wissenschaft und Politik in Kaiserreich und Weimarer Republik. 2002.

Band 257 Christian Mahlmann: Die Strafrechtswissenschaft der DDR. Klassenkampftheorie und Verbrechenslehre. 2002.

Band 258 Henning Kahmann: Die Bankiers von Jacquier & Securius 1933–1945. Eine rechtshistorische Fallstudie zur "Arisierung" eines Berliner Bankhauses. Mit einem Geleitwort von John Kornblum. 2002.

Band 259 Volker Friedrich Drecktrah: Die Gerichtsbarkeit in den Herzogtümern Bremen und Verden und in der preußischen Landdrostei Stade von 1715 bis 1879. 2002.

Band 260 Andreas Klass: Standes- oder Leistungselite? Eine Untersuchung der Karrieren der Wetzlarer Anwälte des Reichskammergerichts (1693-1806). 2002.

Band 261 Wolfgang Eder: Das italienische Tribunale Speciale per la Difesa dello Stato und der deutsche Volksgerichtshof. Ein Vergleich zwischen zwei politischen Gerichtshöfen. 2002.

Band 262 Albrecht Cordes / Bernd Kannowski (Hrsg.): Rechtsbegriffe im Mittelalter. 2002.

Band 263 Thomas Hildebrandt: Die Brandenburgischen Provinziallandtage von 1841, 1843, und 1845 anhand ausgewählter Verhandlungsgegenstände. 2002.

Band 264 Jan Finzel: Georg Adam Struve (1619–1692) als Zivilrechtler. 2003.

Band 265 Björn Carsten Frenzel: Das Selbstverständis der Justiz nach 1945. Analyse der Rolle der Justiz unter Berücksichtigung der Reden zur *Wiedereröffnung* der Bundes- und Oberlandesgerichte. 2003.

Band 266 Nils Reichhelm: Die marxistisch-leninistische Staats- und Rechtstheorie Karl Polaks. 2003.

Band 267 Raik Schneider: Altrechtliche Personenzusammenschlüsse. Ihre Entwicklung unter besonderer Berücksichtigung des Rechts des Großherzogtums Sachsen-Weimar-Eisenach sowie der Herzogtümer Sachsen-Meiningen und Sachsen-Gotha. 2003.

Band 268 Anke Meier: Die Geschichte des deutschen Konkursrechts, insbesondere die Entstehung der Reichskonkursordnung von 1877. 2003.

Band 269 Stefan Jens Jordan: Leben und Werk des Tübinger Rechtsprofessors Wilhelm Gottlieb Tafinger 1760–1813. 2003.

Band 270 Stefanie Hubig: Die historische Entwicklung des § 23 ZPO. Zum Ursprung und Fortleben des Vermögensgerichtsstandes im deutschen Prozeßrecht des 19. Jahrhunderts. 2003.

Band 271 Michael G. Perband: Der Grundsatz der freien Beweiswürdigung im Zivilprozeß (§ 286 ZPO) in der Rechtsprechung des Reichsgerichts. 2003.

Band 272 Mathias Bouveret: Die Stellung des Staatsoberhauptes in der parlamentarischen Diskussion und Staatsrechtslehre von 1848 bis 1918. 2003.

Band 273 Barbara Széchényi: Rechtliche Grundlagen bayerischer Zensur im 19. Jahrhundert. 2003.

Band 274 Sylvia Scharfenberg: Die Entstehungsgeschichte des Beurkundungsgesetzes vom 28. August 1969. 2003.

Band 275 Urte Nesemann: Die schwedische Familiengesetzgebung von 1734 bis zu den Reformgesetzen von 1915 bis 1920 und deren Einfluss auf die Gesetzgebungsprojekte der Weimarer Republik. Unter besonderer Berücksichtigung der Rechtsstellung der Frau und des unehelichen Kindes. 2003.

Band 276 Alexandra Brück: Die Polizeiordnung Herzog Christians von Braunschweig-Lüneburg vom 6. Oktober 1618. 2003.

Band 277 Torsten Landwehr: Das Kommissionsgeschäft in Rechtswissenschaft, Gesetzgebung und Rechtspraxis vom 16. bis zum Ende des 18. Jahrhunderts. 2003.

Band 278 Tassilo Wilhelm Maria Englert: Deutsche und italienische Zivilrechtsgesetzgebung von 1933–1945. Parallelen in der Rechtsetzung und gegenseitige Beeinflussung unter besonderer Berücksichtigung des Familien- und Erbrechts. 2003.

Band 279 Tobias Prang: Der Schutz der Versicherungsnehmer bei der Auslegung von Versicherungsbedingungen durch das Reichsgericht. 2003.

Band 280 Thorsten Lieb: Privileg und Verwaltungsakt. Handlungsformen der öffentlichen Gewalt im 18. und 19. Jahrhundert. 2004.

Band 281 Michael Rühling: Das Ladenschlussgesetz vom 28. November 1956. Vorgeschichte, Entstehung des Gesetzes und weitere Entwicklung. 2004.

Band 282 Kathrin Nawotki: Die schleswigsche Deichstavengerechtigkeit. Vom 17. Jahrundert bis in die Gegenwart. Eine gewohnheitsrechtliche Superfizies an nordfriesischen Deichgrundstücken und ihre Entwicklung. 2004.

Band 283 Erik Nils Voigt: Die Gesetzgebungsgeschichte der militärischen Ehrenstrafen und der Offizierehrengerichtsbarkeit im preußischen und deutschen Heer von 1806 bis 1918. 2004.

Band 284 Dorothea Riedi Hunold: Die Einführung der allgemeinen Wechselfähigkeit in der Schweiz in der zweiten Hälfte des 19. Jahrhunderts. Unter besonderer Berücksichtigung der politischen, wirtschaftlichen und sozialen Verhältnisse. 2004.

Band 285 Thomas Gergen: Pratique juridique de la paix et trêve de Dieu à partir du concile de Charroux (989–1250). Juristische Praxis der Pax und Treuga Dei ausgehend vom Konzil von Charroux (989–1250). 2004.

Band 286 Kathrin Bethkenhagen: Die Entwicklung des Luftrechts bis zum Luftverkehrsgesetz von 1922. 2004.

Band 287 Heiko Lüpkes: Die Verbrechen der Diener des Staats im Allgemeinen Landrecht für die Preußischen Staaten von 1794 und ihre Entwicklung zu den Vergehen und Verbrechen im Amte im Strafgesetzbuch für die Preußischen Staaten von 1851. 2004.

Band 288 Mirco Peter Hirsch: Von der Erbbescheinigung des Preußischen Rechts zum Erbschein des Bürgerlichen Gesetzbuchs. 2004.

Band 289 Bettina Günther: Die Behandlung der Sittlichkeitsdelikte in den Policeyordnungen und der Spruchpraxis der Reichsstädte Frankfurt am Main und Nürnberg im 15. bis 17. Jahrhundert. 2004.

Band 290 Seunghyeon Seong: Der Begriff der *nicht gehörigen Erfüllung* aus dogmengeschichtlicher und rechtsvergleichender Sicht. 2004.

Band 291 Steffen-Werner Meyer: Bemühungen um ein Reichsgesetz gegen den Büchernachdruck. Anläßlich der Wahlkapitulation Leopolds II. aus dem Jahre 1790. 2004.

Band 292 Ulrich Löffler: Instrumentalisierte Vergangenheit? Die nationalsozialistische Vergangenheit als Argumentationsfigur in der Rechtsprechung des Bundesverfassungsgerichts. 2004.

Band 293 Norbert Koch: Die Entwicklung des deutschen privaten Immissionsschutzrechts seit Beginn der Industrialisierung. Unter besonderer Berücksichtigung des Einflusses der höchstrichterlichen Rechtsprechung. 2004.

Band 294 Julius Ludwig Pfeiffer: Das Tierschutzgesetz vom 24. Juli 1972. Die Geschichte des deutschen Tierschutzrechts von 1950 bis 1972. 2004.

Band 295 Bert-Hagen Strodthoff: Die richterliche Frage- und Erörterungspflicht im deutschen Zivilprozeß in historischer Perspektive. 2004.

Band 296 Tim Kannewurf: Die Höfeordnung vom 24. April 1947. Entstehungsgeschichte und Einordnung in die Entwicklung des Anerbenrechts. 2004.

Band 297 Steffi Heine: Die Methodendiskussion nach Inkrafttreten des Bürgerlichen Gesetzbuches und die Gründung des Vereins *Recht und Wirtschaft*. 2004.

Band 298 Anne Marlene Simon-Holtorf: Geschichte des Familienwahlrechts in Frankreich (1871 bis 1945). 2004.

Band 299 Jürgen Busch: Das Germanenbild der deutschen Rechtsgeschichte. Zwischen Wissenschaft und Ideologie. Mit einem Vorwort von Herwig Wolfram. 2004.

Band 300 Jan Kohlmann: Der Marsch zu den Gräbern von Karl und Rosa. Geschichte eines Gedenktages. 2004.

Band 301 Christian Rainer Schlicht: Die kumulative Schuldübernahme in der Rechtsprechung des Reichsgerichts und in der zeitgenössischen Literatur. 2004.

Band 302 Hans Peter Glöckner: Positive Vertragsverletzung. Die Geburt eines Rechtsinstituts. 2006.

Band 303 João Manuel Azevedo Alexandrino Fernandes: Die Theorie der Interpretation des Gesetzes bei Francisco Suárez. 2005.

Band 304 René Funk: Die Wahlprüfung der volksgewählten Abgeordneten der Volksvertretungen im Frühkonstitutionalismus. Eine Untersuchung der Wahlprüfung in den Kammern der Abgeordneten des Großherzogtums Baden, des Königreichs Württemberg und des Großherzogtums Hessen. 2005.

Band 305 Carolin O'Sullivan. Die Ahndung von Rechtsbrüchen der Seeleute im mittelalterlichen hamburgischen und hansischen Seerecht (1301–1482). 2005.

Band 306 Martin Jürgens: Staat und Reich bei Ernst Rudolf Huber. Sein Leben und Werk bis 1945 aus rechtsgeschichtlicher Sicht. 2005.

Band 307 Florian G. Dürselen: Franz Beyerle (1885–1977). Leben, Ära und Werk eines Rechtshistorikers. 2005.

Band 308 Kai Bandilla: Urheberrecht im Kaiserreich. Der Weg zum Gesetz betreffend das Urheberrecht an Werken der Literatur und Tonkunst vom 19. Juni 1901. 2005.

Band 309 Stefan Mieth: Die Entwicklung des Denkmalrechts in Preußen 1701–1947. 2005.

Band 310 Catharina Lodemann: Die Geschichte des französischen *acte de gouvernement*. 2005.

Band 311 Christina Wicke: Kodifikationsbestrebungen und Wissenschaft in Hessen-Darmstadt im vorkonstitutionellen Zeitalter. Zu der Beteiligung der Gießener Rechtsprofessoren an den Gesetzgebungsarbeiten in Hessen-Darmstadt in der Zeit zwischen 1769 und 1820. 2005.

Band 312 Christiane Chlosta: Nur dem Gesetz unterworfen? Eine rechtsgeschichtliche Untersuchung zu Idee und Wirklichkeit richterlicher Gesetzestreue unter besonderer Berücksichtigung der Aufwertungsrechtsprechung und des richterlichen Prüfungsrechts. 2005.

Band 313 Kathrin Dirr: Hoheitsrechtliche Streitigkeiten zwischen den Kölner Erzbischöfen und der Stadt Köln auf Grundlage reichskammergerichtlicher Verfahren des 16. und 17. Jahrhunderts. 2005.

Band 314 Michael Racky: Die Diskussion über Gewaltenteilung und Gewaltentrennung im Vormärz. 2005.

Band 315 Petra Thiemrodt: Die Entstehung des Staatshaftungsgesetzes der DDR. Eine Untersuchung auf der Grundlage von Materialien der DDR-Gesetzgebungsorgane mit zeitgeschichtlichen Bezügen. 2005.

Band 316 Julius F. Reiter: Entstehung und staatsrechtliche Theorie der italienischen *Carta del Lavoro*. 2005.

Band 317 André Book: Die Justizreform in der Frühzeit der Bundesrepublik. Die Beratungen der Kommission zur Vorbereitung einer Reform der Zivilgerichtsbarkeit in den Jahren 1955 bis 1961. 2005.

Band 318 Frank Zentz: Das amerikanische Strafverfahren als Element der Besatzungspolitik in Deutschland. Erziehung zur Demokratie durch den *Court of Appeals* 1948–1955. 2005.

Band 319 Friederike Quaisser: Mietrecht im 19. Jahrhundert. Ein Vergleich der mietrechtlichen Konzeptionen im Allgemeinen Landrecht für die Preußischen Staaten von 1794 und dem gemeinen Recht. 2005.

Band 320 Stefan Burghard: Professor Dr. Wilhelm Kahl – Leben zwischen Wissenschaft und Politik. 2005.

Band 321 Günter Baranowski: Die *Russkaja Pravda* – ein mittelalterliches Rechtsdenkmal. 2005.

Band 322 Christina Schneider: Die SS und „das Recht". Eine Untersuchung anhand ausgewählter Beispiele. 2005.

Band 323 Werner Schubert (Hrsg.): Zivilprozessreform in der Weimarer Zeit. Quellen zur Emminger-Zivilprozessverordnung vom 13.2.1924 und zu den Arbeiten der Zivilprozesskommission des Reichsjustizministeriums (1922–1930). Eingeleitet und herausgegeben von Werner Schubert. 2005.

Band 324 Felix Gaul: Der Jurist Rudolf Isay (1886–1956). Ein verantwortungsbewusster Vermittler im Spannungsfeld zwischen dynamischer Rechtsschöpfung, ökonomischem Wandel und technischem Fortschritt. 2005.

Band 325 Konstanze Braun: Dr. Otto Georg Thierack (1889–1946). 2005.

Band 326 Eckart Klein / Stefan Chr. Saar / Carola Schulze (Hrsg.): Zwischen Rechtsstaat und Diktatur. Deutsche Juristen im 20. Jahrhundert. 2006.

Band 327 Stefan Botor: Das *Berliner Sühneverfahren* – Die letzte Phase der Entnazifizierung. 2006.

Band 328 Andreas Köhler: Die Sorgerechtsregelungen bei Ehescheidung seit 1945. Scheidungsstrafe und verordnete Gemeinsamkeit. 2006.

Band 329 Lars Düwel: Die Nichtigkeit und Anfechtbarkeit der Ehe in der Rechtsprechung des Reichsgerichts zwischen 1900 und 1945. 2006.

Band 330 Katalin Polgar: Das Oberappellationsgericht der vier freien Städte Deutschlands (1820–1879) und seine Richterpersönlichkeiten. 2006.

Band 331 Julia Schweitzer: Schiffer und Schiffsmann in den Rôles d'Oléron und im Llibre del Consolat de Mar. Ein Vergleich zweier mittelalterlicher Seerechtsquellen. 2007.

Band 332 Diana-Catharina Kurtz: Das Institut der Adoption im preußischen Allgemeinen Landrecht und im französischen Code civil zwischen Rezeption römisch-rechtlicher Prinzipien und verändertem Familienverständnis. 2006.

Band 333 Dino Joakim Duderstadt: Spiel, Wette und Differenzgeschäft (§§ 762–764 BGB) in der Rechtsprechung des Reichsgerichts und in der zeitgenössischen Literatur. 2006.

Band 334 Ronald Hoffmann: Die Domänenfrage in Thüringen. Über die vermögensrechtlichen Auseinandersetzungen mit den ehemaligen Landesherren in Thüringen nach dem Ersten Weltkrieg. 2006.

Band 335 Joachim Windmüller: *Ohne Zwang kann der Humanismus nicht existieren...* – „Asoziale" in der DDR. 2006.

Band 336 Sven Christian Gläser: Die Mediatisierung der Grafschaft Wertheim. Der juristische Kampf eines kleinen Reichsstandes gegen den Verlust der Landesherrschaft und seine Folgen. 2006.

Band 337 Benjamin Schleyer: Friedrich Wilhelm Bornemann (1798–1864). Eine Juristenkarriere im Preußen des 19. Jahrhunderts. 2006.

Band 338 Die Reform des Ehescheidungsrechts von 1976. Quellen zum Ersten Gesetz vom 14.6.1976 zur Reform des Ehe- und Familienrechts (Parlamentarische Ausschussprotokolle – Anglikanische Denkschrift von 1966 zur Scheidungsrechtsrefrom – Schlussabstimmung 1969 in der Eherechtskommission des Bundesministeriums der Justiz). Eingeleitet und herausgegeben von Werner Schubert. 2006.

Peter Lang · Europäischer Verlag der Wissenschaften

Carolin O'Sullivan

# Die Ahndung von Rechtsbrüchen der Seeleute im mittelalterlichen hamburgischen und hansischen Seerecht (1301–1482)

Frankfurt am Main, Berlin, Bern, Bruxelles, New York, Oxford, Wien, 2005.
LVIII, 458 S., zahlr. Tab.
Rechtshistorische Reihe. Verantwortlicher Herausgeber: Götz Landwehr.
Bd. 305
ISBN 3-631-53112-5 · br. € 79.50*

Gegenstand der Arbeit sind die Reaktionen des mittelalterlichen hamburgischen und hansischen Seerechts auf vertragliche und außervertragliche Rechtsbrüche durch die Seeleute. Die Verfasserin untersucht drei ausgewählte Rechtsquellen jener Zeit, das älteste hamburgische Schiprecht von 1301, den ältesten seerechtlichen Hanserezeß von 1378 sowie das älteste selbständige Seerecht der Hanse, die Hansische Schifferordnung von 1482. Den Schwerpunkt bildet eine genaue Übersetzung und Exegese dieser mittelniederdeutschen Rechtstexte. Die Normadressaten, die sanktionierten Fehlverhalten, die jeweiligen Rechtsfolgen sowie die Verfahren zur Feststellung des Regelverstoßes werden insbesondere vor den Veränderungen der sozialen, wirtschaftlichen und politischen Verhältnisse jenes Zeitraums betrachtet.

*Aus dem Inhalt*: Ahndung von Rechtsbrüchen durch die Seeleute nach dem hamburgischen Schiprecht von 1301 · Hanserezeß von 1378 · Hansische Schifferordnung von 1482